中國與非洲

中國與非洲

一個世紀的交往

馬佳士 (Joshua Eisenman)、史大偉 (David H. Shinn) 著

汪段泳 譯

香港中文大學出版社

《中國與非洲：一個世紀的交往》

馬佳士 (Joshua Eisenman)、史大偉 (David H. Shinn) 著
汪段泳 譯

中文版 © 香港中文大學 2020

本書由 University of Pennsylvania Press 2012 年出版之 *China and Africa: A Century of Engagement* 翻譯而來，由 University of Pennsylvania Press 授權出版。

國際統一書號 (ISBN)：978-962-996-819-9

出版：香港中文大學出版社
　　　香港 新界 沙田・香港中文大學
　　　傳真：+852 2603 7355
　　　電郵：cup@cuhk.edu.hk
　　　網址：cup.cuhk.edu.hk

China and Africa: A Century of Engagement (in Chinese)
　　By Joshua Eisenman and David H. Shinn
　　Translated by Wang Duanyong

ISBN: 978-962-996-819-9

Published by　The Chinese University of Hong Kong Press
　　　　　　　The Chinese University of Hong Kong
　　　　　　　Sha Tin, N.T., Hong Kong
　　　　　　　Fax: +852 2603 7355
　　　　　　　Email: cup@cuhk.edu.hk
　　　　　　　Website: cup.cuhk.edu.hk

Printed in Hong Kong

獻給
馬魯靜 和 Judy Shinn
感謝你們的支持與包容

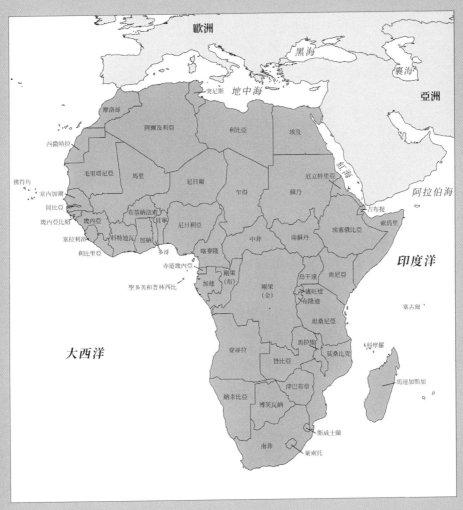

非洲地圖

目　錄

圖表目錄

表

致謝

除了我的合著者史大偉大使（Ambassador David H. Shinn）之外，我要特別感謝三個人，沒有他們，這本中譯本不可能出版。這三個人分別是：香港中文大學出版社的組稿編輯葉敏磊博士，上海外國語大學的汪段泳教授，及我的妻子馬魯靜。敏磊致力於通過中英、英中互譯來出版頂級的學術著作，並認為我們這本《中國與非洲：一個世紀的交往》也應加入那些學術著作之列，讓我深懷感激。段泳是我的老朋友，也是唯一一個我信賴翻譯這本書的人。若沒有他的縝密、認真，及淵博的知識，這本書不可能用中文出版。過去這十年，段泳住過埃及，在剛果（金）、埃塞俄比亞、烏干達做實地研究。這些經歷使他對中非關係，尤其在當地民眾中的反響，有了深刻的了解。段泳對這本譯著的每一章都經過三遍的翻譯、斟酌，並不懈地查證每一處引文。段泳的努力促成了這本高水平的譯著，不僅高度準確，而且行文流暢。最後也是最重要的，我要感謝我的妻子馬魯靜。在過去的幾個月，她的很多夜晚都是在仔細審查並完善整本書中度過的，為確保準確無誤，她時常工作直至深夜。

我也要感謝史密斯理查德基金會為我們提供的研究經費，在美國外交政策協會（American Foreign Policy Council）的主持下，我們得以開展為寫作這本書而進行的研究。我也感謝北京大學和復旦大學，兩所大學分別在2016年和2017年邀請我訪學並接待了我，為我提供了寶貴的機會展開研究，並訪問國內的專家學者，使這本書的內容得以更新。最後，我要感謝在德州大學奧斯汀分校的羅伯特斯特勞斯國際安全與法律中心 (Robert Strauss Center for International Security and Law)，該中心為這本書的中文翻譯提供了補助。我也感謝香港中文大學出版社的所有工作人員，他們出色完成了這本書的出版。

馬佳士

聖母大學，美國印第安納州

2020年8月8日

導言

加強同非洲國家的團結合作始終是中國對外政策的重要基石。

—— 2009 年 9 月 22 日，中國國家主席胡錦濤在會見
南非總統雅各布・祖馬 (Jacob Zuma) 時的講話

中國領導人總是將本國稱為世界上「最大的發展中國家」，將非洲稱之為「擁有最多發展中國家的大陸」。然而，中國已經很難算是一個典型的發展中國家，而非洲也並非鐵板一塊的政治實體。中國的政治和經濟實力在最近十年間持續增長有目共睹，但其驚人的崛起過程尚未完結，對整個世界會產生什麼影響也仍未可知。與此同時，不斷上漲的商品價格給非洲精英帶來了新財富，保持「穩定」在許多非洲國家成為獨裁者的座右銘。隨着中國對全球事務的影響力漸增，其保衞自身利益的行動也愈來愈影響國際社會的利益。在與周邊鄰國以外，中國與世界上其他發展中國家的政治和經濟關係，大概都不會像中非關係這樣引人注目。中國與非洲的日益密切往來，不僅關係到非洲大陸今後幾十年的繁榮與穩定，也將對國際體系產生影響。

本書探索中非關係在現代中國的發展，即1911年至2011年間，主要聚焦在1949年後的時期。我們特別關注中華人民共和國與非洲國家交往的目標與使用的方法，涉及從武器貿易到教育交流的一系列廣泛議題。我們旨在對中國與非洲所有54個國家的關係作全面分析，以供學界、媒體、商界和政府決策層參考。誠然，此類研究最大的困難是提煉出能站得住腳的總括性結論，這對於高度多樣化的非洲殊為不易，各種例外和特殊情況比比皆是，需作進一步具體分析。因此，本書以整個非洲大陸為背景，對各國與中國的關係分別作個案考察，對其中涉及的每個具體議題均作細緻入微的分析。本書可用作研究參考、大學教材，政府、私人部門和非政府組織的行動指引，也可作為非專業人士和有關議題長期觀察者的讀物。

本書是五年深入研究之後的成果，旨在全面解讀中國與非洲各國政府間的關係及這一關係的迅速發展。我們最初的目標，是從政治、經濟、軍事和社會等方面調查研究最近十年中國與非洲國家之間的關係。但顯然地隨着研究的推展，我們意識到要對主導當今傳媒報道和各種論戰的中非關係作全面檢視，就有必要闡述中國與非洲國家關係的歷史淵源。

為了深挖歷史，我們依靠上一代中非關係資深研究者的成果，包括于子橋（George T. Yu）、布魯斯‧拉金（Bruce Larkin）和阿拉巴‧奧貢桑沃（Alaba Ogunsanwo）。[1]我們還大量使用了新聞報道、政府報告、學術論文、解密文件、智庫和非政府組織的研究報告，以及現場訪談的資料。

在研究過程中，我們走訪了九個非洲國家，[2]到訪中國六次，訪談中非社會各界各階層人士四百餘人。受訪者有在蘇丹工作的中國挖掘機手，在廣州打拼的西非紡織品商販，中國駐幾個非洲國家的大使，台灣當局駐斯威士蘭（台譯：史瓦帝尼，Eswatini）的大使，以及非洲國家的諸多駐華使節。至於中、非之外的第三國人士，包括在非洲的外資石油公司管理人員，美國負責非洲事務的副助理國務卿，日本駐埃及大使，葡萄牙總理府辦公廳主任，以及多位歐洲議會議員和歐盟委員會高官。在上述訪談中，我們得益於我們掌握的中文和法語，並參閱用這兩種語言寫成的文件。

中非關係的關鍵議題和歷史趨勢

我們在寫作本書時，歸納出九項中國與非洲國家關係的關鍵議題及其歷史發展趨勢。為便於讀者閱讀，以下先作簡單總結，排序先後無特別含義。

中國主導關係

從明朝鄭和下西洋開始至今，基本上一直都是中國引領着中非關係的議程。[3]最近幾十年間，隨着國力的增長，中國更是能主導雙方關係的發展進程。在中國與非洲國家經貿平等往來的套話背後，是中國的國內生產總值（2010年為10.1萬億美元）讓任何一個非洲國家都相形見絀，包括發達如南非這樣的國家（2010年為5,240億美元）。[4]中國的人口逾13億，而全部54個非洲國家加起來的人口也不過10億，其中人口最多的尼日利亞，也就1.5億人。以美元價值計算，2008年中國的對外貿易總額比所有54個非洲國家加起來還要多出兩倍半。中國引領中非關係議程的能力，亦有賴於其縱橫捭闔於整個非洲大陸的通盤設計，由2000年開始的中非合作論壇（Forum on China African Cooperation, FOCAC）框架創立並固定下來。

　　中國佔據壓倒性優勢的經濟規模以及在大多數勞工和資本密集型生產上的比較優勢，使得產自中國的低成本商品大量充斥許多非洲國家的市場，由此在一些地方引發對中國貨的抵制。對每個非洲國家而言，能否從其與中國獨特的雙邊關係中長期獲益，取決於其是否有足夠手段來解決與中國的貿易爭端，以及其與中國超強的經濟和政治力量周旋的能力。

中國的「一盤棋」策略

　　自中華人民共和國建立以來，北京一直以國家主導的模式來處理與非洲國家的關係。中國早年主要是提供適量援助，與非洲貿易額很小，直接投資則幾近於無。在這一時期，雙邊關係主要強調高層互訪、文化交流、提供獎學金，以及金額有限的技術援助等。儘管當年這些交流項目的規模遠比今天的小，但其由國家控制的格局至今未變。然而，從1990年代中後期開始，中國對原材料的需求與日俱增，造成對多數非洲國家的援助、貿易和投資不斷增加。隨着政府主導的對非援助和經貿往來持續擴大，在非洲從事橋樑、水利設施、公路和鐵路建設的中國國有企業也日漸增多。在中國的協助下，一些非洲國家建設經貿合作區，入駐其中的中國企業可享受稅收和投資政策優惠。[5]

　　中國目前與西方國家在非洲展開了全方位的競爭，並在大多數領域佔據上風。中國對非洲多管齊下的政策已見成效。2009年，中國力壓美國，成為非洲最大的貿易夥伴；中國軍工企業正成為對非軍援的重要來源；新華社在非洲的分支機構比世界上其他任何通訊社都多；每年中國的大學和培訓機構接待數以千計的非洲學員；在非洲的孔子學院有28所；[6]另外還有類似「美國和平隊」（Peace

Corps）的志願者援助機構，只是規模相對較小。[7]雖然中國對非洲的直接投資仍在西方國家之後，但增長迅速。如果還要懷疑中國在非洲是否有「一盤棋」戰略，最好去閱讀中國在2006年發表的《中國對非洲政策文件》。

不存在「中國發展模式」

儘管中國有對非洲的戰略，但這並不意味着它在推動什麼特別的發展模式。中國在改革開放後的30年一直保持着高達10%的GDP年增長率，吸引了一些非洲國家領導人，他們希望在自己國家看到類似的奇跡。中國模式的某些方面也許可以複製到某些非洲國家，但要實現全盤輸入中國發展模式的目標卻是不切實際的，要達到中國式的增長速度最終也只是個競選口號。非洲和西方的理想主義者常用一些浪漫的詞句來描述中國的現代化進程——比如所謂「北京共識」，卻完全忽視了中國與非洲之間的巨大差異。這些被忽視的變數，包括人口規模、政治體制、殖民地歷史、國家強權、宗教信仰、儲蓄比率、海外華人社群等。相形之下，倒是中國人自己常常對削足適履地套用「中國模式」付之一哂，以過來人的身份忠告各國應充分考慮自身國情。

台灣問題

從1949年中華人民共和國成立至今，北京已經投入巨大的精力和財力，以期終止非洲國家對台灣的外交承認。對於非洲國家（其實對美國、日本抑或其他國家也是一樣）來說，只有它們願意與在台灣的中華民國斷絕官方關係，北京才能與其建立外交關係。過去曾有幾個非洲國家利用中國在這方面的堅決立場，在北京和台北之間來回切換外交承認，以坐收來自兩岸競相加碼的慷慨饋贈。2007年底，馬拉維成為最近的一個改換外交承認的非洲國家，從台北投向北京的懷抱。2008年馬英九當選台灣總統後不久，兩岸達成了「外交休兵」的非正式約定，當時僅有四個非洲國家承認中華民國，分別是布基納法索、斯威士蘭、岡比亞、聖多美和普林西比。[8]

多年以來，中華人民共和國的大多數外交努力都是不動聲色在幕後進行，只有少數是公開的。北京封殺台灣的官式外交存在，並不是從商業利益着眼。但是，當台灣在非洲國家首都設立商貿代表處的時候——比如在尼日利亞首都阿布賈，其所具有的官方含義就超出了北京所願意接受的程度。最終中國動用的外交手段也只是籲請尼日利亞政府敦促該代表處搬至拉各斯或其他城市。這表明，對於一些重要的非洲國家，北京可以容忍台灣在其商業中心城市有半官方性質的存在。

更加密切的政治關係

一些非洲國家實行多黨制，反對黨並非形式，工會力量相當強大，非政府組織數量眾多，公民社會活躍發聲。這些圖景在中國都是不存在的。中國對這些角色的理解歷來頗感困難，同時還要努力應對非洲對中國對內及對外的政策和勞工關係的批評。不過，近年來中國一直在努力克服這些分歧，例如加強與非洲政黨、議會代表團、幹部官員以及文化團體、教育機構的交流。最近中國的外交接觸，甚至擴展至一些慎重挑選出來的反對黨、非政府組織以至公民社會。非洲的工會組織和人權活躍分子對中國政府而言仍是一個重大挑戰，很大程度是因為他們的利益總體上與中國國有企業有衝突。

從支持革命到實用主義

中國對非洲的態度，從1950年代和1960年代主要是支持民族解放和革命運動，轉至1970年代中期後採用更為實用主義的態度。隨着中蘇關係破裂和中美關係正常化，中國在非洲的政策目標也相應調整：起初是反對蘇聯霸權，後來轉變為支持1978年以後的改革開放。轉變並非一蹴而就，而是漸進過程。對於在1950年代和1960年代初期大批剛脫離殖民統治獨立的新生非洲國家，中國以周恩來提出的「和平共處五項原則」與它們接觸。然而，在1960年代後期到1970年代初的文化大革命時期，中國和非洲的左派都推動更加「革命」的議程。到1970年代末鄧小平上台掌權，中非關係進入了以穩定和可預測為鮮明特徵的新時期。某程度上，這種變化早在毛澤東去世前後已經開始，但這個朝向實用主義發展的過程整體來說是漸進的，並隨着中非雙方國內的政治、經濟條件的變化以及蘇聯威脅態勢的發展而演變。

到了1990年代，中國對非政策已完全為實用主義主導，特別是經濟關係。自「中非合作論壇」（FOCAC）在2000年成立以來，中國和非洲在此合作框架下進行了廣泛的經濟和政治互動。除了非洲國家各政府，在江澤民提出「走出去」戰略旗號之下，中國從中央到省級的眾多機構和企業也都參與其中，影響了當代中非雙邊關係發展的軌跡。[9]

快速易轍

儘管在毛澤東時代，中國因為與非洲的革命運動關係密切而著稱，它同時也與一些右傾的非洲獨立國家發展關係。中國分別在1958年同保守的摩洛哥君主政權、在1963年同肯尼亞的中間派政府、在1964年同突尼斯的保守派政權建立了外交關係。在整個1960年代，中國克盡艱難與埃塞俄比亞皇帝海爾·塞拉西（Haile Selassie）政權發展關係，兩國最終於1970年建交。[10]不過，自1970年代中期之後，北京已表現出熟諳於如何與各類非洲國家政權打交道，以促進自身利益，擠壓台灣的外交空間。一直以來，中國對幾乎所有非洲國家都執行支持現政權的政策，無論它是民主政體、君主王朝、獨裁專制，抑或是軍政府或伊斯蘭政教合一國家。中國同任何能控制國家權力的政府都勉力維持親近關係，但一旦發生政權更迭，中國也能輕車熟路地很快同繼任的新政權建立同樣親近的關係。

由於國內並不存在壓力集團和議會制肘，中國的一黨執政體制使其可以迅速與非洲國家新政權建立關係。即便與前執政黨關係密切，中國也可以輕鬆移情別戀。北京曾支持過南部非洲地區的幾個解放運動組織，但在它們失敗後，很快就向取勝的對手伸出橄欖枝。例如贊比亞，在「多黨民主運動」（Movement for Multi-Party Democracy）贏得1991年大選後，中國就棄聯合民族獨立黨（United National Independence Party）轉而與執政黨政府發展關係。[11]到了2011年，贊比亞反對黨候選人贏得總統選舉後，中國只能再次改弦易轍。[12]近年來，依仗不斷壯大的經濟實力，中國對非洲國家新政權越來越多地使用經貿「胡蘿蔔」加「大棒」，這也使其很容易在更迭政權中轉圜。非洲國家新上台的領導人，面臨棘手的治國難題，迫切需要中國的幫助，因此也就很少糾結於中國曾支持其政治對手的過往。

中國的軍事存在不斷凸顯

中國沒有與任何非洲國家結成軍事同盟，在非洲沒有軍事基地，並聲稱對這兩點均無訴求。然而，中華人民共和國自與非洲接觸伊始，就有選擇地向一些奉行民族主義和革命理念的組織出售或贈予小型武器。隨着中國對非政策的實用主義化，解放軍和中國軍工企業也抓住了非洲帶來的機遇。例如，在1990年代末的厄立特里亞與埃塞俄比亞戰爭期間，中國同時對交戰雙方都出售軍事裝備；蘇丹政府得到了中國提供的武裝直升機，用於鎮壓南蘇丹和達爾富爾地區的反對派；中國還向津巴布韋的穆加貝專制政權出售數百萬美元的武器彈藥；2011年，中國向利比亞卡達菲政權提供價值兩億美元的武器，供其與北約和反政府武裝作戰。中國現在是全球製造大國，也是地區軍事強國，我們可以有把握地説，大量廉價的中國製輕型武器總是有辦法能源源不斷地運到非洲國家軍隊和反政府武裝手裏。

中國解放軍海軍已經開始致力保衞從非洲和中東地區到中國運送石油、礦產和原材料的遠洋航道，惹人質疑中國海軍是否會在非洲尋求港口。來到非洲的中國人越來越多，不免會捲入當地衝突，有時還會成為有預謀的襲擊目標，這些已經在阿爾及利亞、尼日利亞、蘇丹、埃塞俄比亞和利比亞發生。在最近十年，出於對安全問題的關切，中國不得不重新審視與非洲國家的軍事合作。中國已經成為聯合國在非洲維持和平行動的主要參與者，中國海軍也對在亞丁灣打擊海盜行動作出了貢獻。

非洲華人群體的壯大

目前在非洲的華人群體可分為三類。第一類是專業人員，包括使領館工作人員、援外專家、大企業職員和項目經理人員。這類人員通常舉家前來，能使用至少一種當地通行語言，和其他外國人士一樣居住在國際社區。他們最終幾乎全部回到中國，或是在任期結束後轉赴他國開始新的任期。第二類是數以萬計的勞務輸出合同工，他們通常是隻身前來，幾乎不會說當地語言，和其他中國人扎堆聚居，在合同期滿後返回中國。第三類是從事貿易的小商人。有些人早在一個世紀前移居南非、馬達加斯加和毛里求斯等地，但大多數中國內地商人都是新移民，且大多是攜家眷前來。他們通常和非洲當地人混居，掌握一定程度的當地語言，足夠做生意。他們當中有人不會回國，可能因為生意利潤、安全條件、家庭紐帶和商業聯繫的變化而在非洲大陸遷徙。

有些非洲人對中國工人的怨懟與日俱增，因為他們認為正是這些中國人搶走了本屬於本地人的工作機會。某些非洲本地商販也對他們的中國籍同行抱有同樣情緒。這在南部非洲表現得尤為突出，因中國商人的商品價格便宜，能直接從中國本土的廠家進貨，而且願意加班工作，這些優勢都正在把本地商人和廠家擠出市場。另一方面，非洲消費者通常樂見中國商家帶來的競爭和他們負擔得起的貨品。

中非關係的學術研究

在中國與發展中世界的關係中，非洲可以說是在中國鄰國之外最為重要的。在過去十年，有關中國與亞洲國家和西方世界關係的學術文獻顯著增加，但有關中國在非洲利益和對非政策的論著卻一直寥寥。僅有數十名研究者經常發表這個範疇的成果，其中也只有屈指可數的幾個人可稱為中非關係問題專家，他們大多住在美國之外。相形之下，前輩學人中倒還有幾位美國的政治學大家。大體來說，美國學術界放棄了中非關係問題研究近30年。我們希望本書能成為喚醒美國學術機構復興中非關係研究的開端。本書也是自布魯斯‧拉金（Bruce D. Larkin）的著作《中國與非洲：1940–1970》之後，美國學界在這個領域的首部全面性專著。[13]

　　從歷史的角度審視，過去多年美國對中非關係問題關注式微，是可以理解的。在1960年代和1970年代，美國在毛澤東所稱的「第三世界」身陷戰略和意識形態爭奪戰，當年中非關係在西方對中國外交政策的研究中得到了充分重視。[14]僅在1963年至1966年間，至少有四本關於中國對非外交政策的專著，都用類似《紅色中國的非洲攻勢》為題以作招徠。[15]在1974年至1976年間，至少有五本書以及無數的論文，討論中國和整個非洲大陸的關係。[16]其他還有一些論及中國在拉美、中東和東南亞角色的研究。[17]在1980年代和1990年代的大部分時期，由於中國的注意力主要在國內，它在非洲的角色被認為不像以前那樣同美國針鋒相對，美國的專家學者對中非關係的研究由此減少。

當代文獻

　　儘管普遍認為中國對非洲的興趣大多與資源有關，但資源對中非關係到底有多重要，以及從更大的意義上說，與資源有關的目標如何幫助我們理解中國在非洲長期的雄心和謀略，可謂莫衷一是。

在非洲研究專家中，對於中國這樣一個新興的政治和經濟夥伴，如雨後春筍般大量湧現的文獻多糾纏於對「華盛頓共識」和所謂「北京共識」進行比較研究。以非自由及威權資本主義為主要特徵的中國模式是否可移植到非洲？如果是，那麼它比自由市場經濟、自由民主政體更適用於非洲的現狀嗎？非洲研究專家在論及中國時通常圍繞着這些話題打轉，儘管中國人自己對「北京共識」這種說法並不以為然。

與此同時，在漢學家群體中，有關中國戰略意圖的討論恆久不絕，已經延伸至中非關係領域。中國正在「再次殖民」非洲嗎？中國是「流氓捐助者」(rogue donor) 嗎？[18] 中國的反自由主義對西方自由主義價值觀有害嗎？中國正意圖挑戰美國對國際體系的主導權嗎？如果真是如此，非洲何以自處？總體來看，在過去三四十年間西方非洲研究專家和漢學家關於中非關係的討論，其實已經成為一個子話題，從屬於中國的戰略意圖及其對非洲發展影響這個大議題。

如果不從非洲研究專家和漢學家的角度來看問題，那麼當前大多數關於中非關係的文獻又可歸納為樂觀派和悲觀派之間的激烈交鋒。持樂觀主義觀點的研究者把中國視為對非洲有益的生意夥伴，在政治上既支持各國的進步力量，也不背棄「老朋友」。他們不認為中國與非洲國家間的關係有何理由值得憂慮，而是更多地看到近年來中國對非外交和為非洲所提供的經濟機遇等積極勢頭。

另一方面，那些相對悲觀的觀察家相信中國支持政治專制主義、鼓勵非洲國家擺脫西方發展機構的影響。他們認為中國既然奉行威權主義，則必定對自由民主心懷惡念；他們也認為沒有什麼能遏制中國的野心。[19] 也有人說，政治體制無關宏旨，但認為作為新興大國的中國，很可能會與美國這個霸權國家在非洲或世界上其他什麼地方發生衝突。[20]一些漢學家則反駁說，由於受制於國內基礎不牢、及其國際組織成員身份的限制，中國可打的牌並不多，因此不太可能在其勢力範圍之外主動挑起衝突。[21]

樂觀主義者

對中國介入非洲持樂觀看法的，主要是強調中國與國際多邊機構合作、幫助非洲重建信心，以及透明度不斷改善（儘管還處於相當初步的水平）。[22]這昭示着一種正面的發展趨勢，即中國與非洲的經濟關係是建立在平等、相互尊重、支持因地制宜等政治原則的基礎上。此派觀點認為，在與國際組織交往和建構一套與非洲人打交道所用辭令的過程中，中國商界精英和政治決策者的價值觀念受到對方的影響並逐漸接受、內化，其世界觀因此演變。樂觀派列舉出中國已貢獻出的累累碩勳，包括：對蘇丹施加政治壓力，在非洲部署維和部隊；呼籲支持全球公平貿易，增加對外援助，提升非洲國家在聯合國安理會中的代表權；加強與非洲多邊機構合作，如非洲聯盟、非洲開發銀行和非洲發展新夥伴計劃（New Partnership for Africa's Development）。[23]

以上論據將中國描繪成受歡迎的商業夥伴，和可幫助非洲抗衡西方剝削的政治砝碼。中國的參與被視為帶來經濟發展機遇，以及對非洲和其他發展中國家進步力量的政治支持來源。喬舒亞·雷默（Joshua Cooper Ramo）在其名作《北京共識》總結了這樣一個觀點：

中國的發展正在使它發生變化，這一點是非常重要的。但是，更加重要的是，中國的新思想在國外產生了重大影響。中國正在指引世界其他一些國家在有一個強大重心的世界上

保護自己的生活方式和政治選擇。這些國家不僅在設法弄清
如何發展自己的國家，而且還想知道如何與國際秩序接軌，
同時使它們能夠真正實現獨立。我把這種新的動力和發展物
理學稱為「北京共識」。[24]

雷默認為，北京共識「取代了廣受懷疑的華盛頓共識」，後者
「是一種以『華盛頓知道得最清楚』的方式告訴別國該如何管理自己
的經濟理論，在1990年代曾風靡一時」。雷默提出，通過樂於創
新、注重生活質量和經濟增長平衡、提供公平機會以息社會不安、
尊重民族自決等一系列新理念，中國正在國際舞台上取得一席之
地。[25]

黛博拉·布羅蒂加姆 (Deborah Brautigam) 也着重強調非洲國家
受益於同中國的關係，並認為「害怕中國援助和與中國接觸都是被
誤導所致，這樣的警告實在是小題大做」。[26] 她的著作《龍的禮物：
中國在非洲的真實故事》總結：[27]

時至今日，我們應當銘記於心的是：中國自身的實踐已經使
上億中國人在基本沒有外來援助的情況下脫貧。中國人篤信
投資、貿易和技術是撬動發展的槓桿，他們也把這些工具運
用到與非洲的交往。這並不是說中國人在無私助人，而是出
於他們在自己國家的經驗。中國人懂得：自然資源可以成為
走向現代化和繁榮的有利條件，而一個奉行資本主義經濟發
展道路的中央政府可以迅速減少貧困。[28]

沙伯力 (Barry Sautman) 和嚴海蓉認為，中國向非洲提供了頗
具吸引力的諸多經濟機遇和政治選擇。他們提出，「不同於西方國
家的是，中國並沒有阻撓世界較貧窮的國家走發展之路」。[29] 正如

歐洲學院教授門鏡指出,中國與非洲「在互利原則基礎上,於經濟、政治以及其他許多方面相互幫助」。[30]門鏡、雷默、布羅蒂加姆、沙伯力和嚴海蓉代表了那些學者,他們認為,隨着新商機在中非雙方商人和消費者面前的出現,中國也為非洲國家提供了關鍵性的籌碼,使之得以反抗一直以來都在支配和剝削他們的西方國家。[31]

中國和非洲的研究人員和政治決策者,都對中非經濟關係的前景感到樂觀。[32]他們通常採用路徑依賴 (path-dependent) 的論調,肯定傳統友誼對現今經濟與政治關係的重要推動作用。例如,在2009年2月中國國家主席胡錦濤出訪沙特阿拉伯和非洲四國前,中國現代國際關係研究院非洲研究室主任徐偉忠研究員說:「胡主席訪非,表明中國政府無論是基於傳統友誼,還是從未來長遠考慮,都高度重視非洲。」[33]

中非領導人會見的官方公報總是聲稱「友誼」是雙方關係的重要動力。例如,在2006年11月胡錦濤與幾位非洲國家領導人的一次會見中,胡這樣闡釋中非友誼與經濟發展之間的關係:「中國高度重視傳統友誼,願致力於保持兩國高層友好交往,深化經貿領域的互利合作。」胡會見的非洲國家領袖,包括當年已長期擔任加蓬總統的奧馬爾‧邦戈 (Omar Bongo),該國的石油和鐵礦資源非常豐富。邦戈對胡回應稱「中國是真誠的朋友,兩國人民友誼深厚」,並表示希望繼續擴大雙邊經濟合作關係。[34]

悲觀主義者

與上述觀點並列的另一派,堅持認為中非經濟關係與政治不自由聯繫在一起,或中國傾向同非洲國家在西方發展機構的影響之外發展關係。即便他們對於中國介入非洲的動機有分歧，有些認為是中國政策制定者的意圖，有些認為純屬巧合，有些則認為是大國競爭的必然後果，持這些觀點者在與中國介入非洲大陸相關的政治上大都持有懷疑、悲觀的看法。

美國和歐洲的一些政治決策者和研究人員對威權主義的中國深懷疑慮，認為中國一直在力圖「誘惑反自由的專制政權」，把這描繪成對西方「可怕的意識形態挑戰」。他們聲稱，儘管今日中國尚實力有限，但其反自由的傾向已昭然若揭，未來待其國力壯大，必成大患。例如納扎寧‧巴馬 (Naazneen Barma) 和伊利‧拉特納 (Ely Ratner) 就認為，「通過一系列的雙邊和多邊安排，中國政府已開始建立一種以反自由原則為基石的國際機制，以取代原有架構」，「沒有什麼地方比在非洲能更清楚地看到這種趨勢了。」他們主張，「中國的反自由主義構成了真正的、長期的地緣政治挑戰：它易於輸出，對原本就心懷不滿的國家可謂致命誘惑。」此外，他們還認為中國利用其「在國際體系中的重商主義力量」為自身攫取國家利益，以此為據把中國政治上的反自由主義與其對外經濟關係聯繫起來。[35]

更加「鷹派」的批評者，諸如彼得‧布魯克斯 (Peter Brookes) 和申智慧 (Ji Hye Shin) 等，把西方國家的發展援助與自由主義連繫起來，把中國在非洲的商業競爭描述成零和博弈，將無可避免地威脅到自由主義和西方的優勢地位。他們認為，「中國透過支持非洲國家的政治和經濟壓迫，抗衡來自傳統歐美夥伴給非洲的自由化影響」。[36]

將西方與自由主義聯繫在一起的學者通常認為，中國與非洲發展經濟關係的結果就是使非洲不再受傳統發展機構的影響，包括西方國家的發展援助機構 (如美國國際開發署 [USAID] 和英國國際發展部) 和國際多邊發展援助機構 (如世界銀行、國際貨幣基金組織)。例如,普林斯頓・萊曼 (Princeton Lyman) 在出席美國國會聽證會時指出,中國在非洲的經濟介入「沒有附加諸如改善治理、財政自律或其他西方國家給予援助時開出的條件」。美國外交關係協會 (Council for Foreign Relations) 在 2008 年 6 月發表的一份報告中呼應了上述觀點:

> 中國的營商模式破壞了當地改善治理的努力,以及世界銀行、國際貨幣基金等國際組織推動的宏觀經濟改革。其中尤以樂於行賄為禍最烈,「透明國際」(Transparency International) 提供的材料可以佐證。[37]

著名學者丹尼斯・塔爾 (Denis M. Tull) 和伊恩・泰勒 (Ian Taylor) 提出,中國與非洲國家的經濟關係的確含有政治不自由的成分,但很難說這是中國無心還是有意為之。他們認為,「很難得出結論,認為中國大舉重返非洲就一定會導致負面的政治發展,認定『幾乎肯定不會對這塊大陸的和平、繁榮和民主有任何貢獻』。」[38]克里斯・奧爾登 (Chris Alden) 在 2007 年出版的著作《中國在非洲》(*China in Africa*) 的「反自由的政權」章節中,解釋為什麼他相信中國對非洲資源類大宗商品的需求必然強化其與專制政權做生意的趨勢:

> 從中國的角度來說,這些經濟大多和非洲精英階層的利益密切相連。在這些國家的資源行業快速投資,所面臨的障礙比起在一個制度健全、信守憲法的國家要少。[39]

2010 年,埃里克・基斯 (Eric Kiss) 和周曉 (Kate Zhou) 指出,中國「對腐朽野蠻的新世襲體制的默許,正在 (非洲) 遭到越來越多的反對」。[40]

一個宏大的視野

本書採用「深描法」（"thick description" approach）來審視中非關係的特徵與含意。第1章中我們回溯中非關係的歷史，其後五章分別考察中非關係中的五個具體議題：政治、貿易、投資與對外援助、軍事、媒體與社會關係。結論則基於我們的研究作出展望。

在即將展開的第1章，我們力圖呈現對中非關係史最廣泛、最全面的考察。對於中國與整個非洲大陸、各地區和特定國家間的關係，都分別窮本溯源探究，並將之置於關係史的整個發展鏈條討論。我們討論中非關係的歷史起點甚至遠至鄭和下西洋航至東非之前，年代分野包括以前被忽視的清朝時期，1949之前的民國年代，中華人民共和國與1950年代至1970年代的非洲民族解放運動，以及當代新興的經濟與政治夥伴關係。

在回溯政治關係的一章，內容包括中華人民共和國尋求非洲國家外交承認，中國共產黨運用「人民團體」發展同非洲的政治關係，以及1977年後建立正式的黨際政治關係。本章還按程度和性質考察中國同非洲國家廣泛的政治和軍事關係，包括從早期的對解放運動提供武器，到現在的軍備轉讓、訓練軍隊和高層軍事交流。

接下來的幾章，我們分別考察中國對非洲國家的貿易、投資和援助。在審視投資和援助的歷史發展過程後，我們強調了要精確量度它們的困難。中國已經是非洲國家對外貿易的重要組成部分——特別是對非洲國家的消費品進口和資源產品出口而言，但非洲仍然只在中國的全球貿易中佔據很小份額。因此，我們收集整理來自國際貨幣基金組織和聯合國的數據，首次發布涵蓋1938年以及從1948年至2010年間的中非貿易數據集。我們還討論中國官方的新華通訊社、中非教育和職業培訓、文化與語言交流、孔子學院、在非洲的華人社區以及在中國的非洲人社區等範圍廣泛的諸多話題。
我們相信，人際交流的擴展，特別是精英層面關係的發展，為未來
幾十年的中非長期合作奠定基礎。在第7章結論部分，我們並不局
限於對過去和當前問題的分析，而是放眼於今後中非關係走向的某
些大趨勢。隨着雙方關係漸趨成熟，未來將如何發展？會有哪些機
遇與問題出現？這部分包括關於中非關係的八個遠景展望，均以全
書提供的事實材料和分析為依據。總而言之，本書力圖從最為寬廣
的視野來展示中非關係在過去百年的歷史延續和變化。

註釋

1. 譯者註：于子橋教授是于右任的後人，曾任伊利諾斯大學東亞與太平洋研究
   中心主任，長期從事非洲問題研究，特別專注於中國對非政策。他於1981年
   訪問中國大陸，並於1984年率領美國非洲學家代表團再次訪問中國，開啓了
   中美非洲研究學者間的交流。布魯斯·拉金教授長期在加州大學聖克魯斯分
   校政治學系任教，早在1971年即出版了關於中非關係的著作 *China and Africa:
   The Foreign Policy of the People's Republic of China 1949–1970*。阿拉巴·奧貢桑沃
   是尼日利亞外交官、學者，1974年出版 *China's Policy in Africa 1958–71*。
2. 所訪問的非洲國家包括安哥拉、埃及、埃塞俄比亞、肯尼亞、利比里亞、尼
   日利亞、南非、蘇丹和斯威士蘭。到訪中國城市有北京、廣州、杭州、香
   港、金華、南京、青島和上海。
3. 公元1405–1433年間，鄭和率艦隊七次遠洋航行，最遠到達東非。
4. "Country Comparison: GDP (purchasing power parity) 2010 est.," CIA World
   Factbook official website.
5. 譯者註：中國與非洲國家合作建立「經貿合作區」的倡議，始於2006年11月
   在北京召開的「中非合作論壇」峰會，當時國家主席胡錦濤宣布：「在今後三
   年內，在非洲地區建設三至五個境外經濟貿易合作區。」2007年2月4日贊比
   亞—中國經濟貿易合作區正式揭牌，是為中非之間首個經貿合作區。2019年
   底，由中國投資主體在非洲設立並通過商務部確認考核的合作區共有四個。
6. 譯者註：根據「國家漢辦」官方網站，截至2019年6月共有59所孔子學院遍佈
   非洲44個國家，另有附設在中小學的「孔子課堂」41個。
7. "Africa: China-Africa — an Economic Partnership," FOCAC official website, 14 Sept
   2010; Kenneth King, "China-Africa Human Resource Development: Partnership or
   One-Way?" *Pambazuka News* 497, 23 Sept 2009.

8. 譯者註：到2013年11月，岡比亞宣布與台灣斷交，但該國直到2016年3月才與北京恢復中斷了21年的外交關係，當時民進黨的蔡英文已當選台灣總統，還有兩個月便上任。

9. 譯者註：按現有文獻披露，江澤民最早在1996年7月的一次工作視察時提出「走出去」的說法，當時他剛結束對非洲六國的訪問回國。在1997年12月24日的全國外資工作會議上，江澤民首次把「走出去」作為重要戰略提出來，並置於國家發展戰略的重要位置。2000年1月20日，江在中央政治局會議上將「抓緊實施『走出去』戰略作為涉及黨和國家工作全局、需要進一步研究和抓緊解決的七個重大問題之一」提出。2002年11月8日，江在中共「十六大」發表的政治報告，稱「實施『走出去』戰略是對外開放新階段的重大舉措」。

10. 譯者註：中國總理周恩來在1964年1月訪問埃塞俄比亞，並與海爾‧塞拉西國王會面，但兩國在1970年11月才正式建交。海爾‧塞拉西在1974年國內政變後下台。

11. 譯者註：聯合民族獨立黨（民獨黨）於1959年5月成立，1964年10月24日贊比亞獨立時，由該黨領袖卡翁達任首任總統。1973年卡翁達取消多黨制，實行由民獨黨執政的「一黨民主制」。1990年贊比亞恢復多黨制，1991年全國大選結束了民獨黨長達27年的執政黨地位，此後至2019年該黨一直在野。贊比亞是第一個同中國建交的南部非洲國家，獨立第二天即宣布與中國建交，1964年10月29日兩國正式建立外交關係並互派大使。民獨黨執政期間一直擔任總統的卡翁達稱中國為「可信賴的全天候朋友」。

12. 譯者註：「多黨民主運動」在1991年至2011年執政，「愛國陣線」（Patriotic Front）在2011年9月至2019年執政。中國外交部在官網稱：「多黨民主運動於1991年執政後，中贊關係在原有的基礎上繼續發展」，「愛國陣線上台執政後，兩國友好合作關係繼續穩步發展。」

13. Bruce D. Larkin, *China and Africa 1949–1970: The Foreign Policy of the People's Republic of China* (Berkeley: University of California Press, 1971).

14. 在1978年以前，中國的外交政策幾乎就是中國在第三世界角色的同義詞，中非關係在中國外交得到相當的重視。參見 G. W. Choudhury, *China in World Affairs: The Foreign Policy of PRC since 1970* (Boulder, Colo.: Westview, 1982); King C. Chen, *The Foreign Policy of China* (Miami: East West WHO, 1972); Michael B. Yahuda, *China's Role in World Affairs* (London: Croom Helm, 1978). 關於專門針對中國與第三世界關係的研究，參見 W. A. C. Adie, "China, Russia and the Third World," *China Quarterly* 11 (July–September 1962): 200–213; Wolfgang Bartke, *China's Economic Aid* (London: Hurst, 1975); Janos Horvath, *Chinese Technology Transfer to the Third World: A Grants Economy Analysis* (New York: Praeger, 1976); Alvin Z. Rubinstein, ed., *Soviet and Chinese Influence in the Third World* (New York: Praeger, 1975); Charles Neuhauser, *Third World Politics: China and the Afro-Asian People's Solidarity Organization 1957–1967*, Harvard East Asian Monographs 26 (Cambridge, Mass.: Harvard University Press, 1970); Shen-Yu Dai, *China, the Superpowers and the Third World* (Hong Kong: Chinese University of Hong Kong, 1974); Udo Weiss,

"China's Aid to and Trade with the Developing Countries of the Third World," in Centre d'Étude du Sud-Est Asiatique et de l'Extrême-Orient, *China and the Current Era of Deténte* (Brussels: Université Libre de Bruxelles, 1974); George T. Yu，"China and the Third World," *Asian Survey*, 11 (1977): 1036–48.

15. 這些專著分別是Sven Hamrell and Carl Gosta Widstrand, eds., *The Soviet Bloc, China and Africa* (Uppsala: Scandinavian institute of African Studies, 1964); John C. Cooley, *East Wind over Africa: Red China's African Offensive* (New York: Walker, 1965); Emmanuel John Hevi, *An African Student in China* (New York: Praeger, 1963); Emmanuel John Hevi, *The Dragon's Embrace: The Chinese Communists in Africa* (New York: Praeger, 1966).

16. 1974至1976年間出版的關於中非關係的著作包括：Alan Hutchison, *China's African Revolution* (London: Hutchinson, 1975); George T. Yu, *China's Africa Policy: A Study of Tanzania* (New York: Praeger, 1975); Alaba Ogunsanwo, *China's Policy in Africa, 1958–1971* (Cambridge: Cambridge University Press, 1974); Martin Bailey, *Freedom Railway: China and the Tanzania-Zambia Link* (London: Rex Collings, 1976); Richard Hall and Hugh Peyman, *The Great Uhuru Railway: China's Showpiece in Africa* (London: Victor Gollancz, 1976). 在1970年代，這個領域內至少還有另外三本著作：Bruce D. Larkin, *China and Africa, 1949–1970: The Foreign Policy of the People's Republic of China* (Berkeley: University of California Press, 1971); Richard Lowenthal, *Model or Ally? The Communist Powers and the Developing Countries* (New York: Oxford University Press, 1977); Warren Weinstein, ed., *Soviet and Chinese Aid to Africa* (New York: Praeger, 1980).

17. Cecil Johnson, *Communist China and Latin America 1959–1967* (New York: Columbia University Press, 1970); Yitzhak Schichor, *The Middle East in China's Foreign Policy* (New York: Cambridge University Press, 1979); Leo Suryadinata, *"Overseas Chinese" in Southeast Asia and China's Foreign Policy: An Interpretative Essay* (Singapore: Institute of Southeast Asian Studies, 1978); Robert G. Sutter, *Chinese Foreign Policy After the Culturnl Revolution, 1966–1977* (Boulder, Colo.: Westview, 1978); Melvin Gurtov, *China and Southeast Asia, the Politics of Survival: A Study of Foreign Policy Interaction* (Baltimore: Johns Hopkins University Press, 1975); Joseph Camilleri, *Southeast Asia in China's Foreign Policy* (Singapore: Institute of Southeast Asian Studies, 1975); James C. Hsiung, *Beyond China's Independent Foreign Policy: Challenge for the U.S. and Its Asian Allies* (New York: Praeger, 1985).

18. 譯者註：有西方輿論認為，中國不遵守國際規則慣例、一意孤行支持非洲的一些「流氓國家」，從而破壞了以發展援助促進善治的目標。這個詞語最早由美國《外交政策》(*Foreign Policy*) 雜誌主編摩奈姆 (Moisés Naím) 提出，他在2007年2月15日於《紐約時報》發文，形容中國對非洲的金錢援助是「流氓捐助」(rogue aid)。

19. Richard Bernstein and Ross H. Munro, *The Coming Conflict with China* (New York: Knopf, 1997); Bill Gertz, *The China Threat: How the People's Republic Targets America*

(Washington, D.C.: Regnery, 2000); Robert D. Kaplan, "How We Would Fight China," *Atlantic Monthly* (June 2005).

20. 關於「結構現實主義」(structural realist) 觀點，參見 John J. Mearsheimer, *The Tragedy of Great Power Politics* (New York: Norton, 2001); Aaron L. Friedberg, "The Struggle for the Mastery of Asia," *Commentary*, November 2000; Aaron L. Friedberg, "Ripe for Rivalry: Prospects for Peace in a Multipolar Asia," *International Security* (Winter 1993/94); Ashley Tellis, "A Grand Chessboard," *Foreign Policy* (January/February 2005).

21. 關於中國經濟的脆弱性和對開放政策的持續依賴，參見 George J. Gilboy, "The Myth Behind China's Miracle," *Foreign Affairs* (July/August 2004); Nicholas R. Lardy, *Integrating China into the Global Economy* (Washington, D.C.: Brookings Institution Press, 2002). 關於社會的脆弱性和不安定，參見 Murray Scot Tanner, "China Rethinks Unrest," *Washington Quarterly* (Summer 2004). 關於經濟與社會脆弱性如何限制其行動能力，參見 Phillip C. Saunders and Erica Strecker Downs, "Legitimacy and the Limits of Nationalism: China and the Diaoyu Islands," *International Security* (Winter 1998–1999). 與這個因果關係多少有點矛盾的審慎樂觀觀點，出現在這篇文章：Alastair Iain Johnston, "Is China a Status Quo Power?" *International Security* (Spring 2003).

22. Evan Medeiros and M. Taylor Fravel, "China Take Off," *Foreign Affairs* (November/December 2003); David Sharr, "China's Engages Asia: Reshaping the Regional Order," *International Security* (Winter 2004/2005); Rosemary Foot, "Chinese Power and the Idea of a Responsible State," *China Journal*, January 2001; 要了解更多描述，可參見諸如：Jane Perlez, "The Charm from Beijing: China Strives to Keep Its Backyard Tranquil," *New York Times*, 8 October 2003; Amitav Acharya, "China's Charm Offensive in Southeast Asia," *International Herald Tribune*, 8–9 November 2003; Philip Pan, "China's Improving Image Challenges U.S. in Asia," *Washington Post*, 15 November 2003.

23. 譯者註：非洲發展新夥伴計劃 (NEPAD) 是 2001 年 7 月在贊比亞首都盧薩卡召開的第 37 屆非洲統一組織 (OAU) 首腦會議上一致通過的，2002 年獲接替「非統」組織新成立的非洲聯盟批准接受。該計劃的目標是減貧、促進可持續發展、阻止非洲在全球化進程中被邊緣化、提高婦女地位、推動非洲融入全球經濟體系。計劃內容主要包括六大板塊：農業與糧食安全、氣候變化與自然資源管理、基礎設施與區域互聯互通、人力資源培育、經濟發展與公司治理、跨領域問題等。非洲之外的主要國際夥伴有英國國際發展部、德國國際合作機構 (Deutsche Gesellschaft für Internationale Zusammenarbeit, GIZ)、聯合國開發計劃署 (UNDP)、聯合國糧農組織 (FAO)。

24. Joshua Cooper Ramo, *The Beijing Consensus* (London: Foreign Policy Centre, 18 June 2004), pp. 3-4.

25. Ibid., p. 4.

26. Alain Gresh, "Understanding the Beijing Consensus," *Le Monde Diplomatique*, 3 November 2008.

27. Deborah Brautigam, *The Dragon's Gift: The Real Story of China in Africa* (London: Oxford University Press, 2009), p. 307.

28. Ibid., p. 311–12.

29. Barry Sautman and Yan Hairong, "Friends and Interests: China's Distinctive Links with Africa," in Dorothy-Grace Guerrero and Firoze Manji, eds., *China's New Role in Africa and the South: A Search for a New Perspective* (Oxford and Bangkok: Fahumu and Chulalongkorn University), p. 113.

30. Jing Men, "China and Africa: Old Friends, New Partners," in Dennis Hickey and Baogang Guo, eds., *Dancing with the Dragon?: China's Emergence in the Developing World* (New York: Rowman and Littlefield, 2010), p. 139.

31. 沙伯力 (Barry Sautman)，個人訪談，2007年12月12日。此説起源可追溯至「依附論」(dependency theory)。參見Patrick J. McGowan, "Economic Dependence and Economic Performance in Black Africa," *Journal of Modern African Studies* 14, I (March 1976); Michael B. Dolan and Brian W. Tomlin, "First World Third World Linkages: External Relations and Economic Development," *International Organization* 34, 1 (Winter 1980); James A. Caporaso, "Dependence, Dependency, and Power in the Global System: A Structural and Behavioral Analysis," *International Organization* 32, I (1978).

32. 在非洲，重要的中國問題專家有：阿里‧阿卜杜拉‧阿里 (Ali Abdulla Ali)（蘇丹喀土穆大學，Khartoum University)、瓦里斯‧奧耶錫納‧阿里 (Waris Oyesina Ali)（尼日利亞國際問題研究所，Nigerian Institute of International Affairs)、薩努沙‧奈度 (Sanusha Naidu)（南非人文科學研究理事會，Human Sciences Research Council)、伊麗莎白‧西迪羅普洛斯 (Elizabeth Sidiropoulos)（南非國際問題研究所，South African Institute of International Affairs)和加思‧謝爾頓 (Garth Shelton)（南非金山大學，University of the Witwatersrand)。中國的知名非洲問題專家有：賀文萍 (中國社會科學院)、李安山 (北京大學)、劉鴻武 (浙江師範大學)、王洪一 (中國國際問題研究院)，王鶯鶯 (中國國際問題研究院)、徐偉忠 (中國現代國際關係研究院)、楊光 (中國社會科學院)、楊麗華 (中國社會科學院)。

33. "President Hu to Visit Africa to Consolidate Friendship," *China Daily*, 4 February 2009. 這是中國政府官員造訪非洲時總愛用的一套説辭。2004年9月胡錦濤接見訪華的加蓬總統邦戈時強調，「中國珍視中非傳統友誼，堅定支持非洲的發展與振興。」參見中國外交部網站，2004年9月9日。另參見Liu Guijin, "A Peacefully Rising China, New Opportunities for Africa," in Garth Le Pere, ed., *China in Africa: Mercantilist Predator, or Partner in Development?* (Johannesburg: South African Institute of International Affairs, 2007), p. 16; Sautman and Yan, p. 90–91.

34. "Hu Jintao Meets with Gabonese President, Comoros President and African Union Commission Chairman", 中國外交部網站，2006年11月1日。

35. Naazneen Barma and Ely Ratner, "China's Illiberal Challenge," *Democracy: A Journal of Ideas* 2 (Fall 2006): 57, 61, 63–64.

36. Peter Brookes and Ji Hye Shin, "Backgrounder #1916, China's Influence in Africa: Implications for the United States" (Washington, D.C.: Heritage Foundation, 22 February 2006), http://www.heritage.org/research/asiaandthepacific/bgl 916.cfm.

37. Stephanie Hanson, "Backgrounder: China, Africa, and Oil" (Washington, D.C.: Council on Foreign Relations, 6 June 2008).

38. Denis M. Tull, "China's Engagement in Africa: Scope, Significance and Consequences," *Journal of Modern Africa Studies*, 44, 3 (2006): 476. 另參見 Ian Taylor, "The 'All' Weather Friend'? Sino-African Interaction in the Twenty-First Century," in Ian Taylor and Paul Williams, eds., *Africa in International Politics: External Involvement on the Continent* (London: Routledge, 2004), p. 99.

39. Chris Alden, *China in Africa* (New York: Zed Books, 2007), p. 70.

40. Eric Kiss and Kate Zhou, "China's New Burden in Africa," in Hickey and Guo, p. 156.

第 1 章

中非關係史回顧

非洲與帝制中國：從貿易起步

把非洲與中國聯繫起來的第一根紐帶是貿易。中國學者高晉元指出，埃及女王克婁巴特拉 (Cleopatra，公元前 51 年至前 30 年在位) 據説曾穿着很可能是來自中國的絲綢。約在公元 166 年，漢朝皇帝收到了羅馬皇帝的贈禮，其中有些源自東北非，當其時埃及正在羅馬治下。[1] 中國駐肯尼亞前大使安永玉稱，在非洲出土了中國漢代 (前 206–公元 220 年) 的文物。[2] 英國學者巴茲爾‧戴維森 (Basil Davidson) 也同意，中國商品早在公元之初就曾遠抵紅海、地中海，乃至今天蘇丹北部的麥羅埃 (Meroë) 古城。[3]

英國商人、旅行家兼作家菲利普‧斯諾 (Philip Snow) 關於中非關係的流行觀點，也認同中國學者把雙方貿易關係追溯遠至漢朝的説法。[4] 英國的東非專家 W.H. 英格拉姆斯 (W.H. Ingrams) 根據 1930 年可取得的資料，提出中國與東非沿海地區的貿易應開端於較晚時期，可能始自唐朝 (公元 618–907 年)。[5] 隨着越來越多證據的出現，現在我們知道中非貿易開始的時間比大多數學者曾經認為的更早。

　　起初，中國與非洲的貿易大部分局限於這塊大陸的東北部、東部沿海地區和西印度洋上的一些島嶼。如今，幾乎全部54個非洲國家（如果計入尚存爭議的西撒哈拉，則是55個國家）都與中國有貿易關係。[6]儘管早期貿易的數據已無從查考，但掌故軼事和考古證據都有力支持中非商業關係的歷史存在。有證據表明，早在鄭和艦隊於十五世紀初到達東非海岸之前，就有中間商往來中非之間經營貿易，多為阿拉伯水手。[7]然而，帝制中國向來不將與非洲或其他異域間的商業往來理解為貿易。儒家教條一向對此鄙視，僅視之為番邦進貢、蠻夷來朝，以示遠人畏服、皇恩浩蕩。[8]

　　中非早期貿易只涉及到非洲有限的地理區域，其中的商品構成目前已有廣泛的共識。在埃及、肯尼亞、桑給巴爾（Zanzibar）的考古發掘出土了唐代瓷器和錢幣；從索馬里海岸到坦桑尼亞南部沿岸，乃至津巴布韋內陸地區，發掘出宋代（960–1279年）錢幣和瓷器以及元代（1279–1368年）的瓷器；明代（1368–1644年）瓷器的蹤蹟則分佈更廣，包括馬達加斯加、蘇丹薩瓦金（Suakin）港、厄立特里亞海岸，以及南非的德蘭士瓦（Transvaal）。[9]還有許多中國商品經不起歲月的銷蝕，沒有留下任何考古學證據。中國史料記載表明大米是輸往索馬里和斯瓦希里沿海地區的重要商品，而紡織品特別是彩緞彩絹在整個東非地區都廣為流行。中國還向東非大部地區出口檀香、胡椒、豆子、象牙箱篋、漆器、工藝品、紅白棉布，以及金、銀、銅等。[10]

　　非洲輸向中國的物品則多為奇珍異寶，包括象牙（中國人歷來認為非洲象牙優於亞洲象牙）、犀角、乳香、沒藥、玳瑁、蘆薈、寶石和名木。中國也會進口些安息香脂，以及其他多種藥用、日用的植物香脂。最珍奇的非洲物品可能是龍涎香（ambergris），古代中國人一直認為這是龍流出的口水凝結而成。龍涎香其實是抹香鯨的腸道分泌物，以蠟狀形式漂流於熱帶海域，可製香料，常見於索馬里沿海。偶爾，中國也會引進些長頸鹿、斑馬、鴕鳥和其他非洲動物。[11]

儘管在東非地區由阿拉伯人主導的奴隸貿易一度猖獗，但似乎這些奴隸很少到達中國。據載，公元977年曾有一位阿拉伯使節帶着一名非洲奴隸來至中國朝廷。[12] 荷蘭漢學家戴聞達 (J. J. L. Duyvendak) 則堅稱，遠赴中國的非洲奴隸並不鮮見。[13] 美國學者兼民權領袖杜波依斯 (W. E. Burghardt Du Bois) 和哥倫比亞大學教授格雷厄姆 · 歐文 (Graham W. Irwin) 也認同曾有非洲奴隸輸入中國的說法。[14] 雖然承認在中國有黑人奴隸存在，但地理學家保羅 · 惠特利 (Paul Wheatley) 認為不能肯定他們就是來自於非洲，他們也有可能是來自巴布亞 (Papua) 或美拉尼西亞 (Melanesia)，[15] 其中一些可能是由阿拉伯奴隸販子由非洲輸入。[16] 斯諾 (Philip Snow) 關於中國的非洲奴隸的說法是最廣泛的，認為他們很可能來自馬達加斯加和科摩羅群島。如果他們確實是阿拉伯奴隸貿易的一部分，那麼他們極有可能來自東非地區。根據公元1119年的一份史料，黑人奴隸當時就已經聚集在廣東地區，被富人蓄養。主人家未必一定是中國人，也可能是定居在廣東的伊斯蘭商人。斯諾指出，後來葡萄牙人把非洲奴隸帶到了澳門。[17]

面對面接觸

中國人與非洲人之間的第一次面對面接觸究竟發生於何時，迄今無定論。史載古波斯安息國王曾在公元前112年派遣一名埃及魔術雜技藝人「黎軒善眩人」，到達西安。[18] 這基本上是有記載的中非之間最早的文化交流，也很可能是中國和非洲民眾的首次個人接觸。[19] 有學者認為，中國人最早於公元一世紀前期至三世紀前期之間經由陸路抵達埃及亞歷山大城，但此說證據不夠有力。[20] 高晉元寫到，唐朝軍官杜環在與阿拉伯人的戰爭中被俘，獲釋後遊歷非洲，終於來到瘧疾肆虐的黑人國度「摩鄰國」。[21] 有學者認為摩鄰國即今天肯尼亞沿岸的馬林迪 (Malinda)，也有人認為應是紅海西岸、埃及東岸的某地，甚或是摩洛哥。[22] 斯諾稱杜環旅程最終止於埃塞俄比亞阿克蘇姆 (Axum) 王國的紅海之濱，今屬厄立特里亞的某地。[23] 無論如何，杜環是第一個記錄了非洲的中國人，他留下的文字對於我們理解非洲的一些未知之地至為重要。[24]

俄羅斯漢學家維克托・威爾加斯 (Viktor Velgus) 提出一個假說，認為中國人可能早在公元八世紀時就已遠航至東非，但他也承認並無證據表明中國人可以在那麼早的年代就經由海路到達這塊大陸。[25] 公元 1071 和 1083 年之間，桑給巴爾使者兩次造訪廣州，均蒙受北宋皇帝的恩眷。[26] 中文文獻中最早關於非洲的記載出現在唐代。從公元十世紀到十四世紀，中國的地理學家和史家對於東非和西印度洋島嶼的知識不斷增長，而這些大部分都是從來華外國人那裏打聽獲取的二手信息得來。例如著名的摩洛哥旅行家伊本・白圖泰 (Ibn Battuta) 在公元 1347 年來華，到訪了泉州、廣州、杭州和北京等地。[27]

元代航海家汪大淵聲稱在十四世紀上半葉兩度航行跨越印度洋，許多中國人認為他到達了東非海岸。然而，很清楚的是，直到明朝 (公元 1368–1644 年) 初年鄭和艦隊舉世聞名的遠航之前，中國在走到非洲方面所作的努力甚少。[28]

明太祖洪武皇帝深知制海權之重要。他為其子永樂皇帝留下了一支強大的海軍，用以探索國門之外的遙遠世界。這父子兩代君王都鼓勵番邦外國發展與中國的商業關係。[29] 這就催生了到當時為止中非關係史上最重要的事件——鄭和下西洋。[30] 鄭和是穆斯林，也是永樂帝宮廷中的太監。他率領遠航七次的中國艦隊，在規模上可匹敵西班牙無敵艦隊。其中第五次航行（公元 1417–1419 年）到達了索馬里海岸（摩加迪沙、布拉瓦、基斯馬尤），並極有可能到達了肯尼亞沿岸的馬林迪，也可能到過更遠處的蒙巴薩和坦桑尼亞的馬非亞群島。公元 1416 至 1423 年間，布拉瓦和摩加迪沙四次向中國遣使入貢，1416 年也是馬林迪最後一次遣使來華。第六次下西洋（公元 1421–1422 年）期間，鄭和艦隊派遣了一支分艦隊回訪了索馬里沿海地區。[31]

隨着鄭和時代的結束，中國與東非海岸的密切往來戛然而止，中國重回到對國內事務的關注。明英宗在 1436 頒旨禁止建造遠洋海船，戰艦修造也即停工。此後，帝制中國所掌握的海權再也沒有恢復到它在宋末、元代和明初時曾有的地位。不同於其他大多數在早期到達非洲海岸的異邦人，中國人既不是征服者也不是移民，他們只是航海家和商人。他們並沒有在非洲留下文化遺蹟或血脈後裔。[32] 斯諾將中國人與以後到來的歐洲人作了比較，認為中國人對待非洲人顯得有禮有節，而且最重要的是中國人突然離開了非洲，並從此不再理會非洲。[33]

當今的中國領導人緬懷鄭和時代，表明中國當前的「走出去」政策不具威脅性。中國國務委員戴秉國在 2010 年出席東盟秘書處活動時說：「至今鄭和仍被稱頌為友誼與和平的使者」，「中國並不可怕。」[34] 中國考古學家於 2010 年來到肯尼亞，開始挖掘一艘據稱是屬於鄭和船隊的沉船。新加坡東南亞研究所的歷史學家傑夫·韋德（Geoff Wade），專事翻譯有關鄭和遠航的明代文獻，對鄭和溫和冒險家的形象提出質疑。韋德稱，史料表明鄭和艦隊武備精良，

參與過至少三次大型的軍事行動，分別涉及爪哇、蘇門答臘和斯里
蘭卡。[35]

前述中非關係的中斷，可以歸因於明朝廷內部的宦官集團與文
官集團之間的權力鬥爭。宦官集團在海禁放開的年代勢焰日熾，文
官集團甚為忌憚，於是毀謗海上貿易內失之奢費、外制於蠻夷。最
終，文官取得勝利。在中國統治者禁絕船隻修造和海上貿易的同
時，歐洲人在十五世紀末、十六世紀初來到了亞非兩洲。此後，即
使非洲人想繼續向中國遣使交通，也被歐洲人橫加阻撓。[36]

回顧相關中文文獻，亞洲學者王賡武同意這樣的觀點：中國的
統治階級斷定遠洋航行靡費無當，毫無必要，因而禁絕也不會損及
中國的經濟、政治地位。他歸納這些觀點形成的結論是，不管當時
中國航海技術有多先進，也不管對非洲的認識達到什麼水平，都與
其和印度洋西岸之間的貿易拓展無關。鄭和艦隊所取得的成就和其
所掌握的世所公認的航海技術，對於後來的統治者的海洋決策影響
甚微，甚至面對盈利豐厚的海上貿易，也難令之心動。[37]

華工華商來到非洲

在中非基本斷絕往來的漫長歲月，僅有的聯繫是中間商居中貿
易，以及到麥加朝觀的中國穆斯林順道到訪埃及。隨着華工華商前
往非洲謀生，中非關係有了再一次的重大發展。在地理上離中國最
近的非洲西印度洋諸島以及南非，成為這批規模不大的中國移民第
一站。斯諾寫到，法國的德斯坦伯爵 (Comte d'Estaing) 在 1760 年從
蘇門答臘拐騙了 300 名華人到毛里求斯的農田務工。但這批人過去
都是商販，並不願意做農工，因此德斯坦又把他們送回了蘇門答

臘。1783 年，乘坐英國、法國和丹麥船隻到達毛里求斯的華人逾三千人。後來英國從法國手中奪取了毛里求斯，1829 年又輸入了一批華人到甘蔗種植園務工。歐洲甘蔗種植園主人對待華工仿如奴隸，激起華工反抗但結果失敗。直到 1846 年，每年估算約有 50 名華人來到毛里求斯。在外國政府施壓之下，清朝政府終於在 1860 年認可子民有權離鄉移民海外。[38]

福建和廣東商人在 1750 年後不久就把毛里求斯納入了中國的貿易版圖。1770 年，兩名華人在毛里求斯開闢了一個茶葉種植園，到 1817 年島上的唐人街已小有規模。根據 1840 年代中期的一份材料記載，華商已主導了當地主要城市路易港 (Port Louis) 的市場。到了 1880 年代中期當地華人已達數千之眾。西印度洋地區第一份華文報《毛里求斯華文報》於 1895 年創刊，彼時毛里求斯已有三千名華人，島上最早一批工廠有些即由華人創辦。世紀之交時，當地逾八成華人都從事貿易，他們於 1909 年組織成立商會。商會獲授權管理華人移民入境事務，並行使通常領事所被賦予的職能。二十世紀初期，毛里求斯已有 25 至 30 個華人宗族，主要是客家人（歷史上從中國北方一路艱苦跋涉到東南沿海定居的華人族群，其中一部分後來遷徙至東南亞）和廣東人。1901 年毛里求斯華人有 3,500 多人，1911 年不超過 3,700 人。[39]

根據研究馬達加斯加華人的權威萊昂・斯勞維基 (Leon Slawecki)，沒有證據表明華人在十九世紀中期以前就到達了馬達加斯加。有關記載表明，華人第一次出現在馬達加斯加是在 1862 年於東海岸的圖阿馬西納 (Toamasina，舊稱塔馬塔夫，Tamatave) 農村。1866 年在西北沿海的貝島 (Nossi Bé) 有六名華人，在 1870 年代又有華人到達圖阿馬西納。1880 年代末期，一小群華人勞工曾在島北端的安齊拉納納 (Antsiranana，舊稱迭戈・蘇亞雷斯，Diego

Suarez）短暫停留。永久性移民最早是福建人，隨後廣東人旋踵而至。1893年，馬達加斯加島上約有40名華人。到十九世紀末，此處已有大量的華人往來，其中許多經過毛里求斯、法屬留尼汪、科摩羅群島。1896法國完全征服馬達加斯加後，更多中國人紛至沓來。當年到達的首批1,025名華人苦力，參加了修建從地處內陸的首都塔那那利佛（Antananarivo）通向海港圖阿馬西納的道路。[40]最終共有逾三千名華工參與到連同此道路在內的多個公共工程項目，包括一條於1901年動工連接兩地的鐵路，此外還有農業生產。然而，這些華工並沒有成為今日當地華人族群的先祖。法國殖民當局要求這些華工在項目合同到期後必須離境，幾乎所有擅自逃離的人都被當局悉數抓獲並予以驅逐出境。1904年的人口調查數據顯示，島上有452名華人，當中包括三名婦女、六名兒童。至1910年時，華人估算增至約540人，包括11名婦女、17名兒童。這些早期華人移民多來自毛里求斯和留尼旺，馬達加斯加的永久華人社區開始成型。[41]

塞舌爾群島開始有人定居的歷史比毛里求斯和馬達加斯加要晚得多，如今諸島總人口僅約十萬左右。理所當然地，早期華人人數也必寥寥。有稱第一位華商在1863年來到塞舌爾。[42]不過，1871年的人口統計資料中並沒有提及華人的存在。1886年，23名華商抵達塞舌爾群島。人口統計表明，1891年有45名華人，1901年有110人，1911年有81人。[43]在一項於1907年發表的塞舌爾研究，一位英國地理學家稱當地僅有「數名」他稱為新移民的華人小店主。[44]在清朝末年，塞舌爾的華人社群規模遠比不上毛里求斯和馬達加斯加。

關於早年華人在非洲的活動，最引人入勝且紀錄得最全面的或許是南非。從1658年開始，荷蘭東印度公司向好望角地區輸入奴隸。這本是一塊該公司用來流放罪犯的殖民地，專門安置來自東印度群島巴達維亞（Batavia，今印尼雅加達）的刑事犯和政治犯，當中也有小量中國人的身影，據稱主要是來自福建省。這些華人罪犯的人數從沒超過50或100人，一般被分配去做編製籮筐、捕漁或是泥瓦匠。他們在刑滿或獲特赦後，或是返回巴達維亞，或是留在當地成為「黑人自由民」（這個詞所指人群不僅是非洲裔，也含亞裔）。到1740年代，約有十多名華人在當地經營餐館，或做貿易、船具供應商和工匠。到十八世紀下半葉，華人自由民的人數有所下降。整個十九世紀，南非各地的行政司法當局對華人移民政策變化無常。結果是，華人人口增長不大，儘管在1867年南非發現鑽石礦和1886年發現金礦後，華人一度大量湧入。[45]

南非研究華人勞工問題的歷史學家凱倫·哈里斯（Karen Harris）指出，二十世紀初該國華人總數不足五千人。但在1904年《中英會訂保工章程》（Anglo-Chinese Labour Convention）和《德蘭士瓦港勞工輸入條例》（Transvaal Labour Importation Ordinance）允許輸入契約勞工到金礦工作後，局面發生了很大的變化。南非當局出於種族關切，同年推出《排華法案》（Chinese Exclusion Act），旨在阻止華人永久居留該國。歐洲的礦業公司僱傭了63,695名契約華工到德蘭士瓦的金礦打工，合同規定他們在當地只能居留三年。合同可以續約，但期滿終結後，這些華工按規定必須返回中國。雖然以獨立移民身份來到南非的少數華人主要來自中國的東南地區，契約華工則主要來自華北省份。[46] 1907年初，金山（Witwatersrand，音譯為「威特沃特斯蘭德」，但當地華人習慣稱為「金山」）礦區一帶約有54,000名華人，佔當地非熟練工人的35%。[47] 到1910年，四個英屬自治殖民地（開普，Cape；納塔爾，Natal；德蘭士瓦；奧蘭治，Orange River）合併為南非聯盟時，這些工人當中僅有2,000人留在了德蘭士瓦，其他人則被遣返回中國。[48]

在白人統治時代的南非，華人的權利和種族地位從一開始就存在爭議。 人數相對較少的華人社群，加入了當年由聖雄甘地 (Mahatma Gandhi) 領導的印度裔社群。甘地在 1893 起就在南非居住，直至 1915 年返回印度去爭取種族接納。印裔聲稱他們也是大英國民，在南非理應享有與白人等同的權利。南非約翰內斯堡廣福堂主席梁佐鋆 (Leung Quinn) 懇請清政府駐倫敦公使館通告南非政府，要求華人不應受南非《亞裔登記法》的管制。[49] 不過，南非當局在二十世紀初的立法令整個亞裔群體都感到失望。在清朝末年，南非政府驅逐或逮捕了不少華人。[50]

南非有着人數相當的華人社群，並由此出現了可能是帝制中國在非洲的第一個也可能是唯一一位的外交代表。南非記者葉慧芬 (Melanie Yap) 和圖書館館員梁瑞來 (Dianne Leong Man) 在有關中國駐南非總領館的深入研究中指出，首位擔任總領事職務的是劉玉麟。他於 1905 年抵約翰內斯堡上任清政府駐南非總領事，直至 1907 年離任，由其秘書劉毅代理職務。1911 年辛亥革命爆發前夕，清政府召回劉毅，並請美國駐約堡領事代行中國總領使的職務。[51]

帝制時代華工到非洲工作，並不限於印度洋島嶼和南非。黃金海岸 (今加納) 的英屬殖民地政府也曾僱傭了小量華工來挖金礦。有新聞報道稱在 1897 年有 16 名至 30 名華人到達，但僅停留了一個月。稍多華人在 1902 年來到，到 1914 年再有約 30 人前來務工。黃金海岸的非洲人普遍反對僱傭華工，殖民地政府於是不再招聘華工。[52]

葡萄牙人曾從廣東輸入數千名華工到葡屬東非 (莫桑比克) 的南部，修建當地第一條鐵路。二十世紀初期，莫桑比克也准許華商進入。到 1912 年，洛倫索馬貴斯 (Lourenço Marques，今馬普托，

Maputo)約有300名華人,另有少數散居在其他沿海城鎮。[53]德國也從山東、上海、福建和廣東帶來約2,000名勞工到其殖民地坦噶尼喀(Tanganyika)修建鐵路。這些華工和當地勞工一起,修建了從達累斯薩拉姆(Dar es Salaam)到姆萬扎(Mwanza)的鐵路。當鐵路於1914年完工時,僅有600名華工存活下來,這些人大部分都返回中國。當地人認為,中國人是他們見到過最為勤勉和誠實的人。現在鐵路沿線還有一個名為「上海」的村莊,當年許多中國勞工曾居住於此。[54]德國人認為,中國苦力也是坦噶尼喀咖啡和烟草種植園僱工的最佳人選。[55]

十九世紀末,比利時着手修建從比屬剛果大西洋沿岸的馬塔迪(Matadi)通向未來的首都利奧波德維爾(Léopoldville,今金沙薩,Kinshasa)的鐵路。由於找不到足夠的非洲勞工,比利時人從澳門招募了550名華人加入當地的築路大軍。當時施工條件極為惡劣,許多勞工喪命或者逃離。據報,其中一些華人此後永久定居當地。1898年,比利時國王利奧波德二世(Leopold II)建立的剛果自由邦與清政府締結了通商友好條約,賦予華人通過購買動產和不動產定居剛果的權利,可以在當地開業和就業。斯諾認為這是中國與非洲之間的第一個正式條約,儘管那時還是殖民地當局。法國人也曾使用華工在西非修建從卡伊(Kayès)到尼日爾河(Niger River)的鐵路。[56]

儘管非洲與帝制中國的聯繫並不算非常多,但內容卻比人們常常提及的雙方貿易往來和十五世紀鄭和船隊遠航至東非更為廣闊。華工遍佈非洲大陸的主要基礎設施項目,儘管最終只有其中極少人定居下來。直到今天,華人來非洲從事建築工程似已成習慣,而中國商人、服務業者移民至毛里求斯、馬達加斯加、塞舌爾、南非和莫桑比克也已成為悠久傳統。一些中國人在當地成為永久居民,最終歸化入籍。有些人徹底融入了當地人群,如在塞舌爾;而有些人則願意保持文化身份不變，如在南非。如今新到非洲的那些中國人，最終也會有不少人留下來成為永久居民。

民國時期的中非關係，1912–1949

1912年1月1日，孫中山建立的中華民國取代清朝(1644–1911年)成為中國的新政府，多年後由蔣介石繼任領袖。民國政府始終忙於維持對國家的控制，但很多時候都以失敗收場。兩次世界大戰，遍地軍閥肆虐，內有共產黨崛起，外有日本侵華，都成為民國領袖的夢魘。凡此種種挑戰，使得當時的中國實際上無從顧及與遙遠的非洲相往來。無論如何，民間時期直到1949年共產黨把國民黨政權逐出大陸趕到台灣，整個非洲大陸也只有三個獨立國家：埃塞俄比亞、利比里亞和白人統治的南非。埃及於1922年從英國治下獲得部分獨立，直到1952年英國支持的法魯克王朝被推翻後才取得完全的主權。[57] 1912年至1949年間，中國與非洲保持的聯繫整體而言有限，只對少數國家給予較多關注，如有着較大規模華人社群的南非和法屬馬達加斯加。令人奇怪的是，民國政府似乎對有着非洲最大華人永久居民群體的英屬毛里求斯漠然視之，其與非洲國家簽訂的兩份協議也令人驚訝。第一份協議是半獨立的埃及與中華民國的《中埃關稅臨時辦法條文》，這個在1930年簽署關於商品貿易最惠國待遇的換文 (exchange of notes)，有效期不足一年。第二份是獨立的利比里亞與中華民國簽署的友好條約，由雙方駐法國的外交代表於1937年在巴黎簽訂，條約於1941年生效。這是中國與完全獨立的非洲國家簽署的第一個條約。然而，利比里亞直至1957年才與中華民國建立外交關係。[58] 在此之前，雙方並沒有實質性的往來。

因為中國國內的穆斯林少數民族，中國對阿拉伯世界特別是埃及保持着特殊興趣。一些中國穆斯林來到埃及的愛資哈爾學校 (Al-Azhar) 學習，這是世界伊斯蘭教育的中心。[59] 1931年，愛資哈爾任命沙國珍 (經名為默罕默德‧易卜拉欣) 為第一位中國籍的院系負責人。[60] 中國對伊斯蘭事務的興趣，促使中華民國與埃及君主政權在1942年建交，湯武成為中國第一位常駐開羅的外交代表。[61] 埃及也於1944年在中國設立了外交代表機構。[62]

隨着中華民國政府在1949年戰敗大陸後遷到台灣，其外交關係也開始動搖。只有七個國家在台灣設立了常駐外交使團，其中沒有一個非洲國家。[63] 當時中華民國對非洲並沒有很強的政治興趣，直到數年後非洲殖民地開始紛紛獨立，情況才發生變化。因為要與中華人民共和國爭奪新生非洲國家的接受與外交承認，兩岸激烈的競爭使中華民國領袖不能掉以輕心。[64] 民國時期中國與非洲獨立國家最重要的外交接觸是南非，因為南非有着最大的海外華人社群之一。在1911年劉毅代總領事被召回之後，由美國駐南非外交機構照管中國利益直至1919年，彼時劉毅返回南非重開總領館。英國政府同時也承認劉毅為駐巴蘇陀蘭 (Bosutoland，今萊索托)、斯威士蘭、貝專納保護地 (Bechuanaland Protectorate，今博茨瓦納) 和南羅得西亞 (South Rhodesia，今津巴布韋) 總領事。劉毅是社會活動家，他和南非各地的華人建立聯繫，向他們募資以維持總領館運作，並毫不避諱地作為華人代表出面直接與南非政府交涉。在這個過程中，他與南非白人政府的領導人發生衝突。劉毅於1930年去職，其後直到1948年，中華民國政府派出的各繼任外交代表均由總領事擔任，其中沒有任何一人任職超過三年。南非當局間中准許當地華人出任重要城市的榮譽領事。在中華民國時期，南非並沒有往中國派駐外交代表或領事人員。[65]

南非的華人社區在民國時期增長緩慢，1911年有華人1,905名，1936年為2,944人，1946年增至4,340人。大部分人住在開普省和德蘭士瓦省，多數人是小商販。他們中的許多人都保持着對中國的高度忠誠，支持中國國民黨。從1920年開始，華人社區在南非幾個最大的城市建立了國民黨支部。抗日戰爭（1937–1945年）把南非華人與中國緊密聯繫起來，他們多次發起募捐籌款支持祖國。當南非作為中國的盟國參加二戰後，南非的白人自由主義者開始譴責長期以來針對華人的歧視政策。然而，在國民黨政權遷至台灣之後，南非華人發現他們又開始面對種族敵意。在這個種族隔離的國家，華人地位改善的前景渺茫。[66]

馬達加斯加有相當多的華人支持中國國民黨，到1947年已發展到有1,500名黨員和27個黨支部。1946年，法國准許中國在首府塔那那利佛開設領事館。首任領事谷兆芬有感共產黨將在中國取勝，遂協助組建了中共黨支部繼而投向中華人民共和國政府。谷兆芬與其部屬在1950年中離開馬達加斯加回到中國大陸，留下一個政治分裂的華人社區。[67]

毛里求斯的華人社區素以和諧社會而聞名，他們一致支持辛亥革命，最終華商總會成為國民黨在當地的正式總部機關。1925年孫中山逝世後，毛里求斯的多數華人轉而效忠蔣介石。一開始他們並不認為共產主義會對儒家價值觀產生威脅，而蔣介石執行的政策視共產黨比日本威脅更甚，頗令他們困惑不解。儘管中華民國政府在1945年於馬達加斯加設立了第一個領事館，但華人社群對國民黨的支持已開始動搖。[68]

在國民黨政權統治大陸時期，它對非洲的涉足一向無關宏旨。中華民國政府集中精力對付日本的入侵和毛澤東領導的共產黨武裝鬥爭。不管它與非洲國家之間的關係有任何問題，通常都是在殖民地宗主國的首都例如巴黎和倫敦舉行談判,中華民國在那裏有派駐的外交代表。中華民國在非洲的興趣所在,也就是有限的貿易往來,以及與非洲大陸和西印度洋上幾個國家的小型華人社群保持聯繫。中華民國直到共產黨在大陸執政後才對非洲興趣大增,它開始向非洲國家施壓,要求這些國家承認它是代表中國的唯一合法政府。

中華人民共和國及域外事件的角色

很多學者都分析過不同時期的中華人民共和國與非洲關係。有些研究極為細緻入微,所述事件的時間跨度只有短短數年;而另一些研究則喜歡宏大敘事,光是概括一個階段就會橫跨十年甚至更長時間。對於1949年後的中非關係按政策變化來歸納年代分期,研究者難達成一致意見。[69]本章中的年代分期同樣是一家之言,但我們相信這是把中非互動交流歸納分類的合理方法。中非關係一直受到中國國內發展和非洲域外因素之影響,至少在中華人民共和國成立之初的二十年裏,曾深受中國對外政策意識形態之左右。[70]考慮到以下幾個原因,這並不令人意外。中華人民共和國只有一個聲音,而非洲國家卻做不到這一點。非洲統一組織(Organization of African Unity)及其承繼者非洲聯盟(African Union)在與中國或其他非洲之外的國家打交道時,都無法傳達所有成員國的聲音。非洲各國之間的差異仍然相當大。諸如南非、埃及和尼日利亞之類的國家,因其龐大的人口和經濟實力,必然比多哥、萊索托和中非共和國等小而窮的國家更容易受到中國的關注。甚至近年,非洲儘管已成為世界石油的主要出口產地之一,但就總體而言對國際政治局勢或全球市場仍影響甚微。

影響中非關係的主要外部發展包括冷戰，這從雙方接觸之初的1949年延續到1990年左右。這可以解釋何以中國對非政策與西方特別是與美國有諸多不同。非洲殖民地秩序和白人統治制度的存在，襯托出中國共產主義意識形態的優越性，而中國也一直支持非洲人民終結西方殖民統治的努力。儘管在推翻殖民主義的進程中，非洲人自身的作用至關重要，但各宗主國在確定獨立時間表和多數新生國家的政府結構方面扮演着舉足輕重的角色。僅僅在1960年就有17個非洲國家獨立，這為中國外交提供了重大機遇。

對非洲而言的另一個重大發展是始於1950年代末的中蘇關係惡化，這一直延續到1980年代中期。隨着1960年蘇聯從中國撤回技術專家、取消對華援助，以及中國留蘇學生中斷學業回國，這場衝突徹底公開。東西冷戰疊加中蘇交惡的共同作用，在根本上決定了中國需要從政治策略上接近非洲，此種局面一直持續到1980年代中期，此後就僅餘冷戰因素還在發揮作用。中國從1958年到1960/61年間的「大躍進」，也影響了其在非洲的活動。這場運動的初衷是要推動中國從農業社會轉變成為現代化工業國，然而最終在經濟上基本失敗，這限制了中國援助非洲的能力。

「無產階級文化大革命」始於1966年，前期的緊張形勢一直持續到1969年，此後局面較為緩和直到1976年文革結束。毛澤東發動這場運動意圖使國家擺脫資產階級的影響，重新激發起革命的階級鬥爭，結果導致了精心控制的混亂和暴力。這場後來被中共認定為政策嚴重失誤的文化大革命，致使1960年代後期中國與非洲的聯繫大為減少。在經過長期的外交鬥爭後，中華人民共和國在1971年10月25日取代了中華民國在聯合國安理會的席位。絕大多數非洲國家都投票支持中華人民共和國，這推動着北京繼續強調與非洲國家關係的重要，也使得中國在安理會範圍內對捲入爭議的非洲朋友得以襄助一臂之力。

1989年的天安門事件及其餘波激起了西方對中國人權事務的猛烈批評，這間接影響到中國與非洲的關係。與此同時，冷戰結束，中國得以把經濟工作的重心放回到工業化、推動對外貿易和參與全球市場競爭中來，甚至出現了中國與西方國家在非洲合作的可能，這對於中非關係當然意義重大。另一方面，中國更加關切世界僅存超級大國美國在非洲的作用。現在一些最新的外部因素，包括反恐、氣候變化、全球金融挑戰，以及如印度和巴西等國家對非洲興趣漸濃等，將如何影響中非關係，仍然很難說清楚。即使這些因素的輕重還未足估量，它們實際上已對中非關係產生作用。今後還會有新的議題出現，如全球糧食危機、中國力圖保障海上通道安全等。

從中共建政至萬隆會議前夕

在毛澤東發起「長征」以至在1949年10月把國民黨從大陸逐至台灣之後的一段時期，中共對包括非洲在內的世界大部分地區興趣不大。中華人民共和國為了鞏固政權，主要精力首先得放在國內事務上。隨後，中國出兵朝鮮挽救平壤的共產黨政權，參與從1951到1953年的板門店談判，並最終達成停戰協定。1954年，中國派代表參加了結束法國在印度支那殖民統治的日內瓦會議。中國政府在這段時期還簽訂了與蘇聯的雙邊防務條約，加強了同朝鮮和東歐國家的關係。[71] 在這幾年間，就參與外部事務的程度而言，中國對非政策與蘇聯路線並無二致。[72] 直到1955年歷史性的萬隆會議召開之時，非洲在中國對外政策議程上都不佔重要地位。

　　在中共建政後的數年內，非洲的獨立國家尚為寥寥。除了埃塞俄比亞、利比里亞、南非和埃及，只有利比亞於萬隆會議之前的1951年取得獨立。利比里亞與美國關係緊密，而白人統治下的南非把自己的未來同西方特別是英國綁在一起。埃塞俄比亞和利比亞當時正在同美國建立密切的安全關係，前者甚至派了兩個營到朝鮮半島支援韓國，與美國領導下的聯合國軍並肩戰鬥。[73] 隨着1952年埃及發生政變，這時只剩下迦瑪爾·阿卜杜爾·納賽爾（Gamal Abdel Nasser）有可能成為北京的合作者。

　　在萬隆會議召開之前的六年間，中國並未完全置身於非洲事務之外。曾有幾次中共官員和非洲代表在蘇聯資助的國際會議上舉行了會談，在這一時期也有少數非洲人到訪中國，其中包括南非非洲人國民大會（ANC）秘書長沃爾特·西蘇魯（Walter Sisulu）於1953年來訪。[74] 非國大最終得到的外部支持大部分來自蘇聯，而中國則襄助非國大的主要對手「泛非主義者大會」（Pan Africanist Congress）。喀麥隆人民聯盟（UPC）領導人費利克斯·穆尼耶（Félix Moumié），同年也訪問中國。這是因為喀麥隆人民聯盟拒絕與法國殖民當局合作，引起了北京的注意。[75] 中共在建政初年與南非白人管治政府的對手接觸，同不願與法國殖民者合作的喀麥隆政治團體領袖接觸，這些都預示了後來中國支持非洲解放運動和某些革命團體的政策。在某程度上，非洲是進入歐洲的跳板，也是謀求對歐洲產生影響的途徑。

　　北京在1954年下半年開始關注非洲。周恩來在第一屆全國人民代表大會第一次會議上所作的報告，表示希望同中東和非洲國家發展事務性關係，以增進了解並創造建立正常關係的有利條件。然而，那時他還沒有把非洲考慮為可能的盟友。到1954年底，隨着印尼茂物會議公報宣布將召開萬隆會議，中國表現出提高對非洲重

要性的認識，也意識到自己與非洲有着共同的關切。對於茂物會議
公報宣告要召開的亞非會議，《人民日報》在 1955 年 1 月 5 日題為
〈歡迎召開亞非會議〉的社論指出，非洲絕大部分地區遭受着殖民主
義制度的壓迫和奴役，非洲的絕大多數人民一直受到帝國主義侵略
戰爭的災害和威脅，亞非會議的召開昭示着非洲已破曉。[76]

亞非時期：從萬隆到溫尼巴

　　1955 年在印度尼西亞萬隆召開的亞非會議，吸引了來自 29 個
亞非國家的代表。這是中非關係發生重大變化的標誌性事件。非洲
有六個國家派代表參會：埃及、埃塞俄比亞、利比里亞、利比亞、
以及不久後將獨立的蘇丹和加納。中國代表團由總理周恩來率領，
借出席會議的機會與非洲代表私下會晤。中方與埃及發展了格外良
好的關係，雙方就貿易問題展開對話。萬隆會議結束後兩名埃及代
表訪華繼續貿易會談。萬隆會議上中方也會見了作為觀察員出席會
議的幾個非洲解放運動的代表。會議為周恩來提供了講壇，聲討在
非洲的殖民主義和帝國主義，支持阿爾及利亞、摩洛哥、突尼斯的
獨立運動。當時一場涉及蘇伊士運河控制權的新危機正在逼近，周
也表示支持埃及的主張。[77]

　　萬隆會議促成了不結盟運動的建立，並在「萬隆會議十項原則」
中吸納了中國的「和平共處五項原則」。「和平共處五項原則」最早
由周恩來於 1953 年中國與印度關於在西藏通商條約的前言中提
出，至今仍是中國對非政策的重要組成部分。中印雙方在 1954 年
就此達成一致，由此誕生了也稱為「潘查希拉」（Pancasila）的和平共
處五項原則，即互相尊重主權和領土完整、互不侵犯、互不干涉內

政、平等互利、和平共處。[78] 萬隆會議是周恩來個人的勝利，也是中國對外關係包括對非關係的分水嶺。[79]

在萬隆會議以及在此幾天前於新德里召開的亞洲關係會議取得成功後，中國決定更加介入亞非事務，按照其意識形態來塑造亞非世界的理念和行動。但在萬隆會議之後，中國的努力開始遭到一些國家抵制，其中有未被邀請與會的蘇聯，也有其他一些不結盟國家。1957年底，中國派出代表團參加在開羅召開的第一屆亞非人民團結組織大會 (Afro-Asian People's Solidarity Organization, AAPSO)，此時中國已注意到非洲國家在團結運動扮演着越來越重的角色。此次大會尚未召開之前，中國在北京舉行了大型群眾集會，行將出發參加大會的中國代表團團長發言表示支持在阿爾及利亞、肯尼亞、喀麥隆、烏干達等地的非洲民族解放運動。[80] 1958年初，中共承認非洲在世界政治中的重要性與日俱增。[81]

到1960年初，支持亞非團結已成為中國外交政策的重要組成部分。中國亞非人民團結委員會主席廖承志在一次重要講話中，誓言支持非洲反殖鬥爭，並重申堅持和平共處五項原則。他點名批評美國，稱其企圖在非洲代替老牌殖民主義者的地位。他把「美帝國主義」稱為非洲爭取獨立最危險的敵人，要粉碎帝國主義的陰謀，亞非人民必須進一步加強團結。廖承志承諾中國將支持維護主權與領土完整，並說中國把支持「一切被壓迫民族的解放鬥爭」視為自己崇高的國際責任。[82]

第二屆亞非人民團結大會 (AAPSO) 於1960年4月在幾內亞首都科納克里 (Conakry) 召開，與會代表來自逾50個國家。這是與日漸增多的非洲獨立國家加強關係的良機，但愈演愈烈的中蘇矛盾也日益顯現。[83] 科納克里大會之後，亞非人民團結組織成為中蘇交鋒的場所。到1961年，中國總結認為蘇聯沒有資格參與這個組織。

在1963年2月於坦桑尼亞莫希（Moshi）召開的第三屆亞非人民團結大會上，中蘇爭論支配了整個會議的進程，亞非人民團結組織各成員普遍不願意在中蘇之間選邊站隊。[84] 中國力圖建立比蘇聯更革命的形象，迫切要求成立反帝國主義和反殖民主義的國際統一戰線，成員包括中國和亞洲、非洲和拉丁美洲的獨立及受殖民管治的國家。莫希會議上的中蘇衝突讓許多非洲代表警覺，而1962年中印邊界戰爭也成為莫希會議上的議題之一。多數非洲國家都對爭端保持緘默，而一些激進的非洲國家則對此表示關切，擔心這會損害亞非團結。非洲國家代表中，只有尼日爾譴責中國侵犯印度，另有幾個國家在其他場合公開表達了類似看法。在1964年的亞非人民團結組織理事會會議上，中國代表在和平共處、裁軍、和平解決領土爭端等問題上批評蘇聯，非洲國家據此判斷中蘇關係已全面破裂。1965年5月在加納溫尼巴（Winneba）舉行的第四屆亞非人民團結大會，再次見證了中蘇交惡對亞非團結運動的侵蝕效果。亞非組織此後再未恢復，溫尼巴會議成為最後一次僅限亞非國家參加的大型聚會。[85]

中國利用亞洲人民團結大會宣示自己的政策主張，並鼓勵亞非國家接受。中國代表在會議期間與非洲國家的政府和民族主義領袖建立了聯繫，他們中的一些人後來領導了本國的獨立運動。[86] 與此同時，在台灣的中華民國政府繼續把持聯合國安理會席位的事實，迫使中國在非洲付出諸多努力，來爭取非洲國家對北京的外交承認和政治支持。1955年中國同埃及簽訂協議，購買埃及的棉花，以及在對方首都互設貿易代表處，埃及由此成為第一個承認中華人民共和國的非洲國家。開羅是阿拉伯世界的中心，亞非人民團結組織總部所在地，還有幾個非洲解放運動組織長駐。北京在開羅設立大使館意義重大，有利地透過它來開拓中國在阿拉伯世界的外交空間，包括北非以至最終的撒哈拉以南非洲。1956年蘇伊士運河危機爆發後，中國強烈支持埃及，向後者提供了500萬美元信貸，這是中國首次向非洲國家提供資金。同時，中國呼籲英國和法國停止侵犯。不過，中國的表達態度克制，只是敦促以和平談判的方式結束衝突。[87]

北京早期對非政策的另一個重要組成部分，是向獨立運動和一些國家內部的反政府革命團體提供言辭及物質上的支持。後來，中國停止支持那些誓言推翻現政府的革命組織。中國對非洲解放運動的支持始於1954年成立的阿爾及利亞民族解放陣線 (FLN)。中方在翌年表態支持，並與阿爾及利亞的革命領袖建立關係。1958年阿爾及利亞臨時政府成立後，中國立即予以承認，並向其提供購買武器的信貸，又為其在華訓練武裝人員。阿爾及利亞民族解放陣線則認同1960年發表的公報，該公報完全支持中華人民共和國對台灣的控制。其後北京堅持在任何外交承認文件中「一個中國」政策的表述必不可少。1962年阿爾及利亞從法國獨立，領導獨立運動的民族解放陣線是當年獲北京支持並最終取得政權的少數非洲革命組織之一。中國對民族解放陣線的支持，顯然是因為該組織堅持反帝國主義，這在當年被中國視為是對抗其主要敵人——美國的一種手段。此外，中國還把阿爾及利亞的反殖鬥爭，視為類同自己的解放戰爭。[88]

1960年代初，「大躍進」運動的失敗極大限制了中國向新獨立非洲國家提供援助的能力。[89]結果，北京只能以低成本尋求發揮影響力。策略之一是建立眾多的前沿組織，當中有兩個例子，分別是「中國保衛世界和平大會委員會」(China Peace Committee) 或稱「世界和平理事會」(World Peace Council) 中國分會，以及作為亞非人民團結組織分會存在的中國亞非團結委員會。中國同時依靠人民團體，比如在1960年成立「中國非洲人民友好協會」，作為管轄大量這類團體的「母組織」。當中國與一個非洲國家建立外交關係後，就會在中國人民對外文化協會旗下成立對應的友好協會。[90]這一做法是否取得成效因國而異，一般取決於官方關係的密切程度和中國提供物質支持的多寡。

中國對埃及的外交突破，打開了通向北非和撒哈拉以南非洲的大門。周恩來從1963年底到1964年初對非洲十國作歷史性訪問，是重要的外交進展。[91]儘管這並不是中國第一次派出高級別代表團訪問非洲，但卻是最具戲劇性的一次，也標誌着中國重視與非洲領導人定期、高層級、面對面接觸政策的開端。[92]這種做法一直延續至今。周恩來藉此次非洲之行提出了中國與非洲和阿拉伯國家相互關係的五項原則，儘管北京在2006年的《中國對非洲政策文件》對此作了補充、修改和擴展，但時至今日這五項原則仍被中國官員和學者廣泛引用。當周恩來在加納首都阿克拉宣布這五項原則時，他強調這與「和平共處五項原則」和「萬隆會議十項原則」是相一致的。周在訪非期間也提出了中國對外援助八項原則，本書在對外援助一章將有論及。中國同非洲和阿拉伯國家關係的五項原則是：[93]

一、支持非洲和阿拉伯各國人民反對帝國主義和新老殖民主義，爭取和維護民族獨立的鬥爭；

二、支持非洲和阿拉伯各國政府奉行和平中立的不結盟政策；

三、支持非洲和阿拉伯各國人民用自己選擇的方式實現統一和團結的願望；

四、支持非洲和阿拉伯國家通過和平協商解決彼此之間的爭端；

五、主張非洲國家和阿拉伯國家的主權應當得到一切其他國家的尊重，反對來自任何方面的侵犯和干涉。

　　這些原則具有廣泛的普遍性，經受了時間的考驗。然而，中國
並未對之堅守不渝。中國在1960年代曾支持非洲幾個致力推翻已
獨立國家政府的革命運動，從而破壞了不干涉內政、通過和平協商
解決爭端、尊重非洲國家主權的原則。[94]儘管如此，這五項原則成
為1963年後中國對非洲和阿拉伯政策的公眾形象，後來變成枯燥
乏味的官話套話。

　　直到1960年代中期，中國與非洲國家的經濟關係還都不是很
重要。儘管中國很快與一些非洲國家簽署了貿易協定，但雙邊貿易
額規模很小亦大致保持貿易平衡。[95]直到1990年代，貿易才在中非
關係中變得重要，中國也開始對非洲提供大量經濟援助。中國確實
在1960年後開始向非洲加派技術人員。[96]例如第一支中國醫療隊在
1963年抵達阿爾及利亞。中國對非直接投資在毛澤東時代並不存
在，是到後來才成為中國的一項重要舉措。

從文化大革命到恢復聯合國席位

　　始於1966年8月的「無產階級文化大革命」，標誌着中非關係進
入新階段。在毛澤東於中共八屆十一中全會上正式發動文化大革命
之前，中國國內對文革曾有激烈爭論。就對中非關係的影響而言，
毛也企圖藉文革把世界革命的中心從莫斯科轉移到北京。風雲一時
的國防部長林彪堅定支持文革，他在1965年撰文指「亞非拉是反對
美帝國主義及其走狗的主要戰場」，鼓吹世界革命和民族解放戰
爭。[97]文革最具破壞性的階段發生在1966年1969年間，紅衛兵攻
擊一切疑似反革命和「走資派」。此後局勢稍見緩和，直到1976年9
月毛去世和隨後「四人幫」倒台。文革導致中國的現代化進程和生

產發展遲滯，破壞了教育和科學事業，也使中國自絕於世界。[98]

文革對非洲的影響是顯著的。 它爆發時正直值達荷美（Dahomey，今貝寧）和中非共和國的政府被推翻，兩國新成立的政府均驅逐了中國大使館人員。[99] 1966年，准許中國在其國家訓練非洲革命分子的加納總統克瓦米‧恩克魯瑪（Kwame Nkrumah）在訪華期間被國內政變推翻。加納新政府甫一上台就立即遣返430名中方人員回國，其中包括13名游擊戰教官，並大大縮減了中國大使館的規模。即使隨後經歷了文革最嚴重的局面，中國政府接受了這一挫折，決定維持在加納首都阿克拉的外交使團運作，以待政治局勢好轉。北京早年展現的這種耐性和實用主義，成為後來中國對非政策的特點。到當年年底，加納新政府指責中國支持恩克魯瑪企圖重新奪權，中國隨即關閉了當地大使館。中國同肯尼亞的關係也經歷過嚴重困境，儘管兩國一直保持着外交關係。[100]

1967年，中國政府召回了除埃及之外的駐全球各地大使，以應付國內針對外交部及其高層領導的指責。在其他駐外大使都回國的情況下，只有黃華大使留守開羅，協調中國對非洲和中東的政策。文革期間中非高層互訪銳減，1969年時承認中華人民共和國的非洲國家比1965年少了四個，雙邊貿易額有所下降，北京對非新增貸款漸趨枯竭。中國沒有終止與非洲國家的合作，但傾向集中於坦桑尼亞、贊比亞、馬里、畿內亞、剛果（布）、阿爾及利亞等與中國關係特別緊密的幾個國家。文革期間中國繼續支持非洲的解放運動，但由於當時專注於國內事務，既不能也不願像以前那樣積極參與。發生在中國的種種令人不安的事件，引起了非洲夥伴的焦慮。儘管在中國駐非洲國家大使館的工作人員中，不乏有激進者鼓勵非洲國家效仿類似的革命模式，但應者寥寥。坦桑尼亞半心半意地開展了它自己版本的文化大革命，即由「綠色衛兵」進行的「烏賈馬」運動(Operation Vijana)。[101] 這不過是中國文革的山寨版而已。
儘管當時中國國內局勢一片混亂，但中國政府還有能力掌控對非關
係，中國官員也能維護對非長期政策目標不動搖。例如，在1967
年，中國最終決定為建設坦贊鐵路提供貸款。不過整體而言，文革
還是損害了中非關係。[102]

為了與台灣爭奪外交承認，北京採取務實政策，有的放矢地與
非洲國家進行協調。周恩來要求中國的外交官在與非洲國家建立外
交關係的過程中，要保持耐心和理解(可參見本書附錄1中華人民
共和國與非洲國家的建交順序和日期)。面對非洲國家的疑慮，周
告誡外交官需要等多久就等多久，甚至同意可與同台灣有外交關係
的國家先簽訂文化協議和設立貿易代表處。北京早年在非洲如此作
為，正應了「水到渠成」的古話。[103]

這個階段的中非關係開局晦暗壓抑，卻在1971年10月以北京
取得無上榮光而收尾。中華人民共和國成為聯合國成員國，並取代
退守台灣的中華民國在安全理事會的席位。此前美國把中華人民共
和國排除在聯合國以外的策略，是訂立改變「中國代表權」問題的
議案均需經聯合國大會的程序性投票，只有達到三分之二多數贊成
方能通過。這個伎倆在1971年首次遭到挫敗，聯大以76票贊成、
35票反對、17票棄權的結果通過了「恢復中華人民共和國在聯合國
的一切合法權利」的決議，其中非洲國家貢獻了34%的贊成票。有
26個非洲國家投票支持北京，只有15個非洲國家支持台北，而它
們之中有十個在之後幾年內陸續承認中華人民共和國。[104]

文革期間，中國以驚人的速度修復了曾受損的與非洲關係。從
1969年起，中國開始重新向非洲國家派駐有經驗的職業外交大
使。到1970年，中國派往非洲大陸的友好、文化、技術和政府代
表團數量大為增加，中國也首次成為共產國家中向非洲提供援助最

多者。中國發起的外交攻勢助其在聯合國取得勝利，外部形勢的發展變化也強化了中國的優勢。1971年，美國總統尼克遜（Richard Nixon）宣布他的國家安全事務助理基辛格（Henry Kissinger）已秘密訪華，尼克遜本人也將在一年內訪華。鑒於長期以來美國都反對中華人民共和國恢復在安理會的席位，這無疑是向非洲和世界其他國家發出了混亂的信號。此外，美國對非洲大陸的態度是毫不掩飾地漠不關心，許多非洲人因之愈感失望。蘇聯1968年入侵捷克斯洛伐克，也擊碎了很多非洲人的迷夢。[105]中國把握住這些變化，並快速逆轉形勢，表明中國雖然犯下諸如文革這樣的大錯，但一旦它集中心思修補破壞，就可以在短期內取得巨大成功。

中國逐漸擺脫文革的影響，對非洲採取不那麼極端的政策。這時候不僅在中國相對溫和派逐漸佔了上風，而且在非洲一些最激進的領導人，如阿爾及利亞的艾哈邁德·本·貝拉（Ahmed Ben Bella）、加納的克瓦米·恩克魯瑪、馬里的莫迪博·凱塔（Modibo Keita），也被施政更理性的領袖取代。結果是中國停止支持那些旨在推翻現政府的非洲革命組織，而把物質援助的對象僅限定於反對殖民主義和白人統治的解放運動。[106]與此同時，中國承認各種類型的政府並與之緊密合作，而不考慮其政治和意識形態如何。這一政策時至今日仍被奉為圭臬。

1970年代：實用主義浮出水面，第三世界漸成焦點

1970年代早期，中國在非洲不同尋常地活躍。繼在聯合國取得外交成功後，北京展開攻勢爭取更多外交承認。北京承諾大幅增加對非洲的援助，截至1975年底先後邀請16位非洲國家的政府領

導人來訪。[107] 例如，到1971年中國取代英國成為坦桑尼亞最大的貿易伙伴，一直到1970年代中期都全力承擔坦贊鐵路的建設。[108] 中國還繼續支持非洲的解放組織，但發現要與財力更雄厚的蘇聯競爭並不容易。然而，從1970到1976年，中國實際對非洲提供的援助(大部分是貸款)比蘇聯要多——中國對28個非洲國家提供了18億美元，而蘇聯只對20個國家提供了10億美元。不過在1976年後，中國對非援助承諾陡然下降。[109]

儘管與非洲貿易在1970年代有所增長，直到1970年代末中國在非洲出口總額所佔比例僅有1%。[110] 斯諾寫道，自1970年代後期起中國外交官就對非洲的對談者稱，社會主義國家也應實行經濟私有化，要向工人提供物質激勵，以及鼓勵外來投資。[111] 中國仍繼續高呼革命口號，但對非洲政策已變得更務實。

有豐富非洲經驗的英國記者艾倫·哈奇森(Alan Hutchison)，在1970年代中期斷言，儘管中國宣稱以革命為目標，但其對非洲政策除了文革時期以外，一直都逐漸趨於實用主義，甚至可發展到與一些保守派政府握手言歡，例如海爾·塞拉西(Haile Selassie)皇帝治下的埃塞俄比亞和蒙博托·塞塞·塞科(Mobuta Sese Seko)治下的扎伊爾(現剛果民主共和國)，儘管中國與這兩個國家在意識形態上幾無共同語言。[112] 蘇丹就是一個生動的例子。蘇丹在1971年發生未遂政變，政變由當年具影響力的蘇丹共產黨(SCP)支持一批軍官發動，政變失敗後一批蘇丹共產黨成員被判囚和處決，但中國卻對處決保持緘默。更甚者，周恩來隨後發布評論稱蘇丹政府「勝利地粉碎了外來的顛覆陰謀」。[113] 中國決心已定，寧要一個反蘇聯、反動的蘇丹政府，也不要一個蘇丹共產黨掌權的親蘇政權。[114]

研究中非關係的美國專家于子橋指出，1970年代的中國對非政策有三部分主要內容。首先，中國把自身視為西方以外的另類發展模式，可替代由前殖民國家和美國暗中支持的西方自由主義模式。當社會主義思潮在非洲大陸取得越來越大的共鳴時，非洲國家政府對西方模式愈加不滿。中國認為，它的發展道路可以吸引非洲人民。雖然坦桑尼亞極不成功地模仿了中國社會和經濟理論的一些關鍵信條，在口頭上表態認同以外，真正付諸實踐的非洲國家卻寥寥可數。[115]馬里在1968年試圖發動一場中國式的階級鬥爭，科摩羅群島在1970年代中期也幹過類似的事情，但這兩國政府不久都倒台。非洲國家對「全盤中國化」的共產主義毫無興趣並不令人奇怪，然而中國本身對指導非洲國家這些東西也同樣沒有興趣。[116]其次，中國強調要反對美蘇兩個超級大國。1970年代中期，中國認為蘇聯對自己在非洲利益的威脅比美國更大。中國相信蘇聯謀求稱霸世界，因而必須予以阻止。[117]中美在1979年初建交多少緩解了中國對美國在非洲活動的戒心，儘管還有其他爭議妨礙中美雙邊關係顯著改善。第三，1970年代中國對「第三世界」的角色極為重視，而非洲正是其中重要組成部分。中國的這一戰略值得細細道來。

從1969年中共「九大」開始直到1979年，按照毛澤東的所謂「三個世界」理論，中國強調第三世界是對抗兩個超級大國的主要力量。為團結第三世界反對超級大國，中國改善了其對外交往的國家間關係，尤其是在非洲。[118]1974年，出席聯合國大會的中國代表團團長鄧小平在發言時概述了中國的三個世界理論。他提出：「現在的世界實際上存在着互相聯繫又互相矛盾着的三個方面、三個世界。美國、蘇聯是第一世界；亞非拉發展中國家和其他地區的發展中國家，是第三世界；處於這兩者之間的發達國家是第二世界。」[119]

三個世界理論認為，兩個超級大國謀求世界霸權，是當代最大的國際剝削者和壓迫者，是新的世界大戰的策源地。中國稱，真正有力的是團結起來的第三世界，如此才能反對超級大國來掠奪自己的自然資源。基於此，鄧小平在1974年聯大演講時承諾支持發展中國家改善它們的原料的貿易條件。他強調說中國是社會主義國家，也是發展中國家，中國屬於第三世界，並且「中國現在不是，將來也不做超級大國」。[120] 諷刺的是，鄧小平1974年稱關注到美蘇兩國關切非洲的自然資源，如今這也同樣被人用來表達對中國對非洲政策的關切。

1980年代：實用主義漸濃，對非興趣下降

中國1980年代初的對非洲政策，與1970年代末比較並沒有重大變化。1979至1982年間，中國對非經濟援助略有削減，雙邊貿易額有所下降，援非醫療隊數目也減少了。[121] 1982年召開的中共「十二大」標誌着中國的對外方針政策從「戰爭與革命」轉向「和平與發展」。新政策仍舊重申了「和平共處五項原則」，當中有兩項內容強烈暗示出中國的對非洲的取態，即中國強調國內經濟發展優先，並將追求和平的、「獨立」的對外政策。一方面，這等於發出警示：中國可用於對外援助的資源將減少；另一方面，中國也傳達了不準備與任何大國結盟的信號，這又凸顯了其支持第三世界加強角色的目標。這些政策調整也推動了中共發展與非洲國家執政黨的關係。[122]

國務院總理趙紫陽從1982年底到1983年初訪問了非洲十一個國家，此行令人想起1963至1964年的周恩來訪非之旅。[123] 這次出訪是為再度肯定中國對非洲的興趣。趙紫陽重申中國支持非洲的解放鬥爭、獨立運動的團結和南南經濟合作。重要的是，他表明中國已準備與蘇聯實現關係正常化，非洲國家不必再在中蘇之間選邊站

隊。他還宣布「中非經濟技術合作四項原則」，這將在本書第4章探討。趙的訪問強調了中國繼續對非洲保持興趣，為直到今天的中非關係打下基礎。中國把重心放在國內現代化建設，這為創造一種不同以往的中非經濟合作做好準備。趙也鼓勵非洲人民抵抗美蘇的影響，最後還在訪問北非三國時重申中國支持阿拉伯人民的「正義鬥爭」、以色列在退出阿拉伯被佔領土前提下的生存權，以及巴勒斯坦的生存權。[124]

研究中非關係20年的英國學者伊恩‧泰勒 (Ian Taylor) 總結認為，1980年代非洲對中國變得不是那麼重要，特別是在1980年代下半葉，其時中國的工作重心放在國內經濟現代化，對非政策中的冷戰因素開始弱化。由於專注國內經濟，中國對非援助下降，中非貿易在1980年代增長緩慢。自1980年代中期開始，中國對世界其他地方的高層訪問增加，但對非洲的高層訪問卻減少了。隨着中蘇關係從1980年代中期起改善，中國不再把非洲視為自己與蘇聯之間的逐鹿之地。北京越來越懷疑非洲要求援助的合理性，甚至開始向來訪的非洲國家領導人告誡不加鑑別地擁抱社會主義發展模式的危險。到了1980年代末，中國對非洲的政策相對而言興趣不大。[125]

中國頂尖的非洲問題學者賀文萍，一直竭力強調中非關係的積極因素，但描述到1980年代的中非關係時還是言辭相當謹慎。她說中國外交指導原則的變化是從「意識形態的理想主義到實用主義的理想主義，從無條件的國際主義到國家利益優先」。[126]賀文萍寫道，中國同非洲國家發展關係不再以意識形態的異同定親疏，也不搞「以蘇劃線」或「以美劃線」。她指出，承認中華人民共和國的非洲國家數量從1970年代的44個上升到1980年代的48個，從1981年到1989年有55位非洲國家的總統訪問中國。與此同時，賀文萍也承認中國的經濟現代化進程急需資金，因而對非洲的經濟援助無法達到以前的水平。中國從提供貸款轉向強調其他形式的發展合作，如簽訂商業合同、興辦合資企業、提供技術服務等。總之，中非關係越來越多地從政治範疇轉向經濟領域。[127]

北京在1989年鐵腕鎮壓天安門廣場的示威抗議，1980年代以中國外交遭遇挫折收尾。1980年代的十年，中國基本上主導了中非關係的發展。中國幾乎總是處於發起倡議的位置，非洲國家則是對中國的形勢發展和政府決定作出反應。許多非洲人更為關切的是，對中國的政策和行動，非洲國家之間未有作出協調好的回應。

1990年代：後冷戰關係

二十世紀最後十年的晨曦初現之時，非洲之外發生了兩件影響到中非關係的大事。最重要的一件就是冷戰結束，其積極後果是結束了東西方在非洲的爭奪，理論上提供了和平的可能；而不利的一面是西方對非洲的興趣和承諾減少，以前蘇聯及其東歐盟國尤甚。另一件與冷戰結束同時發生、並對中非關係構成潛在負面影響的事件，是中國出動軍隊鎮壓天安門廣場的示威群眾。中國政府對這場危機的處理引發了西方國家嚴厲譴責，但大多數非洲國家對此漠不關心，也有幾個國家支持中國政府的行動。

冷戰結束使傳統援助國對非洲的興趣下降，中國利用這一機會，倡議在經濟互動的基礎上建設更為正常的關係。儘管北京起初有些擔心非洲國家對天安門事件的反應，但最終還是鬆了一口氣。安哥拉外交部長、納米比亞總統和布基納法索總統(後來一度承認台北)都公開支持中國政府。[128]天安門事件餘波未息，博茨瓦納就於1991年在北京開設了其在亞洲的第一個大使館。[129]北非國家普遍認為，採取鎮壓手段是一個合法政府在感受到威脅時所作出的必要和可以理解的反應。[130]

　　長期以來，中國和許多非洲國家領導人一直認為，對於他們本國的人權事務，來自西方國家的批評毫無公平可言。在這個問題上，許多非洲國家政府和中國相互支持。為防止局面惡化，中國開始加強與非洲的聯繫。從1989年6月到1992年6月間，中國外交部長錢其琛訪問了17個撒哈拉以南非洲國家，副總理吳學謙出訪了另外三個。在1989年訪問南部非洲六國時，錢其琛指出，大多數非洲國家都認為天安門事件是中國內政。與此同時，中國政府也邀請了16位撒哈拉以南非洲國家的元首或政府首腦，以及23名其他高級官員訪華。北京讚賞非洲國家的支持，或至少保持沉默。結果，中國對非援助在天安門事件後立即增加。[131]台灣始終是中國對非洲政策的一個重大考量。中國政府一貫堅持，對中國的外交承認包括接受「一個中國」原則。台灣政府在1991年正式宣佈放棄代表全中國，領導人尋求建立一種似乎預示着要走向獨立的特殊地位。中國政府強烈反對任何台獨活動和台灣獲得外交承認的企圖，這一點在中國與非洲領導人的對話中無處不在。1997年香港回歸中國，更強調了台灣仍不受北京節制的事實，再次激起中國政府實現兩岸統一的努力。[132]

　　中國國家主席楊尚昆1992年訪問非洲，其時他提出的中國對非政策如下：[133]

- 支持非洲國家主權完整、民族獨立與經濟發展；
- 反對外來干涉；
- 尊重不同政治制度和發展道路；
- 支持非洲的統一、合作運動和非洲統一組織；堅守非洲國家應該作為平等成員積極參與國際體系的信念。[134]

這套政策除了摒棄了早年的革命口號之外，本身了無新意，其中突出強調了中國反對外國（可以解讀為「西方」）對非洲的干涉。

中國國家主席江澤民在1996年首次訪問非洲，在亞的斯亞貝巴非洲統一組織總部發表演講，提出了構築中非關係面向二十一世紀長期穩定、全面合作的五點建議。[135] 這五點建議與之前的政策聲明保持一致，依然平淡無奇：[136]

- 真誠友好，彼此成為可以信賴的「全天候朋友」；
- 平等相待，相互尊重主權，互不干涉內政；
- 互利互惠，謀求共同發展；
- 加強磋商，在國際事務中密切合作；
- 面向未來，創造更加美好的世界。

1993年，中國首次成為石油淨進口國。在整個1990年代，為保持中國經濟繁榮、持續擴大出口消費品和工業產品，從非洲進口能源和原材料就顯得意義日益重大。除石油外，中國也尋求鐵礦、鈦、鈷、銅、鈾、鋁、錳和木材。[137] 中國對非洲的興趣之一在於原材料，卻把它淡化處理。中非貿易額在1990年代的增長令人矚目，1980年代末還是10億美元，到1990年代末已增至60億美元。中國對非洲投資也開始成為雙方關係的重要內容，到世紀之交時達到40億美元。[138] 1990年代為中非關係在二十一世紀的顯著拓展打下了基礎。

中國從未放棄對第三世界的重視。冷戰和兩極國際體系的結束，美國作為世界唯一超級大國存在的事實，以及中國要成為全球經濟強國的興趣，都使得中國把自己定位為發展中國家的領袖。由此，中國開始越來越多地在政策聲明中提及發展中國家，而不再是第三世界。更重要的是，在上世紀行將結束之前，中國開始主張旨在削弱美國權力地位的多極世界。中國持續加強與發展中國家的合作，「為反對強權政治共同奮鬥，推動建立多極世界。」[139]

二十一世紀中國政策的發展

由於中國與非洲國家的聯繫迅速發展，北京決定需要一個多邊磋商機制來協調中非關係。因此，來自中國和40多個非洲國家的80位部長級官員出席了2000年在北京舉行的首屆中非合作論壇（FOCAC）會議。會議的焦點是加強中非合作。總理溫家寶出席了2003年於亞的斯亞貝巴舉行的第二屆會議，此次共有13位非洲國家領導人以及來自中國和44個非洲國家的70多位部長出席。2006年的第三屆會議回到北京召開，彼時幾乎所有與中國有外交關係的非洲國家都派出元首或政府首腦出席。[140]溫家寶率領中國代表團出席了2009年於埃及沙姆沙伊赫（Sharm el-Sheikh）召開的第四屆會議。中非合作論壇已經成為一種有效的工具促進中非關係的協調，它由中國倡議成立，其決策大體上由中方掌控。

胡錦濤上台後公開的外交政策轉變之一，是在2003年提出的「和平崛起」概念。中共高級理論智囊鄭必堅在2002年於華盛頓與美國官員會面後，在鄧小平「和平與發展」的概念基礎上提出了這個主張。鄭必堅稱，如果中國在今後半個世紀裏能繼續保持經濟發展和不斷提高人民生活水平，中國將不會動搖國際秩序，也不會欺凌鄰國。換句話說，中國的崛起將不會尋求對外擴張，而是奉行和平、相互合作和共同發展。儘管中國高層領導人公開採納這個新理論，不到一年內胡錦濤不再使用這個說法，而是以「和平發展」取而代之，顯然是回應那些將「崛起」一詞視為帶有威脅的關切。

2005年底以後，儘管「和平崛起」仍出現在中國的學術刊物上，但官方的口號已變為「和平發展」。這場討論對中國的鄰國和美國而言格外重要，但它同時也意在安撫其他發展中國家。它將影響中國參與全球安全事務，包括在非洲的維和行動。[141]

中國在1997年東盟峰會上提出了「新安全觀」的概念，並在其後數年修訂這個概念。胡錦濤在2004年4月的一次演説公開提出這項被稱為「四不」的主張，即不搞霸權主義、不搞強權政治、不搞軍事結盟、不搞軍備競賽。[142]儘管並不專門針對非洲，但許多發展中國家相信「四不」主張鼓勵互信與國際合作，而避免冷戰衝突和對抗。[143]

另一場政策討論聚焦於「和諧社會」概念，以及它在對外政策中的變體「和諧世界」。這個詞首次出現在國際場合是在2005年，其時胡錦濤在亞非峰會上提出亞非國家要「推動不同文明友好相處、平等對話、發展繁榮，共同構建一個和諧世界」。[144]這個概念的出現，標誌着中國領導層對中國在世界中地位的理解發生了轉變，並已開始指導外交工作實踐。「和諧世界」表明中國正步入發展的新階段，更加願意參與諸如聯合國維和行動之類的國際事務。它建基於這一假定：中國的經濟福祉是其最高利益，並只有在良好的國際環境下才能實現。同時，這也邀請外部世界來參與中國的發展。這些概念對非洲有重要影響，中國支持非洲地區維持現狀以及非洲的維持和平行動，中國經濟也越來越離不開來自非洲的原材料。非洲國家甚至被鼓勵在中國投資，如南非、毛里求斯和其他幾個國家已經正在進行。[145]

2005年中國國務院新聞辦公室發布了闡述中國外交戰略的白皮書。這份題為《中國的和平發展道路》的文件強調，實現和平發展是中國人民和政府近30年來的「不懈追求」。中國的外交戰略旨在維持和平的國際環境，這既有助於中國的發展，也使中國得以為建設和諧世界作出貢獻。白皮書承諾將增加中國對發展中國家特別是非洲的援助。[146] 漢學家羅伯特·薩特（Robert G. Sutter）解釋説，該戰略意味着中國準備接受現實世界，而不再表現出毛澤東時代打破現狀的行為特徵，中國也準備好與國際性及地區性組織在各個領域展開合作。[147]

2006年，中方發布了更廣泛宣傳的《中國對非洲政策文件》，作為當年年底中非合作論壇北京峰會的前奏。它闡述了中國對非洲政策的總體原則和目標：[148]

- 真誠友好，平等相待。堅持和平共處五項原則，尊重非洲國家自主選擇發展道路，支持非洲國家聯合自強。
- 互利互惠，共同繁榮。支持非洲國家發展經濟、建設國家，同非洲國家開展形式多樣的經貿及社會發展領域的合作，促進共同發展。
- 相互支持，密切配合。加強與非洲在聯合國等多邊機制內的合作，支持彼此正當要求與合理主張；繼續推動國際社會重視非洲的和平與發展。
- 相互學習，共謀發展。相互學習借鑒治國理政和發展的經驗，加強科教文衛領域的交流合作，支持非洲國家加強能力建設，共同探索可持續發展之路。

2006的這份文件高調重申中國對台灣問題的政策，強調中國願同任何願意接受「一個中國」原則的國家建立外交關係。

2009年初，胡錦濤第六次出訪非洲，訪問了馬里、塞內加爾、坦桑尼亞和毛里求斯。在達累斯薩拉姆期間，他在全球金融危機愈演愈烈之際發表了關於中國對非洲政策的重要演說，提出了戰略伙伴關係的新六點：

- 中方將兌現中非合作論壇北京峰會確定的各項援非舉措，甚至在「力所能及範圍內」繼續增加對非援助，也將繼續減免非洲國家債務；
- 中國願同非洲國家密切高層往來，加強溝通，積極參與聯合國在非洲的維和行動；
- 中國將採取優惠措施擴大從非洲進口，增加對非洲的技術轉讓；
- 中國將加強與非洲的教育與文化合作；
- 中國願同非洲國家密切在聯合國、世界貿易組織等多邊機構中的合作，共同應對氣候變化、糧食安全、減貧、發展等全球性挑戰；
- 中國願加強中非合作論壇機制，完善中非合作。[149]

2009年底，反映中國共產黨觀點的《瞭望》周刊刊發文章，探討被稱為「胡錦濤時代觀」的重大外交倡議。[150]文章提出了為中國未來參與國際事務提供理論指南的五大主張，包括深刻變革論、和諧世界論、共同發展論、共擔責任論和積極參與論。其中有幾點是以前原則的延續，而共擔責任論和積極參與論則表明，隨着經濟與政治實力的增長，中國已準備好承擔更多的全球責任。表現在非洲事務上，就是中國承諾增加參與聯合國維和部隊的人員，參與解決蘇丹達爾富爾危機，派出軍艦加入亞丁灣反海盜行動，在全球氣候變化問題上與非洲站在同一陣線。中國已學會了快速適應非洲的政治變動，即使其利益遭到潛在不友好新政權的挑戰。中國政府通常克制反應,避免捲入國際制裁,關注點集中於主權問題,不允許政權更迭威脅到其在東道國的經濟利益。[151]

在2009年於埃及舉行的中非合作論壇第四屆部長級會議上,溫家寶宣布了一系列與非洲加強聯繫的措施,其中半數都是重提以前的承諾,但也有幾項表明了中國政策的新重點。溫家寶倡議建立中非應對氣候變化伙伴關係,同意加強科技合作,包括建立100個中非聯合科技研究示範項目。他宣布設立金額10億美元的非洲中小企業發展專項貸款,稱將給予非洲與中國建交的最不發達國家95%的產品免關稅待遇。[152]

中國是非洲的重要力量,在一些國家與美國展開競逐。2009年,中國超過美國成為非洲最大的貿易伙伴。2010年中非貿易額達到1,285億美元。儘管與歐洲相比中國對非洲投資額並不大,但增速卻高於西方國家。在此前的幾年中國的對非援助總額年均約20億美元,相比西方國家仍然要少。對比之下,來自發展援助委員會(Development Assistance Committee)成員國對非洲的援助年均約300億美元。另一方面,中國正在提供大量的低息貸款,這些貸款往往與中國公司承建的基礎設施項目和出口到中國的自然資源產品相關聯。在有些國家,中國提供的貸款額比來源於所有其他國家或國際銀行的貸款總額還要多。[153]

從1956年到2006年,非洲國家與中國之間高層互訪逾800次。中國國家領導人和外交部長訪非逾160次,同期有524位非洲部長級及更高級官員對中國訪問676次。在聯合國人權委員會連續11次投票決定擱置批評中國人權的議案,以及聯合國大會連續13次拒絕把「台灣參與聯合國」問題列入議程上,許多非洲國家都出了力,還支持中國成功申辦2008年奧運會和2010年上海世博會。[154]

中國對非洲態度日益務實，竭盡全力表現其不具威脅。中國很敏感其巨大的經濟體量和日益增強的軍力會使非洲小弱窮國深懷憂慮，因此總是將其在非洲的貿易、援助和投資活動描繪為中非「雙贏」。中國的二十一世紀政治言論諸如「和平發展」、「四不」以及「和諧世界」，都強調不干涉、不對抗和合作的主旋律。2009年，中國國務委員戴秉國描述中非「戰略伙伴關係」是建立在政治平等、相互信任、經濟雙贏合作和文化交流之上。[155] 說白了，中國正在努力增強其全球性的經濟和政治實力，同時又不嚇到包括非洲在內的世界其他國家。[156]

作為非洲發展模板的中國

在有關中非關係的文獻中，將中國視為非洲發展樣板的內容俯拾皆是。[157] 許多學者和非洲領導人都主張，中國模式或「北京共識」堪為非洲楷模。[158] 然而，中國官員一直謹慎回避這一話題，有些甚至公開警示非洲國家切勿盲從中國經驗。[159] 看上去，非洲有10億人口與中國的逾13億人情況似有可比，但視中國為發展模板的主張，卻忽略了非洲由54個差異極大的國家所組成。非洲人口最多的國家有近2億人口，但也有幾個國家人口不足百萬。聲言中國是非洲的模板，實在容易造成誤導。但在另一方面，中國的某些成功政策可能確實適合某些非洲國家。[160]

近年來，有關「華盛頓共識」和「北京共識」的討論成為焦點。「北京共識」是美國的約書亞‧庫珀‧雷默 (Joshua Cooper Ramo) 基於前文所述的「四不」原則創造出來的術語，他將之類比為「門羅主義」(Monroe Doctrine)。[161] 在雷默看來，「北京共識」不太像是個發展模式，倒更像是個寬泛的安全概念。儘管如此，「北京共識」已經成為中國發展模式的一個標語。中國學者張維為建議，把中國模式歸納為北京共識是不準確的。他認為中國經驗是獨特的，因其將一些外國理念與自己的文化和政策背景相融合。[162]

北京共識的發展要素，包括高額的國民儲蓄率，龐大的廉價守紀的勞動力，政府引導的資本投資，使用單一貨幣的統一大市場，一體化的國內市場，使用共同語言、教育程度較高且工作熱情高漲的勞動力，海外華僑華人的投資，成熟的國家制度，以及在一黨執政的政治統一局面下執行大規模的經濟改革政策。沒有任何非洲國家擁有上述特質的一半。

另外，中國的發展也有其缺點。城鄉之間、地區之間收入不均持續擴大，環境污染令人震驚，為追求國家發展不惜犧牲人權和民主治理。事實上，在中國並非只存在一種發展模式。沿海城市地區的工業化、出口導向模式，與多數農村地區的道路就有很大不同。許多中國人和一些非洲人都認為，關於中國發展的討論往往是各執一端，難有共識。[163]中國學者龐中英稱，由於北京共識不過是美國新自由主義模式的修正，其在非洲應用的成敗也將是「華盛頓共識」的成敗。[164]

非洲領導人通過學習中國發展道路有所獲益，他們能個案式地改造學習到的某些政策以使本國切實受益。非洲人試圖把中國經濟政策原封不動地移植過來，而不考慮與本地實際情況相適應的問題，結果就出現類似之前追隨「華盛頓共識」所導致的失敗和失望。[165]沈大偉 (David Shambaugh) 認為，「由於一些特有因素的存在，中國的發展經驗有其獨特性。其實並不存在一個能解決所有問題又清楚明白的『模式』，所以也不能輕易移植到別的國家。」[166]

中國有兩項工作極大地吸引了非洲的興趣，一個是減貧，一個是經濟特區，現在這兩個項目都已在非洲出現。[167]通過對中國發展模式的全面分析，愛德華‧弗里德曼（Edward Friedman）認為許多非洲國家政府會把中國視為本國經濟取得成功的樣板。[168] 2010年，中方在中國經濟社會理事會之下設立了「中國－非洲經濟技術合作小組」，向非洲國家傳授發展經驗，以推動中非之間的交流與合作。

中國把自己定位為在互利、無條件和樣板示範基礎上能夠幫助非洲的國家。[169] 可是，中非關係是不對稱的，尤其是在貿易方面。非洲國家向中國出口自然資源和第一產業產品，而中國向非洲出口勞力密集型和資本密集型商品。以美元計價的中國對外貿易額，是所有54個非洲國家加起來的三倍。沒有一個非洲國家能與中國在同等條件上競爭，或全盤採用其政策體系。[170] 中國外交部長楊潔篪在2011年評論稱，中國在抵禦2008年全球金融危機時相對較成功，反映出中國的信心正在不斷增長。中國變得越來越樂於宣揚其發展模式，不過重點不在於輸出這一模式，而是要證明中國道路的正確。[171]

註釋

1. Gao Jinyuan, "China and Africa: The Development of Relations over Many Centuries," *African Affairs* vol. 83, no. 331 (April 1984): 242. 譯者註：見《後漢書‧西域傳》：「至桓帝延熹九年，大秦王安敦遣使自日南徼外獻象牙、犀角、玳瑁，始乃一通焉。」

2. An Yongyu, "China-Africa Political and Economic Cooperation — Retrospect and Prospect," *Foreign Affairs Journal*, no. 66 (December 2002): 7.

3. Basil Davidson, *Old Africa Rediscovered* (London: Victor Gollancz, 1961), p. 158.

4. Philip Snow, *The Star Raft: China's Encounter with Africa* (New York: Weidenfeld and Nicolson, 1988), p. 2.

5. W.H. Ingrams, *Zanzibar: Its History and Its People* (New York: Barnes and Noble, Inc., 1931), p. 88.

6. 譯者註：西撒哈拉是有爭議地區，自1963年起即被聯合國列入「非自治領地」（non-self-governing territory）名單。該地在1884年到1975年期間被西班牙殖民統治，1976年西班牙撤出後將該地區交由摩洛哥和毛里塔尼亞分治。當地遊牧民族政治武裝組織「波利薩里奧陣線」（Frente POLISARIO，又稱「西撒哈拉人民解放陣線」) 在 1976 年 2 月宣布成立「阿拉伯撒哈拉民主共和國」,對該地區提出領土要求。1979 年毛里塔尼亞宣布放棄對在該地區的領土要求,此後由摩洛哥主張對整個西撒地區擁有主權。目前摩洛哥實際控制該地區三分之二左右的面積,「西撒哈拉」佔有剩餘近三分之一夾在摩洛哥佔領區與撒哈拉沙漠之間的荒蕪地區。西撒國自成立以來先後得到過八十餘個聯合國成員國的外交承認,但其中半數左右又陸續撤銷承認或凍結外交關係。該國從 1984 年起一直是非洲聯盟 (前身為非洲統一組織) 正式成員國。

7. 關於阿拉伯水手的作用,參見 George Fadlo Hourani, *Arab Seafaring in the Indian Ocean in Ancient and Early Medieval Times* (Beirut: Khayats, 1963), p. 51–84.

8. J.J.L. Duyvendak, *China's Discovery of Africa* (London: Arthur Probsthain, 1949), p. 26; Teobaldo Filesi, *China and Africa in the Middle Ages* (London: Frank Cass, 1972), p. 27. 關於儒家對非華人的看法,參見 Lien-sheng Yang, "Historical Notes on the Chinese World Order," in John K. Fairbank, ed., *The Chinese World Order* (Cambridge, MA: Harvard University Press, 1968), p. 24–28. 關於朝貢與貿易的關係,參見 Mark Mancall, "The Ch'ing Tribute System: An Interpretive Essay," in *The Chinese World Order*, p. 75–89.

9. Gao, pp. 243–245; Kuei-Sheng Chang, "The Maritime Scene in China at the Dawn of Great European Discoveries," *Journal of the American Oriental Society*, vol. 94, no. 3 (July-September 1974): 352; Snow, p. 6–8. 關於東非沿海地區發現中國瓷器的位置有篇佳作,參見 Gervase Mathew, "Chinese Porcelain in East Africa and on the Coast of South Arabia," *Oriental Art*, vol. 2, no. 2 (new series 1956): 50–55.

10. Paul Wheatley, "Analecta Sino-Africana Recensa," in H. Neville Chittick and Robert I. Rotberg, eds., *East Africa and the Orient: Cultural Syntheses in Pre-Colonial Times* (New York: Africana Publishing Company, 1975), p. 108–109; Snow, p. 33–35; Louise Levathes, *When China Ruled the Seas: The Treasure Fleet of the Dragon Throne, 1405–1433* (New York: Oxford University Press, 1994), p. 19.

11. Wheatley, 105–108; Friedrich Hirth, "Chinese Notices of East African Territories," *Journal of the American Oriental Society*, vol. 30, no. 1 (December 1909): 48–49; Raymond A. Dart, "A Chinese Character as a Wall Motive in Rhodesia," *South African Journal of Science*, vol. 36 (December 1939): 476; Filesi, pp. 5, 23; Davidson, pp. 158–159; Snow, pp. 21–29; Duyvendak, pp. 14–17.

12. Dart, p. 475; Filesi, p. 21. 譯者註:據《宋史·卷四百九十·列傳第二百四十九·外國六》所載,太平興國二年 (公元 977 年),大食遣使蒲思那等人貢方物,「其從者目深體黑,謂之崑崙奴。」唐宋文獻中多有關於「崑崙奴」的記載,現代學者考證認為其字面意義當為「黑色之奴」無疑,人口來源則是東南亞各地捲髮黑身的一些民族,也指稱非洲東部的黑人。參見李季平:「唐代崑崙奴考」,中國唐史學會編:《唐史研究會論文集》,1980:21。

13. Duyvendak, p. 23.

14. W.E. Burghardt du Bois, *The World and Africa* (New York: International Publishers, 1965), p. 180. 格雷厄姆·歐文的探討更廣泛,但承認到達中國的非洲奴隸的

數量「不可能很多」。參見 Graham W. Irwin, *Africans Abroad* (New York: Columbia University Press, 1877), pp. 168–76.

15. 譯者註：兩者均位於西太平洋，巴布亞現稱為巴布亞新畿內亞，美拉尼西亞是太平洋三大島群之一，其名源自希臘語，意為「黑人群島」。

16. Wheatley, 109. Filesi 也認為中國接受了少量非洲奴隸。參見 *China and Africa in the Middle Ages*, pp. 21–22.

17. Snow, pp. 18–19, 38. Maghan Keita 也同意這一時期在中國有非洲奴隸的觀點。參見 "Africans and Asians: Historiography and the Long View of Global Interaction," *Journal of World History*, vol. 16, no. 1 (2005): 25–27.

18. 譯者註：語出《史記‧大宛列傳》。本書英文版此處原文為「the Alexandrian good string」，即來自亞歷山大城的善弦之士，其中關於亞歷山大城的說法有爭議，而「善弦」純粹是誤解。比《史記》稍晚成書的《漢書》對此事亦有記載，其中《西域傳（上）》記為「犂靬眩人」，同書中的《張騫傳》又記為「黎靬眩人」。按，「眩」通「幻」，指幻術，即魔術，故「眩人」指魔術師。實際上，同樣論及此事的唐代杜佑著《通典‧邊防九》直接就寫為「犂靬幻人」。本書英文版此處所引用的英文文獻是從一篇中文論文（張象：〈中非關係源遠流長的新啓示〉，《西亞非洲》，2006年06期）直接翻譯而來，因原中文作者將「眩」寫為「弦」，而誤譯為「繩技」。而「黎軒」、「犂靬」、「黎靬」是漢唐典籍中對同一地名的不同寫法，但具體何指，中外學者歷來有不同看法，主張埃及亞歷山大城的說法遠並未被普遍接受。參見孫毓棠：〈漢代的中國與埃及〉，《中國史研究》，1979年第2期；龔纓晏：〈20世紀黎軒、條支和大秦研究述評〉，《中國史研究動態》，2002年第8期。

19. Zhang Xiang, "From Sino-African Relations Comes a Steady Stream of Enlightening Guidance," *Contemporary Chinese Thought*, vol. 40, no. 1 (Fall 2008): 12.

20. Filesi, p. 4.

21. 譯者註：公元751年，安西節度使高仙芝所率唐軍在怛邏斯之戰中敗於大食聯軍，作為隨軍書記官的杜環被俘。杜環其後遊歷西亞、北非，前後共計十一年之久，最終於公元762年從埃塞俄比亞馬薩瓦港啓程，輾轉隨商船返回廣州。著有《經行紀》，紀錄其遊歷經歷。原書已散佚，今可見其中1,511字被《通典》等引述。杜環是迄今有據可查的第一個到達非洲並留下文字記錄的中國人。實際上嚴格來說杜環在遊歷期間並不屬於獲釋，而是被編入阿拉伯軍服務。

22. Gao, pp. 243–44; Zhang Xiang, p. 13.

23. 譯者註：阿克蘇姆王國位於今埃塞俄比亞北部高原地區，存在於公元一世紀至八世紀，國力強盛一時，一度控制紅海部分地區貿易。

24. Snow, *The Star Raft*, pp. 3–5. 研究阿克蘇姆王國的學者 Stuart Munro-Hay 在 *Aksum: An African Civilisation of Late Antiquity* (Edinburgh: Edinburgh University Press, 1991) 一書第59頁寫道，沒有可靠的證據表明中國與阿克蘇姆之間有聯繫，儘管漢朝的史料顯示了某些可能性。

25. Viktor A. Velgus, "Chinese Voyaging to Africa and to the Persian Gulf: Hypotheses and Sources," *St. Petersburg Journal of African Studies*, no. 1 (1993): 104–112.

26. Zhang Xiang, p. 13. 譯者註：見於《宋史》中《卷十五‧神宗本紀》和《卷四百九十‧列傳第二百四十九‧外國六》所載「層檀國入貢」事，分別在熙寧四年（公元1071年）和元豐六年（1083年）。儘管當代中外學者對「層檀國」所指尚有不同看法，但對桑給巴爾說的接受度較高。同時，不少學者認為宋元時文獻中出現的「層拔國」（趙汝適《諸蕃志》，1225年成書）、「層搖羅」（汪大淵《島夷志略》，1349年）等也指桑給巴爾。

27. Ibn Battúta, *Ibn Battúta Travels in Asia and Africa 1325–1354*, trans. H.A.R. Gibb (London: George Routledge and Sons, 1929), p. 269–300; Zhang Xiang, p. 14.

28. Wheatley, pp. 78–87; Filesi, p. 24; Snow, pp. 11–12; Zhang Xiang, pp. 13–14. 一本業經中國政府認可的書斷言汪大淵在1311–1350年間曾旅行至桑給巴爾島。參見Yuan Wu, *China and Africa* (Beijing: China Intercontinental Press, 2006), p. 22.

29. Filesi, pp. 32–33.

30. 譯者註：鄭和七次下西洋，六次在永樂年間，最後一次在明宣宗年間。傳統上史家認為鄭和艦隊首航至非洲發生在第四次下西洋期間（1413–1415年），參見張鐵生：《中非交通史初探》（北京：三聯書店，1972年），頁26，註1。近年來也有專家認為早在第三次下西洋（1409–1411年）時即已到達東非的竹步（今索馬里朱巴河）、木骨都束（今摩加迪沙），參見李安山：〈論鄭和遠航在中非關係史上的意義〉，《東南亞研究》，2005年第6期：85–92。國外有更加謹慎的觀點認為鄭和艦隊遲至第五次下西洋（1417–1419年）才首次到達非洲。還有專家認為鄭和七下西洋中有四次航行至非洲，參見李新烽：〈鄭和下西洋與當代中國對非洲政策比較〉，《西亞非洲》，2010年10月：50–57。

31. Edward L. Dreyer, *Zheng He: China and the Oceans in the Early Ming Dynasty, 1405–1433* (New York: Pearson Longman, 2007), pp. 75–97; Levathes, pp. 149–151; Filesi, pp. 52–55.

32. Filesi, pp. 71–72; Liu Hongwu, "Sino-African Exchanges: The Importance of the History of Civilizations," *Contemporary Chinese Thought* 40, 1 (Fall 2008):76.

33. Snow, pp. 29–30.

34. Zoe Murphy, "Zheng He: Symbol of China's 'Peaceful Rise'," *BBC News Asia Pacific Service* (28 July 2010).

35. Ibid.

36. Duyvendak, pp. 27–28; Davidson, pp. 162–163; Gao, p. 246.

37. Wang Gungwu, "The Chinese and the Countries across the Indian Ocean," in *Historical Relations across the Indian Ocean*, UNESCO, ed., (Paris: UNESCO, 1980), pp. 63–64. 印度洋問題專家 Auguste Toussaint 在 *History of the Indian Ocean* (Chicago: University of Chicago Press, 1961) 一書中把中國退出海洋探索描繪為「一個奇異的現象，一個真正的謎」(p. 79)。

38. Mon'im Nasser-Eddine, *Arab-Chinese Relations 1950–1971* (Beirut: The Arab Institute for Research and Publishing, 1972), p. 22; Snow, p. 43–44; Huguette Ly-Tio-Fane Pineo, *Chinese Diaspora in Western Indian Ocean* (Bell Village, Mauritius: Éditions de l'Océan Indien – Chinese Catholic Mission, 1985), pp. 69–70, 74; Liu Hongwu, p.

77. 譯者註：第二次鴉片戰爭後，清政府分別與英、法簽訂的兩份《北京條約》，均有條款載明：清政府容許對方國家商人招收華人出洋務工，准許中國人赴英法殖民地或外洋別地做工，中國各地督撫官員不得禁阻。這使得之前暗地形成的中國對外「苦力貿易」公開化、合法化，促成此後中國人大規模海外移民高潮的出現。參見葛劍雄主編、曹樹基著：《中國移民史‧第6卷‧清、民國時期》(福州：福建人民出版社，1997年)，頁520。

39. Deborah Bräutigam, "Close Encounters: Chinese Business Networks as Industrial Catalysts in Sub-Saharan Africa," *African Affairs*, vol. 102, no. 408 (July 2003): 456–457; A.J. Christopher, "Ethnicity, Community and the Census in Mauritius, 1830–1990," *The Geographical Journal*, vol. 158, no. 1 (March 1992): 59; Ly-Tio-Fane Pineo, pp. 44, 47, 97–101.

40. 譯者註：Antananarivo為馬達加斯加語，按其發音，也譯為「安塔那那利佛」；但現多按其法語名「Tananarive」譯為「塔那那利佛」。

41. Leon M.S. Slawecki, *French Policy towards the Chinese in Madagascar* (Hamden, Conn.: Shoe String Press, 1971), pp. 43–49. 關於馬達加斯加華人社區，參見Ly-Tio-Fane Pineo, pp. 182–86, 201–2.

42. 塞舍爾首任駐華大使Philippe Le Gall 對《北京周報》(*Beijing Review*) 發表的講話，2007年9月27日出版。

43. Ly-Tio-Fane Pineo, pp. 119, 126.

44. J. Stanley Gardiner, "The Seychelles Archipelago," *The Geographical Journal* 29, 2 (February 1907): 154.

45. Melanie Yap and Dianne Leong Man, *Colour, Confusion and Concessions: The History of the Chinese in South Africa* (Hong Kong: Hong Kong University Press, 1996), pp. 5–101. 這項關於南非華人的研究歷時長達九年，內容豐富，令人印象深刻。也參見Yoon Jung Park, "Sojourners to Settlers: Early Constructions of Chinese Identity in South Africa, 1879–1949," *African Studies* 65, 2 (December 2006): 201–17; Ly-Tio-Fane Pineo, pp. 210–12.

46. Karen L. Harris, "'Not a Chinaman's Chance': Chinese Labour in South Africa and the United States of America," *Historia* 52, 2 (November 2006): 179–84.

47. Peter Richardson, "The Recruiting of Chinese Indentured Labour for the South African Gold-Mines, 1903–1908," *The Journal of African History* 18, 1 (1977): 99–100.

48. Thierry Vircoulon, "Chinois d'Afrique, Chinois en Afrique et Afro-Chinois: Les multiples visages de la communauté chinoise d'Afrique du Sud," *Monde Chinois*, no. 8 (Summer/Autumn 2006): 28; Gary Kynoch, "Controlling the Coolies: Chinese Mineworkers and the Struggle for Labor in South Africa, 1904–1910," *International Journal of African Historical Studies*, vol. 36, no. 2 (2003): 309; Gary Kynoch, "'Your Petitioners Are in Mortal Terror': The Violent World of Chinese Mineworkers in South Africa, 1904–1910," *Journal of Southern African Studies* 31, 3 (September 2005): 531–32.

49. 譯注：約堡廣福堂於1898年6月1日創立，是廣東籍華僑社團，故英文名為「the Cantonese Club」。其旨在為會員提供信息、書報和聚會場所，也是同官方打交道的公認機構。1905 年梁佐鋆 (Leung Quinn) 任主席。1908 年初,改名為約翰內斯堡維益社, 但英文名稱不變。(來源:http://webcache. googleusercontent.com/search?q=cache:Jst8UEewMVYJ:www.hgzz.net/baike/87046.ht ml&num=1&hl=en&gl=eg&strip=1&vwsrc=0) 其人正確的漢語姓名有多種說法,如梁金、梁佐等。

50. Ly-Tio-Fane Pineo, pp. 229–41.

51. Yap and Man, pp. 171–73.

52. Kwabena O. Akurang-Parry, "'We Cast About for a Remedy': Chinese Labor and African Opposition in the Gold Coast, 1874–1914," *International Journal of African Historical Studies* 34, 3 (2001): 365–84.

53. Snow, p. 46; Sen-Dou Chang, "The Distribution and Occupations of Overseas Chinese," *Geographical Review* 58, 1 (January 1968): 95.

54. Li Baoping, "Sino-Tanzanian Relations and Political Developments," in Kwesi Kwaa Prah, ed., *Afro-Chinese Relations: Past, Present and Future*, ed. (Cape Town: CASAS, 2007), p. 127.

55. Snow, p. 46.

56. Ibid, pp. 45–46, 57. Republic of China, *China, Treaties, Conventions, Etc., between China and Foreign States* II, 2nd ed. (Shanghai: Statistical Department of the Inspectorate General of Customs, 1917), p. 829; Zhang Xiang, pp. 15–16.

57. Republic of China, *Treaties between the Republic of China and Foreign States (1927– 1957),* (Taipei: Ministry of Foreign Affairs, 1958), p. 100. 魏良才 (Wei Liang-Tsai) 指出埃及和中華民國於 1942 年建立外交關係,直到 1956 年埃及承認中華人民共和國為止。參見 Wei Liang-Tsai, *Peking versus Taipei in Africa 1960–1978* (Taipei: The Asia and World Institute, 1982), p. 295.

58. ROC, *Treaties,* pp. 309–10; Wei Liang-Tsai, pp. 332–33.

59. Mohammad El-Sayed Selim, "The Status of China Studies in Egypt," *El Syassa El-Dawliya* 174 (October 2008).

60. 譯者註:沙國珍在 1931 年 12 月 20 日帶領首批四名中國留學生到達開羅愛資哈爾大學,並推動該校於 1933 年 5 月 1 日正式成立中國學生部,沙獲任命為部長。參見王子華:〈沙儒誠在埃及所做的貢獻〉,《回族研究》,2012 年第 1 期,頁 51–60。

61. Nasser-Eddine, pp. 22–23. 譯者註:中華民國政府 1942 年 5 月 25 日任命林東海為駐埃及首任全權公使,但一直未到任。湯武於 1942 年 6 月 17 日獲任命為一等秘書暫代館務,並於當年 7 月 19 日到任,遂成為中華民國駐埃及首位外交代表。

62. Zhang Xiang, p. 16.

63. Donald Klein, "Formosa's Diplomatic World," *China Quarterly* 15 (July-September, 1963): 45.

64. 譯者註:民國建立後,繼承了清政府在約翰內斯堡設立的駐南非總領事館,後於 1932 年 6 月 14 日更名為駐約翰內斯堡總領事館。但一直到 1949 年之前,中國與南非之間的外交關係都保持在領事級。(資料來源:《中華民國103年外交年鑒》,〈與非洲國家外交關係〉一節,頁135。)

65. Yap and Man, pp. 173–74, 417.

66. Ibid, pp. 177, 208, 244–245; Park, pp. 220, 224.

67. Slawecki, pp. 161–72.

68. Ly-Tio-Fane Pineo, pp. 47–49, 97, 101.

69. 例如,寫出第一部中非關係綜合性研究著作的學者拉爾金 (Bruce D. Larkin),把1955至1971年這一時期劃分為七個階段,"China and Africa: A Prospective on the 1970s," *Africa Today* 18, 3 (July 1971): 7. 在討論1949至1979年這三十年時,Park Sang-Seek 把中國的非洲政策劃分為五個階段,"African Policy of the People's Republic of China," *Sino-Soviet Affairs* 6, 3 (Fall 1982): 87–111. 更早期的中非關係專家 W.A.C. Adie,1970年撰文指中非關係可分為三個階段,"The Communist Powers in Africa," *Conflict Studies*, no. 10 (December–January 1970/71): 9–10. 南非學者 Wim J. Booyse 把1955至1988年劃分為六個階段,"The People's Republic of China's Role in Africa: 1955–1988," *Southern African Freedom Review*, vol. 1, no. 4 (Fall 1988): 20–22. 中國學者在描述中非關係史採用的時間跨度最廣。中國社科院西亞非洲研究所的徐濟明於2001年文中劃分為四個階段:1950年代初、1950年代中至1970年代末、1980年代以及1990年以後,"China's National Interest and its Relationship with Africa," *Africa Insight* 31, 2 (June 2001): 38–42. 中國的非洲問題專家賀文萍在2006年文章也採用類似觀點,把中非關係分為1950年代至1970年代末、1980年代以及1980年代末至今,"Moving Forward with the Time: The Evolution of China's African Policy," paper presented at a workshop in Hong Kong, 11–12 November 2006, www.cctr.ust.hk/china-africa/papers/He,Wengping.pdf. 中國國際問題研究所助理研究員孫巧成在2000年撰文建議分為兩個階段:1949年至1970年代末,以及1970年代末至二十一世紀初,"Sino-African Relationship at the Turn of the Century," *International Studies* 15, 17 (2000): 19–34. 劍橋大學地理系的 Emma Mawdsley 在分析中非關係時也採用大跨度時間觀點,提出分為三個時期:毛澤東時代,即從1949年到1976年;鄧小平時代的頭十年,即1978年到1989年;1989起的後天安門時代,"China and Africa: Emerging Challenges to the Geographies of Power," *Geography Compass* 1, 3 (May 2007): 408.

70. 美國學者于子橋 (George T. Yu) 在中非關係問題研究的早期階段曾做過大量工作,他似乎不同意這個結論。他在1977年寫道:「無論結果為何,中國自身的政策和行為當然負首要責任,但非洲人對中國政策和行為的反應也是同樣至為重要的。」"China's Role in Africa," *Annals of the American Academy of Political and Social Science*, vol. 432 (July 1977): 109. 然而,此處需注意的字句是「非洲人對中國政策的反應」,主動權一般都在中國手裏,而不是非洲。

71. Bruce D. Larkin, *China and Africa 1949–1970: The Foreign Policy of the People's Republic of China* (Berkeley: University of California Press, 1971), pp. 15–16; Park Sang-Seek, "African Policy of the People's Republic of China," pp. 89–90. 中國社科院西亞非洲

研究所徐濟明的論述反映了上述分析和中方觀點。他寫道:「在此期間,主客觀條件都不允許中國發展除非政府交流之外的對非關係。」他還補充稱,中國當時實行向蘇聯和社會主義陣營「一邊倒」的外交政策,在朝鮮抵抗美國、在印支抵抗法國。"China's National Interest and its Relationship with Africa," 38.)

72. W.A.C. Adie, "China and Africa Today," *Race and Class* 5, 3 (1964): 8.

73. 譯者註:埃塞俄比亞從1951年5月開始派兵到達朝鮮戰場,至停戰前以年度輪換方式先後共派出三個步兵營。即除換防的短暫期間外,同一時間內埃塞俄比亞軍隊在韓戰保持兵力為一個營。每營四連制,規模約為1,200人左右,整個戰爭期間派兵總數為3,518人,最終死121人,傷536人。其間埃塞俄比亞軍隊曾與中國人民志願軍正面交火,包括在著名的上甘嶺戰役(美韓方面稱「三角高地戰役」)。

74. Larkin, p. 15.

75. Philippe Richer, "Aux Origines de la Politique Chinoise en Afrique Noire (1949–1960)," *Mondes Asiatiques* 15 (Autumn 1978): 165. 喀麥隆於1960年獲得獨立,阿赫馬杜‧阿希喬(Ahmadou Ahidjo)上台執政,中華人民共和國原來一直支持的喀麥隆人民聯盟(UPC)這時成了反對黨。這就將中國置於與非洲國家合法政府直接衝突的境地,最終導致了令人尷尬的外交挫敗。(譯者註:喀麥隆於1960年1月1日獨立,2月19日即與台北建交,直到1971年3月26日與台北斷交,始與中華人民共和國建立正式外交關係。)

76. B.E. Shinde, "China and Afro-Asian Solidarity 1955-65: A Study of China's Policy and Diplomacy (I)," *China Report*, 14, 2 (March/April 1978): 51.

77. 關於中埃開始接觸直至1956年建交的大量細節,參見Nasser-Eddine, pp. 60–104; Larkin, pp. 16–20. 關於萬隆會議的首份描述,參見Richard Wright, *The Color Curtain: A Report on the Bandung Conference* (Jackson, MS: Banner Books, 1956).

78. 譯者註:由於要消除歷史上英國所遺留的殖民主義的影響,1953年末中國與印度就雙方在西藏地方的關係開始談判。12月31日周恩來接見來北京談判的印度政府代表團時,首次完整提出和平共處五項原則,當時的措辭為:互相尊重領土主權、互不侵犯、互不干涉內政、平等互惠、和平共處。1954年4月29日雙方達成協議,簽署了《中印關於中國西藏地方和印度之間通商和交通協定》及換文,協定在序言中把和平共處五項原則定為指導兩國關係的準則。「潘查希拉」本是古代印度的佛教徒用於描述道德經的五條戒律,帶有喜慶的意義。1954年周恩來總理訪問印度、緬甸期間和兩國總理先後發表了包含和平共處五項原則的聯合聲明之後,「潘查希拉」被賦予新的含義並廣為流傳。參見〈「潘查希拉」與和平共處五項原則的由來〉,《光明日報》,2004年6月25日。

79. Derek Mitchell and Carola McGiffert, "Expanding the 'Strategic Periphery'," in Joshua Eisenman, Eric Heginbotham, and Derek Mitchell, eds., *China and the Developing World: Beijing's Strategy for the Twenty-First Century* (Armonk, NY: M.E. Sharpe, 2007), p. 14; He Wenping, "China-Africa Relations Facing the 21ˢᵗ Century," in Institute of West Asian and African Studies, ed., *Africa Beyond 2000* (Beijing: Chinese

Academy of Social Sciences, October 1998), p. 394; Alaba Ogunsanwo, *China's Policy in Africa 1958–1971* (London: Cambridge University Press, 1974), p. 8. 中國政府在 2006年1月12日發表的《中國對非洲政策文件》，明確重申了中國「堅持和平 共處五項原則」; G.P. Deshpande and H.K. Gupta, *United Front against Imperialism: China's Foreign Policy in Africa* (Bombay: Somaiya Publications Pvt. Ltd., 1986), pp. 24–26; Darryl C. Thomas, "The Impact of the Sino-Soviet Conflict on the Afro-Asian People's Solidarity Organization: Afro-Asianism versus Non-Alignment, 1955–1966," Journal of Asian and African Affairs 3, 2 (Spring 1992): 169; Yitzhak Shichor, T*he Middle East in China's Foreign Policy 1949–1977* (Cambridge: Cambridge University Press, 1979), p. 40. 關於「潘查希拉協議」(Panchsheel Agreement) 的原始文本，參見 www.ignca.nic.in/ks_41062.htm.

80. 譯者註：此次集會指1957年12月14日在北京舉行的支持亞非團結大會會 議，此處所稱的中國代表團團長為郭沫若。參見〈中國人民同亞非人民永遠在 一起，首都各界集會熱烈支持亞非團結大會，並完全贊同蘇聯政府提出的和 平創議〉，《人民日報》，1957年12月15日，第1版。

81. Larkin, pp. 20, 32–36.

82. Liao Cheng-chih, "Liao Cheng-chih's Speech," *Peking Review* 3, 13 (29 March 1960): 11–13. (譯者註：廖承志講話的中文原文可參見:〈中國人民把亞非人民的鬥 爭看成是自己的鬥爭——廖承志在首都人民支持亞非人民團結大會日大會上 的講話〉，《人民日報》，1960年3月25日，第5版。)

83. Richard Lowenthal 認為中蘇交惡始於1959年秋，並很快對兩國各自的對非政策 產生了影響。"China," in Zbigniew Brzezinski, ed., *Africa and the Communist World* (Stanford: Stanford University Press, 1963), pp. 168–69. 毛澤東與美國國務卿亨利·基辛格在北京會談期間告訴後者說，中蘇裂痕始於1958年蘇聯企圖控制中國 海岸和海軍港口之時。毛還說，1959年赫魯曉夫訪華成為造成中蘇決裂的決 定性一擊。參見已解密的1973年11月12日毛澤東與基辛格會談備忘錄。

84. 譯者註：當時坦噶尼喀 (Tanganyika) 與桑給巴爾 (Zanzibar) 尚未合併為坦桑尼 亞，莫希在坦噶尼喀境內。

85. Thomas, pp. 175–179, 184–185, 189; Deshpande and Gupta, pp. 138–39. 關於中國 參與亞非人民團結運動的詳細研究，參見 Charles Neuhauser, *Third World Politics: China and the Afro-Asian People's Solidarity Organization 1957-1967* (Cambridge, MA: Harvard University Press, 1970). 早期關於中蘇對革命鬥爭理解分歧的有價值研 究，參見 R.K. Ramazani, "Russia, China and the Afro-Asian Countries," *The Mizan Newsletter* 5, 3 (March 1963): 1–10. 美國國務院情報研究司1964年的分析表明，中蘇交惡導致兩國在非洲不僅與西方國家之間有競爭，兩國之間也展開了競 爭。參見已解密的研究備忘錄 "An Outline Guide to Communist Activities in Africa", 15 May 1964, 2. 一年後中央情報局的研究表明中國正在非洲做工作「以 消除或削弱親西方和親蘇的影響，並培養激進的、親華的民族主義體制。參 見已解密的中情局備忘錄 "Chinese Communist Activities in Africa", 30 April 1965, 2.

86. Mohamed A. El-Khawas, "The Development of China's Foreign Policy toward Africa, 1955–1972," *Current Bibliography on African Affairs* 6, 2 (Spring 1973): 130.

87. Shichor, pp. 42–51; Larkin, pp. 24–26; Nigel Disney, "China and the Middle East," *MERIP Reports* 63 (December 1977): 4–5; Joseph E. Khalili, "Sino-Arab Relations," *Asian Survey* 8, 8 (August 1968): 681–82.

88. 有關中國支持阿爾及利亞革命者的一項高水平案例研究，參見Deshpande and Gupta, *United Front against Imperialism*, pp. 52–82; Disney, p. 7; Khalili, pp. 683–85; W.A.C. Adie, "Chinese Policy towards Africa," in Sven Hamrell and Carl Gösta Widstrand, eds., *The Soviet Bloc China and Africa* (Uppsala: The Scandinavian Institute of African Affairs, 1964), pp. 52–53.

89. Larkin, pp. 54–55.

90. 關於1970年時這些組織的詳盡名單，參見Larkin, pp. 219–24. 關於中非人民友好協會1960年至1961年間出版的演說和社論清單，參見*The Chinese People Resolutely Support the Just Struggle of the African People* (Peking: Foreign Languages Press, 1961). 也參見Alan Hutchison, *China's African Revolution* (London: Hutchinson and Co., Ltd., 1975), pp. 35–43. 譯者註：中國人民對外文化協會於1954年5月由十個全國性的社會團體聯合發起成立，1966年改稱中國人民對外文化友好協會，1969年起改稱中國人民對外友好協會，會址設在北京。

91. 譯者註：這次周恩來率團訪問亞非歐十四國，總共歷時72天，當中包括非洲十國，分別是阿拉伯聯合共和國(今埃及)、阿爾及利亞、摩洛哥、突尼斯、加納、馬里、畿內亞、蘇丹、埃塞俄比亞、索馬里。參見鄒健東：〈周恩來總理報告訪問十四國的成果〉，《人民日報》，1964年4月26日，第1版。

92. Julia C. Strauss, "The Past in the Present: Historical and Rhetorical Lineages in China's Relations with Africa," *China Quarterly* 199 (September 2009): 781–82.

93. 此處五項原則的英文翻譯件來自徐濟明，"China's National Interest and its Relationship with Africa," 39. 關於這五項原則的討論，參見Ogunsanwo, p. 120.

94. CIA, "What the Chinese Communists Are Up To in Black Africa," declassified secret report, 23 March 1971, 7, www.state.gov/documents/organization/54533.pdf.

95. Ibid., p. 11.

96. Wei Liang-Tsai, pp. 41–51; Ogunsanwo, pp. 149–53; CIA, "What the Chinese Communists Are Up To in Black Africa," pp. 9–10, 23.

97. 譯者註：林彪在1965年8月發表題為〈人民戰爭勝利萬歲 ── 紀念中國人民抗日戰爭勝利二十周年〉的文章稱：「以全世界人民為一方，以美帝國主義及其走狗為另一方，所進行的激烈搏鬥的主要戰場，是在亞洲、非洲和拉丁美洲的廣大地區。」參見《史學月刊》，1965年第8期。

98. Harold C. Hinton, *China's Turbulent Quest: An Analysis of China's Foreign Relations since 1949* (Bloomington, IN: Indiana University Press, 1973), pp. 137–41; George E. Taylor, "Lin Piao and the Third World," *Virginia Quarterly Review* 42, 1 (Winter 1966): 1–11; Barbara Barnouin and Yu Changgen, *Chinese Foreign Policy During the Cultural Revolution* (London: Kegan Paul International, 1998), pp. 6–7, 47.

99. 譯者註：達荷美從1965年11月下旬開始發生政治危機，至12月22日軍方宣布接管政權，由原陸軍參謀長擔任總統和和總理的新政府於1966年1月3日宣布終止與中國的外交關係，並要求中國大使館三日內離境。中非共和國於1965年1月1日發生軍事政變，1月6日宣布與中國斷交，並宣布中國大使和使館人員為不受歡迎的人，限期中國大使館兩日內離境。有內地專家認為，達荷美的行為動機背後有較強的台灣因素，當年4月達荷美與台北「復交」，而中非共和國則是親西方政權上台後的政策選擇。參見汪勤梅：〈中非關係中的一個曲折起伏〉，北京大學非洲研究中心編：《北大非洲研究叢書——中國與非洲》(北京：北京大學出版社，2000)。

100. Ogunsanwo, pp. 180–89.

101. 譯者註：「Vijana」詞源於斯瓦希里語「ujamma」，意為非洲一種傳統的村社形態，是大家族集體式村社的意思。參見南文淵：〈坦桑尼亞烏賈馬社會主義的理論與實踐〉，《西亞非洲》，1987年第1期。

102. 關於文革期間中國對非政策最為全面的分析，參見Ogunsanwo, pp. 180–240; Hutchison, pp. 133–61. 至於接受美國教育的台灣學者所做關於文革的研究，參見Wei Liang-Tsai, pp. 80–103. 關於北非中東的分析，參見Shichor, pp. 125–27, 145–48, 204–5. 關於坦贊鐵路項目在中國非洲政策重要性的研究，參見Strauss, pp. 785–89.

103. Xiaohong Liu, *Chinese Ambassadors: The Rise of Diplomatic Professionalism since 1949* (Seattle: University of Washington Press, 2001), pp. 59–60.

104. Wei Liang-Tsai, pp. 380–96.

105. Hutchison, pp. 162–73. 非洲學者所做的類似研究，參見Ogunsanwo, pp. 241–57.

106. El-Khawas, p. 137. 萊頓大學 (University of Leiden) 非洲研究中心高級研究員 Piet Konings，梳理該政策自1960年代以來的變遷，參見 "China and Africa," *Journal of Developing Societies* 23, 3 (2007): 345. 儘管有幾個例子表明1960年代中期中國開始收斂對此類組織的支持，但似乎直到文革結束這個政策都沒有普遍實施。北京大學國際關係學院教授李安山這樣說：「文革的結束標誌著中國對非政策從幾乎完全是基於意識形態劃線轉向更為務實和多元的方式。」參見 "China and Africa: Policy and Challenges," *China Security* 3, 3 (Summer 2007): 72. 于子橋寫於1972年的文章多少修正了他早期關於中國在非洲目標的分析，他說這些目標是：(1) 通過支持非洲解放運動和新獨立國家樹立和維持革命的可信度；(2) 把非洲變為直接和間接對抗美蘇的戰場；(3) 通過確保來自非洲國家的支持來支撐中國的國際地位，特別是要讓非洲人對民族獨立和國家建設的「中國模式」情有獨鍾，以及保證對中華人民共和國的法律承認和支持。參見 "Peking's African Diplomacy," *Problems of Communism* 21, 2 (March/April 1972): 16–17.

107. George T. Yu, "Africa in Chinese Foreign Policy," *Asian Survey* 28, 8 (August 1988): 855.

108. Gerald Segal, "China and Africa," *Annals of the American Academy of Political and Social Science* 519 (January 1992): 118–120.

109. Philip Snow, "China and Africa: Consensus and Camouflage," in Thomas W. Robinson and David Shambaugh, eds., *Chinese Foreign Policy: Theory and Practice* (Oxford: Clarendon Press, 1994), pp. 295–96, 306.

110. R.A. Akindele, "Africa and the Great Powers, with Particular Reference to the United States, the Soviet Union and China," *Afrika Spectrum* 20, 2 (1985): 142; Mohamed A. El-Khawas, "China's Changing Policies in Africa," *Issue: A Journal of Opinion* 3, 1 (Spring 1973): 26–27.

111. Snow, "China and Africa," 305.

112. Hutchison, p. 295; V. Sofinsky and A. Khazanov, "PRC Policy in Tropical Africa (1960s–1970s)," *Far Eastern Affairs* 3 (1978): 79–80.

113. 譯者註：出自 1971 年 12 月 17 日周恩來在歡迎蘇丹副總統阿巴斯及由其率領的政府高級代表團歡迎宴會上的講話。〈在歡迎蘇丹政府高級代表團宴會上周恩來總理的講話〉，《人民日報》，1971 年 12 月 18 日，第 2 版。

114. Disney, pp. 10–11.

115. Yu, "China's Role in Africa," 98–102. 史大偉對 1971 至 1973 年間在美國駐坦桑尼亞大使館工作期間的回憶。

116. Snow, "China and Africa," pp. 307–8.

117. Yu, "China's Role in Africa," 102–5.

118. Chang Ya-chün, "Peiping's African Policy in the 1970s," *Issues and Studies*, vol. 17, no. 2 (February 1981): 50–51 and "On Current Chinese Communist Relations with the Third World," *Issues and Studies*, vol. 18, no. 11 (November 1982): 71–82. 關於從台灣角度看待直到 1970 年代中期中華人民共和國在非洲活動的詳細分析，參見 Chang Ya-chün, *Chinese Communist Activities in Africa-Policies and Challenges* (Taipei: World Anti-Communist League, April 1981). 關於中華人民共和國的觀點，參見 He Wenping, "Moving Forward with the Time," 4. 其他視角的分析，參見 John F. Copper, "The PRC and the Third World: Rhetoric versus Reality," *Issues and Studies* 22, 3 (March 1986): 110–13. 實際上中國開始形成對第三世界的政策要早得多，關於這方面的觀點參見 Philippe Richer, "Doctrine Chinoise pour le Tiers Monde," *Politique Etrangère* 1 (1965): 75–97.

119. 鄧小平 1974 年 4 月 10 日在聯合國大會的發言，Warren Kuo, ed., *Foreign-Policy Speeches by Chinese Communist Leaders 1963–1975* (Taipei: Institute of International Relations, 1976), p. 50. 也可參見 *Peking Review*, no. 16 (19 April 1974): 6–11.「三個世界」理論成為中國與其他發展中國家關係的指導原則，一直發揮作用到冷戰結束之後，其時第一和第二世界都已不存在了。參見 Zhao Gancheng, "Reform and Opening Up Versus Adjustment of China's Relations with Other Developing Countries," *China International Studies* 13 (Winter 2008): 102–5.

120. Deng Xiaoping, *Foreign Policy Speeches*, pp. 50–58. 關於 1970 年代中國「第三世界」戰略的論述已有很多，例如 Lillian Craig Harris and Robert L. Worden, eds., *China and the Third World: Champion or Challenger?* (Dover: MA: Auburn House Publishing Company, 1986); Sang-Seek, pp. 107–9; Yu, "China and the Third World," *Asian Survey* 17, 11 (November 1977): 1036–48. Stephan Chan, "China's Foreign Policy and Africa: The Rise and Fall of China's Three World's Theory," *Round Table* 296 (1985): 376–84; Michael B. Yahuda, *China's Role in World Affairs* (London: Croom Helm, 1978), pp.

238–60; Peter Van Ness, "China and the Third World: Patterns of Engagement and Indifference," in Samuel S. Kim, ed., *China and the World: Chinese Foreign Policy Faces the New Millennium* (Boulder: CO: Westview Press, 1998), pp. 151–68.

121. Li Anshan, "China and Africa," 72.

122. Ibid.; Booyse, pp. 22–23; Yu, "Africa in Chinese Foreign Policy," 856; Ian Taylor, "China's Relations with Sub-Saharan Africa in the Post-Maoist Era, 1978–1999," in Frank Columbus, ed., *Politics and Economics of Africa*, vol. I (Huntington, NY: Nova Science Publishers, Inc., 2001), pp. 89–90. 關於1980年代中國對第三世界不同地區策略研究的深入討論，可參閱Xuetong Yan, "Sino-African Relations in the 1990s," *CSIS Africa Notes* 84 (19 April 1988): 1–3.

123. 譯者註：趙紫陽此行時間由1982年12月20日到翌年1月17日，到訪的非洲11國分別是：埃及、阿爾及利亞、摩洛哥、畿內亞、加蓬、扎伊爾（現剛果民主共和國）、剛果（布）、贊比亞、津巴布韋、坦桑尼亞、肯尼亞。參見〈人大常委會第二十六次會議開始舉行，彭真主持會議，聽取趙紫陽報告非洲之行，中非友好事業要代代相傳〉，《人民日報》，1983年3月1日，第1版。

124. Yu, "Africa in Chinese Foreign Policy," 856–57; Taylor, "China's Relations with Sub-Saharan Africa in the Post-Maoist Era," 90–91; Xu Jiming, pp. 40–41; Pang Zhongying, "China's Engagement with Africa: Approaches and Challenges," in Luca Castellani, Pang Zhongying and Ian Taylor, eds., *China outside China: China in Africa* (Torino, Italy: CASCC, 2007), 27. 有關台灣學者對此的分析，參見Chang Ya-chün, "Chao Tzu-yang's Visit to Africa," *Issues and Studies* 19, 1 (January 1983): 10–13 and "An Appraisal of Chao Tzu-yang's Visit to Africa," *Issues and Studies* 19, 2 (February 1983): 8–11. 美國駐華使館1983年報稱趙紫陽訪非是以中國的方法向世界宣告，它已經「重新發現了非洲，並準備採取措施消解蘇聯在當地更大的政治影響」。結果，中國開始拉攏那些充當蘇聯代理人的非洲國家，改善與莫桑比克的關係，並與安哥拉建交。當第三世界在引起爭論的全球和地區事務達成共識時，中國也條件反射式地支持。參見美國駐華大使館1983年12月16日已解密電報"China's Foreign Policy: A Five-Year Review"。隨着時間推移，中國一向尖銳批評蘇聯的態度也起了微妙變化。美國國務院情報研究局1985年得出結論認為，中國已開始通過把批評的焦點從蘇聯轉向白人統治的南非，以及指出非洲亂局源自不特別點明的「超級大國」，以強化其第三世界的形象。參見"China's Policy toward Sub-Saharan Africa", 2, 20 August 1985, Digital National Security Archive.

125. Ian Taylor, "China's Foreign Policy towards Africa in the 1990s," *The Journal of Modern African Studies* 36, 3 (September 1998): 443–46. 同時參見Marc Aicardi de Saint-Paul, "La Chine et l'Afrique," *Mondes et Cultures*, 1-4 (2004): 351; Michal Meidan, "China's Africa Policy: Business Now, Politics Later," *Asian Perspective* 30, 4 (2006): 74–76; Mawdsley, 410–11.

126. He Wenping, "Moving Forward with the Time," 7.

127. Ibid, 7–8. 同時參見Xu Jiming, "China's National Interest and Its Relationship with Africa," 40. 林永樂（Yung-lo Lin）曾對1980年代中國對非政策做過分析，指出

在中非關係中有四個自變量：中國國內發展、中美關係、中蘇關係、非洲國家自己的考慮。參見 "Peking's African Policy in the 1980s," *Issues and Studies* 25, 4 (April 1989): 83–88.

128. Roland Marchal, "Chine-Afrique: Une Histoire Ancienne," *Africultures* 66 (January-March 2006): 26.

129. Ian Taylor, "The 'Captive States' of Southern Africa and China: The PRC and Botswana, Lesotho and Swaziland," *The Journal of Commonwealth and Comparative Politics* 35, 2 (July 1997): 79–80.

130. Yitzhak Shichor, "China and the Middle East since Tiananmen," *Annals of the American Academy of Political and Social Science* 519 (January 1992): 89, 92, 96.

131. Weiqun Gu, *Conflicts of Divided Nations: The Cases of China and Korea* (Westport, CN: Praeger, 1995), pp. 124–26; Taylor, "China's Relations with Sub-Saharan Africa in the Post-Maoist Era," 96–100; Chang Qing, "Chinese Foreign Minister Tours Africa," *Beijing Review* 32, 35 (28 August–3 September 1989): 10–11; Taylor, "China's Foreign Policy towards Africa in the 1990s," 446–49; Chung-lian Jiang, "China's African Policy," *African Geopolitics*, 23 (July–September 2006), 232; Ruchita Beri, "China's Rising Profile in Africa," *China Report* 43, 3 (July 2007): 300.

132. Chris Alden and Ana Cristina Alves, "History and Identity in the Construction of China's Africa Policy," *Review of African Political Economy* 35, 115 (March 2008): 53–54; Richard J. Payne and Cassandra R. Veney, "China's Post-Cold War African Policy," *Asian Survey* 38, 9 (September 1998): 868, 871. 關於 1990 年代中華人民共和國在南非處理「兩個中國」的案例分析，參見 Chris Alden and Garth Shelton, "Camarades, parias et hommes d'affaires: Mise en perspective des rélations entre l'Afrique du Sud et la Chine," *Politique Africaine* 76 (December 1999): 21–29.

133. 譯者註：楊尚昆在 1992 年 6 月 29 日至 7 月 11 日對摩洛哥、突尼斯和科特迪瓦進行國事訪問，並在結束本次訪問前夕，在科特迪瓦阿比讓發表談話，闡述了「在新的國際形勢下，中國同非洲國家關係的原則」。這六項原則的官方文本表述是：「一、中國支持非洲各國為維護國家主權、民族獨立、反對外來干涉和發展經濟所作的各種努力；二、中國尊重非洲各國根據自己的國情選擇政治制度和發展道路；三、中國支持非洲各國加強團結合作，聯合自強，通過和平協商解決國與國之間的爭端；四、中國支持非洲統一組織為謀求非洲大陸的和平穩定和發展以及實現經濟一體化所作的努力；五、中國支持非洲國家作為國際社會平等的成員，積極參與國際事務和為建立公正合理的國際政治、經濟新秩序而進行的努力；六、中國願意在互相尊重主權和領土完整、互不侵犯、互不干涉內政、平等互利、和平共處等原則的基礎上，發展同非洲各國的友好往來和形式多樣的經濟合作。」參見〈楊主席對科特迪瓦電視台記者發表談話闡述我國同非洲國家關係的原則〉，《人民日報》，1992 年 7 月 11 日，第 1 版。

134. Xu Jiming, p. 41; Taylor, "China's Relations with Sub-Saharan Africa in the Post-Maoist Era," 102; Chung-lian Jiang, p. 234.

135. 譯者註：江澤民在1996年5月8日至22日，對肯尼亞、埃塞俄比亞、埃及、馬里、納米比亞、津巴布韋六國進行國事訪問。

136. Xu Jiming, p. 42; Garth Shelton, "China and Africa: Advancing South-South Co-operation," in Garth le Pere, ed., *China in Africa: Mercantilist Predator or Partner in Development?* (Midrand, South Africa: Institute for Global Dialogue, 2006), pp. 106–7. Julia Strauss (p. 790) 評論說江澤民此行的宣傳模式一如既往，但內容和調子有重大變化，反映出中國由於經濟改革政策取得成功而更加自信。

137. Meidan, pp. 76–77.

138. Sun Qiaocheng, pp. 29–30; Taylor, "China's Relations with Sub-Saharan Africa in the Post-Maoist Era," 101–3.

139. Wu Hongying and Dao Shulin, "China vs. the Third World," *Contemporary International Relations* 11, 9 (September 2001): 8; Chung-lian Jiang, p. 238.

140. He Wenping, "Moving Forward with the Time," 10–12; "The Balancing Act of China's Africa Policy," *China Security* 3, 3 (Summer 2007): 36–37; He Wenping, "China-Africa Relations Moving into an Era of Rapid Development," *Inside AISA*, 3–4 (October/December 2006): 4–5; Mawdsley, pp. 413–16; Chung-lian Jiang, pp. 239–41; Chris Alden, *China in Africa* (London: Zed Books, 2007), pp. 30–31. Yuan Wu, pp. 86–90. Tian Peiliang, "China and Africa in New Period," *Foreign Affairs Journal* 70 (December 2003): 38–39; Strauss, pp. 791–93.

141. Bonnie S. Glaser and Evan S. Medeiros, "The Changing Ecology of Foreign Policy-Making in China: The Ascension and Demise of the Theory of 'Peaceful Rise'," *China Quarterly*, 190 (June 2007): 291–302; Bonnie S. Glaser, "Ensuring the 'Go Abroad' Policy Serves China's Domestic Priorities, *China Brief* 7, 5 (8 March 2007): 4. 與此有關的一個概念，是江澤民主席在2002年中共「十六大」提出的「戰略機遇期」，胡錦濤在2003年十屆全國人大一次會議重申了這一概念。這一概念後來在中國被反覆提及，其含義是中國因其規模、歷史和文化等方面的優勢，將有二十年的時間來提高和取得更有利的國際地位。參見Bernt Berger, "Rethinking China's Engagement in Africa," *Sicherheit und Frieden* 25, 3(2007): 150.

142. 譯者註：從中國官方各類公開文獻資料和媒體報道來看，很難發現此處所說的「四不」主張。最為接近的內容是胡錦濤在2004年4月24日博鰲亞洲論壇年會開幕式上題為〈中國的發展，亞洲的機遇〉的演講，當中提到「中國將堅持互信、互利、平等、協作的新安全觀，希望同各國建立不結盟、不對抗、不針對第三方的安全合作關係。」參見《人民日報》，2004年4月25日，第1版。

143. Amaury Porto de Oliveira, "A 'Beijing Consensus' Is Emerging," *Panorama* 27 (October/November 2005): 15; Alex E. Fernández Jilberto and Barbara Hogenboom, "Developing Regions, Africa and Indonesia Facing the Rise of China," *Journal of Developing Studies* 23, 3 (2007): 301; Joshua Cooper Ramo, "The Beijing Consensus," The Foreign Policy Centre, May 2004, 41. 北京共識提供了一個可替代華盛頓共識的方案，後者強調經濟自由化、私有化、稅收改革和財政紀律。

144. Yuan Peng, "A Harmonious World and China's New Diplomacy," *Contemporary International Relations* 17, 3 (May/June 2007): 3–4.

145. 關於「和諧社會」與「和諧世界」的全面分析，參見 Yongnian Zheng and Sow Keat Tok, "'Harmonious Society' and 'Harmonious World': China's Policy Discourse under Hu Jintao," Briefing Series 26, October 2007, China Policy Institute, University of Nottingham.

146. China State Council. "China's Peaceful Development Road," 12 December 2005, www.china.org.cn/english/features/book/152684.htm.

147. Robert G. Sutter, *Chinese Foreign Relations: Power and Policy since the Cold War* (Lanham, MD: Rowman and Littlefield Publishers, Inc., 2008), p. 4.

148. 中國政府：《中國對非洲政策文件》，2006 年 1 月。

149. "Hu Jintao Delivers an Important Speech in Dar es Salaam," 16 February 2009.

150. 譯者註：參見張曉彤（中央文獻研究室副編審）：〈胡錦濤時代觀的中國主張〉，《瞭望》周刊，2009 年第 47 期。

151. Willy Lam, "Hu Jintao Unveils Major Foreign-Policy Initiative," *China Brief* 9, 24 (3 December 2009): 2–4; Jonathan Holslag,"China and the Coups: Coping with Political Instability in Africa," *African Affairs* 110, 440 (2011): 385–86.

152. He Wenping, "China's Diplomacy in Africa," *African Bulletin*, May 2010, www.african-bulletin.com/doc/wenping.pdf.

153. He Wenping, "The Balancing Act of China's Africa Policy," 33.

154. 艾菲：〈弘揚友誼，深化合作，全面推動中非關係新發展〉，《人民日報》，2006 年 6 月 14 日，第 7 版。

155. "Chinese State Councilor Vows to Advance Sino-African Strategic Partnerships," *Xinhua*, 25 May 2009.

156. 中國外交部長楊潔篪於 2010 年初在慕尼黑發表講話稱，中國將會承擔更多的與本國國力和地位相符的國際責任，絕不會做損人利己、自私自利的事情。參見 "Chinese FM Highlights Role of 'a Changing China in a Changing World'," *Xinhua*, 5 February 2010. 對於這個日趨重要且需要微妙平衡的動作，可參閱以下的深入討論：Jing Gu, John Humphrey and Dirk Messner, "Global Governance and Developing Countries: The Implications of the Rise of China," Discussion Paper 18, German Development Institute, 2007, 7–11. 倫敦政經學院（LSE）的 Michael Yahuda 寫道：「中國領導人現在希望本國被視為支持現狀的『負責任大國』」，"China's Foreign Policy Comes of Age," *The International Spectator* 42, 3 (September 2007): 341.

157. 這個議論至遲可追溯到 1960 年，其時 Peter S. H. Tang 在其題為《共產中國發展模式與不發達國家》（*Communist China as a Developmental Model for Underdeveloped Countries*）的論文，分析了中國共產主義模式對發展中國家的適用性問題（monograph I, Research Institute on the Sino-Soviet Bloc Studies, 1960.）。他引用了幾位非洲領導人讚揚中國模式的評論，包括畿內亞總統塞古·杜爾（Sekou Touré）1960 年訪華時說：「我們不僅是來這裏考察你們革命的全過程，而且也能帶走可應用於非洲鬥爭現實條件下的經驗教訓。」(p. 105)

158. 埃塞俄比亞總理梅萊斯‧澤納維 (Meles Zenawi) 說非洲需要向中國這個「發展典範」學習，因其為非洲發展了一個新方案，*Ethiopian News Agency*, 22 December 2008. 尼日利亞參議院主席 Ken Nnamani 在 2006 年說：「中國已經成為尼日利亞探索真正的、可靠的發展理念的好榜樣，引述自 Ndubisi Obiorah, "Who's Afraid of China in Africa? Towards an African Civil Society Perspective on China-Africa Relations," in Firoze Manji and Stephen Marks, eds., *African Perspectives on China in Africa* (Cape Town: Fahamu, 2007), p. 41. 馬達加斯加總統馬克‧拉瓦盧馬納納 (Marc Ravalomanana) 在非洲開發銀行上海會議發表評論說：「你們是轉型的範例。我們非洲必須學習你們的成功經驗。」引述自 Antoaneta Bezlova, "China as Role Model for African Development," *JPS*, 17 May 2007. 但並不是所有的非洲人都認同這些說法。南非總統坦博‧姆貝基 (Thabo Mbeki) 說非洲國家「不可能複製中國那種大量資本流入推動出口導向型增長快速實現」的模式，還說南非「不會模仿中國經濟增長模式」，*Business Day*, 29 July 2005.

159. 中國的頂尖非洲問題專家賀文萍在 2006 年 11 月 6 日於《人民日報》撰文指出，「中國從未把自己的經濟發展模式推銷到非洲的土地上。」張維為曾為鄧小平做過英語口譯員，他憶述：「我清楚記得 1985 年 9 月鄧小平會見來訪的加納領導人傑里‧羅林斯 (Jerry Rawlings) 說：『請不要照搬我們的模式。如果說有什麼適用的經驗，就是說按照自己國家的實際情況制定自己的計劃。』」；"China: The New Global Model for Development," *New Perspectives Quarterly* 24, 1 (Winter 2007): 14. 非洲問題專家李安山說，中國不願意把自己的經驗強加於人，是因為曾照搬別國模式，有過教訓。中國的發展是一個向任何更好的發展道路學習的過程，這個過程將繼續下去。"Chinese Experiences in Development: Implications for Africa," *Pambazuka News*, 18 June 2009. 中國學者李智彪提出非洲可從中國發展經驗中學習的成功和失誤之處，他認為非洲國家應考慮自身國情，而不是機械地模仿中國經驗，"How Should African Nations Draw Lessons from China's Development Experience?" *Contemporary Chinese Thought* 40, 1 (Fall 2008): 56–72.

160. 這是在 2007 年 1 月 12 日於北京舉行的一次會議期間，一位非洲國家大使對本書作者提出的觀點。他還說全盤照搬中國模式確實不適合他的國家，但還是希望採用某些部分，比如普通基礎教育體系。

161. Ramo , "The Beijing Consensus"; Amaury Porto de Oliveira, "A 'Beijing Consensus' Is Emerging," *Panomma* 27 (October/November 2005): 15. 斯蒂芬‧哈爾帕 (Stefan Halper) 使用本術語指過去三十餘年的中國內部發展和改革模式。這是一種「走向資本主義且保持專制」的模式，展示了一黨執政體制下經濟如何保持自由化。他指出中國因其獨特的文化、人口、地理和治理哲學，以致中國模式不可能在撒哈拉以南複製。Stefan Halper, *The Beijing Consensus: How China's Authoritarian Model will Dominate the Twenty First Century* (New York: Basic Books, 2010), p. 32.

162. Wei-Wei Zhang, p. 13. 「北京共識」這個術語對不同的人意味不同。它在文獻中廣泛使用是因為許多非洲人和一些學者喜歡把西方和中國的發展道路進行對比。參見 Sautman and Hairong, pp. 81–82, and Chaponniere, pp. 75–76.

163. Joelien Pretorius, "Non-Alignment in the Current World Order: The Impact of the Rise of China," *Strategic Review for Southern Africa* 30, 1 (May 2008): 21–24. Chris Colley, "China's Reforms at 30 and the 'Beijing Consensus'," *Pambazuka News*, 31 January 2009. 中國社會學家黃平認為，並沒有所謂的「北京共識」或「北京模式」，參見Johan Lagerkvist, "Chinese Eyes on Africa: Authoritarian Flexibility Versus Democratic Governance," *Journal of Cotemporary African Studies* 27, 2 (April 2009): 125; Martin Ravallion, "Are There Lessons for Africa from China's Success Against Poverty?" World Bank Policy Research Working Paper 4463 (January 2008): 17–24; Sautman and Hairong, pp. 81–85. 非洲公民社會代表尤其懷疑中國模式。尼日利亞人權活動家Ndubisi Obiorah承認一些非洲領導人已經接受中國模式可替代西方模式。然而他警告說，一些非洲獨裁政權試圖用中國式的經濟成功來迴避「政治自由化和真正的民主化」，Obiorah, p. 44.

164. Pang Zhongying, pp. 49–50. 同時參見Li Anshan, "Chinese Experiences in Development: Implications for Development," *Pambazuka News*, 18 June 2009.

165. Farhana Paruk, "Lessons for Africa from China's Rise," *Institute for Security Study Today* (27 November 2007); Pang Zhongying, pp. 44–46.

166. David Shambaugh, "Is There a Chinese Model?" *China Daily*, 1 March 2010.

167. Martyn Davies, "China's Developmental Model Comes to Africa," *Review of African Political Economy* 35, 115 (March 2008): 134–37.

168. Friedman, p. 19. 世界銀行中國局局長杜大偉 (David Dollar) 列出了非洲國家政府可以從中國發展經驗中學到的成功和失敗之處。參見"Lessons from China for Africa," World Bank Policy Research Working Paper 4531, February 2008.

169. Julia C. Strauss, "The Past in the Present: Historical and Rhetorical Lineages in China's Relations with Africa," *China Quarterly* 199 (September 2009): 780.

170. Sanusha Naidu and Johanna Jansson, "Africa's Engagement with China: Perpetuating the Class Project?" in Jan Nederveen Pieterse and Boike Rehbein, eds., *Globalization and Emerging Societies: Development and Inequality* (Houndsmills: Palgrave Macmillan, 2009), p. 203.

171. 本書作者史大偉於2011年6月2日在北京出席會議時所作的評論。

第 2 章

中非政治關係

談到中國與非洲的政治聯繫，當然繞不過第 1 章所述的政府對政府關係。本章將追溯中非之間政黨對政黨關係的發展歷程。在中華人民共和國成立初年，中非政黨關係主要是通過眾多的統戰組織、團結運動和友好團體來運作。

中非政黨對政黨的聯繫始於 1950 年代和 1960 年代，主要通過官方色彩較淡的中共領導下的組織來進行，例如「群眾組織」、「統戰團體」和「人民友好團體」等。在 1977 年中共中央對外聯絡部重組前，這些團體的對外聯絡辦公室負責中共與非洲各政治團體的聯繫。一般來說，中國共產黨控制的各群眾組織或人民團體 (如，中華全國青年聯合會、中國作家協會) 任命統戰組織的人事，這些受任命的人員管理人民友好團體 (如，亞非作家會議常設事務局的中國聯絡委員會)。儘管中國黨和政府機構的工作範圍時有重疊，但在與非洲革命團體聯繫方面，黨的幹部通常被賦予比外交部同行們更大的空間。在 1955 到 1978 年間，中共對非洲的政策目標逐漸從反殖民主義轉向反美帝國主義，最終變成反蘇聯修正主義。儘管那時的中非政治聯繫遠不像今天這麼系統化，但仍遠比當時的雙邊商貿關係更有影響力並更持久，這都得歸功於中共。

自1978年中國改革開放起，中共一直精心設計協調其國際方略，與非洲的政黨和政治組織建立持久的關係。為改善官方層面的國與國關係，以及尋求有利的經濟機遇，中共中央對外聯絡部(中聯部)及其下屬機構運用雄厚財力和嫻熟外交，縱橫捭闔於非洲政黨間。[1]全國人大也在這一過程中發揮作用，只是介入的程度相對較低。

在過去三十多年間，中聯部和全國人大都建立了面向非洲國家對口單位的工作機構，為中非商務和外交合作搭建平台，為雙方政治精英交流提供機會，跟蹤工作進展以確保政策實際執行符合中共的戰略目標。儘管其政治外聯工作成績斐然，但中聯部仍然是「中國外交政策系統中最不為人知的機構」。[2]

在中國與外國政黨的政治交往中有四個敏感的政策議題，即台灣、伊斯蘭、西藏和人權，不獨非洲使然。每個問題都與主權相關，都是中國的痛點，極易引起對十九世紀和二十世紀前期中國任由西方列強和日本宰割的歷史記憶，觸發民族情緒。中共和全國人大與非洲的對口單位會談時，通常非方都會肯定中方在上述其中一個、或幾個乃至全部四個問題上的立場。如果非洲國家或政黨在這些問題上與中方立場相左，則通常後果嚴重，從面臨外交威脅到撤出投資、遭受公開批評或中方轉而支持其政治對手，不一而足。

中國與非洲政治組織的交往歷史

早年中國共產黨的非洲政治拓展，1949-1965

從1949年到籌備1955年4月在印尼萬隆召開的第一次亞非會議，在非洲的政治拓展並非中國共產黨優先考慮的領域。儘管中共組織強大且有凝聚力，但國內事務才是其優先考慮，當時面臨的主要任務是消滅國民黨殘餘抵抗勢力，繼續向國內未解放地區進軍，以及抗美援朝。在1950年代早期，非洲大陸的獨立國家屈指可數，伴隨那些具有革命意識的政治組織的出現，中共由此成立各種不同的政治工作機構與它們接觸。儘管這些中共領導的外聯機構在中國內戰剛結束的那幾年已經存在，但由於非洲距離遙遠，中國缺乏價值不菲的輪船和民航機，國民經濟也極為困乏，因此極大限制了中共與非洲有關方面接觸。就非洲方面而言，由於缺少團結、有組織的反殖抵抗團體，也大大抑制了其與中共發展關係的機會。

1950年代下半葉，中非在政治上的聯繫遠遠超過在經濟、軍事和外交方面的聯繫，事實上在1949至1954年間這幾方面的聯繫極為有限。[3]1954年10月5日，中共雜誌《世界知識》發表了題為〈新中國五年來的外交〉一文，表明中共正準備採取更加積極的全球反帝路線。該文強調亞非拉各國的獨立鬥爭，「彼此間有共同的利益，即是消滅殖民主義，而彼此間並沒有什麼根本的利益衝突，因為共同的侵略者、壓迫者和剝削者是帝國主義。」[4]這個「反對帝國主義侵略和戰爭政策」的號召，最早載於1949年的《中國人民政治協商會議共同綱領》，成為中共早年在非洲政治拓展的基石。[5]

這段時期涉及對非政治拓展的組織中，有一些很明確就是黨的機構，另一些則表面上是群眾組織，但實際上由中共幹部控制。[6]例如，中華全國學生聯合會(全國學聯)根據章程，「在中國共產黨的領導下，支持反對帝國主義、反對殖民主義的鬥爭。」[7]在這段時期中共幹部負責協調中國與非洲團體的政治關係，儘管相較而言中共在一些團體的控制較另一些公開和透明。正如學者拉金(Bruce D. Larkin)的觀察：「在文化大革命之前，共青團中央國際聯絡部部長同時身兼全國青聯國際部部長。實際上，這兩個部門就是一套人馬、兩塊牌子。這種關係保證了黨的主控地位。」

拉金認為，中國對非洲政策的主要制定者是共產黨領導層，而不是外交官或軍方。「最重要的決定，可能都是由幾名中央政治局常委作出的。在文化大革命之前，政治局常委會的七人處於中共體制的最高層。」[8] 在1957年亞非人民團結組織（Afro-Asian People's Solidarity Organization, AAPSO）成立之前，中共成立了很多組織用以增加與非洲友好政治團體和個人的接觸。通過這些群眾組織，中共得以掌控派駐到國際陣線組織的官員和秘書處人員的任命，進而管理這些在非洲的公共組織的活動。[9] 中共通過各種交疊的陣線組織和團結運動，邀請並接待非洲政黨訪華。例如，摩洛哥全國人民力量聯盟（National Union of Popular Forces）和安哥拉人民解放運動（Movimento Popular de Libertação de Angola, MPLA）應中國人民外交學會邀請，分別於1959年和1960年訪問北京（詳見表2.1）。[10]

中共在1955年起採取更加務實的策略，與非洲各個獨立運動組織開展廣泛的接觸，而不問它們的政治背景。當時中共經費窘絀，力圖宣告自己為全球共產主義革命運動的領袖，帶領各國反對歐洲殖民者和美帝國主義。通過強調自力更生，中共得以把對非洲解放組織提供有限的物質支援合理化。多數情況下，中共的支援大都停留在口頭上，往往是口惠而實不至。[11]

至1957年中，利比亞、埃及、蘇丹、突尼斯、摩洛哥和加納已先後取得獨立。中共敏銳地意識到拓展政治關係的機遇，遂傾盡全力支持整個非洲大陸的反殖民地獨立運動。為了通過總部設在開羅的「亞非人民團結組織」向非洲的政治組織提供援助，中共於1958年在北京成立了中國亞非團結委員會。在該委員會幫助下，亞非人民團結組織在1950年代後期和1960年代初期，成為中非政

表2.1 中國共產黨控制的對非政治工作組織，1955–1963

群眾組織	統戰團體	有外交使命的人民團體	對非友好與團結組織
• 中華全國總工會 • 中華全國婦女聯合會 • 中華全國青年聯合會 • 中華全國學生聯合會	• 中國文學藝術界聯合會，會員團體包括中國作家協會（1949） • 中華全國體育總會（1952） • 中國政法學會（1953） • 中國伊斯蘭教協會（1953） • 中華全國工商業聯合會（1953） • 中華全國新聞工作者協會（1957） • 中國紅十字會（1950） • 中國科學技術協會（1958）	• 中國人民保衛世界和平委員會 • 中國人民外交學會 • 中國人民對外文化協會（1954），更名為「中國人民對外友好協會」（1969） • 中華全國新聞工作者協會 • 中國國際貿易促進委員會 • 中華全國工商業聯合會	• 中國非洲人民友好協會（1960） • 中國亞非團結委員會（1958） • 中國亞非學會（1962） • 中國伊斯蘭教協會（1953） • 中國阿拉伯聯合共和國友好協會（1958） • 支援埃及反抗侵略委員會 • 亞非作家常設事務局中國聯絡委員會

註：括弧中為其創建年份。

資料來源：Bruce Larkin, *China and Africa 1949-1970: The Foreign Policy of the People's Republic of China* (Berkeley: University of California Press, 1971), pp. 219–21; Alaba Ogunsanwo, *China's Policy in Africa 1958–1971* (London: Cambridge University Press, 1974), p. 97.

治合作的最重要平台，中共由此向非洲政黨給予輿論和物質上的支持。1958年2月，在開羅第一屆亞非人民團結大會召開一個月後，周恩來在全國人大發表講話，概述了該次大會上非洲代表的態度：

會議堅決主張各國人民享有自由、自決、主權和獨立的神聖
權利。這些決議，無疑問地表達了亞非億萬人民的共同呼
聲。儘管亞非民族獨立運動還是一個長期的鬥爭，它的發展
還不可避免地會有曲折，但是，亞非人民已經站起來了，再
也壓不下去了。[12]

　　1958年10月，中共幫助策劃了第一次亞非作家會議在烏茲別
克塔什干召開，與會的非洲代表來自阿爾及利亞、喀麥隆、加納、
蘇丹、阿拉伯聯合共和國(埃及)。中共代表藉塔什干會議實現了一
箭雙雕：既使它為不久後在阿克拉召開的全非人民大會(All-African
People's Conference)作準備，又協調促成了隨後安哥拉、加納、尼
日利亞、塞內加爾、索馬里和烏干達代表團訪華。1958年12月的
第一週，中共代表團在阿克拉與多位非洲左派領袖舉行了會談，包
括剛果民族運動黨的派特里斯·盧蒙巴(Patrice Lumumba)、喀麥隆
人民聯盟的菲力克斯—羅朗·穆米埃(Félix-Roland Moumié)以及安
哥拉人民聯盟的奧爾登·羅貝托(Holden Roberto)。[13]

　　中國外交部在1960年成立了非洲司，負責與當時已獨立的17
個非洲國家的官方關係，以及隨後一年獨立的五六個非洲國家。[14]
不過，北京的外交官員當時一方面與台北進行外交爭奪，力爭與數
量不斷增加的非洲獨立國家建立和維持官方關係；另一方面，中共
控制的眾多機構又致力於與那些仍在殖民統治下的非洲國家發展政
治關係。因此，在1960年代初當英國和法國在非洲的殖民秩序接
近尾聲之時，中共將支持轉向仍在葡萄牙殖民管治下(安哥拉、佛
得角、畿內亞比紹、莫桑比克、聖多美)或是仍然處於白人少數集
團壓迫下的國家(羅德西亞、納米比亞、南非)的革命組織。中共
通過其對外組織，對這些革命組織提供有限的援助，也為它們在已
獨立的鄰國或者有時在中國訓練遊擊隊員和幹部。

　　1960年，中共中央委員會成立了一個負責非洲事務的特別委員會，以及統領一眾從事非洲工作人民友好團體的「中國非洲友好協會」。[15] 雖然這些團體表面上分開運作，但實際上有大量人員重疊。例如，中非友協的發起成員中，有八個都與中共的青年組織中國共產主義青年團有關聯。[16] 正是通過相互交織的政治關係網和人員重疊，中共向非洲的政治團體輸送了慷慨但有限的援助。

　　從1958年1月到1964年8月，中共在非洲的政治拓展取得一系列令人印象深刻的成果。北京向非洲各國派出了144個代表團（含個人），接待來訪非洲代表團405個。雙方往來與日俱增，至1963年底周恩來歷史性訪問非洲之前達到頂峰。當年共有55個中國代表團訪非，據報有131個非洲代表團到訪北京。中共的政治經略終獲回報，到1964年在當時獨立的35個非洲國家中，有15個承認中國共產黨而非國民黨為中國合法的執政黨，而1960年這一數目僅有七個。[17] 中共也把瞄頭指向那些尚未獨立的非洲國家的解放組織，其中有一個代表團於1963年8月獲毛澤東接見。中共黨員李敦白（Sidney Rittenberg）出席了此次會面，他後來在回憶錄中寫道：

> 非洲貴賓已經集合在大廳，站在開啟的門裏面。他們一行大約有二十人，沒有一個來自獨立的非洲國家，而是都來自不同的民族主義組織或遊擊隊。他們之中有一大半的人仍穿着傳統服裝，寬鬆的長袍，配上耀眼的紫色、金色或綠色的披巾，有幾個還戴着配套的頭飾。我知道其中有幾個人正在中國接受軍事訓練，我認出來其中一個天真無邪的年輕學生，他曾告訴我正在解放軍那裏受訓學習使用輕武器、手榴彈、地雷和詭雷。[18]

　　這次會見恰在周恩來訪非之前。毛澤東歡迎了「所有與會的朋友和來自非洲的軍隊同志。」毛説：「我知道你們在非洲的鬥爭很艱苦，但是你們已經獲得了很多成功。往後還有許多仗要打，不過非洲已經活過來了。」李敦白憶述了毛澤東與南羅德西亞一位革命家的交談：

> 非洲客人：以前蘇聯曾幫助我們，但後來克里姆林宮上那顆閃閃的紅星消失了，他們不再幫我們了。相反，他們將武器賣給我們的壓迫者。現在我裏擔憂的是：中國天安門廣場那顆紅星，是不是也會消失？您會不會將武器賣給我們的壓迫者，遺棄我們？如果這樣，我們就真的要孤軍奮戰了。

> 毛澤東：我理解你的問題。蘇聯出了修正主義，背叛了革命。我能不能向你保證中國不會背叛革命呢？現在我無法給你這樣的承諾。不過我們正在努力設法，讓中國遠離腐敗、官僚主義和修正主義。我們也害怕，中國不再是一個革命國家，而是變成修正主義。如果這種情況在社會主義國家發生，後果要比在資本主義國家更糟糕。共產黨就會變成法西斯。我們已經看到這種情況在蘇聯發生了就是這樣。我們認識到這個問題的嚴重性，但是還不知道要如何應付。[19]

　　周恩來從1963年12月到1964年2月的非洲訪問，可視為既是中非政治關係蜜月期的頂點，也是中國走向公開反蘇的轉捩點。周恩來長期以來都深信中國式的革命熱情席捲非洲，他不信任蘇聯。例如，在1960年11月莫斯科的共產黨和工人黨國際會議，中國的官方媒體報道稱非洲政黨正在「學習毛主席的著作和運用中國的遊擊戰術」。[20] 1961年10月，周恩來在莫斯科走上蘇共「二十二大」的講台，公開責備蘇共領導人對阿爾巴尼亞共產黨的攻擊：

「把兄弟黨、兄弟國家之間的爭執公開暴露在敵人的面前，不能認為是馬克思列寧主義的鄭重態度。這種態度，只能使親者痛，仇者快。」[21]

到 1962 年中印邊界戰爭爆發時，蘇聯站在了印度的一方。這表明之前限於中蘇領導人與政黨之間的意識形態爭論，已擴大到國家關係層面。中蘇爭執在 1962 至 1963 年間愈演愈烈，相互針鋒相對地譴責非難。1963 年 6 月 14 日，就在周恩來訪非的幾個月前，中共發表了《關於國際共產主義運動總路線的建議》，公開不點名批評蘇聯共產黨「否認亞洲、非洲和拉丁美洲人民反對帝國主義的革命鬥爭的偉大國際意義⋯⋯迎合帝國主義的需要，為帝國主義在這些地區維持統治和推行新老殖民主義政策製造新『理論』」。[22] 相比之下，中國共產黨號召所有共產主義者，「研究亞洲、非洲和拉丁美洲這些地區的人民的革命經驗，堅決支援他們的革命行動，把他們的解放事業，看作是對自己的一種最可靠的支援。」[23]

中蘇爭端的擴大，賦予了周恩來的非洲之行以滿腔熱忱的反蘇反殖使命。周恩來把中共塑造成維護共產主義正統的忠誠衛士，而蘇共則是匍匐於帝國主義腳下的修正主義可憐蟲。如此一來，中共與非洲政黨的聯繫先是建立在反殖、反美、擁護革命的意識形態基礎之上，後來又逐漸演變為反對蘇聯霸權主義的威脅。

毛澤東思想中的「人民外交」，1966–1971

在 1960 年代，殖民大國的影響力仍在殘存，中國國內局勢則陷入混亂，加上冷戰在非洲造成的緊張局勢延續，導致中共在這段時期對非洲的介入，幾乎僅局限在革命軍事鬥爭的意識形態和目標明確的武器援助。

在文化大革命最動盪的時期（1966-1971），高級幹部被清洗，一群年輕、意識形態突出、立場左傾的毛澤東思想擁護者上台。他們努力引導非洲的反對黨組織向他們自己的行為理念靠攏，支持非洲革命力量發動作為毛澤東思想印記的遊擊戰。[24] 極左分子開始把中國駐非洲大使館的外交人員更換成年輕、激進但缺乏經驗的幹部，他們喜歡鼓吹和報告帶有鮮明意識形態色彩的觀點，而不在意客觀和精確，其中一些人甚至被所駐的非洲國家指控陰謀顛覆而被驅逐。[25] 1968年，極左分子為實現「人民外交」和「再教育」中國的高級外交官，把除埃及之外的所有駐非洲國家大使都召回了北京。[26]

在極左分子的領導下，中共領導的人民團體，包括亞非作家常設事務局、亞非新聞工作者協會、亞非人民團結組織，保持了其在中非政治關係中的顯赫地位。如在1966年，中國發行了第一套也是僅有的一套紀念非洲事務人民團體的郵票。這套「亞非作家緊急會議」紀念郵票，其中一枚主題為「風雷」，強調該組織的重要性，表明它在全球革命鬥爭中的先鋒地位。[27]

在這段時期，中共的宣傳着重強調「毛澤東思想」和武裝鬥爭，把中共描繪成引領一群非洲政黨走向新民主革命的牧羊人。[28]《人民日報》載文稱：「越來越多的非洲被壓迫民族的人民認識到毛澤東思想是他們爭取真正獨立的最強大的武器，武裝鬥爭是他們取得解放的唯一道路。」文章並舉出剛果（金）、莫桑比克、安哥拉和葡屬幾內亞（今幾內亞比紹）為例。[29] 中共宣稱發生在非洲和世界其他地方的反殖鬥爭都是無產階級革命，藉此誇大其對非洲革命團體的影響。中共號召武裝鬥爭不用付出很大成本，如果有組織起事，給予的支持很可能只是在言辭上鼓勵顛覆，實際提供的武器援助頗有限。[30] 雖然有許多非洲領袖都沉醉在毛澤東的革命思想和解放鬥爭學說，然而文革帶來的混亂局面卻限制了他們直接接觸中共的機會。[31] 總體而言，極左毛澤東思想擁護者的「人民外交」把中共與非洲的政治關係，從1950年代和1960年代早期中方對非洲主流革命組織給予熱情的群眾支援和有限的軍事援助，轉向支持更小但更革命的團體。[32]

回歸實用主義，1972-1977

在1960年代後期，儘管周恩來一直受到反美強硬派如國防部長林彪的挑戰，但他仍相信蘇聯對中國的威脅遠大於美國。實際上這意味着，儘管中國的宣傳機構在1960年代末1970年代初依然譴責美帝國主義，但中共的無產階級繼續革命的意識形態逐漸轉向反對蘇聯霸權主義。與此同時，早前被打倒的中共高級幹部逐漸復職，他們多主張對非關係應回歸實用主義路線。中國國內的社會情況也在起變化，文革最混亂的時期已逐漸過去，公眾開始普遍對這場運動抱犬儒主義的態度。中共領導層很大程度上感到幻滅，厭倦了意識形態狂熱，憂懼北方邊界上蘇聯軍隊的虎視眈眈，因而尋求走出意識形態的窠臼，開始考慮保護自身利益的問題。

中共開始只支持那些反對修正主義或社會帝國主義武裝的革命運動。所謂的「社會帝國主義」，實際上與蘇共及其同夥同義。在1970年代，隨着蘇聯的威脅不斷增加，以及中美關係緩和，中共對地緣政治目標的重視程度，開始高於意識形態是否一致的考慮。中共的外交戰略由此高度關注在遙遠角落涉及蘇聯因素的衝突，特別是在非洲地區。[33] 例如在安哥拉，中國與美國及南非白人至上主義的政權合作，援助反對派「爭取安哥拉徹底獨立全國聯盟」(União Nacional para a Independência Total de Angola, UNITA，簡稱「安盟」) 和「安哥拉國民解放陣線」(Frente Nacional de Libertacao de Angola,

FNLA，簡稱「安解陣」）武裝與蘇聯和古巴支持的「安哥拉人民解放運動」（Movimento Popular de Libertação de Angola，MPLA，簡稱「安人運」）作戰，結果成功迫使蘇聯從中蘇邊境上抽調資源，輕減了中國在北面邊境的壓力。然而，這麼做是有代價的。一些非洲人對中國漸感疏離，他們不理解為什麼中國可以天天叫罵美帝國主義和南非種族隔離政權，同時卻又與他們合作反對安哥拉的社會主義者。就這樣，中共冒着對非洲人過度提供補償和自毀形象的風險，迅速回歸到實用主義的道路上來。

中共從強調意識形態向實用主義的轉變，反映了其身份從革命黨向執政黨的轉型。由此引起的在制度和事務優先順序方面的變化，也反映在中共對非洲政黨的政策上。中共變得樂於「賦予意識形態自主權，當非洲國家琢磨該採取什麼政策才能緊貼中國的思維時，北京總是避談非洲國家正在跟隨毛澤東式的道路」。[34] 意識形態考量被逐漸從中國外交政策中剔除，為中共與非洲各種、多樣的執政黨建立聯繫掃清了道路。中共在1977年正式開始向此目標推進，全面重建其涉非政治事務。[35]

改革開放時期的中非政治關係，1978-1999

自1978年中共十一屆三中全會後，中共中央對外聯絡部成為主要「負責黨與外國政黨和政治組織進行國際交流」的部門。[36] 中共最高領導人鄧小平支持中聯部在「黨際關係四項原則」基礎上與各外國政黨發展關係的新策略。這四項原則分別為「獨立自主、完全平等、相互尊重、互不干涉內部事務」。[37] 中聯部也被賦予四項職責，即執行中共中央委員會的方針政策，研究外國發展和重大國際事務，向中央委員會提供建言獻策，代表中共與外國政黨和政治組織交往。[38]

從這四項原則和四項職責出發，中聯部發展出與外國政黨交流的七條指導方針。中聯部副部長蔡武在2001年的一次訪談闡明：

一、黨與黨之間要建立「新的、健康的友好關係」；

二、各黨根據本國國情獨立自主地決定本國的事情，而不是根據其他國家的利益和其他黨的意志辦事；

三、各黨不能根據自身經驗來評判其他國家政黨的功過是非；

四、黨與黨之間不論大小、強弱、執政還是在野，都應完全平等，相互尊重，特別重要的是互不干涉內部事務，這包括兩層含義：不干涉外國黨的內部事務；不利用黨際關係干涉外國的國內事務；

五、意識形態差異不應成為建立新型黨際關係的障礙，各國黨應本着求同存異的精神開展黨際交流與合作；

六、黨際交流與合作應以促進國家關係為目的；

七、對黨際關係中的歷史問題應不計前嫌，不糾纏舊賬，一切向前看。[39]

上述「建立新型黨際關係的一整套構想」，不僅使中共的戰略得以操作，亦可作為理解中共當代對外政治拓展的重要指引。這套構思逐漸成型，促使中共與非洲各執政黨派發展長期和穩定的關係，鞏固和加強官方聯繫，並一如上述第五條的指導方針，不管雙方的意識形態差異。

在1978到1990年間，中聯部與數十個非洲政黨成功建立起聯繫，其中的絕大多數（逾30個）是執政黨，只有兩個是反對黨。中聯部與這些黨派的交流活動超過300次，並資助了幾十個非洲政黨代表團來華訪問，安排他們與中共黨的幹部、國有企業高管和政府官員會晤。[40]這一時期是中華人民共和國對外政治拓展的新開端，其時中非經貿往來仍處於較低水平。

在1991到1996年間，非洲政黨數量大幅增長（截至1997年約有1,800個），在一些國家出現了新政黨要求分享權力、老政黨拱手讓位的情況，削弱了中共之前的一些努力。[41]鄧小平在1992年到中國南方視察，高度評價蓬勃發展的經濟特區，以此壓制了國內保守派，為市場經濟改革提供了中共最高領導層的保駕護航。經濟發展無可置疑地成為頭等大事，中國人民被告知應該發家致富，於是很多人轉到東亞和西方的華人社區從事貿易。結果，對非洲的關注下降。在中國的國家研究機構，非洲研究項目無論在聲望、經費和人員配備上，都落後於美國、歐洲和亞洲研究。[42]

1990年代中後期，中共在以江澤民為核心的第三代領導集體領導下，對外關係工作從戰略和戰術層面都作了大幅調整。中共黨內增加的技術官僚繼續推進鄧小平路線，集中精力應對經濟挑戰。改革的目標是促進經濟增長和推動國家融入全球經濟，為此必然要求中共打造與之匹適的對外政治關係。這些外交新動作加上蘇聯的國際影響力下滑，為中共提供了與非洲政黨加強合作的機遇。與此同時，非洲一些重要國家的執政黨長期在位，如埃及、埃塞俄比亞、南非、蘇丹、贊比亞和津巴布韋，也使得中共有了一批可以持久合作的政治夥伴。

從1990年代開始，中國對非洲原材料以及消費市場的需求日益增長，給黨際交往帶來了新目標。不斷發展的經濟聯繫把中非政治關係推向了合作的新時代：2000年中非合作論壇（FOCAC）框架建立。[43]2000年10月10日，中非合作論壇第一屆部長級會議在北京召開，中國國家主席江澤民在開幕式講話形容此次會議是「中非關係史上的一次創舉」，開闢了國際關係的新時代，「應成為國際新秩序的政治基礎。」[44]

中華人民共和國與非洲政黨交流的手段，
2000-2011

在1990年代，中國對非洲提供的援助、貸款和低成本的基建項目，很大程度上是伴隨不斷增長的中非貿易而來，也是為了對付台灣推動「金元外交」取得的成功，以及中國需要非洲國家在聯合國場合的人權事務給予支持。然而，到了二十一世紀的頭十年，中非關係涉及範圍之廣、層次之高令人矚目，說明了北京長期以來注重籠絡非洲政治精英的策略成效卓著。在1997年至2006年間，北京與40個撒哈拉以南非洲國家的政黨進行過逾200次交流活動。至2006年，中共與撒哈拉以南地區的至少60個政黨建立了聯繫，並繼續擴大與非洲各國執政黨以至執政聯盟政黨的關係，偶爾還與反對黨建立關係。[45]

雖然中共與每個非洲政黨交往的細節各不相同，在方法上卻具有共通性。我們的研究表明中共主要運用五種策略：黨際交流、物質支持、幹部培訓、與反對黨關係的延伸和議會間的交流。

黨際交流

中共力圖通過與非洲政黨的交流來改善其自身形象，影響公眾觀感。通過增加訪問頻率和提升訪客的層次，中共促進其與非洲政黨的政治關係。如在1997年到2006年間，中聯部接待了超過60位非洲政黨領導人。會談期間，中非雙方政黨的領導人都希望進一步推動黨際關係，在互利的基礎上就共同關心的問題進行雙邊長期合作。這些會談本身發揮了論壇的作用，供雙方交換意見、協調政策、提供經濟援助以及表示不滿。中國國有企業的領導人也依靠中聯部及例如「中國國際交流協會」等相關聯絡機構，來安排與非洲代表團的會談和社交活動。另一方面，非洲政黨領導人同樣也依靠中聯部來確保能接近相關的中方政商領袖。[46]

非洲政黨代表團的來訪，使中聯部有機會將傳統與現代的待客之道結合。中聯部的接待技巧來自千百年來的中國傳統，甚至可遠溯至孔子的教導。[47]理查・所羅門 (Richard H. Solomon) 說：「中國人談判行為最與眾不同的特色，就是努力發展和操控與外國官員的緊密人際關係和好感，讓外國官員感到有責任、產生負疚感和依賴心理，於是中國人就可以實現他們的談判目標。」按所羅門所說，盛情招待讓中國人「得以在他們自己的地盤、按他們自己的規則舉行談判，同時又讓訪客感到極受尊重、心中極為敬畏且自覺極度無助」。[48]

中共把講平等、相互尊重和不干涉掛在嘴邊，再配合以一流的招待，得以征服非洲各色黨派的精英。中國不講究繁文縟節，以便於非洲政治領袖率團來訪。一位非洲國家前駐華大使憶述其經歷說：

> 我到中國上任後，原定計劃只是與中國國家主席、中共總書記江澤民有個簡短會談然後合影。然而，實際上我們會談了將近一個小時。江主席不僅對整個非洲大陸的了解很全面，而且對具體事務的掌握很詳細，顯然非常用心。這些都給我留下了深刻印象。[49]

中共代表團俱備事實、數據和材料，旨在「幫助非洲政黨更好地理解中共政策和中國國情」。[50]由中國駐外大使館於2006年9月對外發布的《中國與非洲》就是這樣的出版物，它包含各種各樣的中國政府統計資料，還有一章「中非在政治領域的合作與相互支援」。《中國與非洲》宣稱,「中國的全國人民代表大會與非洲各國議會之間來往頻繁,政黨間聯繫密切。」[51]

中聯部派駐於中國駐非洲國家大使館的人員,也會把駐在國的信息傳回國內,內容從大使館正常職能範圍內的信息工作、關於東道國國內政治的一般性報告,到隱蔽的信息搜集。要判斷某個中國駐非大使館是否有中聯部代表很困難,因為中國外交人員「並不公開他們諸如此類的詳細身份,而通常只簡單介紹自己是外交部人員」。[52] 例如,一位派駐非洲大使館的中聯部官員擁有三種名片:一種是中聯部身份,另一種是中國大使館人員,而再一種就是中國國際交流協會的研究員。[53] 還有一位派駐在另一個非洲大使館的中國官員一直表明自己是大使館官員,直到進一步查詢才披露其與中聯部的聯繫。由於信息障礙,要很可靠地判斷出哪些非洲國家有中聯部人員派駐而哪些沒有,實在異常困難。[54] 不過,一般來說,中聯部傾向在一黨執政的發展中國家較為活躍,但也會留有與反對黨發展關係的選項,以備它們可能上台執政。

從一些風聞軼事,也可窺見中聯部與非洲政黨的交往存在黑暗一面。沈大偉 (David Shambaugh) 指出,雖然缺乏確鑿證據,但可推斷「中聯部官員與國家安全部 (秘密進行) 海外人員緊密合作,從事情報搜集和人員招募工作」。[55] 女服務員可能被僱來取悅外國訪客、鞏固與非洲精英的關係和協定。不過,長遠來說,這種聯繫所留下的證據可能會被用作要脅。此之謂「溫柔陷阱」(honey trap),是中國特工常用的方法。據 1999 至 2005 年間擔任烏干達駐華大使的菲力浦・伊德羅 (Philip Idro) 說,這些手法很常見,但由於一些非洲國家的文化在對待性關係和一夫一妻制的態度與中國不同,因此可能削弱這種策略的效果。[56]

物質支持

在國家主席胡錦濤和中共第四代領導集體執政時期,中國經濟運轉對能源礦產的需求急劇增長,與資源豐富非洲國家交往的政治資本價值上升,中共在非洲進行政治拓展工作的重要性也因此提升。中共向非洲政黨提供物質支持,也有助促進黨際關係。中國的慷慨捐助,包括貿易優惠、投資、免除債務和直接援助,大部分都是通過國家渠道輸送,但也有部分是由中共向非洲政黨直接提供資金和物質援助,或是應執政黨要求支持一些小項目。儘管在1980至1990年代新華社關於中共向某些非洲國家提供物質支援的報道較為公開,但在今天要追蹤中共對非洲政黨的捐助已幾乎不可能。不過在例如贊比亞和津巴布韋等個例,則有足夠證據證明執政黨收受了中共的物質支持。

在1980年代,中共與贊比亞當時的執政黨「聯合民族獨立黨」(United National Independence Party, UNIP) 建立了緊密的關係。中共對聯合民族獨立黨的物質支持似從1979年就已開始,其時資助該黨一個六人代表團來華訪問三星期。代表團由聯合民族獨立黨中央委員會成員卡斯帕薩‧馬卡薩 (Kaspasa Makasa) 率領,成員包括贊比亞國土資源部長克萊門特‧姆旺安什庫 (Clement Mwananshiku)。[57] 起初雙方關係發展緩慢,物質支持很大程度上僅具象徵意義。例如在1984年,中聯部向聯合民族獨立黨捐贈了逾140本有關中國政治和經濟發展的書籍。[58] 在1984至1988年間,每年至少有一個中共代表團訪問贊比亞,其間雙方在1987年簽訂了黨際合作協定,規定雙方「互派代表團、交流出版物和其他材料」。[59] 然而在實際執行中,中共總是更慷慨些。中共在1986年向贊比亞聯合民族獨立黨慷慨解囊,「支持新黨部大樓建設,並承諾捐贈一筆金額未有公開的款項用於購買傢俱、設備和運動器材。」[60]中共在1990年又贈予該黨更大一筆款項，用於「在建的聯合民族獨立黨路沙卡(Lusaka)總部」。[61]

1990年，多個贊比亞政黨共組「多黨民主運動」(Movement for Multiparty Democracy, MMD)，以把聯合民族獨立黨趕下台為目標。它集合了一批贊比亞的著名政治人物，包括幾名聯合民族獨立黨的高層叛將。在1991年的全國大選，很大程度上由於聯合民族獨立黨抵制選舉，多黨民主運動取得壓倒性勝利，不久後就開始與中共開展交流。時任中聯部部長朱良在1992年率領代表團造訪路沙卡，受到多黨民主運動高級幹部弗農·姆旺加(Vernon Mwaanga)的歡迎。姆旺加說：「儘管贊比亞政府更迭，但我黨珍視與中國的傳統友好關係。」[62]1994年，多黨民主運動副主席利維·姆瓦納瓦薩(Levy Mwanawasa)在會見中聯部高級代表團時，也表達了同樣的感情。[63]然而，與新華社報道中共給予聯合民族獨立黨物質支持不同，中共和多黨民主運動都沒有向媒體披露過類似消息。兩黨的合作成果幾乎總是被公開宣傳為有益於國家和人民，而非多黨民主運動。這使得關於中共援助的直接資料難以獲得。

多黨民主運動幹部的公開聲明，表明該黨收到可觀的中共財政支援。在二十一世紀的頭十年，兩黨繼續定期互派代表團。在2006年總統選舉前夕，中共公開表態支持多黨民主運動。中聯部部長助理譚家林在2005年率領代表團訪問贊比亞，在路沙卡的多黨民主運動總部會晤了該黨領導人。時任多黨民主運動全國書記的姆旺加在會晤中說，該黨「視中共為贊比亞極為值得信賴的夥伴」，希望「贊中之間更多的合作機會能蜂擁而至」。與此同時，多黨民主運動全國主席博尼費斯·卡文貝(Boniface Kawimbe)對中方客人說，他們「應該充分利用贊比亞新的經濟環境以加強合作」。[64]類似的言論在同年9月再次出現，當時另一個中共高層代表團訪問路沙卡。[65]正如中共在以往贊比亞大選也有做的，中方向多黨民主運動捐贈FM調頻發射機，以幫助其在農村地區爭取選票。[66]

2006年，作為領先反對黨候選人的愛國陣線（Patriotic Front, PF）領袖邁克爾・薩塔（Michael Sata），發起了一系列激烈的反華攻擊，以期在大選前給反多黨民主運動營造聲勢。此舉激怒了中國駐贊比亞大使李保東，他因此向執政的多黨民主運動給予極大的外交支持，並威脅稱「若薩塔贏得大選，中國將斷絕與贊比亞的聯繫」。[67]薩塔指責李保東表現得像個「多黨民主運動的幹部」，「公然為多黨民主運動助選。」[68]李保東回應道：「中國在贊比亞的採礦公司、旅遊公司和建築公司已擱置了進一步投資，直至中贊雙邊關係的不確定性消除。」由於擔心薩塔會破壞雙邊關係，時任總統兼多黨民主運動推出的候選人，也就是薩塔主要的競選對手姆瓦納瓦薩抱歉地說：「我們重視與中國人民的友誼，並將繼續珍惜他們的幫助。」與此同時，為軟化中國的強硬形象，並在大選前支持姆瓦納瓦薩及其黨內競選夥伴，中國承諾了幾個援助項目，包括路沙卡貧民區的供水系統，以及一座橫跨盧阿普拉河（Luapula River）連接贊比亞和剛果（金）的大橋，造價1,450萬美元。[69]

在多黨民主運動贏得2006年大選後，中國的進口商品、商人和農民紛至遝來，導致市場競爭加劇，讓許多贊比亞人深感質疑。[70]儘管有來自老百姓的批評，但中共與多黨民主運動的關係仍蓬勃發展。例如在2008年7月，多黨民主運動全國副主席卡賓加・潘德（Kabinga Pande）接待了中共代表團來訪，並「對自1990年代兩黨建立關係以來，中國共產黨給予的援助和支持表示感謝」。[71]

2009年，中國簽訂了為贊比亞建設多座政府大樓的協議。[72]同年，中聯部代表團訪問路沙卡，與總統兼多黨民主運動主席魯皮

亞‧班達 (Rupiah Banda) 會晤。班達對代表團説:「多黨民主運動
從中國共產黨身上獲益甚多,而中共現已在是世界上最強大的
政黨。」[73] 2010年,班達到中國訪問九天,與中共代表進行了內
容廣泛的會談。反對黨愛國陣線的總書記溫特‧卡賓巴 (Wynter
Kabimba) 抨擊總統的中國之行是純屬浪費的「因公旅遊」,[74] 而總統
發言人則反駁有關指責是「愛國陣線精心策劃的反華行動的一部
分,旨在破壞已取得的積極成果」。[75]

　　儘管中共對多黨民主運動提供物質支持的細節仍未可知,但多
個有力例證都表明兩黨的緊密關係,包括兩黨交流活動頻繁,中方
威脅若愛國陣線贏得2006年大選即會撤資,多黨民主運動幹部的
公開聲明,以及中共適時援建公共基建項目和政府設施以支持多黨
民主運動的候選人等。聯合民族獨立黨在1980至1990年代是贊比
亞的執政黨,從當年中共對該黨的直接物質支持,亦可推斷後來的
多黨民主運動和愛國陣線很可能都接受過類似的慷慨捐贈。

　　與贊比亞相比,津巴布韋各黨派與中共關係的情形略有不同。
在贊比亞,當多黨民主運動從聯合民族獨立黨手中接掌政權,以及
愛國陣線在大選擊敗多黨民主運動之後,中共都迅速轉而支持新的
執政黨。反觀津巴布韋,自獨立以來就一直就由津巴布韋非洲民族
聯盟—愛國陣線 (Zimbabwe African National Union- Patriotic Front,
ZANU-PF,以下簡稱「津民盟」) 執政。津民盟與中共在1962到
1964年之間初次聯繫。[76] 在津巴布韋1980年獨立建國後的一年,
當時身兼津民盟書記的總理穆加貝 (Robert Mugabe) 訪問中國,並
得到了中共的物質支持。[77] 多年後的1998年7月,穆加貝在哈拉雷
對來訪的中共中央政治局委員黃菊説:「在津巴布韋獨立後,中國
在津巴布韋維護民族獨立和國家建設中給予了可貴的支持和幫
助。」穆加貝還説,「中國共產黨與津民盟之間的友誼將進一步發

展，合作領域將繼續擴大」。[78] 中共對津民盟的支持一直持續，儘管如同贊比亞的多黨民主運動一樣，津民盟並沒有披露其從中共收受物質援助的細節，而只是把中共的捐贈以兩國官方雙邊關係來表述。如在 2011 年，中資公司應津民盟控制的安全部門要求，在哈拉雷周邊開始佈設大規模的電子監控綜合設施，用於監視互聯網和監聽反對黨領導人的電話。[79]

如同在 2006 年贊比亞大選之前以項目支持多黨民主運動一樣，中方也向津民盟有針對性地提供一些項目來滿足其政治需要，或是用於獎勵對津民盟忠誠的選區。例如在 2010 年，中國政府同意捐贈 100 萬美元，在中馬紹納蘭省 (Mashonaland Central) 首府賓杜拉 (Bindura) 修建一所學校。當地是津民盟的根據地，一直以來發生了很多針對反對黨「爭取民主變革運動」(Movement for Democratic Change, MDC，簡稱「民革運」) 支持者的政治暴力衝突。[80] 中國也在津民盟勢力強大的哈拉雷市郊高地區 (Highfield) 修建了一所學校，當地是穆加貝年輕時生活和工作過的地方。[81] 事實上，穆加貝在 2006 年沒收了 6,000 公頃農場作為其私人用途後，把它命名為「高地園」(Highfield Estate) 以紀念其故居。[82] 在中國和馬來西亞出資贊助下，2009 年一所有 25 個房間的豪宅於該塊地產建成。[83] 穆加貝總統接受採訪時說：「這房子所用的屋頂材料來自中國，美輪美奐，全賴他們所贈。你看，中國人是我們的好朋友。」[84]

與贊比亞的反對黨愛國陣線直接批評中共不同，津巴布韋的反對黨民革運則避免攻擊中共。即使在 2008 年多達 77 噸總值 125 萬美元的中國製武器即將交付給津民盟民兵，民革運領袖仍然緘口不語。[85] 中共直到 2011 年還沒有直接批評民革運，但即使民革運與津民盟已達成了分享權力協議，但中共始終沒有像對蘇丹和南非的民族團結政府那樣，與津巴布韋的反對黨開展直接交流。中共繼續向津民盟提供物質支援，正如穆加貝於2010年2月在他的86歲生辰時接受採訪時說：「中國的援助繼續到來。我們不僅會永遠記住過去中國為我們做過什麼，也會記住他們繼續對我們的支持。」[86] 2011年5月穆加貝與身兼中共中央軍委委員的解放軍空軍司令員許其亮上將會晤時，重申自己的感激之情：「中國在許多方面都是我們偉大的朋友。他們幫助我們從殖民統治中解放出來。」[87] 津巴布韋前駐華大使克里斯‧穆茨萬格瓦（Chris Mutsvangwa）也在同年7月時稱，津民盟與中共的關係依然是「津巴布韋的救世主」。[88]

幹部培訓

中國已為非洲資助培訓了成為千萬的人員，覆蓋外交、經濟管理、國防、農業、科技和醫療衛生等方面。[89] 中共的初衷是通過政治幹部培訓來培養非洲政黨官員，培訓項目的主題從黨內治理到中共總書記江澤民的「三個代表」重要思想，可謂五花八門。1998到2006年間，中共把非洲逾十個執政黨的官員送到中國接受培訓。中共高級幹部以及政黨建設和發展問題專家講授為期兩周的課程，並鼓勵非洲政黨在國際政策上與中共取得協調。一些政黨在中共幫助下，建立了自己的黨校。根據中國駐蘇丹大使李成文的說法，中共的幹部培訓課程每次可以招待來自非洲一國或數國的20名參加者。[90]

根據一位派往駐非洲大使館中聯部官員的說法，中聯部的幹部培訓項目是建立在「平等」和「相互尊重」的基礎上。[91] 隨着中共的影響力日漸增加，他們總是善用言辭使人憶起過去相對平等的時期，避免直面雙邊關係中日益加劇的力量不對稱。這些言辭被用來與從前中共和非洲政黨官員曾經受過的嚴苛又不平等的蘇聯政治培訓形成了鮮明對比。因此，這位官員稱，「中聯部幹部培訓項目只會應非洲政黨的要求開設，他們可以根據本黨的特定需要提出定制化要求。非洲政黨對中聯部幹部培訓項目的需求，加強了這些政黨與中共之間的理解、友誼與合作。」[92]

中共自然地尋求與志同道合的非洲政黨合作，並通過幹部培訓和黨務管理課程來發展人際關係，影響未來的非洲政治領袖。然而，中共對非洲不同政黨所提供的幹部培訓差異極大。對於與中共維持長期關係的政黨，例如在坦桑尼亞執政的革命黨 (Chama Cha Mapinduzi, CCM)，納米比亞的西南非洲人民組織 (South West African People's Organization, SWAPO) 以及津巴布韋的津民盟—愛國陣線 (ZANU-PF)，中聯部的導師都很快與其建立雙邊政治教育交流關係。例如1987年贊比亞聯合民族獨立黨與中共簽訂的一個合作協定，幹部培訓佔據重要地位，「雙方將互派教員和研究人員到對方機構進行交流，並就關於黨和國家建設的有關議題開展調研。」[93] 但是，與那些此前關係不深的非洲政黨合作時，中方則一般會先向對方派出若干教員，或讓對方派出代表團來華到中共的黨校接受培訓。不過也有例外，例如安哥拉儘管早自1960年代起就與中共建立了關係，但安哥拉國民解放陣線 (MPLA) 本身黨組織架構很強，且數十年來一直接受蘇聯培訓，再接受中共的培訓顯得並無必要。[94]

中共國內的幹部培訓體系，現在包括在北京的中央黨校和國家行政學院，三個分佈在不同城市的幹部學院，以及大連高級經理學院。[95] 中央黨校是「整個職業生涯中期培訓體系中最重要的機構」，接待對幹部培訓感興趣的非洲政黨高層領導人。[96] 如在2009年，中共中央黨校主辦了一個為期兩周的「遊學」項目，主題為「從革命到執政：理論與實踐」，學員共18人，其中包括南非執政黨非洲人國民大會 (ANC) 全國執委西瑞爾·拉馬福薩 (Cyril Ramaphosa)。[97] 根據非國大在代表團回國後發表的報告，代表團在華期間會見了中聯部部長王家瑞，交流主題集中於「『中國特色社會主義』的理論基礎、黨建經驗，政治教育經驗、黨紀、反腐」等。[98]同年，坦桑尼亞革命黨副主席皮尤斯‧姆塞誇(Pius Msekwa)在中央黨校出席會議後說，「願意向中國共產黨學習在幹部培訓、黨紀、反腐方面的成功經驗，進一步推動兩黨交流。」[99]

國家行政學院的職責包括「促進與相關國際組織的交流與合作」，但像中央黨校一樣，它並不派出人員到非洲開展培訓。[100]相反，非洲政黨都向這兩家機構派出高級別代表團，並普遍對今後加強黨際交流和接受中共的幹部培訓有興趣。例如在2009年，利比利亞內政部長安布萊‧詹森(Ambullai Johnson)就在國家行政學院聆聽有關中共培訓項目的簡報。[101]

為提高黨的執政能力，中共在2005年成立了三所幹部學院，分別是中國浦東幹部學院(中浦院)、井岡山幹部學院(中井院)和延安幹部學院(中延院)。[102]負責意識形態工作的政治局常委、中央黨校校長曾慶紅說，這三所學院的任務是「通過以實踐為基礎的課程來教育、激勵黨員幹部」。[103]三所學院的功能定位各不相同。中浦院的教學重點放在改革創新、人力資源管理、領導方法方面，而中井院和中延院側重於中共革命傳統教育和國情教育，主要面向內陸省份。[104]儘管這三個學院都設有國際交流辦公室，但對非洲的培訓主要由中浦院負責，其次才是中井院，而中延院則幾乎只培訓中共自己的幹部。

位於上海的中浦院為非洲學員舉辦多邊培訓項目，並與幾個非洲執政黨建立了雙邊合作項目。學院的對外交流與培訓開發部在2006年底為來自26個非洲國家的42名學員舉辦了多邊培訓項目；2007年中，又有來自15個非洲國家的20名學員接受了培訓。[105]中浦院網站的報道稱：「通過培訓，學員們增強了對中國的了解，進一步理解了中國關於建設和諧社會和促進世界和平的觀點。」[106]上述第二個培訓項目由中國商務部資助主辦，學員來自安哥拉、布隆迪、中非共和國、剛果、赤道畿內亞、加蓬、畿內亞、馬達加斯加、馬里、毛里塔尼亞和塞內加爾。[107]

中浦院也與非洲政黨和培訓機構發展雙邊交流與培訓合作。截至2008年5月，中浦院與南非的西開普大學 (University of the Western Cape)、埃及的薩達特管理學院 (Sadat Academy for Management Sciences) 和蘇伊士運河大學 (Suez Canal University)、塞內加爾的國家管理學院 (Ecole Nationale d'Administration) 建立了聯繫。[108]在開校後的頭四年，中浦院與塞內加爾的關係發展得比任何其他非洲國家都要快。前述的2006年多邊非洲培訓項目開始後，中塞雙方代表團互訪共計達五次，最終促成這個西非國家的外長在2007年訪問中浦院。[109]烏干達的全國抵抗運動組織 (National Resistance Movement Organization, NRMO) 也曾通過中浦院向中共學習如何培訓幹部。在中共指導下，一些非洲國家執政黨建立起自己的幹部培訓機構。[110]

在從中共組織和招待的遊學團返國後，坦桑尼亞革命黨負責意識形態和宣傳的全國書記阿格雷‧姆萬里 (Aggrey Mwanri) 在2006年宣布，依靠中共提供的「財政和技術援助」，革命黨將在伊林加 (Iringa) 和桑吉巴島的湯古 (Tunguu) 建設兩個幹部培訓中心。姆萬里說，「革命黨幹部一直在向中國學習如何加強政黨建設。」[111]兩年後，中聯部組織了另一批15名坦桑尼亞革命黨高級幹部到中井院學習。坦方客人與中井院領導和導師舉行座談，內容包括「幹部培訓、組織建設、課程開發和內部運轉等」。[112]

2008年，中共總書記胡錦濤和非國大主席雅各‧祖馬 (Jacob Zuma) 簽署了包含幹部培訓在內的合作協定。根據該協定，2010年非國大全國主席巴萊卡・姆貝特（Baleka Mbete）率領一個21人的高級代表團到中浦院參加為期兩周的研修班，授課內容包括中國特色社會主義、加強中共執政能力的理論與實踐、政府與媒體關係等。本次研修班結束時，中共表示願向非國大在南非的自家黨校提供培訓材料和教員。[113]

同坦桑尼亞革命黨和非國大一樣，津巴布韋非洲民族聯盟－愛國陣線（ZANU-PF）也與中共商談建立一所「以中共黨校為藍本來培養幹部的政治學校」。[114]津民盟全國政治事務書記伊里亞德・馬尼卡（Elliot Manyika）在2006年於哈拉雷宣布，一個由黨史專家和培訓講師組成的中共代表團來訪，這將幫助津民盟「吸收中共經驗，在兩黨良好關係的基礎上來建設黨校」。[115]與此同時，由中央黨校和中聯部人員組成的中共代表團，在納米比亞首都溫得和克（Windhoek）為西南非洲人民組織（SWAPO）的50名黨員幹部舉辦了一個為期三天的培訓工作坊，主題是黨建。西南非洲人民組織負責資訊和動員事務的部長內通博・南迪-恩代特瓦（Netumbo Nandi-Ndaitwah）鄭重宣告：「西南非洲人民組織黨校誕生，在此開展對黨員的黨史教育和進行研究工作。」[116]

2009年初，中井院接待了剛果民主共和國「爭取重建與民主人民黨」（Le Parti du Peuple pour la Reconstruction et la Démocratie, PPRD）、赤道幾內亞民主黨（Partido Democratico De Guinea Ecuatorial）、毛里求斯工黨（Parti Travailliste, PTr）、塞舌爾民族黨（Seychelles National Party）等。此外，井岡山幹部學院官網還報道在2007年接待了一個來自三個國家的12人「幹部考察團」，成員來自非洲國家的執政黨黨報，通過此次考察幫助他們「了解中國共產黨的幹部教育培訓、黨的宣傳等方面的情況」。[117]

與反對黨的聯繫

中共通過加強與非洲國家反對黨的接觸，擴大信息搜集工作。沈大偉如此描述中共的做法：「通過保持與非執政黨的關係，中聯部就一直能夠追蹤各國國內政治動向，廣泛地與未來可能進入政府的從政者和專家建立聯繫。」[118] 不過，與反對黨的聯繫在中共的非洲工作中只佔次要地位，也並不適用於所有非洲國家。特別是在一黨專政的非洲國家，與反對黨建立聯繫可能會給中共招來干涉內政的指控。[119] 對於安哥拉、埃塞俄比亞和津巴布韋這些中國最重要的非洲夥伴，中共僅與執政黨保持聯繫。

中共與非洲國家反對黨的政治接觸維持在萌芽狀態，如果這種聯繫可能危害中共與該國執政黨的關係，就得服從大局。不過，非洲問題專家劉乃亞和其他一些專家認為，與反對黨接觸是中聯部在非洲工作的一個重要增長領域。[120] 由於中聯部與反對黨的接觸還是新鮮事，政治上也比較敏感，目前這種聯繫仍然極為有限，也特別難以發現。但是，中聯部在蘇丹和南非的實踐表明，其與非洲反對黨的政治接觸愈益靈活。

自2002年起，中共與在蘇丹執政的伊斯蘭主義政黨「全國大會黨」（National Congress Party, NCP）發展了緊密的黨對黨關係，但直到2005年都沒有與包括蘇丹共產黨在內的任何反對黨接觸。[121] 2005年，全國大會黨與反對黨蘇丹人民解放運動（Sudan People's Liberation Movement, SPLM，簡稱「蘇人解」）簽署《全面和平協定》（Comprehensive Peace Agreement），雙方聯合組建脆弱的民族團結政府。《全面和平協定》賦予「蘇人解」合法地位，也由此打開了它與中共逐漸發展政治關係的大門。雙方在2005年3月首次接觸，蘇人解副主席薩爾瓦‧基爾‧馬亞爾迪特（Salva Kiir Mayardit）代表黨領袖約翰‧加朗（John Garang de Mabior）率團訪華，「就兩黨間經濟合作舉行了會談」。[122]

加朗於2005年7月意外身亡後，中共與蘇人解在2006年沒有再安排會談。但到了2007年，兩黨關係又有了極大發展。中國國家主席胡錦濤在2月訪問喀土穆時，再次會唔了其時已任蘇丹第一副總統的基爾，並邀請他再度訪華。同年7月，基爾到訪北京。他與胡錦濤會晤後舉行的記者會稱，雙方「討論了有關蘇人解與中國共產黨之間的合作議題」。[123] 在基爾與中聯部部長王家瑞舉行會談後，兩黨聯繫再度升溫。值得注意的是，中聯部網站對此次會談的報道，反映出與非洲反對黨領袖接觸的敏感性。報道提到中國支援蘇丹的「團結、和平與發展事業」，但不同於中聯部的大部分報道，並沒有提及基爾所屬的黨派蘇人解。[124]

在開展與非洲反對黨的接觸前，中聯部特別注意該國國內的政治形勢。以蘇丹為例，在2011年南蘇丹獨立之前，中共與蘇人解發展關係都在蘇丹政府的國家統一和《全面和平協議》框架內進行。基爾在2007年7月訪華時由此宣稱「要加強全國大會黨與蘇丹人民解放運動之間的夥伴關係」。[125] 不過，隨着南蘇丹在蘇人解領導下獨立，中共與蘇人解接觸就再無約束。

中共與蘇人解以至其他非洲國家反對黨的聯繫，也是一種風險對沖策略。以蘇丹為例，中共既與執政的全國大會黨保持廣泛且公開的往來，同時也通過與蘇人解發展關係來確保對南蘇丹局勢的影響力。為此，中國官方代表團應基爾邀請在2007年8月到訪南蘇丹首府朱巴 (Juba)，以獲取「更多關於南蘇丹的信息」。[126] 在2008至2011年間，隨着蘇丹綢繆舉行二十餘年來的首次多黨選舉和決定南蘇丹是否獨立的全民公投，中共與蘇人解的關係也保持着發展勢頭。中國外交部部長助理翟雋在2008年訪問朱巴，會見了基爾和一眾蘇人解高層幹部，並與蘇人解副主席、蘇丹南方自治政府第一副主席里克‧馬沙爾 (Riek Machar) 一道出席了中國駐朱巴總領事館的開館揭牌儀式。[127]一年後，中共中央政治局常委周永康在2009年11月訪問蘇丹，並與蘇丹南方自治政府的政要商討兩黨加強合作的問題。[128]

在南蘇丹2011年全民公投之後，雙方都抓緊時間進一步深入發展關係。當年4月，蘇人解負責政治事務的書記安蒂帕‧尼奧克（Antipas Nyok）率團訪華。他們與中聯部舉行雙邊會談，意在擴大合作，建立常態化的黨際交流，以及向中共學習黨建、黨組織、發展經濟和其他與從革命黨向執政黨轉型的相關經驗。中聯部網站並未提及此次會談，會談地點也不是在北京而是在河南鄭州，中聯部由一位副局長出面，行政層級相對較低。[129]同年7月，中國正式承認南蘇丹獨立，10月中共宣稱要「加強」與蘇人解的關係。中共中央政治局常委李長春在北京會見蘇人解總書記帕甘‧阿蒙（Pagan Amun）時說，「兩黨在新形勢下進一步鞏固和發展黨際關係意義非凡。」[130]

蘇丹的例子表明，中共的確會與反對黨開展交流，但這種交流和中共與該國執政黨的關係相比居於從屬地位，而且以不太公開的方式進行或是以國與國的關係作為掩護。例如在南蘇丹獨立之前，中共與蘇人解的聯繫都是規限在《全面和平協議》的框架內進行。2008年翟雋訪問朱巴時，也到喀土穆拜訪了全國大會黨的領導人。2009年11月周永康訪問蘇丹喀土穆時，會見的政要就包括總統兼全國大會黨主席巴希爾（Omar Hassan Ahmad al-Bashir）、副總統塔哈（Ali Osman Mohamed Taha）和南方自治政府副主席馬沙爾。[131]

在南非，中共也同樣一直把與南非共產黨（South African Communist Party, SACP）的關係限定在以非國大為首的執政聯盟範圍內。例如在2007年，身兼中央組織部副部長的中共中央委員王東明率領中共代表團訪問南非，並出席南非共第十二次全國代表大會。[132]然而，中共在南非也與同為反對黨的民主聯盟（Democratic Alliance）和因卡塔自由黨（Inkatha Freedom Party, IFP）保持接觸。2005年4月，中國國際交流協會招待民主聯盟代表團訪華一星期，代表團由時任黨領袖托尼·里昂(Tony Leon)率領，先後到訪北京、上海、三峽大壩等地。[133] 2008年，因卡塔自由黨領袖曼戈蘇圖·布特萊齊(Mangosuthu Buthelezi)率團訪問北京、西安和上海，會晤了中聯部副部長李進軍。[134]中共與南非反對黨的這些接觸表明，在允許自由結社的民主國家，中共樂於與執政黨陣營之外的黨派發展關係。

全國人大與各國議會的交流

儘管中國對非洲的政治接觸的絕大部分工作由中聯部主導，但全國人民代表大會開展的議會交流也是組成部分。全國人大代表團在協助中共發展與在野黨關係方面，正扮演愈顯重要的角色。全國人大致力於「加強和促進與各國議會間的定期交流機制」。[135]由於外交只是全國人大職責中的一項，相比專門從事對外工作的中聯部而言，其作用雖然重要，角色卻較之次要。

為發展與南非反對黨的關係，中聯部和全國人大攜手推進北京的政治接觸。2006年，中國全國人大成為首個與南非議會簽署諒解備忘錄，建立定期交流機制的外國立法機關。[136]作為該機制的一部分，全國人大財經委員會主任委員傅志寰在2007年率團訪問南非，以加強全國人大與南非議會的合作。[137]全國人大常委會副委員長王兆國在2009年應南非議會邀請，率領全國人大代表團訪問南非，會見了國民議會議長馬克斯·西蘇魯(Max Sisulu)。[138]

通過雙邊友好團體，全國人大與十幾個非洲國家的議會開展交流。[139]如同中聯部一樣，全國人大現行的對外政治接觸方針也是在1977年之後才確定下來的。在這期間，「全國人大積極與外國議會和國際議會組織發展交流合作」。[140]2006年，全國人大總共接待了來自56個國家的90個代表團來訪，同時委員長會議組成人員也率團出訪了30個國家和地區。這種政治往來與中聯部的同類活動一樣，都是意圖「為國家關係發展注入新的活力」，以及「加強政治互信、推動互利合作」。[141]

不過，中聯部是純粹的黨的部門，而全國人大至少在名義上是行使政府和政黨影響力的混合體。幾乎所有國家的最高立法機關都是若干政黨的聯合體。不同於民主國家的是，在中國一黨專政，中國共產黨控制着立法機關。因此，儘管全國人大外事委員會和各對外友好團體都是國家機構，好像1950至1960年代的友好團體，它們卻均由中共主導並向其負責。全國人大常委會委員長吳邦國是這樣解釋這種關係：

「（我們必須）堅持黨的領導。中國共產黨是中國特色社會主義事業的領導核心。堅持黨的領導是人大工作的基本前提和根本保證。人大的各項工作都要有利於加強和改善黨的領導，有利於鞏固黨的執政地位，有利於保證黨的路線方針政策的貫徹實施。」[142]

全國人大的外交努力補充了中聯部的工作。這種合作並不奇怪，兩家機構不僅政策目標相同，連策略也相似，有時候連負責人都是同一個人。例如，吳邦國即是全國人大常委會委員長，同時也是中共中央政治局常委。馬文普即是中聯部副部長，也是全國人大外事委員會副主任委員。2002年8月姜恩柱獲任命為全國人大外事委員會副主任委員時，同時也是中共中央委員會委員。[143]

就技術層面而言，全國人大和中聯部協同工作，平衡北京的對外政治拓展。中聯部明確獲授權處理與非洲國家執政黨的交往，而全國人大與非洲的交往次數雖然較少，但在性質上卻更多元化。全國人大的領導人可能會承擔一些商業性和禮節性的角色，例如率領中國企業家代表團訪問開羅，或者代表國家主席胡錦濤出席塞內加爾總統的就職典禮等。

當來訪的非洲政黨領導人同時也是立法機關首腦時，全國人大與中聯部的外交角色就可能重疊。在那些立法機關被單一執政黨控制（如同中國一樣）的非洲國家，全國人大有時也會協助中聯部接待其來訪的政黨代表團。例如在 2007 年，津民盟負責對外關係的書記，同時也是該國議會眾議院副議長的孔比賴・馬尼卡・坎蓋（Kumbirai Manyika Kangai）率團訪華，即由中聯部接待安排與全國人大常委會副委員長何魯麗會談。[144] 2010 年 3 月，全國人大常委會代表團回訪津巴布韋，在哈拉雷會晤了穆加貝和身兼津民盟全國主席的副總統約翰・恩科莫（John Nkomo）。[145]

以蘇丹為例，黨際交流和全國人大的對外交往就有相當程度的重疊。例如在 2007 年，蘇丹全國大會黨副主席納菲阿（Nafie Ali Nafie）應中聯部之邀到訪北京。[146] 他與全國人大常委會委員長吳邦國會晤，身為「中國最高立法機關」領導人的吳邦國說，「中國共產黨願與蘇丹全國大會黨繼續深化黨際交流與合作。」[147] 這一語道出中聯部與全國人大的協同關係。

台灣、伊斯蘭、西藏和人權

台灣

台灣（中華民國）仍然是北京最敏感的政治話題。與同樣敏感的西藏和新疆不同，中華民國是獨立的政治實體，有自主的外交政策，設有外交部和駐外使團。

　　長期以來，台灣的外交人員一直為爭取非洲國家的承認而與大陸競爭。他們通過設在屈指可數的幾個非洲國家的使館，包括布吉納法索、斯威士蘭、聖多美和普林西比，以及岡比亞，來捍衛台灣在這片廣袤大陸上的利益。另外，台灣在尼日利亞和南非設有稱為「代表處經濟組」的貿易辦公室。相形之下，北京與54個非洲國家中的50個都建立了外交關係，並設法在國際社會孤立台灣。[148]

　　北京與台北的競爭源自1949年結束的內戰，蔣介石的國民黨被毛澤東的共產黨擊敗後撤退到台灣。從1949到1991年，兩岸都聲稱自己是整個中國的唯一合法政府，雙方為此努力尋求別國的外交承認。儘管台灣總統李登輝在1991年終於承認台北實際上並不控制大陸，但台灣的外交部依然以「正當的中華民國主權」為掩飾，努力在全球各地拓展官方外交關係。北京一直設法凍結台北的舉動。直到2008年馬英九當選總統，兩岸開始非正式的「外交休兵」為止，非洲一直都是兩岸「金元外交」激烈競爭的關鍵戰場。雙方爭相與非洲國家建立關係，數目愈多愈好。

　　儘管有非正式的「外交休兵」，但當非洲國家領導人與中國領導人會晤時，北京通常還是期待他們重申支持中國的國家統一戰略，亦即「一個中國」原則。支持一個中國原則，是中國對合作和外交承認的首要要求。許多非洲國家把承認北京對台灣享有主權視為與中國保持外交關係的必要組成部分，這個容易的讓步對它們而言不用成本，卻能收穫回報。

　　在1990年代初期，台灣依靠財政援助和外交手腕使幾個非洲國家拋棄北京，轉而與台北建立正式外交關係。塞內加爾是西非最重要的國家之一，也曾是北京的長期夥伴，彼時竟也改弦易轍。當年中國大陸與塞內加爾已建交24年，北京向其援建了多所醫院和一座巨型國家體育場。台灣也運用財政資源來引誘岡比亞和尼日爾，向前者提供了約3,500萬美元的援助，向後者提供了5,000萬美元貸款用於支付公務員工資。1997年，台北提供的經濟援助延伸到乍德、聖多美和普林西比，兩國分別得到1.25億美元和3,000萬美元的貸款。然而，台北金元外交的成果幾乎全部都是短暫的。[149]

台北的非洲外交在1996年尼日爾與其斷交時陷入困難，不過最大的損失還是在1998年，當年非洲最富裕的國家南非選擇與北京正式建交並互派大使。到2005年底，北京成功引誘塞內加爾復交，乍德也在2006年斷絕了與台灣的正式外交關係。據台方官員稱，這是因為北京同意停止對該國反政府武裝的支持。[150] 2007年底，在非正式的外交休兵前夕，馬拉威政府官員宣布結束與台灣保持了長達41年的外交關係，決定承認北京。[151]中國和馬拉維在2008年簽署了內容包含貿易和投資的諒解備忘錄，中方承諾將幫助馬拉威提高農業、礦業、林業、化肥和皮革加工業的產能。在2007到2011年間，雙邊貿易成倍增長，中方向馬方提供了2.6億美元的優惠貸款、贈款和援助。[152]

對中華人民共和國而言，爭取國際社會支持其對台灣擁有主權是頭等要務，也是雙方建立官方關係的先決條件。例如曾在獨裁者查理斯‧泰勒 (Charles Taylor) 主政下與台灣建交的利比里亞，2003年與北京復交。利比里亞的新領袖把多年內戰後的國家重建視作頭等大事，因此在北京的經濟和外交影響力下再次倒向北京。利比里亞總統發言人說，轉投北京將有助本國的重建大業。[153]他指的是中國所提供的援助，足以打動這個處境艱難的國家。中國同意支持聯合國的決議，動用2.5億美元資金和15,000名維和人員以穩定利比里亞局勢，並向該國的能源開發、基礎設施、農業和製造業提供援助和培訓。[154]若利比里亞政府不就範，北京就可能運用否決權反對決議，這就為利比里亞承認北京帶來有力的激勵。後來，中國還派駐人員參加聯合國在利比里亞的維持和平行動。

北京在2006年重施這一策略。當年乍德拼命尋求聯合國安理會的支持，急於與世界銀行達成交易，因此轉而承認北京。乍德鄰國蘇丹的西部達爾富爾地區發生武裝衝突，導致20萬名難民湧入國境，引發內部衝突。這令乍德與蘇丹的關係驟然緊張，因為蘇丹獲得中國的支持，一直把聯合國維和部隊在該地區的部署問題複雜化。據一位乍德外交官稱：「由於中國（在聯合國安理會）有否決權，我們需要讓它站在我們這邊，以使聯合國維和部隊部署（在達爾富爾）的（決議）草案能順利通過。」[155] 一位不願透露姓名的中國官員稱，截至2011年中國給乍德的好處包括逾100億美元的經濟投資和基建項目。中國慣用這種政治和財政的胡蘿蔔加大棒組合，勸服非洲國家斬斷同台北的關係。

尼日利亞政府同樣因為台灣的國際地位問題而受益。從1991到2001年間，台灣駐尼日利亞商務代表團（代表處）館址設於當時的首都拉各斯（Lagos），此後遷往新都阿布賈（Abuja）。台灣駐尼日利亞代表處代表陳銘政在2007年代表處的一次會議上，自豪地展示一份2001年與尼日利亞商務部簽署的協議副本，該協議授權台灣代表處繼續留在阿布賈。然而，這份檔案與總統辦公室的聲明有矛盾，因此給予尼日利亞當局充分的議價空間。例如，台駐尼代表陳銘政獲准許使用外交車輛，但不得循外國大使通例懸掛中華民國的旗幟。陳銘政又提及2004年尼日利亞警方封鎖台駐阿布賈代表處的事件，後來台方付出代價才令代表處獲准重開。[156] 北京隔段時間就會要求台代表處遷回該國的貿易樞紐拉各斯，或是遷至首都之外的其他城市。尼日利亞前駐中國大使喬納森‧奧盧沃萊‧科克爾（Jonathan Oluwole Coker）憶述，類似的要求經常是在人民大會堂「台灣廳」進行的會晤中提出。同時，北京也懇請尼日利亞向台灣僅餘的西非邦交國岡比亞和布基納法索施壓，促使它們轉向承認北京。[157]

儘管尼日利亞在公開聲明中從未對「台灣是中國的一部分」的立場動搖，但仍舊與台灣保持着頗密切的關係。在實際操作上，尼日利亞既在台北設有「駐華商務辦事處」，[158]亦在2005年與北京發表聯合公報，「支持中方為實現國家統一所做的努力，包括制定《反分裂國家法》」，並重申「中華人民共和國政府是代表全中國的唯一合法政府，台灣是中國領土不可分割的一部分」。[159]除了尼日利亞，埃及、埃塞俄比亞、津巴布韋、利比亞、南非等22個非洲國家以及非洲聯盟，都發表了聲明或正式宣言，支持中國全國人大在2005年通過《反分裂國家法》。[160]

台灣四個非洲邦交國的駐台大使館，以及尼日利亞和南非的駐台經貿辦事處，與台灣外交部共同設立了「非洲駐台經貿聯合辦事處」（Africa Taiwan Economic Forum, ATEF）。據辦事處處長林自強稱，「非洲駐台經貿聯合辦事處」成立於2003年，旨在幫助非洲人「加強與中華民國的經濟關係」。[161]辦事處成立的目的是「在台灣推廣非洲的價值及對其之興趣」，優先執行的合作領域是「人力資源發展、健康議題、文化交流和永續發展」。[162]在實踐中，非洲駐台經貿聯合辦事處努力尋求與台灣政策對接，這頗類似於中國大陸使用中非合作論壇（FOCAC）的手法，不過台灣的規模小很多。

2006年6月16日在台北舉行的「非洲日」慶典酒會上，台灣總統陳水扁這樣形容台灣賦予其非洲盟友的價值：「藉此機會，代表我國政府與人民誠摯感謝我國非洲友邦，再次在世界衛生組織大會中情義相挺」，[163]支持台灣以觀察員身份加入世界衛生大會。一年後的2007年9月9日，「第一屆台非元首高峰會議」在台北召開，陳水扁與斯威士蘭、布基納法索、聖多美和普林西比、馬拉威的領袖和岡比亞副總統共聚一堂。他們一致同意在數碼科技、經貿發展、醫衛健康、環境保護、和平安全五大領域開展合作，同時聲明「台灣作為主權國家，參與聯合國等國際組織的權利不容剝奪」。[164] 然而，自2008年馬英九任總統後，台北已避免過度炫耀其與非洲僅存邦交國的關係，轉而低調行事。例如在台北舉行的「2010年台灣與非洲地區環境保護領袖會議」，只是台灣外交部和非洲邦交國官員「尋求交流合作機會」的場合。[165]

斯威士蘭與台灣之間的關係，如果不能說是在全世界範圍內與台灣關係最密切的國家，那麼起碼在非洲如此。斯威士蘭這個多山小國，是世界上少數幾個仍實行絕對君主制的國家之一。台灣對該國紡織業的投資，令斯威士蘭得以受惠於美國的《非洲增長與機遇法案》(African Growth and Opportunity Act)，讓近6,000種商品得以免關稅進入美國市場。[166] 台灣副總統蕭萬長稱，截至2008年，台灣幫助斯威士蘭創造了10萬個就業機會。[167] 2008年9月蕭萬長到訪斯威士蘭首都姆巴巴內(Mbabane)，出席國王姆斯瓦蒂三世(King Mswati III)的生日慶典，在記者會上評價台史建交四十周年時稱：「兩國邦誼篤睦，未來並將永續經營，雙方均承諾勉力促進關係進一步發展。」蕭萬長還視察了台灣駐當地的醫療團。[168] 截至2010年，台灣駐斯威士蘭醫療團共有12名成員，包括神經外科醫生、普通外科醫生、口腔外科醫生、傳染科醫生、神經科專門醫師、註冊護士各一名，其餘為助理。[169] 該團還有小兒科設備、結核病診所和愛滋病診所。[170]

台灣對斯威士蘭的支援有不透明的部分，台方給予國王和王室的資助金額是不公開的。2007年8月本書作者訪問斯威士蘭有關官員時，他們不願透露或說不能估算台方提供給王室的資金和贈禮金額。[171]

截至2011年，台灣的四個非洲邦交國佔了當時台灣所有邦交國數目的四分之一。台灣一直對這些國家提供物質支持，但也期待通過繼續發展在通訊科技、民主化和善治方面的合作能對其他非洲國家有吸引力。但對台北而言不幸的是，在二十一世紀的頭十年這些策略的效果都被北京不斷增長的經濟與政治實力愈加削弱，導致許多非洲領導人都得出結論，認為與台灣的傳統紐帶不再像與中國大陸的關係那麼有價值了。不過，一些忠於台北的國家，比如與台灣長期維持外交關係的斯威士蘭，相信隨着台灣邦交國減少，自己的機會將越來越多。[172]

伊斯蘭

在1950年代和1960年代初，中國伊斯蘭教協會成為中國和非洲之間首個具有伊斯蘭背景的聯繫紐帶。該協會是中共對非洲穆斯林開展工作的重要組成部分。畢業於開羅愛資哈爾大學(Al Azhar University)，當時在北京大學教授阿拉伯語的回族學者馬堅(經名「穆罕默德·麥肯」)，1951年在中國人民外交學會作了關於怎樣與阿拉伯世界加強政治關係的報告。[173] 馬堅和其他七人在1952年7月發起籌建中國伊斯蘭教協會，籌備委員會由37人組成，維吾爾族中共黨員包爾漢·沙希迪擔任主任，中國伊協最終在1953年正式成立。儘管伊協起初面向國內，但自1956年中國與埃及簽署文化合作協定後，伊協就成為中國面向穆斯林世界開展外交工作的重要管道。[174] 包爾漢和伊協其他領導極為活躍，率團多次訪問非洲和中東，也接待眾多來自穆斯林國家的訪客，向他們宣傳中國共產黨的立場。[175]

伊協特別關注赴沙特阿拉伯麥加的朝聖活動，即「朝覲」。從1955年起到1964年為止，伊協每年組織派出至少一個朝覲團。[176]

朝覲之旅通常都會順道到訪埃及、突尼斯、摩洛哥或蘇丹，甚至遠至畿內亞、塞內加爾、馬里、毛里塔尼亞、尼日爾和尼日利亞北部。奧根桑沃（Ogunsanwo）闡述，「從沙特到畿內亞和塞內加爾，這麼長的旅程，很難說沒有什麼政治動機。」[177]離開麥加後，中國穆斯林朝覲團通常會花兩到三個月遍訪非洲兄弟，向他們講述在中共治下享有的宗教自由。為了在中國達到這個目標，非洲穆斯林獲邀訪問中國，參加穆斯林節日慶典，或到中國的清真寺朝拜。對中國而言，伊斯蘭不僅成為培育中國與穆斯林國家關係的重要工具，而且把毛澤東思想傳播到亞非地區的廣大穆斯林群眾中去。[178]

　　按照「擁護中國共產黨的領導」的宗旨，伊協的工作過去和現在都依然是政治性的，即讓中國的穆斯林來充當與穆斯林世界政黨開展對話的開路先鋒。[179]這對於北非地區顯得尤為重要，因為這是1950年代非洲唯一有多個國家成功獨立的地區。[180]在大多數撒哈拉以南國家，為中國政治拓展打頭陣的是以各類名義上為非官方的團體，例如群眾團體、陣線組織、友好協會、團結聯盟等；而在北非地區那些擺脫了殖民統治的獨立國家，後殖民地政府和伊斯蘭勢力都允許中國外交部和中國伊協攜手大展拳腳。伊協也同中共領導下的其他群眾組織密切合作，努力擴展中共的政治觸角。如在1958年，北京廣播電台（Radio Peking，今中國國際廣播電台的前身）宣布，為表團結一致，中國伊斯蘭教協會、中華全國總工會、中國亞非團結委員會將通過設在開羅的亞非團結委員會秘書處，向阿爾及利亞民族解放陣線（Algerian National Liberation Front）提供一筆數目可觀的贈款。[181]

　　伊協也通過官方出版社和與阿拉伯專家交流，說明中共面向北非地區編製宣傳材料並進行傳播。在1950年代末和1960年代初，《中國穆斯林生活》、《中國穆斯林》、《古蘭經與婦女的權利和地位》、《中國穆斯林的宗教生活》等幾種畫冊出版，書中配有中文、阿拉伯語、英語和法語。中華人民共和國憲法也被翻譯成阿拉伯語，連同中文、阿拉伯語和英語畫冊《北京穆斯林生活》一道對外傳播。[182]

中國穆斯林在文革期間也遭遇厄運。始於1966年的政治運動「破四舊」旨在破除「舊思想、舊文化、舊風俗、舊習慣」，其間無數的清真寺和經學院被關閉或被搗毀，《古蘭經》和其他宗教典籍也不能倖免於難。穆斯林若有抗拒即遭繫獄或被消滅，在政府中工作的教徒幾被清洗殆盡。1968年，幾乎所有中國駐非洲國家的大使均被召回國內，只有埃及除外。當時駐埃及(當時稱阿拉伯聯合共和國)大使是周恩來的外交得力助手黃華。[183] 1969年9月25日的中華人民共和國成立二十周年前夕，第一次伊斯蘭國家首腦會議(Islamic Summit)在摩洛哥首都拉巴特舉行。其時中國外交正陷入1949年以來最混亂的局面。該峰會幾乎把焦點全放在以色列，並未提及數以百萬計的中國穆斯林正遭受的壓迫。[184]

從1960年代末到1970年代初，中國與非洲穆斯林國家的關係含有強烈的反蘇聯因素。在1974年2月出席了於巴基斯坦拉合爾舉行的第二次伊斯蘭國家首腦會議後，阿爾及利亞革命委員會主席兼總理胡阿里‧布邁丁(Houari Boumediène)飛往北京與周恩來會面。在歡迎宴會上，周恩來說首腦會議的出席者代表了「第三世界國家相互支持、共同對敵的強烈願望」。周恩來以他素有的機敏，把中國的主要敵人蘇聯霸權(一定程度上還有美國霸權)，與當時穆斯林憤怒的焦點以色列聯繫起來：

> 中東問題的癥結是兩個超級大國在那裏劇烈爭奪霸權。長期
> 以來，它們出於各自的私利，支持和縱容以色列進行侵略，

並竭力維持一種不戰不和的局面，使阿拉伯和巴勒斯坦人民
深受其害。[185]

周恩來就這樣把北非國家聯合反對以色列的立場，與中國反對
蘇聯霸權的國際統一戰線聯繫起來。同年4月，布邁丁飛赴華盛頓
與美國總統尼克遜和國務卿基辛格會晤，阿爾及利亞並在同年底與
美國恢復外交關係。對他而言，北京與華盛頓關係緩和才是頭等大
事，但與以色列則不是。[186]他說：「我們為東西方關係朝着緩和的
方向演變感到高興，這是加強世界某些地區和平的重要因素。」[187]

反對蘇聯霸權一直是中國與北非國家關係的組成元素，直到文
化大革命結束後的幾年為止。雖然在歷次伊斯蘭國家首腦會議
（1974、1981、1987、1991）中國都有發函致賀，但在1980年代和
1990年代初，中國伊協的國際開拓卻急遽下降。[188]不過在1993
年，伊斯蘭會議組織（Organization of the Islamic Conference, OIC）秘
書長、尼日爾前總理哈米德‧阿爾加比德（Hamid Algabid），就波黑
地區波斯尼亞穆斯林遭到塞爾維亞族威脅致函中國外交部長錢其
琛。一個月後，塞內加爾總統、伊斯蘭會議組織執行主席阿卜杜‧
迪烏夫（Abdou Diouf）又向中國致函。這兩封信推動了中國伊協再
度向伊斯蘭會議組織發出組團訪華邀請，自1994年起延續十年之
久。[189]然而，伊協再也沒能恢復其作為中國與北非穆斯林之間主要
政治聯絡組織的顯赫地位。

近年來，伊斯蘭恐怖主義和對維吾爾人的高壓政策，成為中國
與非洲伊斯蘭國家關係的掣肘因素。為了報復2009年烏魯木齊
「七‧五」騷亂後中國政府對維吾爾族穆斯林的鎮壓，阿爾蓋達的北
非分支「伊斯蘭馬格里布蓋達組織」（al-Qaeda in the Islamic Maghreb,
AQIM）伏擊了一隊負責保護中國工程師的阿爾及利亞安全部隊，

並致 24 名阿爾及利亞人死亡。[190] 這是第一次非洲恐怖分子網絡將在非洲的中國人作為襲擊目標，以直接回應中國政府對其國內穆斯林的鎮壓。

西藏

西藏問題日益成為中非關係的重要議題，尤其是在 2008 年 3 月拉薩爆發騷亂之後。儘管許多非洲國家原本就宣稱支持中國對西藏的主權，但在此次騷亂後更被強烈鼓勵重申這一態度，甚至還要加強對中國政府立場和中國共產黨的支持。

拉薩騷亂後不到兩個星期，中共中央政治局常委李長春在出訪摩洛哥時，強調中國對西藏擁有主權。中國的官方媒體如新華社、《人民日報》、中國國際廣播電台等，紛紛以「摩洛哥支持中國的西藏政策和北京奧運會」為題報道，反映了官方當時把西藏問題放在首位。在摩洛哥首相阿巴斯‧法西 (Abbas Al Fassi) 重申「摩方堅持認為西藏事務是中國的內政」後，李長春簽署了一項雙邊經濟技術合作協定，並同意「中國共產黨願與包括獨立黨在內的摩洛哥各友好政黨進一步豐富黨際交流內容」。[191] 不過，值得指出的是，摩洛哥官方傳媒網站 Maroc 在關於本次會見的報道，並沒有提及西藏問題。[192]

同樣地，一個中共高級代表團在 2008 年應埃塞俄比亞總理梅萊斯‧澤納維 (Meles Zenawi) 領導的埃塞俄比亞人民革命民主陣線 (People's Revolutionary Democratic Front) 之邀，訪問阿迪斯阿貝巴。根據新華社報道，在會談時梅萊斯稱西藏事務是中國內政，中方客人對此表示感謝。[193] 與之形成對比的是，埃塞俄比亞官方通訊社關於此次會談的報道並沒有提及西藏。[194] 2008 年拉薩騷亂後，中國獲得一眾非洲國家領導人表態支持，除了埃塞俄比亞和摩洛哥之外，還有阿爾及利亞、贊比亞、塞拉里昂、貝寧、厄立特里亞、中非共和國、科摩羅、剛果（布）、科特迪瓦、萊索托、毛里塔尼亞。[195]中聯部和全國人大代表團也在與非洲政黨和議會的交流，得到非方政黨和議會的類似表態。

與台灣問題不同，西藏問題在非洲一般上並沒有太大政治爭議。由達賴喇嘛領導的「藏人行政中央」（西藏流亡政府），一直都沒有尋求非洲國家正式承認西藏獨立。不過，西藏流亡政府確有聯絡少數對其表示同情的非洲國家，以尋求支持擴大西藏的政治和宗教自治。自1997年起，流亡政府一直在南非比勒陀利亞設有「非洲辦事處」，負責其在除摩洛哥、阿爾及利亞、突尼斯和利比亞之外所有非洲國家的事務，而上述四個北非國家事務則由流亡政府駐比利時布魯塞爾辦事處管轄。[196]西藏流亡政府的「外交與新聞部」也向阿拉伯語地區民眾傳播與西藏有關的資訊。

在非洲國家中，只有肯尼亞和南非存在由本地人組成的親藏團體。[197]為抵消其影響，並說服肯尼亞立法者不要因「其所受的英式教育而被西方媒體在西藏問題上所左右」，2009年中國派遣代表團到肯尼亞介紹「西藏的基本情況、『西藏問題』的由來」。[198]肯方和中方也商討在當地一所大學成立西藏文化研究中心，與中國的藏學研究中心建立聯繫。[199]在幾乎所有的非洲國家，西藏問題都無足輕重。但南非的情況則有所不同，南非民眾為西藏問題群情激昂，就像在歐洲或美國那樣。

在南非，「自由西藏運動」（Free Tibet Movement）已經發展出強大的政治紐帶。南非有三個組織致力於促進加強西藏自治的事業，分別是南非西藏協會（Tibet Society of South Africa）、南非西藏之友會（South African Friends of Tibet）和西藏非洲彩虹聯盟（Tibet African Rainbow Alliance）。[200]在2008和2009年，有關邀請達賴喇嘛出席

2010年南非世界盃相關活動一事惹起爭議。2008年，反對黨因卡塔自由黨主席曼戈蘇圖‧布特萊齊（Mangosuthu Buthelezi）發表公開信，呼籲中國給予西藏更多自治權，並要求「中國政府與達賴喇嘛舉行會談」。兩個月後，他率領一個因卡塔自由黨代表團訪問中國，會見了中聯部副部長李進軍。布特萊齊從中國又發出致「南非同胞」的公開信，回顧他與中共就西藏問題進行的不尋常交流：

> 我決定「不畏艱險」，置外交禮節於不顧。我強調達賴喇嘛聖座已對我闡明：無論是他本人還是他的徒眾都不會尋求西藏獨立，而只是追求文化和宗教自治，把西藏改造成為非暴力和平區。我也談到，達賴喇嘛明確提出各國不應抵制北京奧運會的表態應受到讚揚。針對我所述以上各點，中共的部長基本上就是譴責達賴喇嘛在做欺人之談。部長說，達賴喇嘛完全有能力約束其徒眾，但他卻沒有這麼做。我明確指出，除非達賴喇嘛能回到西藏，否則他是沒法制止那些藏人去抗議的。[201]

2009年3月，中共與南非反對黨的關係更趨緊張。面對中共的壓力，由非國大掌權的南非政府拒絕為達賴喇嘛發放簽證。南非民主聯盟稱此決定「公然違背任何邏輯」，因達賴喇嘛曾在1999年和2004年來訪。[202] 反對黨獨立民主黨（Independent Democrats）主席派特里夏‧德里爾（Patricia de Lille）附和道：「（南非）政府向中國屈服一事是在向全世界表明，雖然憲法已賦權予我們，但我們卻不能同樣惠及他人。」[203]

中國駐德班總領事也發信警告，稱因卡塔自由黨若出席2009年11月在羅馬舉行的「第五屆世界國會議員西藏問題大會」，則將「干涉中國內政，傷害中國人民的感情」，並謂「儘管因卡塔自由黨在野，但也應珍視中國與南非之間的友誼」。[204] 2009年11月，南非民主聯盟的議會領袖阿索爾‧特羅利普（Athol Trollip），在開普敦會見了由中共中央政治局委員、全國人大常委會副委員長王兆國率領的中共代表團，雙方也討論過該次大會。[205] 然而，儘管中共再三懇請，這兩個反對黨的領袖都拒絕應允，最終還是參加了此次大會。因卡塔自由黨領袖布特萊齊也將中國總領事的信件公之於眾，然後繼續公開支持達賴喇嘛一方。[206]

相比之下，那些與中共有緊密關係的南非政黨，如執政的非國大和南非共產黨，都支持不向達賴喇嘛發放簽證。非國大黨籍的南非財政部長特雷弗‧曼紐爾（Trevor Manuel）對此毫無歉意，他說達賴要訪問南非是為了「要向全球發出政治宣言，宣告西藏脫離中國」。[207] 非國大執政聯盟的夥伴南非共產黨，也以公開聲明的形式支持這一觀點。[208] 但並不是非國大所有高層都表示贊同，如衛生部長芭芭拉‧霍根（Barbara Hogan）就稱「（非國大）政府拒絕達賴喇嘛入境的事實就是政府無視人權的典型例證」。[209]

2011年10月，當達賴喇嘛再次被拒發入境簽證時，類似的爭吵再次爆發。這次達賴是要參加大主教德斯蒙德‧圖圖（Desmond Tutu）的生日慶典，並做幾場公開演講。南非政府作出拒簽決定時，正值副總統卡萊馬‧莫特蘭蒂（Kgalema Motlanthe）訪華並與中方簽訂多項貿易與發展合作協定。圖圖大主教猛烈抨擊南非政府、總統祖馬和非國大：「祖馬先生，你和你的政府並不代表我。你只代表你自己的利益。」作為各工會聯盟組織的南非工會大會（Congress of South African Trade Unions, COSATU），其領袖托尼‧埃倫賴希（Tony Ehrenreich）也批評非國大竟容許中國影響南非的外交政策：「即使中國是我們最大的交易夥伴，我們也不應當出賣自己的操守來換取美元或人民幣。」[210]

人權

自 1990 年以來，中國先後 11 次成功地避免了聯合國人權委員會對其人權紀錄的譴責，其中非洲國家的政治支持十分關鍵。人權成為在這一時期中共領導人極為關切的問題。他們堅決捍衛本國針對異見人士的政策，極力阻撓外界的嚴格審查。儘管中國越來越深地走入非洲主要是出於經濟動因，但在人權問題上是否保持立場一致對雙方利益關係的走向也發揮影響。

中國政府開始重視聯合國人權委員會是在 1995 年 3 月。當時針對西方國家支持一項譴責中國人權狀況的議案，中國提出動議要求對該議案不予審議和表決，結果卻未能成功。儘管中國及其支持者最終在議案表決獲勝，然而票數相近，因此北京開始着手影響委員會內的非洲成員國。[211] 作為對策之一，國務院副總理李嵐清訪問非洲六國，其中就包括人權委員會的五個成員國：馬里、畿內亞、加蓬、喀麥隆和科特迪瓦。1996 年中國贏得人權委員會投票後，所有 15 個非洲成員國都與中方舉行了高級別會談，簽署了至少 23 個關於中非合作的協定和議定書。[212] 就這樣，人權事務成為了中非政治合作的又一催化劑。

中國在 2004 年再次成功提出動議，以使其人權狀況免受譴責。這次動議得到人權委員會所有非洲成員國的支持。在支持動議的 27 個成員國中，有一半來自非洲，包括那些自身人權紀錄存在問題的，例如蘇丹、厄立特里亞、津巴布韋等，它們獲得成員國資格時均得到中國的支持。聯合國人權理事會在 2006 年取代人權委員會，而對中國而言，它提供了安全的環境。儘管津巴布韋和蘇丹已不在理事會的 47 個成員國之列，但非洲國家在理事會佔了 13 席，而它們很多都與中國有廣泛的經濟和政治聯繫。[213] 這確保了中國能繼續在人權理事會中發揮影響力，使之不能採取任何有悖於中國利益的行動。這也使得非洲國家把它們各自的投票權作為與中國進行雙邊談判時的政治籌碼，雖然其作用與以前比較有所下降。

結論

中聯部和全國人大一直保持合作，發展中國與非洲各國政黨和議會的關係。在1950年代中期中共開始與非洲建立政治聯繫，在1960年代和1970年代中共的外交努力意在輸出革命的意識形態，在1980年代轉向反對蘇聯霸權，1990年代是抗衡台灣資金充足的金元外交，到了二十一世紀的頭十年則主要是支持中國的貿易、經濟和工業發展。

現在，中國的對非洲的政治工作有雄厚資金做支撐，以當地政界精英為主要目標，同時低調接觸反對黨。北京發展出一整套駕輕就熟的方案，如盛情招待、幹部培訓、信息掌控、接觸反對黨和議會交流。總而言之，這些內容形成了一種與非洲政治精英發展關係的獨特方法，而西方專家對此所知甚少。中共對非洲的國際政治拓展方略在培育人脈關係方面的成功，為中國的外交決策當局和國有企業開闢新機遇。

對中國而言台灣問題仍然是最敏感的話題，因為台灣外交人員長期以來都與北京爭奪非洲國家的外交承認。在數十年的「金元外交」之後，兩岸在2008年開始非正式的「外交休兵」，此時台灣在非洲還有四個邦交國，分別是布吉納法索、斯威士蘭、聖多美和普林西比、岡比亞。早年中共通過中國伊斯蘭教協會的運作，伊斯蘭教曾為中國外交發揮過基礎性作用，但隨着維吾爾分離運動的發展和伊斯蘭運動在非洲日益活躍，伊斯蘭教帶來了更為複雜的新政治問題。西藏問題儘管在西方飽受爭議，也曾在較短時期裏成為中國與南非出現爭論的源頭，但總體而言它在中非關係的大局不算是重要問題。人權問題使中國和非洲在官方層面團結起來。不過，隨着雙方往來的密切，非洲的公民社會團體開始質疑中國的人權狀況，特別是那些因中國操作而在非洲引發的人權問題。

註釋

1. 中國共產黨中央委員會對外聯絡部是負責中國共產黨對外工作的職能部門，成立於1951年，當時英文名為「Liaison Department」，現英文名為「International Department」。

2. 中國共產黨意欲把其對外政治拓展工作保持低調，弄得「很多事情人們原本只是想略知一二，結果卻一無所知」。參見 David Shambaugh, "China's 'Quiet Diplomacy': The International Department of the Chinese Communist Party," *China: An International Journal*, 5 (2007): 26–27. 雖然中共在非洲的對外活動極少獲媒體報道，但中共各機構的網站提供了一些非常有用的信息，包含其歷史沿革、組織目標、開展活動、工作方針和具體做法。

3. Y.L. Ying, "The Chinese Communists in Africa," *Free China and Asia* (November 1964): 17. 至1959年底只有十個非洲國家正式取得獨立，即：埃塞俄比亞、利比里亞、南非、利比亞、埃及、蘇丹、突尼斯、摩洛哥、加納、畿內亞。

4. 朱容甫：〈新中國五年來的外交〉，《世界知識》，1954年10月第19期。

5. 該綱領於1949年9月29日由中國人民政治協商會議第一屆全體會議通過，有關外交部分見其中的第54條。參見 "Modern History Sourcebook: The Common Program of the Chinese People's Political Consultative Conference, 1949," http://www.fordham.edu/halsall/mod/1949-ccp-program.html.

6. Bruce D. Larkin, *China and Africa 1949–1970: The Foreign Policy of the People's Republic of China* (Berkeley: University of California Press, 1971), pp. 215, 224–36.

7. "Constitution of the All-China Federation of Students," [102], Appendix H, pp. 238–9, adopted on 10 February 1960, see Larkin, p. 216.

8. Larkin, pp. 216, 214.

9. Ibid, pp. 219, 224.

10. "China, the Arab World and Africa: A Factual Survey 1959–1964," special China issue of *Mizan Newsletter* 6, 5 (May 1964): 6, 25.

11. Daan S. Prinsloo, "China and the Liberation of Portuguese Africa," *Foreign Affairs Association Study Report* (Pretoria), no. 2 May 1976, 3.

12. 周恩來於1958年2月10日在第一屆全國人民代表大會第五次會議上的講話，
    題目為〈目前國際形勢和我國外交政策〉，參見《人民日報》，1958年2月11
    日，第1版。同時參見 Ogunsanwo, p. 40.

13. Larkin, p. 47.

14. Ying, p. 17.

15. Ibid.;〈慶祝中非友協成立40周年招待會在京舉行〉，新華社，2000年12月22
    日。

16. Larkin, p. 226.

17. Ying, pp. 17–18.

18. Sidney Rittenberg and Amanda Bennett, *The Man Who Stayed Behind* (New York:
    Simon & Schuster, 1994), p. 270. 譯者註：這本書後譯為中文，以《紅幕後的洋
    人——李敦白回憶錄》為名由上海人民出版社於2006年出版，譯者丁薇。本
    書中文版此處所顯示的有關內容，最大限度地以該回憶錄中文版譯文為准。

19. Rittenberg and Bennett, pp. 271–72.

20. *Xinhua,* 8 November 1960, see W.A.C. Adie, "Chinese Policy towards Africa," in Sven
    Hamrell and Carl Gösta Widstrand, eds., *The Soviet Bloc China and Africa* (Uppsala:
    The Scandinavian Institute of African Affairs, 1964), p. 53.

21. "Communists: One-Third of the Earth," *Time,* 27 October 1961.

22. *A Proposal Concerning the General Line of the International Communist Movement: The
    Letter of the Central Committee of the Communist Party of China to the Central
    Committee of the Communist Party of the Soviet Union of 30th March 1963,* (Peking:
    Foreign Language Press, 14 June 1963), pp. 13–14.

23. Ibid., p. 14.

24. Larkin, p. 157.

25. Steven F. Jackson, "China's Third World Foreign Policy: The Case of Angola and
    Mozambique," *China Quarterly* 142 (June 1995): 395. 如在1967年，肯亞新政府宣
    布中國的臨時代辦為「不受歡迎者」，要求其在48小時內離境。參見 Sithara
    Fernando, "Chronology of China-Africa Relations," *China Report* 43, 3 (July 2007):
    363–73.

26. Fernando, p. 364.

27. "C119 Scott 917–918 Afro-Asian Writers' Urgent Conference," *Xabusiness,* 1966. 郵
    票圖案請見：http://www.xabusiness.com/china-stamps-1966/c119.htm. 該套1966
    年6月27日發行的「亞非作家緊急會議」紀念郵票，第一枚圖案是「風雷」雕塑
    的前半部分，第二枚圖案是亞非作家緊急會議證章。當年中蘇交惡，一批親
    蘇作家在6月19日至20日於開羅召開了一次未經正常程式的「亞非作家會
    議」，但中國和一些對華友好國家的作家認為這是「製造分裂」。為此，北京於
    6月27日至7月9日在北京召開亞非作家緊急會議，會議的主要議程是加強亞
    非人民和亞非作家的團結，進一步支援越南人民的「抗美救國」鬥爭。雖然中
    國後來還發行了中非合作論壇峰會的紀念郵票，但是再也沒有發行過關於中
    非友好人民團體的紀念郵票。

28. Adie, p. 53.

29. 〈在戰無不勝的毛澤東思想指引下非洲革命人民反帝武裝鬥爭深入發展，武裝鬥爭是被壓迫人民解放的唯一道路，非洲一些地區的愛國武裝力量從戰爭學習戰爭愈戰愈強〉，《人民日報》，1967年12月9日，第5版。See in Jackson, p. 395.

30. Larkin, p. 156; Shambaugh, "China's 'Quiet Diplomacy'," 27.

31. Patrick Tyler, *A Great Wall: Six Presidents and China: An Investigative History* (New York: Public Affairs 2000), p. 204; Li, "Chinese Communist Party's Contacts," 16.

32. Jackson, p. 395. Also see Bih-jaw Lin, "Communist China's Foreign Policy in Africa: A Historical Review," *Issues and Studies* 17, 2 (February 1982): 40.

33. Richard Lowenthal, "The Sino-Soviet Split and Its Repercussions in Africa," in Hamrell and Widstrand, eds., *The Soviet Bloc China and Africa*, p. 132.

34. Eugene K. Lawson, "China's Policy in Ethiopia and Angola," in Warren Weinstein and Thomas H. Henriksen, eds., *Soviet and Chinese Aid to African Nations* (New York: Praeger 1980), p. 172.

35. Shambaugh, "China's 'Quiet Diplomacy'," 38.

36. "Welcome Message from the Minister," 26 December 2003, *CPC-ID official website*, www.idcpc.org.cn/english/profile/message.htm. 中聯部目前下設16個職能部門，其中八個是分別負責全球各地區的局，其業務內容與本章有關的是三局（西亞北非局）和四局（非洲局）。參見「機構設置」，中聯部網站，http://www.idcpc.org.cn/gywb/jgsz/。

37. 〈中國國際廣播電台播發對蔡武副部長的人物訪談 —— 中國共產黨對外交往80年回顧與思考〉，中聯部網站，2001年7月1日。譯者註：該四項原則最初是在1982年9月召開的中共「十二大」上正式提出，並在該次大會上寫入修訂後的《中國共產黨章程》，當時僅指處理中共同外國共產黨的關係。後在1987年10月召開的中共「十三大」，才擴大到「發展同外國共產黨和其他政黨的關係」。

38. "Functional Features," *CPC-ID official website*.

39. 〈中國國際廣播電台播發對蔡武副部長的人物訪談〉。

40. Li, p. 17.

41. Ibid.

42. 2007年10月23日，本書作者對中國社會科學院西亞北非研究所非洲研究室主任賀文萍的訪談。本書作者之一馬佳士（Joshua Eisenman）先後於2007年1月、2008年9月、2009年3月和12月分別訪問了中國現代國際關係研究院、中國社會科學院、中國國際問題研究院，了解到有關情況，包括一些趣聞軼事。

43. Li, p. 17.

44. 〈江澤民主席在「中非合作論壇—北京2000年部長級會議」開幕式上的講話〉，中國外交部網站。

45. Li, p. 17.

46. Ibid., pp. 17–18.

47. 《論語》有云,「子曰:……有朋自遠方來,不亦樂乎?」關於孔子教誨和與招待外國友人之間的關係,山東大學校長展濤曾有論及。見展濤在山東大學首屆「孔子思想與中華文化論壇」上的致辭《有朋自遠方來》,2007年12月18日,http://www.president.sdu.edu.cn/news/news/jqyj/2007-12-18/1197960071.html。

48. Richard H. Solomon, *Chinese Political Negotiating Behavior: A Briefing Analysis* (Santa Monica, Calif.: Rand, 1985).

49. 本書作者對烏干達前駐中國大使菲力浦·伊德羅 (Phillip Idro) 的訪談,南非約翰內斯堡,2007年9月11日。

50. Li, p. 19.

51. 該出版物由中國駐南非大使館人員和駐紐約聯合國使團人員提供。Yuan Wu, *China and Africa, 1956–2006,* (Beijing: China International Press, 2006), p. 33.

52. Shambaugh, "China's 'Quiet Diplomacy'," 45.

53. 根據中國國際交流協會的章程,協會「同各國民間組織、社會組織、政治組織、研究機構及各界人士建立和發展友好交往與合作關係」(第二章「任務」,第五條),www.cafiu.org.cn/english/Column.asp?ColumnId=22。

54. 根據對中國大使館人員和中聯部人員訪談所獲信息,截至2007年8月,中聯部在埃及、埃塞俄比亞、南非、納米比亞派駐了人員;在蘇丹、尼日利亞、安哥拉沒有派員;在非洲其他國家有否派駐,不能確定。

55. Shambaugh, *China's 'Quiet Diplomacy,* 45; 括弧內為原文。

56. 對菲力浦·伊德羅的訪談,約翰尼斯堡,2007年9月16日。

57. "Zambia: In Brief; Zambia-PRC Contacts," *BBC* (21 July 1979).

58. "Chinese Communist Party presents books to Zambian ruling party," *Xinhua*, 11 January 1984.

59. "Zambian-Chinese party co-operation accord," *Xinhua*, 29 May 1987.

60. "South Africa: In Brief, Donation from PRC for Zambian Party Headquarters," *BBC*, 17 July 1986.

61. "Prime Minister Says China Has Rescheduled Zambian Debt," *Radio Zambia*, 10 August 1990.

62. "Zambia Cherishes Friendly Relations with China, Says Minister," *Xinhua*, 17 January 1992.

63. "Zambian Ruling Party Chief Call for Intercourse with China," *Xinhua,* 14 November 1994.

64. "Zambia to Strengthen Economic Cooperation with China: Official," *People's Daily*, 28 June 2005.

65. 例如在2005年9月,中共中央政治局委員俞正聲率領中共代表團前往贊比亞路沙卡,會見了贊比亞信息部長弗農·姆旺加 (Vernon Mwaanga)、國防部長瓦蒙迪拉·穆里約克拉 (Wamundila Muliokela),多黨民主運動全國書記卡泰萊·卡倫巴 (Katele Kalumba)。卡倫巴書記盛讚兩黨關係,並向代表團保證多黨民主運動全力以赴應對2006年大選,志在必得。"China Lauds State for Economic Gains," *Times of Zambia* , 14 September 2005.

66. Fackson Banda, "China in the "Africa Mediascape," *Rhodes Journalism Review*, 29 September 2009.

67. Dickson Jere, "China Issues Warning over Opposition Leader's Remarks," *Agence France-Presse*, 5 September 2006.

68. "Zambia: Chinese Envoy Is Being Childish — Sata," *Post* (Lusaka), 6 September 2006.

69. Peter Goodspeed, "'King Cobra' Pits Zambia Against China: Presidential Election", *National Post*, 27 September 2006.

70. Chiwoyu Sinyangwe, "China is Benefiting More from Trade with Africa," *Post* (Lusaka), 9 March 2010.

71. 〈贊比亞執政黨全國副主席會見中共代表團〉，新華網，2008年7月24日。

72. Zhao Shulan, "Reflections of China's Assistance to Zambia," in Liu Hongwu and Yang Jiemian, eds., *Fifty Years of Sino-African Cooperation: Background, Progress & Significance* (Kunming: Yunnan University Press, 2009), p. 383.

73. 參加本次在總統府（State House）舉行會見的多黨民主運動高層還有：副總統喬治‧孔達（George Kunda），多黨民主運動全國主席邁克爾‧馬本加（Michael Mabenga），黨內負責法律事務的主席布瓦利亞‧奇蒂（Bwalya Chiti），黨內司庫蘇雷什‧德賽（Suresh Desai）。"Zambia: MMD has a lot to learn from CPC," *Times of Zambia* (Lusaka), 16 December 2009.

74. George Chellah and Patson Chilemba, "Rupiah Went to China on a Tourism Stint–Kabimba," *Post* (Lusaka), 8 March 2010.

75. "Kabimba's Utterances Show Arrogance, Says Ronnie," President of the Republic of Zambia official webpage, 9 March 2010, http://www.statehouse.gov.zm/index.php/component/content/article/48-featured-items/351-kabimbas-utterances-show-arrogance-says-ronnie.

76. "Zimbabwe's Zanu-PF, CPC Relations Visionary: Former Diplomat", *Xinhua*, 2 July 2011.

77. "Mugabe Begins Visit to China," *New York Times*, 12 May 1981.

78. "Chinese People Are Best Friends of Zimbabwean People, Says Mugabe," *Xinhua*, 17 July 1998.

79. Tichaona Sibanda, "China Helps Build State Intelligence Complex for Mugabe," *SW Radio Africa News*, 3 March 2011.

80. John Dzingi, "Zimbabwe Votes: Mashonaland," *BBC*, 13 March 2002. "China Builds U.S. \$1 Million School," *The Herald* (Zimbabwe), 26 February 2010; Retlaw Matatu Matorwa, "Exploit Potential of Township Tourism," *The Herald* (Zimbabwe), 18 August 2009.

81. "China Builds U.S. \$1 million school".

82. Matorwa. Also see "Mugabe Seizes Third Farm for Himself," *The Star* (South Africa), 10 September 2006.

83. Mduduzi Mathuthu, "Mugabe Says China, Malaysia Funded £5 Million Palace," *New Zimbabwe*, 11 December 2009.

84. Chipo Sithole, "Mugabe's £5 Million Palace Complete", *New Zimbabwe*, 11 December 2009.

85. Celia W. Dugger, "Zimbabwe Arms Shipped by China Spark an Uproar," *New York Times*, 19 April 2008.

86. Sydney Kawadza, "Zimbabwe: President Hails Sino-Govt Ties," *The Herald* (Zimbabwe), 22 February 2010.

87. "President Hails China's Military," *The Herald* (Zimbabwe), 30 May 2011.

88. "Zimbabwe's Zanu-PF, CPC Relations Visionary: Former Diplomat," *Xinhua*, 2 July 2011.

89. "Focus Is on Aid and Support for Africa," *Business Day* (South Africa), 1 October 2004.

90. Li, p. 18. 另外：2007年7月8日，蘇丹喀土穆，本書作者與中國駐蘇丹大使李成文的訪談。

91. 2007年7月15日，埃及開羅，中國駐埃及大使館，本書作者對中國駐埃及大使館一秘兼中聯部代表張建衛的訪談。

92. 對張建衛的訪談。

93. "Zambian-Chinese Party Co-Operation Accord," *Xinhua*, 29 May 1987.

94. 2007年8月15日，本書作者對以下人士的訪談：負責國際事務的政治局書記保羅‧豪爾赫 (Paulo T. Jorge)，安解陣總部美洲部負責人、黨內前國際事務部門負責人法蘭西斯卡‧艾米莉亞‧恩加加 (Francisca Amelia N'Gonga)。

95. Wu Jiao, "Cadre training comes into focus," *China Daily*, 17 October 2007.

96. David Shambaugh, *China's Communist Party: Atrophy and Adaption* (Berkeley: University of California Press, 2008), p. 149.

97. 〈教育長郝時晉會見南非非洲人國民大會全國執委研修班一行〉，中共中央黨校官網，2009年11月26日；"60 Years of the Chinese Revolution, Lessons to Be Learnt," *African National Congress official website,* undated. 拉馬福薩在2012年當選非國大副主席，2014年5出任南非副總統，2018年2月接替宣布辭職的祖馬接任總統，2019年5月在大選獲勝後連任總統。

98. "60 Years of the Chinese Revolution, Lessons to be Learnt"; "Wang Jiarui Meets South African Guest," *CPC-ID official website*, 23 November 2009.

99. 〈副校長陳寶生會見坦桑尼亞革命黨代表團一行〉，中共中央黨校官網，2009年12月16日；"Africa Says 'NO' to 'China Threat'–Interview with the Vice Chairman Msekwa of the Revolutionary Party of Tanzania," Forum on China-Africa Cooperation [FOCAC] official website, 28 December 2009.

100. "About CNSA," National School of Administration of The People's Republic of China official website, undated.

101. Untitled posting, National School of Administration of the People's Republic of China official website, 29 June 2009.

102. Shambaugh, *Atrophy and Adaption*, p. 148.

103. Wu Jiao.

104. Shambaugh, *Atrophy and Adaption*, p. 148.
105. "Leadership Development Program for Young Senior Officials in Africa," China Executive Leadership Academy Pudong official website, 6 November 2006. "Program of Constructing Economic Zone in Africa." China Executive Leadership Academy Pudong official website, 6 July 2007.
106. "Leadership Development Program for Young Senior Officials in Africa."
107. "Program of Constructing Economic Zone in Africa."
108. "South Africa," China Executive Leadership Academy Pudong official website, 14 May 2008; "Egypt," 9 December 2007.
109. "Senegal," China Executive Leadership Academy Pudong official website, 14 May 2008.
110. "Uganda," China Executive Leadership Academy Pudong official website, 14 May 2008; Tanzania," 14 May 2008; "ANC NEC Workshop II Held at CELAP", 18 October 2010.
111. "CCM to Build Ideological Colleges," *Daily News* (Tanzania), 14 September 2006.
112. "Visits-In, Exchanges and Cooperation," China Executive Leadership Academy Jinggangshan official website, undated.
113. "ANC NEC Workshop II".
114. "New Political School for Zimbabwe's Ruling Party," *The Citizen* (South Africa), 2 August 2006.
115. "Zimbabwe: Zanu-PT to Set Up Political School—Manyika," *The Herald* (Zimbabwe), 2 August 2006.
116. Brigitte Weidlich, "Swapo to be Schooled Communist Party Way," *The Namibian,* 8 August 2006.
117. "Visits-In, Exchanges and Cooperation."
118. Shambaugh, "China's 'Quiet Diplomacy'," 32.
119. 對李成文的訪談。
120. 2007年10月23日，洛杉磯，對中國社科院西亞非洲研究所所長學術秘書劉乃亞的訪談。
121. 對李成文的訪談。另參見："Chinese Communists to Promote Ties with Sudanese Ruling Party," *Xinhua,* 17 May 2006.
122. "Delegation of Sudanese Former Southern Rebels Leaves for China", *Al-Sahafah*, 17 March 2007. 陪同基爾訪問的蘇丹人民解放運動高層有：經濟部長阿克瓦爾·曼內克 (Akwal Manak)、外聯部主席尼亞爾·鄧 (Niyal Dheng)、新聞發言人桑松·科傑 (Samson Kwaje) 和帕甘·阿穆姆 (Pagan Amum)。有意思的是，中聯部網站從未出現過有關這個代表團的信息，新華社和其他中方媒體也沒有報道。《蘇丹論壇報》(*Sudan Tribune*) 對此次訪問曾有提及，見："President Hu Invites Sudan's Salva Kiir to Visit China," *Sudan Tribune*, 3 February 2007.
123. "Sudan, China Share Identical Views on Darfur Issue," *Sudanese News Agency SUNA*, 19 July 2007.

124. "Sudan Expects China's Continuous Support," *CPC-ID official website*, 18 July 2007.

125. "Sudan, China Share Identical Views."

126. "Chinese Delegation Begins Visit to Southern Region," *Sudanese Media Center*, 25 August 2007.

127. 〈中國政府特使、外交部部長助理翟雋成功訪問蘇丹〉，中國外交部網站，2008年9月4日；"Special Envoy Opens Chinese Consulate in Juba," *Sudan Tribune*, 2 September 2008.

128. 〈周永康在蘇丹發表演講並會見政府和政黨領導人〉，新華社，2009年11月18日。同時參見 Liu Weibing, "Sudan Khartoum SPLM Machar China Zhou Yongkang Meeting, *Finroll News,* 19 November 2009.

129. "SPLM Delegation Visits China", *SPLM Today*, 20 April 2011.

130. 〈李長春會見南蘇丹共和國蘇丹人民解放運動代表團〉，新華社，2011年10月21。

131. 〈周永康在蘇丹發表演講並會見政府和政黨領導人〉。 同時參見"Sudan Khartoum SPLM Machar China Zhou Yongkang Meeting."

132. Blade Nzimande, "The SACP 12th National Congress: A Highly Successful Gathering of South African Communists," South African Communist Party official website, 18 July 2007. Also see "CPC Delegation Leaves for Three African Countries," *People's Daily*, 9 July 2007. 此行王東明率團還訪問了津巴布韋和埃塞俄比亞，在兩國分別會見了穆加貝總統和梅萊斯‧澤納維總理 (Meles Zenawai)。See "China Becomes Zimbabwe's Top Priority Cooperation Partner: President," *Xinhua*, 20 July 2007; International Department Central Committee of CPC, "Ethiopian PM Speaks Highly of China's Peaceful Rise," 20 July 2007.

133. Democratic Alliance, "Leon Leads DA Delegation to China," Democratic Alliance official website, 17 April 2005.

134. Mangosuthu Buthelezi, "Mangosuthu Buthelezi's Weekly Newsletter to the Nation," Inkatha Freedom Party official website, 11 May 2008. 這次會見並沒有出現在中聯部網站的報道中。

135. 吳邦國：《全國人民代表大會常務委員會工作報告》，2007年3月11日。

136. "China's NCP and SA Parliament Strengthen Financial Cooperation," PRC Consulate-General in Cape Town official website, undated, http://capetown.china-consulate.org/eng/xwdt/t306944.htm.

137. "China's NCP and SA Parliament Strengthen Financial Cooperation."

138. 〈王兆國會見南非國民議會議長〉，新華社，2009年11月4日。同時參見〈王兆國會見南非國民議會反對黨領袖〉，新華社，2009年11月5日；〈王兆國離京出訪非洲三國〉，新華社，2009年11月1日。

139. 中國全國人大與之開展議會間友好交流的非洲國家還有：貝寧、喀麥隆、中非共和國、剛果民主共和國、科特迪瓦、吉布提、埃及、埃塞俄比亞、加蓬、加納、畿內亞比紹、肯尼亞、馬達加斯加、莫桑比克、多哥、馬里、毛里塔尼亞、摩洛哥、尼日爾、塞內加爾、南非、突尼斯。"Bilateral Friendship

Groups in Africa," NPC official website, undated; "Untitled List of China-Africa Friendship Groups", undated.

140. 「全國人大的對外交往」,中國人大網。吳邦國也描述了全國人大是如何通過與外國議會的交流來實行國家總體外交目標:「雙方就共同關心的雙邊關係及重大國際和地區問題深入交換意見,統籌安排各層次、各領域的交流合作,深入探討推動務實合作的途徑和方式⋯⋯」參見吳邦國:《全國人民代表大會常務委員會工作報告》,2007年3月11日。

141. 同上。

142. 同上。

143. 〈吳邦國李長春分別會見蘇丹全國大會黨代表團〉,《人民日報》,2006年5月16日。參見全國人大官網披露的第十、第十一屆全國人大外事委員會成員名單。另見「中國名人錄」(China Vitae)網站上關於姜恩柱和馬文普的簡歷資料(http://www.chinavitae.org/biography/)。

144. 〈何魯麗會見津巴布韋客人〉,新華社,2007年3月19日。

145. "Zimbabwe: Chinese Delegation Calls On President," *The Herald* (Zimbabwe), 17 March 2010.

146. Nafi Ali Nafi, "Sudan and China Sign Agreements", *Sudan Tribune*, 22 May 2006. 納菲阿在結束訪問回國後發表聲稱說,中聯部的外交策略是推動「在經貿領域的合作,協調在政治事務上的立場」,同時也介紹了自己與「中國政府部長、中共領導人和在蘇丹經營的中資企業負責人進行會談」。

147. 〈吳邦國在人民大會堂會見蘇丹全國大會黨代表團〉,新華社,2007年3月29日。

148. 譯者註:截至2020年10月,台灣在非洲的邦交國僅餘斯威士蘭,而北京則與非洲54個國家其中的53個建立了外交關係。

149. Howard French, "Taiwan Competes with China to Win African Hearts," *New York Times*, 24 January 1996. Also see Dan Large and Shiuh-Shen Chien, "China Rising in Africa: Whither Taiwan?" Paper presented at the Fifth Conference of the European Association of Taiwan Studies, Charles University, Prague 18–20 April 2008, 5–6, www.soas.ac.uk/taiwanstudies/eats/eats2008/file43256.pdf.

150. "Chad Chooses China over Taiwan," *BBC*, 7 August 2006.

151. Dimitri Bruyas, "Taiwan-Malawi Relations are in Dangerous Tangle: MOFA Head," *China Post*, 9 January 2008. Also see "China: Beijing Ready to Fund Mozambique-Malawi Canal", *Macau Hub*, 31, December 2007.

152. Claire Ngozo, "China Puts Its Mark on Malawi", *The Guardian*, 7 May 2011. Also see Dumbani Mzale, "Malawi-China Trade Jumps 400 percent", *The Nation* (Malawi), 6 May 2011; "Bingu Orders China to Finish Thyolo University by 2014", *Nyasa Times* (Malawi), 23 August 2010; Marcel Chimwala, "Malawi Awards Shire River Hydropower Contract to China Gezuba", *Engineering News Online* (South Africa), 25 February 2011.

153. William Foreman, "Liberia Cuts Diplomatic Ties with Taiwan, Officials Say," *AP*, 12 October 2003.

154. "Taiwan's Foreign Minister Offers Resignation over Liberia Setback," *Deutsche Presse-Agentur*, 13 October 2003; "Chinese Republic Promises 600 Peace-Keeping Force for Liberia," *The Perspective*, 20 January 2004.

155. "Chad Chooses Realism, Cash and China over Taiwan," *Agence France-Presse*, 6 August 2006.

156. 本書作者對陳銘政的訪談，尼日利亞阿布賈，2007年8月6日。該商務代表團的辦公地址可在其官網上查到："About ATEF, Embassies & Trade Offices of Africa Countries in Taiwan R.O.C." Africa Taiwan Economic Forum official website, undated, http://www.africa.org.tw/introduction_english_2.asp?M=2.

157. 本書作者對尼日利亞前駐華大使喬納森‧奧盧沃萊‧科克爾(Jonathan Oluwole Coker)的訪談，尼日利亞阿布賈，2007年8月6日。

158. 譯者註：根據台灣外交部網站，尼日利亞駐台機構正式名稱為「奈及利亞駐華商務辦事處」(Nigeria Trade Office in Taiwan, R.O.C.)，是少數無邦交國駐台灣機構使用駐「華」名稱的。在2017年尼日利亞要求台駐尼代表處更名、遷址、減員後，台方亦依對等原則要求尼駐台機構遷出台北至鄰近的新北市。

159. "Nigeria Supports China's Anti-Secession Law: Joint Communiqué," FOCAC official website, 21 April 2005.

160. "African Countries Supporting China on the Adoption of the Anti-Secession Law," FOCAC official website, 22 March 2005.

161. Richard Lin, "About ATEF, Welcome Letter," Africa Taiwan Economic Forum official website, undated.

162. "About ATEF: ATEF Office," Africa Taiwan Economic Forum official website, undated.

163. 〈總統出席「非洲日」酒會活動〉，中華民國(台灣)總統府網站，2006年6月16日。

164. Large and Chien, 13.

165. 〈2010年台灣與非洲地區環境保護領袖會議〉，台灣外交部網站新聞稿，2010年3月16日。

166. 譯者註：《非洲增長與機遇法案》旨在通過美國以單方面給予免稅及普遍優惠制待遇的方式，極大促進「合格的」撒哈拉以南非洲國家產品進入美國市場，因此並非所有的撒哈拉以南國家都在法案給惠名單上，也並非所有產品都可享受優惠待遇，二者時常發生變化。該法案最初於2000年5月18日頒布，後經多次修正，現有效期已延長至2025年。截至2019年，列入該法案給惠名單的撒哈拉以南非洲共39個國家，涉及稅目共約6,500個。在曾列入該法案給惠名單的國家中，布隆迪、剛果人民共和國、毛里塔尼亞三國目前呈被暫時擱置狀態；塞舌爾因達到畢業條款條件，於2017年起不再享受該法案優惠待遇；而南蘇丹於2014年12月23日起被剔除出受惠名單。另有蘇丹、厄立特里亞、索馬里(以及索馬里蘭)、津巴布韋從未被列入該法案給惠名單。

167. 當年8月，本書作者到訪斯威士蘭首都墨巴本郊外的台資紡織廠「南緯實業股份有限公司」。創造10萬個就業機會的數字，出自蕭萬長在斯威士蘭舉行的記者會。Timothy Simelane, "Taiwan Pays Homage to SD's Support," *Swazi Observer*,

9 September 2008, http://www.president.gov.tw/2_special/2008vicepresident/english/ international_news/01.jpg.

168. Simelane.

169. "Taiwan Medical Mission in Kingdom of Swaziland, History", "Taiwan Medical Mission in Kingdom of Swaziland, Faculty", Taiwan Medical Mission in Kingdom of Swaziland official website, undated.

170. "Taiwan Medical Mission in Kingdom of Swaziland, Mission", Taiwan Medical Mission in Kingdom of Swaziland official website, undated.

171. 根據本書作者對斯威士蘭政府官員和皇室成員的訪談,包括:外交與貿易部常務副部長柯利弗德‧曼巴(Clifford S. Mamba)、負責政治事務的副部長姆德魯利(Sethabile E.J. Mdluli),2007年8月20日; 斯威士蘭投資促進局(Investment Promotion Authority)首席執行官基寧德扎(Phiwayinkosi E. Ginindza),王室企業(Tibiyo Taka Ngwane,斯威士蘭國王基金)新商業部經理阿爾瑪‧安德雷德(Alma T. Andrade),2007年8月21日。

172. 2007年8月21日,本書作者對斯威士蘭投資促進局首席執行官基寧德扎的訪談。

173. *China Bulletin*, 195 (25 July 1952). Citied in Larkin, p. 220.

174. 1949年,國民黨政府治下的新疆省政府主席包爾漢宣布起義,加入中共陣營。包爾漢成為中共建政後新疆省人民政府首任主席,後出任中國人民政治協商會議全國委員會副主席。2000年12月18日《人民日報》英文版網站刊出 "Burhan's Deep Love of Motherland" 一文,紀念已早在1989年去世的包爾漢,披露了他是怎樣地忠誠於中國共產黨。

175. Larkin, pp. 220, 234.

176. Mohamed Bin Huwaidin, *China's Relations with Arabia and the Gulf, 1949–1999*, (New York: Routledge, 2002), p. 215.

177. Ogunsanwo, p. 33

178. Bin Huwaidin, pp. 214–15.

179. 《中國伊斯蘭教協會章程》,中國伊斯蘭教協會網站,2016年11月28日審議通過。

180. 在1950年代,利比亞於1951年、埃及於1953年、蘇丹於1956年、突尼斯和摩洛哥於1956年先後取得獨立,形成了一條伊斯蘭北非獨立國家帶。

181. Ogunsanwo, p. 43.

182. Shoujiang Mi and Jia You, *Islam in China* (Beijing: China Intercontinental Press 2004), chap. 4-2, "The Formation of Islamic Organizations and their Activities in China," pp. 157–65.

183. Bin Huwaidin, p. 215. 黃華後來在1971年成為中國首任常駐聯合國代表,並在1976至1982年間任外交部長。

184. "About the Summit," Islamic Summit Conference official website, undated.

185. "Premier Chou's Speech", *Peking Review* 17, 10 (8 March 1974): 6. 講話的中文原文參見〈在歡迎布邁丁主席宴會上,周恩來總理的講話〉,《人民日報》,1974年2月27日,第2版。

186. "Memorandum of Conversation: Nixon, Kissinger and Boumediene in the Oval Office," White House, National Security Advisor's Memoranda of Conversation, 11 April 1974, http://www.ford.utexas.edu/library/document/memcons/1552694.pdf.

187. "President Boumediene's Speech," *Peking Review*, 17, 10 (8 March 1974): 6.

188. "The Organization of the Islamic Conference", *PRC Ministry of Foreign Affairs official website*, 15 November 2000.

189. Ibid.

190. "Al-Qaeda Vows Revenge on China After Riots," *Times of London,* 15 July 2009.

191. 〈李長春會見摩洛哥首相獨立黨總書記阿巴斯‧法西〉，新華社，2008年3月28日。

192. "Meeting Between Moroccan PM and Li Changchun" (Entretien entre le PM Marocain et Li Changchun), *Actualitiés & Revue de Presse Maroc*, 13 June 2008, http://actualites.marweb.com/maroc/politique/125.html.

193. 〈埃塞俄比亞強烈反對把奧運會與政治聯繫起來〉，新華社，2008年4月26日。

194. "Meles Receives Chinese Delegation," Ministry of Foreign Affairs of Ethiopia official website, 27 April, 2008, See at: http://mfa.gov.et/Press_Section/publication.php?Main_Page_Number=4082.

195. "Chinese Deputy Minister Hails Excellent Ties with Comoros," *Al Watwan* (Comoros) [In French], 20 May 2008; "China Garners Broad International Support over Tibet Riots," *Xinhua*, 22 March 2008.

196. "Contact–Offices of Tibet", Tibetan Administration official website (government in exile), 24 September 2009, http://www.tibet.net/en/index.php?id=86.

197. Contact Us: Tibet Support Group Kenya," International Tibet Support Network official website, undated, http://www.tibetnetwork.org/node/395.

198. Kristen Zhang, "Chinese Tibetologists brief Kenyan lawmakers on Tibet," *Xinhua*, 27 August 2009. 如在2009年4月6日，馬拉威的《每日時報》(*Daily Times*) 發行了一份12頁的副刊，實際上就是中國國務院新聞辦公室發布的關於西藏問題的白皮書的翻版。"50 Years of Democratic Reform in Tibet: Tibet an Inseparable Part of China," *Daily Times*, 6 April 2009. 參見國務院新聞辦公室：《西藏民主改革50年》白皮書，2009年3月2日。

199. Wei Tong and Kristen Zhang, "Chinese Tibetologists Visits to Kenya to Promote Cultural Exchanges," *China Radio International*, 26 August 2009.

200. "Important Issues—Worldwide Tibet Movement", Tibetan Administration official website (government in exile), undated, http://www.tibet.net/en/index.php?id=84&rmenuid=11.

201. "Mangosuthu Buthelezi's Weekly Newsletter to the Nation—China and Tibet," Inkatha Freedom Party official website, 28 March 2008, http://www.ifp.org.za/Newsletters/080328wn.htm. "Mangosuthu Buthelezi's Weekly Newsletter to the Nation", Inkatha Freedom Party official website, 11 May 2008, http://www.ifp.org.za/Newsletters/080511wn.htm. 這次會見並未出現在中聯部網站報道。

202. "South Africa Bans Dalai Lama Trip," *BBC*, 23 March 2009; South African Friends of Tibet official website, 15 May 2009, http://www.saft.org.za/. Coetzee quote also available at http://www.jmlpress.com/OffenerBriefMotlanthe.html.

203. "De Lille Slams Dalai Lama Ban", *South Africa Press Association*, 22 March 2009.

204. "IFP: Statement by Mangosuthu Buthelezi, Inkatha Freedom Party President on His Online Letter", *Polity* (South Africa), 30 November 2009. Also see "Tibet Meeting Not Hostile Act Against China: Buthelezi," *South African Broadcasting Company* (SABC), 14 November 2009.

205. 〈王兆國會見南非國民議會反對黨領袖〉,〈王兆國離京出訪非洲三國〉。

206. IFP: Statement by Mangosuthu Buthelezi, Inkatha Freedom Party President on His Online Letter; Mario GR Oriani-Ambrosini, "Tibet and the Road to Chinese Democratization," *Business Day* (South Africa), 21 December 2009. 值得指出的是，王兆國除了是中共中央政治局委員，還是全國人大常委會會副委員長。此次他去南非訪問率領的是全國人大代表團，這彰顯出中共和全國人大在開展對非洲外交工作上的緊密關係。參見〈王兆國會見南非國民議會反對黨領袖〉。

207. Mike Cohen, "South Africa's Manuel Backs Decision on Dalai Lama," *Bloomberg*, 26 March 2009.

208. South African Friends of Tibet official website.

209. Sanusha Naidu and Stephen Marks, "Kung Fu Diplomacy," *Pambazuka News*, 26 March 2009.

210. Lydia Polgreen, "Dalai Lama's Visa Request Is Denied by South Africa", *New York Times*, 4 October 2011.

211. "Chinese Diplomacy, Western Hypocrisy and the U.N. Human Rights Commission, IV. Africa", *Human Rights Watch* 9, 3 (March 1997): 7.

212. "Chinese Diplomacy, Western Hypocrisy and the U.N. Human Rights Commission."

213. 資料截至2009–10, 2010–11 周期。"Membership 2006–12," UN Human Rights Council official website, undated, http://www2.ohchr.org/english/bodies/hrcouncil/past_current_members.htm.

第3章

中非貿易關係

　　在中國資源採購和非洲對廉價消費品需求的帶動下，貿易成為當下中非經濟關係中的最大特點。在1970年代末中國改革開放之前，中非間的貿易往來主要是政治上的開支，貿易額並不大。1967至1971年間，即文革最激烈、也是中國在國際上最孤立的時期，中國與非洲的貿易曾短暫地發揮過一定的重要作用，不過一直到2005至2010年它才在非洲的全球貿易中佔據可觀的份額。

　　中國對原材料的需求不斷增長，其生產廉價消費品和資本設備的能力逐年增加，成為促進中非貿易迅猛增長的雙料催化劑。到了2011年，中國與非洲國家的貿易達到幾百萬美元已是尋常事。在二十一世紀的頭一個十年，中非貿易額由1999年的63億美元增至2010年的1,285億美元，增長幅度達近20倍。這個數額相當於當年非洲對全球貿易總額的13.5%、中國對外貿易總額的4.3%。[1]本章追溯中非貿易關係，上自1949年中華人民共和國成立，下至2011年，並以考察中國同非洲區域性貿易組織的關係作結。

中非貿易數據

我們在研究中非貿易時面臨的最大問題，是缺乏可靠且連續一致的數據。儘管中非貿易議題在過去十年來獲得不少關注，出現了大量有關論著，但自從1971年出版的拉金(Larkin)的論著以後，就再沒有研究附有按年列舉的數據。一般而言，這些文章引用的貿易數據都來自中國海關，並不反映非洲的數字，兩者之間的差異挺大。經過深入研究，我們發現了缺乏當代貿易數據的原因，但即使編製了「完整的」中非貿易數據集，一些重要問題仍然存在。我們因為這些問題面臨艱難的抉擇，例如，根據非洲國家的貿易數據，中國自1978年以來對非貿易一直都存在不同規模的順差。相比之下，中方的統計顯示非洲在一些年份享有順差，中方則在其他年份有順差。[2]

以下除非另有説明，本章所有以名義數字或百分比表達中非貿易水平的圖表，都是依據國際貨幣基金組織貿易方向統計(IMF Direction of Trade Statistics, DOTS)和聯合國貿易統計資料計算後取得，若兩個資料庫均有統計數據，則優先使用前者。資料選取和處理遵循三個原則：準確，全面，可重複。為了最大可能地接近中非貿易的真實數字，我們兼用IMF DOTS的中國和非洲國家兩個頁面的數據。本章使用的貿易統計數字，結合了非洲國家申報的從華進口以及中國申報的從非洲進口。由於在進口環節要徵收關稅，所以海關對進口會保留較出口更緊密的檢視記錄。經過這些考慮，我們認為這些數字已是可獲得資料中最為精確的。

在使用回溯至1948年的國際貨幣基金組織或聯合國數據時，為使數據更加全面，不論哪個年份的數據，我們都盡可能採用最新發布的統計。此外，曾有幾段時期中國與部分非洲國家的貿易(阿爾及利亞：1969–1977；埃及，1949–1950，1956至今；利比亞，1982至今；尼日利亞：1969–1977；南非：1948–1968）並不納入非洲整體，我們也盡力找出並把它們合併進非洲的整體數字中。附錄二列出了中非進出口的完整歷年數據集。

　　以下一系列圖表是根據我們的中非貿易數據集製作，每張圖表都從一個特定角度來呈現數據。第一套圖表（圖3.1）呈現了從1948年（可得資料的最早年限）直至2018年間歷年無間斷的中非貿易數字。第二套圖表（圖3.2）將中非貿易分四個階段呈現：1948–1977，1978–1989，1990–2010，2011–2018。第三套圖表（圖3.3）將中非貿易置於雙方各自對全球貿易總額的背景下呈現，分三段：1948–1977，1978–2010，2011–2018。

圖3.1 中非貿易，1948–2018

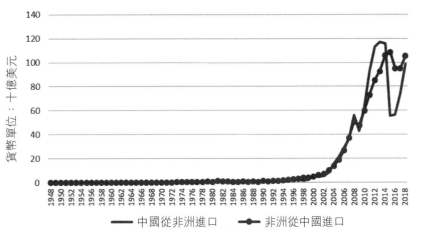

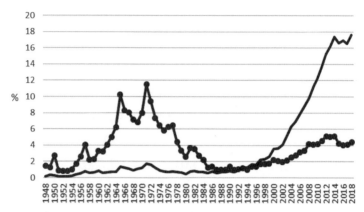

—●— 中非貿易在中國對外貿易中所佔比重　　—— 中非貿易在非洲對外貿易中所佔比重

圖3.2 中非貿易分期，1948–1977，1978–1989，1990–2010，2011–2018

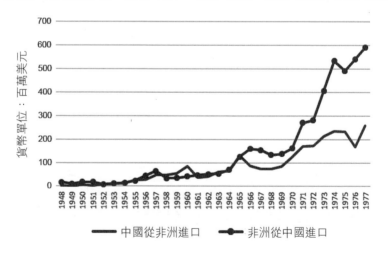

—— 中國從非洲進口　—●— 非洲從中國進口

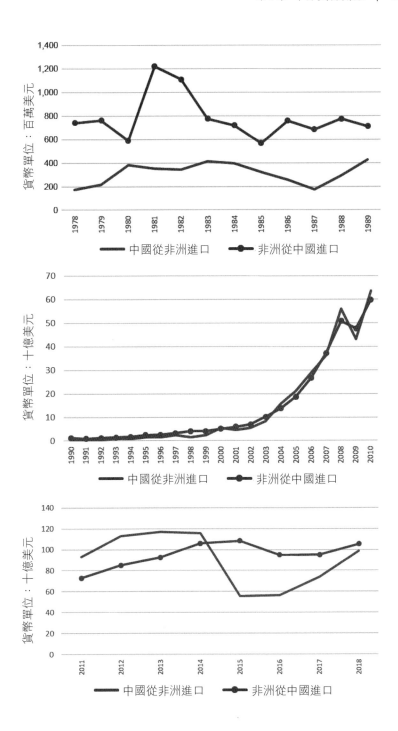

圖3.3 中國、非洲各自對外貿易總額背景下的雙邊貿易，1948–1977，
1978–2010，2011–2018

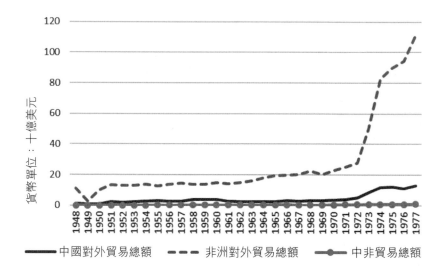

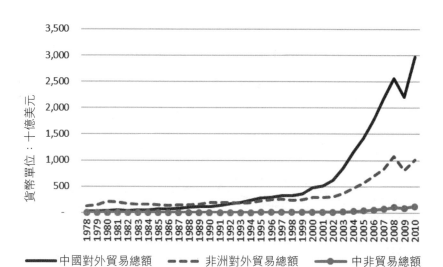

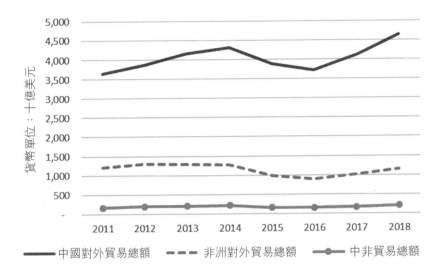

當舊殖民主義遇到新中國，1948-1954

中國總理周恩來曾在會見科威特工商大臣時說：「我們重義輕利。」[3] 中國從1950年代開始，把貿易主要當作「國際政治鬥爭的武器」。[4] 儘管在1955年前的中非貿易相當有限，例如在1954年僅有2,700萬美元，但在1952年中國國際貿易促進委員會（貿促會）成立時，中國開始通過貿易來推動中共的對外政策。中國貿促會自成立後，就一直在中共的領導下拓展對外貿易，管理外貿政策。[5] 在整個1950年代，貿促會和中華全國工商業聯合會（全國工商聯）的活動基本都是政治色彩突出，目的是在國際交易會上展示中華人民共和國的形象，證明中國社會主義計劃經濟的優越性。[6]

歐洲殖民勢力依然支配非洲經濟，中國在內戰後首重穩定政局，中國和非洲距離遙遠，兩地缺乏遠洋商業海運，凡此種種都妨礙中非貿易成長。1955年之前，中國對非洲的最大宗出口是對北非輸出綠茶。儘管貿易額不大，但1948至1954年間中方在除了1952年以外，每年都享有貿易順差。1955年新華社的一篇報道宣傳中國市場的潛力，表明在這時期的對非洲貿易或多或少由市場驅動：「擁有六億人口、正在致力於和平建設的中國，市場巨大且正在成長。中國需要埃及生產的棉花，中國的絲綢、紙張、茶葉、棉織品、毛織品等在亞非地區國家有着傳統的市場。」[7]

在革命中新興發展，1955-1966

在1950年代中後期，中非貿易主要因為雙方政治關係的拓展而發展。1955年，埃及棉花因為西方市場需求不振而出現積壓，中國得以購買了1.5萬公噸。[8]當年下半年埃及貿易代表團訪華，與中國簽訂了為期三年的貿易協定，同時確定雙方在對方首都互設官方商務代表處。[9]貿易由此成為中埃政治關係、及更廣意義上的中非關係的首個基礎。1956年1月，中國駐埃及商務代表處在開羅正式成立，成為中共對非洲解放運動政治拓展工作的中心，這在第1和第2章已有闡述。對北京而言，從埃及進口棉花並非迎合真正的市場需求，而是出於建立北京的聲譽，並幫助拓展與非洲其他新獨立國家的關係，例如摩洛哥、阿爾及利亞、突尼斯和蘇丹。[10]

對埃及而言，與中國達成的貿易協定包含強烈的商業成份。儘管埃及的紡織業產能在1954年為61.6萬紗錠，1955年增長到了65.7萬紗錠，1956年再上升至80萬紗錠，整個中東地區的棉花種植面積卻上升了10%。[11]面對國內市場供給過剩，國際市場競爭加劇，埃及政府需要來自中國的棉花訂單來穩定經濟。[12]1956至1960年間，中埃貿易額合計為2.84億美元，比中國與所有其他非洲國家的貿易

圖 3.4 1948–1954 年間中非貿易

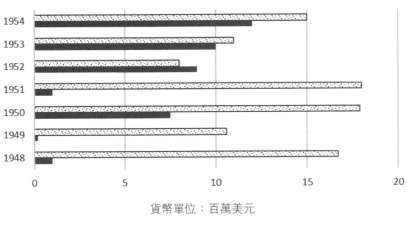

貨幣單位：百萬美元

▣ 非洲從中國進口　■ 中國從非洲進口

額還要多出 8,150 萬美元。例如在 1960 年，中埃貿易總額達到 6,850 萬美元，而中國與所有其他非洲國家的貿易額是 5,920 萬美元。

　　從 1955 到 1966 年，中非貿易一直都維持在相對較低水平，但增長較快。如同中埃貿易的真誠起步一樣，中國在 1955 年對非洲出口 2,300 萬美元，進口 2,700 萬美元，貿易總額 5,000 萬美元。十年後到了 1966 年，中國對非洲出口增至 1.592 億美元，進口為 8,750 萬美元，總額 2.467 億美元，雙邊貿易額幾乎是 1955 年水平的五倍。在這一時期，非洲成為中國對外貿易極為重要的一部分。1955 年對非洲貿易僅佔中國對外貿易總額的 1.7%，而到了 1965 和 1966 年，非洲在中國外貿所佔比重已穩步上升至分別 10% 和 8%。這反映了在 1950 年代後期中國對北非國家政治開拓的成果，彼時撒哈拉以南非洲的貿易仍然為歐洲殖民主義所主導。正因如此，中國對非洲而言幾乎仍是一個無足輕重的貿易夥伴。在 1955 年中國與非洲的貿易額只佔非洲對全球貿易額的0.5%，到了1965和1966年也不過佔1%。

中國的國內政策也影響到對非貿易。1960年，在「大躍進」的災難性農業政策所引發的大饑荒最為嚴重的時候，中國購買了大量產自非洲的糧食，一下子把從非洲的進口額推高到8,540萬美元，同時對非洲出口下降到4,230萬美元。到了1961年，一方面中國自身的經濟政策有了更為溫和理性的調整，另一方面非洲難以繼續大量出口糧食，中國從非洲的進口額下降到3,790萬美元，比1959年的水平還低了1,710萬美元。[13]

早在1961年，北京的官方媒體就認識到，「非洲擁有極其富饒的礦藏和農業資源，尤其是鑽石、石油、黃金和鈷、鈾、鋰等具有重要戰略意義的稀有金屬。」[14]不過，中國經濟對這些資源形成大量需求尚在數十年之後。當時中國的經濟依舊貧困、以農業為主，對外相當封閉，就如同其大部分的非洲貿易夥伴一樣。雖然可供貿易的產品不多，這卻阻止不了中國與非洲國家簽訂貿易協定。中國在1955至1957年間至少簽訂了兩個這類協定，1960至1965年間簽訂了八個，1970至1974年間又至少簽訂了15個。當時撒哈拉以南的國家紛紛獨立，為中非經貿關係的發展提供諸多新機會，中國出口尤為受益。

1960年代初，中國經濟有所恢復，對非洲出口也從1959年的3,490萬美元躍升到1965年1.592億美元。中國在表面上總是強調與其政治盟友之間的貿易，而對於與社會主義陣營以外國家的「不恰當」貿易關係，則是刻意地輕描淡寫、矢口否認甚或絕口不提。然而在幕後，生意可以照做不誤。據稱中國的貿易談判官員在談判時努力討價還價，機巧地對貿易協定條款作出對自己有利的解釋。[15]以肯尼亞為例，即使在1964年與中國簽訂了有關貿易和進口中國商品的

協定，政治上的分歧還是導致雙方外交關係一度降至代辦級。[16] 1966
年肯尼亞驅逐了中國大使館的一名三秘，指其陰謀從事顛覆活動，
使中肯間的問題進一步惡化。[17] 不過，這段波折看來只是損害了肯尼
亞對華出口，使之從1965年的190萬美元下降到1968年的130萬美
元，但同期中國對肯出口則從250萬美元上升到410萬美元。[18]

　　當年實行種族隔離政策的南非直到1964年才公布與中國的貿
易數字，報稱對華出口500萬美元，但未有披露進口數字。南非政
府報稱1963年對華出口600萬美元，從中國進口250萬美元。這個
數字與1960年相比大幅下降，其時南非對華出口930萬美元（主要
是玉米），從中國進口230萬美元。即使在1965年停止發布官方數
據，北京也一直毫不留情地批判種族隔離制度，但雙邊貿易仍然持
續。南非一位政府部長在1964年被問及對華貿易總額時回應，稱
他「不認為披露這些數字符合國家利益」。[19]

圖3.5 1955–1966年間中非貿易

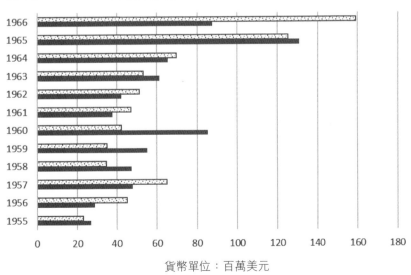

貨幣單位：百萬美元

☒ 非洲從中國進口　　■ 中國從非洲進口

文化大革命時期：1967-1971

1965 年是中國文化大革命正式爆發的前一年，中國對非洲出口為 1.254 億美元，進口 1.309 億美元。然而自 1966 年起，中非貿易連續四年下降。狂熱的政治運動干擾了生產和外交工作，中國對非出口從 1966 年的 1.592 億美元下降到 1968 年的 1.332 億美元。在文革最為混亂的時期，中國與非洲國家只簽訂了兩個貿易協定，包括 1967 年與毛里塔尼亞，以及 1970 年與埃塞俄比亞，1968 和 1969 兩年都沒有簽訂協定。[20]

儘管中非貿易額在 1966 至 1968 年間下降，但對非貿易在中國外貿總額一直佔有 7% 至 8% 的比重。非洲在 1969 年的進出口總額為 203 億美元，是當年中國外貿總額 32 億美元的六倍。同年對非貿易佔中國外貿總額的 6.9%，但對華貿易僅佔非洲進出口貿易的 1%。到 1971 年，中非貿易額達 4.401 億美元，佔中國對外貿易總額的 11.5%。這些數字反映，文革期間中國同時隔絕於西方和蘇聯陣營。到了 1971 年，儘管中非貿易額大幅增長，中國仍然只佔非洲全球貿易總額的 1.7%。

除政治因素外，一些學者指出經濟利益也是早期中非貿易的驅動因素。布魯斯‧拉金認為，即使是在文革最激烈的時期，「拓展市場和經濟比較優勢」仍是中國對非貿易增長的原因之一。他在 1971 年寫道，「更容易取得贊比亞的銅供應」以及從阿爾及利亞進口石油是中非貿易的經濟動力，總結道：

> 在很大程度上中國的經濟目標只是正常商業。棉花和鈷本來從別處也可以買到，但從非洲人手裏買更方便。如果中國確實如外界廣泛相信的那樣從南非採購玉米，這是因為出於經濟原因而做，因為政治代價實在太高。[21]

圖3.6 1967–1971年間中非貿易

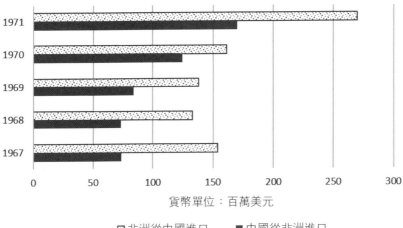

貨幣單位：百萬美元

▨非洲從中國進口　■中國從非洲進口

　　然而事後回想，儘管在1960年代上半葉，部分有經濟頭腦的中國人對非洲資源饒有興趣，但這些所謂的「走資派」到了1960年代末幾乎都遭受滅頂之災，或是得完全掩藏此類想法。在文革的最高峰期，以名義美元計價（當時美元在貶值）的中國對外貿易總額增長極小，只是由1966年的近30億美元，增至1971年的38億美元。在1960年代和1970年代，石油和礦產資源在中非貿易中並不佔顯著份額，如一位漢學家正確的判斷，此類「戰略物資」在未來一段時間都不會變得很重要。[22]

改革開放前，1972–1977

　　儘管中非貿易在改革開放前的時期增長迅速，但是增幅仍然較同期中國的對外貿易總額要慢，因而在中國外貿的佔比下降。中國的進出口總額在1971年是38億美元，到1974年飆升至119億美元，1977年為131億美元。這一時期中國外貿（以美元計價）大幅增長，主要由三個因素推動，均與非洲無關：文革高峰期結束後國內局勢漸趨穩定，中國與西方國家關係解凍，七十年代初美元貶值。即便算入通脹因素，中國在1974年的外貿總額也比四年前高出75%。[23] 在改革開放之前的這幾年，西方國家資本遽增，削弱了非洲貿易夥伴對於中國的重要性。中非貿易在1974年達7.69億美元，1975年下降至7.24億美元，1976年再跌至7.07億美元。 結果，從1974到1977年間對非貿易在中國外貿總額平均佔比只有6.5%，低於1970至1973年平均的9%。

對非洲國家來說，這段時期的對華貿易從本來就無足輕重變得不值一提。1972年，非洲對華貿易佔其全球貿易的1.6%，到了1974年下降至不足1%，1975年僅0.8%，1976和1977年都只有0.75%。那時，非洲在全球經濟佔的份額比中國大得多。1974年，受大宗商品價格上漲因素推動，非洲對外貿易總額為830億美元，是同年中國外貿總額119億美元的七倍。到了1977年差距進一步拉大，非洲外貿總額上升至1,112億美元，中國則僅131億美元遠遠落後。

中國集中從西方進口資本貨品，包括全套工廠設備，壓倒了在改革開放前的中非貿易。1973年，中國開始了美國政府一份出版物所稱的「機器設備進口的大躍進」。[24] 在改革開放前這段相對平和穩定的時期，中國力圖通過國家主導的對外貿易來改善其資本存量。文革其間，「資本」被摒棄或摧毀，此時國家要撥亂反正了。1973年中國進口機器設備的總值為8.6億美元，佔全部進口的五分之一；到1974年上升至16億美元，佔進口總額的四分之一；至1975年再增加到22億美元，佔總進口的三分之一。[25] 例如，1976

年，中國從非洲所有國家的進口總額為1.67億美元，而同期中國與羅爾斯‧羅伊斯 (Rolls Royce) 公司達成一筆總值達2億美元的交易，包括50台航空發動機和一個生產這些發動機的廠房。當時中國民眾窮困，經濟不發達，難以吸納從非洲或其他地方的進口。儘管這段時期非洲對華貿易都是逆差，但由於中國大舉從西方購買資本貨品，中國對非洲以外的世界其餘地區的貿易赤字由1973年的2.24億美元猛增至1974年的13億美元。[26]

在1970年代中期，中國領導人鄙視西方在非洲採購資源。儘管當時大多數非洲國家已經取得獨立，但法國、英國、德國和美國仍然控制着非洲的對外貿易。[27] 1974年，中國國務院副總理鄧小平在聯合國大會上發言，譴責美蘇兩個超級大國「對別國進行經濟剝削，掠奪別國的財富，攫取別國的資源」。[28]那時有誰能知道，此後的改革開放年代，中國逐漸改變了對資源貿易的態度。

圖3.7 1972–1977年間中非貿易

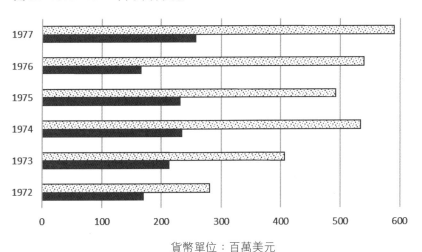

貨幣單位：百萬美元

▨非洲從中國進口　■中國從非洲進口

改革開放時期，1978-1999

1970年代末，經歷了二十多年的經濟停滯，農村貧困，民眾幻滅後，中國把工作重心放到經濟建設上。發展成為1980和1990年代的首要任務，官方向民眾宣傳「致富光榮」，於是很多人跑到香港、東南亞和西方國家尋求機會，或者乾脆在家鄉創業。1978年，中國政府正式實行改革開放政策，當時全年外貿總額207億美元，至2000年時已增至4,744億美元，增幅達23倍。相比之下，同期非洲對外貿易的增長要慢得多，僅從1,220億美元增至2,870億美元。1980年代大宗商品的國際市場價格下跌，令這個格局更加明顯。當非洲的全球貿易從1980年的2,130億美元下跌到1990年的1,970億美元，同期中國的全球貿易則從370億美元飆升至1,170億美元，增幅達216%。

這段時間，中國致力與在亞洲和西方的海外華人建立商業聯繫，而與非洲的貿易卻不被重視。由於這一時期政府大力投資交通通訊基礎設施領域，需要技術和技能，因此中國的新「門戶開放」政策志在促進與資本豐裕的西方國家進行貿易，而不是資本貧乏的非洲國家。[29] 反過來，這段時期的中非貿易對雙方而言都不重要。1978年中非貿易額為9.14億美元，在中國出口大潮的推動下，1981和1982年均達到15億美元。在這輪高峰過後，整個1980年代中後期中非貿易又回歸低谷，一直到1989年才返回的1983年的名義數字水平。與此同時，雙邊貿易在雙方外貿總額佔比也呈下降態勢。1977年對非洲貿易在中國外貿總額佔比6.5%，1980年下降到2.6%，其後繼續穩步下降，到1987和1988年跌至約1%的谷底。直到2000年，中非貿易在中國外貿總額佔比都是1%至2%。同樣，在整個1980年代對華貿易在非洲的全球貿易佔比都不到1%，直到2000年佔比還是低於3%。

1980年代中非貿易在絕對值和比重都雙雙下降的一個主要原

因，是中國調整了經濟發展戰略。整個1980年代，中國建立起了
國家指導的外貿管理體制，中國領導人關心的是逐步把市場力量引
入到國內經濟中來。理查‧鮑姆（Richard Baum）指出，那句官方常
用的口號「解放生產力」，「就是用來合理化把中國的中央計劃經濟
逐步解體。」國家正在嘗試擺脫自己的方式，一方面讓廠長經理有
充分的空間自主作出生產經營決策，但另一方面又不放棄對企業戰
略目標的決定權，甚至認為在確有必要的情況下指導企業行為。[30]
地方政府繼續對省市層面的國有企業保持日常管理，而外經貿部以
至後來成立的商務部，則維持規管國有企業進行海外商業交易的權
力。[31]行政權力下放，國家物資管理機制放開，企業利潤留成，建
立私有企業並與外資企業成立混合所有制企業等，這一系列改革措
施都是為了加強廠長經理負責制，與國際市場對接。美國商務部一
份1982年發表的報告，這樣概括中國的這些貿易政策：

> 作為發展中經濟體，進口需求是中國擴大對外貿易的主要原
> 因。中國將繼續進口技術和機械設備，但中國人現在把「交
> 鑰匙」工程（turnkey projects）視為低效、高成本的先進技術獲
> 得方式。因此，成套設備進口很可能只會保持最小規模。[32]

在礦產、石油等戰略物資領域，中國尋求既提高競爭力也重申
國家權力。中國政府對這些領域的國有企業進行改造重組，改善它
們進入國際市場的能力。雖然權力下放還不夠徹底，但這些改革擴
大了企業負責人在經營上的決策權，使這些企業享有比以往更多的
外貿自主權。儘管國家仍保留最終控制權，但在1990年代更多市
場力量已被引入這些領域。

中國在1990年代成為製造業強國，發展出多種經濟成分並存、國
家主導推動的非洲戰略資源獲取方略。中非貿易迅速增長，1990年尚

為14億美元，2000年已達100億美元。儘管絕對值增長相當大，但中國在非洲對外貿易的比重，亦只是從1990年的不足0.75%增長至2000年的3.5%，對大多數非洲國家而言仍然是次要的貿易夥伴。1990年代中國大力投資發展國內的製造業產能、新興產業和基礎設施，從而對原材料進口形成龐大需求。為此，中國提出「走出去」戰略，鼓勵資源開發類企業和出口企業走出國門到非洲和其他地方去尋找有價值的投資機會。[33] 與此同時，中國的製造業產能和經濟規模不斷擴大，出口商得以向非洲市場穩定地提供廉價消費品，這使得從1978年到1999年中國對非洲貿易一直享有順差，儘管從非洲的進口也在增長。總括來說，中國對原材料的需求增加，製造廉價消費品和資本貨品的能力也在增加，雙雙刺激了中非貿易在下一個十年出現前所未有的增長。

中非合作論壇的十年：2000-2010

中非合作論壇（FOCAC）機制啟動以來，中非貿易儘管規模相對小，但一直維持增長。然而，與文革時期不同（當時中國在國際上孤立，加上美元貶值，造成非洲對中國貿易相對價值的上升），這輪上漲反映的是中國對外貿易全方位的大規模擴張，以及人民幣兌美元匯率基本維持穩定。中非貿易的數字增長驚人，貿易總額從1999年的63億美元增長至2010年的1,285億美元，增幅逾19倍。由於大宗商品價格在2008和2009年下跌，造成以美元計價的名義中非貿易額在邅升後一度逆轉，但在2010年又飛速回升。對非洲貿易在中國的外貿總額佔比，由1999年的1.8%上升至2010年的逾4.3%。同期，對華貿易在非洲的全球貿易所佔比重則由2.6%飆升至近13.3%的歷史新高。[34] 儘管中非貿易額的絕對值在2008和2009年下降，但它在當年非洲的全球貿易佔比仍分別高達10.7%和12.4%。

圖3.8 1978–1999年間中非貿易

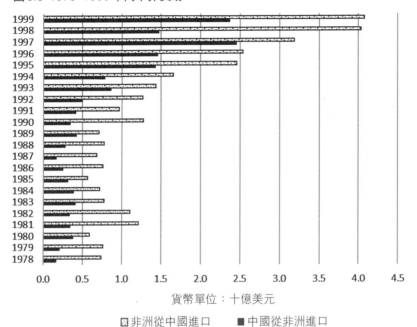

貨幣單位：十億美元

□非洲從中國進口　■中國從非洲進口

圖3.9 2000–2010年間中非貿易

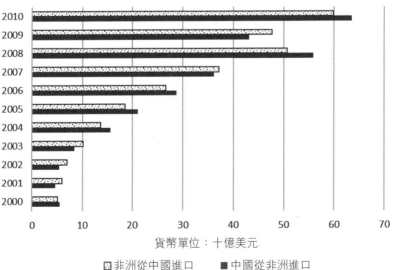

貨幣單位：十億美元

□非洲從中國進口　■中國從非洲進口

中非貿易史無前例的蓬勃發展，根源在於中國對原材料進口和產品出口兩方面都有旺盛需求。這一現象的種子其實早在1980至1990年代就已經播下，到了中非合作論壇時代茁壯成長。在這段時期，中國的出口企業大舉進入非洲市場，同時也從非洲增加進口關鍵原材料。中國持續發展強大的規模經濟，得以吸引資本和大量熟練與非熟練勞動力。優質的資本存量，勞動力成本低廉，政府給予激勵扶持以及基礎設施建設，凡此種種都催生出前所未見的規模經濟，使得中國工業無論在資本密集或是勞動密集型產品上，相對於幾乎所有非洲國家都具有比較優勢。大規模的不分晝夜生產把成本維持在低水平，讓微薄的邊際利潤支撐起整個中國的出口行業。非洲市場各處都充斥着中國製造的大批生產廉價紡織品和電子商品。國際貨幣基金組織的一篇工作論文如此描述這種貿易模式：「中國和非洲經濟的強勁增長，與它們之間互補式的貿易分不開。中國從非洲進口石油和其他大宗商品，而非洲從中國吸收投資、購買工業製成品，這基本就可以解釋近年中非貿易之勃興。」[35]

圖3.10 2000–2010年間中非貿易在各種對外貿易中所佔比重

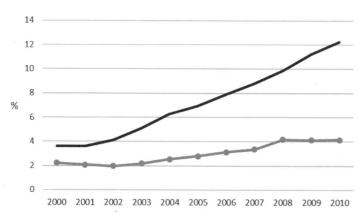

中非貿易在中國對外貿易中所佔比重　　　中非貿易在非洲對外貿易中所佔比重

　　勞動力、資本和資源要素的相對豐裕度，基本決定了中非貿易
的格局，以及非洲各國與中國貿易的各自特色。結果是，非洲54
個國家合計起來對華貿易大體平衡，但若分開來看，則差異巨大。
各國分開來看，中國與資源出口國的貿易差額 (balance of trade)，
傾向對非洲國家有利；同非資源出口國的非洲貿易夥伴，中國的出
口則主導雙邊貿易。比較中國與埃及和利比亞的貿易，就可以發現
要素豐裕度在中非貿易模式發揮了怎樣的決定性作用。直至2011
年，這兩個都是專制政體的國家，中國在消費品和資本設備的比較
優勢，造成對兩國出口急劇增長。然而，利比亞石油資源豐富，使
其對華貿易享有順差；相反，埃及則因缺乏資源，對華貿易出現嚴
重不平衡。下圖分別展示中國與非洲這兩個資源出口國和非資源出
口國的貿易差額，有怎樣的明顯差別。

圖3.11 2000–2010年間中國與埃及貿易

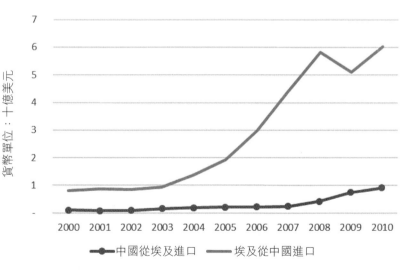

　　缺乏資源的非洲國家在對華貿易上通常有較大的逆差，如貝寧、埃及、埃塞俄比亞和利比里亞；而資源出口國則享有順差，如安哥拉、剛果共和國、剛果民主共和國、利比亞和加蓬。這個格局反映了中非貿易二元對立的特質。中國的出口多元化，每類貨品都僅佔貿易總額的一小部分；與之相反，非洲的對華出口則通常集中在範圍狹窄的初級產品。2005年起，中國從撒哈拉以南非洲進口最多的四類商品，分別是礦產品（含石油）、賤金屬、寶石和貴金屬、木材，共佔中國進口額的90%。到2009年，金屬和石油產品佔中國從非進口的近80%。從2000年起，原油一直佔據非洲對華出口額的三分之二以上。鐵礦石和鉑也是非洲對華出口的重要產品。[36]對於這種出口結構，「非洲商務圓桌會議」(African Business Roundtable)總裁、「非洲發展新夥伴關係」(NEPAD)商業集團主席哈吉·巴曼戈·圖克爾(Alhaji Babamanga Tukur)在2008年6月對一個來訪的中國代表團指出，「中國在非洲的貿易結構不盡合理」，並對「非洲原材料流向亞洲工廠」表示關切。[37]

圖3.12 2000–2010年間中國與利比亞貿易

中國是世界最大的銅消費國，已經從贊比亞和剛果民主共和國大量進口。例如在贊比亞，2001至2005年間中國銅業投資者在該國投資額達1億美元，其後多年來一直極為活躍。[38]到2005年，中國消費了全球約三分之一的鋼產量，40%的水泥，26%的銅。[39]2000至2005年間，中國也是非洲非法採伐木材和盜獵象牙的主要市場之一。在造成人員慘重傷亡的1998年長江特大洪水之後，中國頒布新政策限制木材採伐，令中國企業轉而增加從非洲木材生產商進口。在1998至2005年間，中國從利比里亞和加蓬等非洲國家的木材進口一直保持增長，其在木材貿易的黑市上也舉足輕重。由於木材黑市和非法象牙進出的性質神秘，實際貿易數據難以精確統計。但這兩種商品在中國市場上容易獲得，加上專家的證言，可以證實在二十一世紀的頭十年與這兩項商品有關的貿易相當蓬勃。[40]不過，在2006年以後，中國似乎顯著減少了從非洲的黑市木材進口。

石油輸出國安哥拉、尼日利亞和蘇丹，在2008、2009和2010連續三年都位居中國非洲貿易夥伴的前五位，亦是中國對非洲商品出口的大市場。2011年的《英國石油公司(BP)世界能源統計年鑒》報稱，中國的石油消耗量僅從2009年到2010年便增長了10.4%，日消耗量達86萬桶。英國石油公司一位高層管理人員說：「中國的增長着實驚人。它現在已成為世界能源的最大用戶，也是最大的能源生產國和二氧化碳排放國。」[41]

中國工業的規模經濟，以及國家對電力、燃料、垃圾處理和其他材料企業的補貼，都使得非洲的工業製成品幾乎沒有可能進入中國市場。中國的製造業產能和規模經濟，不僅源源不斷地為國內市場提供了老百姓買得起的消費品以及資本商品，也使之出口到非洲。隨着非洲消費者、企業和政府爭相搶購中國產品，這種趨勢看來還將持續。2000年以後，中國對撒哈拉以南非洲的紡織品出口大幅增長，而其中很大部分是經走私渠道進入，並沒有納入官方統計數字。[42] 中國銷往非洲國家的消費品高度多元化，從手機到T恤衫應有盡有。消費品以外，非洲國家還從中國進口工業產品、運輸設備和機械。[43] 2009年中國向非洲出口的20種最大宗商品總值，僅佔中國對非洲出口總額的36%，其中前五種最大宗商品佔出口總額的18%。此前一年，中國向非洲出口的20種最大宗商品總值佔對非出口總額的35%，其中前五種佔出口總額的近21%，當中機械佔10%，紡織成衣佔4%，運輸設備佔4%，鞋類佔2%，塑膠製品佔2%。[44]

圖3.13 2000–2009年間中非貿易結構

2000-2009年非洲對中國出口的主要四種商品佔比

2000-2009年中國對非洲出口的主要五種商品佔比

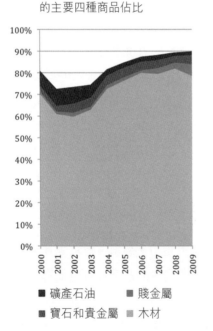
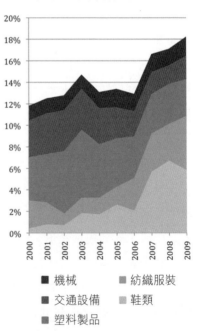

■ 礦產石油　　■ 賤金屬
■ 寶石和貴金屬　■ 木材

■ 機械　　　■ 紡織服裝
■ 交通設備　■ 鞋類
■ 塑料製品

資料來源：根據南部非洲法律與貿易中心（南非斯坦陵布希）的中國貿易數據計算。

中國透過在國內和非洲融資和興建鐵路及公路網絡工程，從而對出口目的地及其供應商的位置施加影響。從1990年代到2000年代，中國一直大力投資航運和港口建設，以容納超大型貨輪船隊。坦桑尼亞達累斯薩拉姆（Dar es Salaam）在2011年開非洲先河，接待一艘自中國大連起航的世界最大車輛滾裝船靠泊卸貨。這艘巨輪一次可運載8,000輛汽車，從中國駛到東非需時兩周，較之前的航運時間節省三分之一。[45]如同其他不計其數的超級巨輪一樣，這艘船現在定期每月航行往返中國和非洲。這樣的海洋貨運能力和速度，刺激過去十年中非貿易持續增長。然而，與在世界上其他地方發生的一樣，中國廠家和商人蜂擁而至，也造成與當地人關係緊張。在一些非洲國家，貿易赤字、出口競爭、侵犯知識產權和劣質中國產品等問題愈益成為社會關切。[46]

儘管中國的生產廠家、非洲貿易商和消費者都有受惠，但中非貿易的格局同時約束了非洲國家勞動密集型產業的發展，而這本來是非洲發展階梯的第一步。南非總統姆貝基（Thabo Mbeki）在2006年說：「這有可能形成（中國與非洲）不平等的關係，就是非洲國家歷史上曾作為殖民地的那種關係。非洲大陸出口原材料，進口製成品，這就註定了只能處於不發達狀態。」

中國與非洲區域性組織的關係

非洲有幾個區域性組織，各有其獨特的經濟或政治使命。中國與其中幾個關係密切，與另外一些則沒有什麼互動。在二十一世紀的頭十年，中國偏好與那些有顯著經貿成分的非洲區域性組織接觸，包括東部和南部非洲共同市場（Common Market for Eastern and

Southern Africa, COMESA，簡稱「東南非共同市場」或「科邁薩」）、南部非洲發展共同體（Southern African Development Community, SADC，簡稱「南共體」）以及西非國家經濟共同體（Economic Community of West African States, ECOWAS，簡稱「西共體」）。

中國與上述三個組織的互動發展迅速，是中非貿易關係中一個尚待深入探究的領域。相比中國與某些非洲大國雙邊貿易的個案研究，例如南非、尼日利亞、安哥拉等，中國與非洲區域性組織的研究卻寥寥無幾。不過，鑒於跨國分工生產和多式物流轉運在非洲極為普遍，也許可以運用區域視角來檢視當前的中非貿易。2007年，約三分之二的世界貿易涉及跨國公司，其中既有企業內部貿易，也有中間產品交易。實際上，中間產品的交易比最終產品的貿易增長得更快。[47] 這在資源行業亦然，如「科邁薩」就承認，「向中國的銅出口就被安排成通過第三國進行交易，這樣原產地國就變得面目模糊了。」[48]

區域性國際組織提供了競爭機會和規模效應，但有時其效果被官僚作風和腐敗打了折扣。由於這些國家的經濟規模相對其廣闊的國土面積而言較小，這些促進區域貿易的非洲組織授權有限。這些組織的效率也不高，因為一些非洲國家同時是多個區域組織的成員，造成各組織的原產地規則、海關稅則和執行期等條款相互重疊或抵觸。據哈里‧布羅德曼（Harry Broadman）的觀點，有時它們會妨礙中非貿易，因為它們會「造成海關管理混亂，耽誤通關手續，最終推高貿易成本。」[49]

東部和南部非洲共同市場（COMESA）

中國與東部和南部非洲共同市場（科邁薩）的關係，比與任何其他非洲區域性組織都要更加久遠和友好。科邁薩始於1978年，當時其準成員國的貿易、財政和計劃部門的首長在贊比亞首都盧薩卡 (Lusaka) 發表宣言，即《關於成立東部和南部非洲優惠貿易區 (Preferential Trade Area, PTA) 的目標與承諾》。[50] 建立東部和南部非洲優惠貿易區是為了充分發揮做大市場規模的好處，從而最終實現經濟共同體。這最初是一個次區域的優惠貿易區，包括19個成員國，到1993年升格成為共同市場。[51] 科邁薩的目標是「建立一個完全一體化、具有國際競爭力的地區，使商品、服務、資本、勞動力等生產要素和人員自由流動」，「建立對外國投資、跨境投資和本地投資普遍友好的環境」，以及「促成到2025年建成非洲經濟共同體」。[52]

從1990年代後期起，科邁薩一直秉持以區域一體化為導向的「經濟優先」原則，推動着中國與其成員國的貿易穩步增長。1999年，在科邁薩肯尼亞貿易博覽會上，中國是參展的僅有四個非科邁薩國家之一。[53] 同年，中國進出口銀行與科邁薩的東南非貿易與開發銀行 (PTA銀行) 簽訂了出口信貸協議。2000年，中國人民銀行加入了PTA銀行的領導層，成為該行非洲區外最大股東，並在董事會擁有一個席位。翌年，科邁薩即派出代表團來華進行貿易會談。[54]

新世紀的頭十年間，中國努力不斷開拓科邁薩成員國的市場，雙方貿易增長迅速。[55] 2005年，中國新派駐科邁薩的代表與科邁薩秘書長伊拉斯塔斯·姆文查 (Erastus J.O. Mwench) 會晤，伊拉斯塔斯·姆文查這樣描述雙方關係的基礎：「中國是科邁薩成員國資源的主要消費國，如銅和石油。同時，我們相信中國擁有我們孜孜以求的技術，像電信、工業和農產品加工。」[56]

姆文查代表科邁薩呼籲達成一項「明確商品範圍的貿易協定」，促進科邁薩成員國與中國的貿易。[57] 回應上述提議以及其他非洲官員提出的擴大非洲國家對華輸出高附加值產品的類似倡議，中國商務部在2005年推出了面向指定商品的特別優惠關稅待遇措施。具體內容是，中國海關總署宣布對來自非洲25個最不發達國家的190個稅目商品實施特惠零關稅，並推出了相應的原產地規則和有關認證檢驗操作程式，受惠商品稅目後來增加到444個。[58]黛博拉·布羅蒂加姆 (Deborah Brautigam) 指出這些商品中的約四分之三都是低附加值製成品 (如：汽車配件、自行車、肥皂、塑膠製品、皮夾、棉紡織品、T恤、雨傘、圓珠筆、枱燈)，她在2009年寫道：「這些產品與中國國內的產業重組有清晰關聯，中國政府希望本國企業實現價值鏈提升。」[59]

科邁薩統計局在2007年關於中國提供免關稅待遇准入的報告發現，2005年中國從科邁薩成員國零關稅進口的產品貿易額為4.74億美元，相比2001年大幅增加了470%。然而，在中國特惠關稅清單上的454個稅目，其中僅20個稅目的產品就佔了免關稅進口的97%。僅僅是贊比亞的銅就佔了32%，成為當年這張清單上的最大單項；同時，贊比亞的鈷佔了6%。另外，中國也從贊比亞的鄰國剛果民主共和國進口這兩種金屬。中國的免關稅進口商品還包括埃及的大理石，佔5%；以及埃塞俄比亞和蘇丹的芝麻籽，分別佔23%和12%。雖然科邁薩聲稱其成員國在幾類產品上相對中國有比較優勢 (如棉花、鹽、硫磺、皮革、咖啡、茶、魚、甲殼類動物)，但它們還是無法在中國市場立足。中國的免關稅特惠待遇從科邁薩成員國吸引的進口主要還是資源類產品，而非製造業產品。[60]

回應上述問題，科邁薩秘書長辛蒂索·恩圭尼亞 (Sindiso Ngwenya) 在2009年建議中國擴展原材料領域之外的經貿活動，促進與科邁薩成員國的貿易多元化，通過中國的製造業企業在當地設廠生產，以「充分利用科邁薩國家進入歐盟市場的優勢」。[61]不過，中國似乎滿意與科邁薩國家貿易的現狀。中國駐贊比亞大使兼駐東南非共同市場特別代表李強民，在出席2009年科邁薩首腦會議後形容科邁薩是「非洲最大的經濟組織」，其統一成員國關稅的努力「將為擴大中國與東南非共同市場國家的雙邊貿易創造難得的機會」。不過，他也提醒科邁薩國家不要過度樂觀，要清醒認識到與中國發展貿易的若干制約因素，包括其自身經濟發展水平較低、市場規模不大、購買力有限，以及缺乏南非這樣領頭經濟大國。[62] 為克服這些問題，2011年時任中國駐東南非共同市場特別代表周欲曉大使誓言：「中國將繼續支持東南非共同市場－南部非洲發展共同體－東非共同體大自由貿易區共同市場的建設。」[63]

南部非洲發展共同體（SADC）

中國與南部非洲發展共同體的貿易關係，類似與東南非共同市場的情況。南共體也像科邁薩一樣，其源起可追溯至1980年代早期，但作為組織正式成立卻是到了1990年代初。[64] 中國與南共體的關係始於2002年的南共體與國際夥伴磋商會議，其時出席會議的中國對外貿易經濟合作部副部長魏建國成功說服該組織通過決議，「強調應加強中國與南共體的關係。」該次會議公報也指出，中國「支持南共體追求經濟發展的努力」。公報還鼓勵中國企業參與南共體國家的經濟建設。[65]

中國與南共體的關係在2004年提升，當時南共體新任主席、毛里求斯總理保羅‧貝朗熱（Paul Berenger）宣稱：「我願意在擔任主席任期內，為南共體與中國的關係帶來新的維度。」[66] 一年後，中國總理溫家寶也呼籲繼續加強中國與南共體的關係。[67] 隨後《人民日報》英文網站發文稱南共體是「非洲最有希望的區域組織」，這份中共喉舌更稱讚該組織「推動了跨國投資與貿易，促進了生產要素、商品和勞務的自由往來」。[68] 2007年，中國任命駐博茨瓦納大使丁孝文為「駐南共體代表」。南共體發布了歡迎丁大使的聲明，提議「加強中國和南共體的合作」。[69]

　　從2007年12月到2008年12月，南共體國家對華出口增長了65%，從中國進口增長34%。[70]中國與南共體的貿易以美元衡量在2009年有所下降，這主要是由於大宗商品價格下跌，但雙邊的進出口數據都在2010年回升。2011年5月，中國投資南部非洲論壇原定在南非約翰內斯堡舉行，但論壇在召開前匆匆取消，原因是「此前承諾的支持突然退出」，迫使包括21個中國礦業公司的中國與會者被迫取消行程。[71]不過，此後不久，中國在北京主辦中國－南共體經貿論壇，雙方有兩百多名企業家出席。在開幕式上，中國副總理王岐山致辭說：「中國已成為南共體重要的交易夥伴和投資來源地……中方願繼續擴大從南共體國家的進口，鼓勵有實力、信譽好的企業赴南共體國家投資興業。」當時訪問北京的南共體輪值主席、納米比亞總統希菲凱普涅‧波漢巴（Hifikepunye Pohamba）與中國國家主席胡錦濤會談時，也同意要擴大雙方貿易。[72]

西非國家經濟共同體（ECOWAS）

　　1975年，西非十五國的首腦齊聚尼日利亞，簽署了旨在促進經濟一體化的《西非國家經濟共同體條約》。[73]《西共體條約》在1993年經修訂後，「建立共同市場」成為該組織的努力目標。然而，中國總是對與西共體作為一個集團整體開展貿易躊躇不前，更願意直接與西共體成員國展開雙邊的投資與貿易洽談。中國進入西共體市場總是直接與各成員國打交道，而不是通過西共體組織。因為該組織成員國之間貿易政策尚缺乏協調，相互還存在着關稅與非關稅壁壘，所以走西共體的「組織路線」麻煩更多。例如在2010年，《人民日報》英文版網站就報道了該組織存在着「故意破壞已達成協議的現象，阻撓了區域內人員、商品和服務的自由流動」。[74]

同科邁薩和南共體一樣，西共體也尋求促進成員國之間的經濟一體化。不過，中國與西共體關係的發展，比同另兩個組織的要慢。[75]儘管中國承認西共體為地區和平與發展作出了貢獻，但該組織對促進中國向其成員國的出口卻沒有大作為。[76]2004年之前，中國只在政治領域與西共體接觸。在2005和2006年，中國與西共體沒有進行重要會談，然而但這並不妨礙其間中國對西共體國家的出口穩步增長。[77]在2006年中非合作論壇北京峰會的籌備期間，西非國家經濟共同體執行主席、尼日爾總統馬馬杜‧坦賈（Mamadou Tandja）呼籲中國「發現並承認在貿易關係領域存在的種種問題」。[78]時任西共體委員會主席穆罕默德‧伊本‧錢巴斯（Mohamed Ibn Chambas），也支持擴大與中國的貿易談判，並指西非可從與中國的貿易增長獲益良多，呼籲西共體消除針對中國商品的貿易壁壘。[79]在2006年的中非合作論壇北京峰會，中國和西共體都同意於2008年舉辦經貿論壇。首屆中國—西共體經貿論壇在2008年9月於北京召開，「論壇聚焦於基建投資、自然資源開發、農業、金融和其他服務業」，但未提及貿易。[80]

在2008年中國—西共體經貿論壇籌備其間，貿易成為西共體成員國最關注的議題。西共體投資與開發銀行總裁克利斯蒂安‧阿多韋蘭德（Christian Adovelande），與鮮為人知的中國基本建設優化研究會秘書長簽署了諒解備忘錄，內容是關於「在中國建設西共體採購中心，和在西共體若干成員國建設中國商品批發市場」。儘管西共體稱此項目為「促進南共體—中國貿易合作的第一步」，中國媒體似乎對此視而不見。這個協議看上去效果不彰，於是西共體後來又發布消息提議再簽一個備忘錄，「在中國建立一個西共體官方市場，並在西非地區建立一個中國批發市場，以便利西非產品進入中國和中國產品出口西非」。[81] 尼日利亞《今日報》(*This Day*) 在報道中國─西共體經貿論壇時稱「參會有關方面人士甚為擔憂價廉質次的中國商品」，顯然對論壇成效抱懷疑態度。[82]

在 2008 年 9 月的經貿論壇，率領西共體代表團訪華的錢巴斯呼籲定期召開經貿會議以促進中國與西共體的合作。但是這個意見跟在中國建立西共體市場一樣，都沒有得到呼應。在中方有關這次論壇的報道，也完全沒有觸及討論西共體產品進入中國市場的問題。[83] 除了達成每年舉辦論壇的協定 (2009 年和 2010 年並沒有舉辦)，中國─西共體峰會的建設性成果主要與投資有關。[84] 其中包括西共體與中國國際貿易促進委員會之間達成的一系列「全面的」合作諒解備忘錄，「將為吸引中國私人部門投資進入西非國家戰略產業提供支持」，涉及的產業包括農業、畜牧、林業、食品加工、職業培訓、房地產、工程及基礎建設發展。[85]

2011 年，西共體委員會主席詹姆斯．維克托．貝霍 (James Victor Gbeho) 率團訪問北京，會見了中國貿促會、商務部和其他部門的官員，會談集中在基建投資而非貿易。雖然貝霍邀請中國成為首個參加西共體貿易博覽會的非西共體成員國，但卻沒有收到答覆。[86]

註釋

1. 譯者註：到 2018 年，根據中國海關統計，全年中非商品貿易額為 2,042 億美元，相當於當年中國外貿總額的 4.4%；而按聯合國和世界貿易組織共建的國際貿易中心 (International Trade Center) 統計，2018 年非洲對全球商品貿易總額為 10,251 億美元，其中對中國貿易額為 1,672 億美元，佔總額的 16.3%。

2. 譯者註：根據中國官方的對非洲貿易統計數據，由 1981 年至 2018 年，其中有 28 年是中方順差，另 10 年是非洲國家順差，均出現在 2000 年之後。參見《中國統計年鑒》(1983–2017 年)、中國海關總署網站統計數據。

3.　Mao Yufeng "China's Interests and Strategy in the Middle East and the Arab World," in Joshua Eisenman, Eric Heginbotham and Derek Mitchell, eds., *China and the Developing World: Beijing's Strategy for the Twenty-first Century*, (Armonk, NY: ME Sharpe, 2007), p. 116.

4.　Wei Liang-Tsai. *Peking Versus Taipei in Africa 1960–1978*, (Taipei, ROC: The Asia and World Institute, 1982), p. 41.

5.　"About us," The All-China Federation of Industry and Commerce official website, undated. http://www.chinachamber.org.cn/publicfiles/business/htmlfiles/qleng/s2569/index.html. 中國貿促會的宗旨是「開展促進中國與世界各國、各地區之間的貿易、投資和經濟技術合作活動」，參見 "Nature and Functions," China Council for the Promotion of International Trade Official website, undated, http://english,ccpit.org/Contents/Channel_402/2006/0524/840/content_840.htm.

6.　Bruce D. Larkin, *China and Africa, 1949–1970: The Foreign Policy of the People's Republic of China* (Berkeley: University of California Press, 1971), p. 106.

7.　*Xinhua*, 25 April 1955, 轉引自 Larkin, pp. 89–90. 孔原（中華人民共和國政府赴印尼、印度貿易代表團團長）：〈發展正常的貿易來往和經濟合作是亞非人民的共同願望〉，《人民日報》，1955 年 4 月 25 日，第 3 版。

8.　譯者註：中國統計資料顯示在埃及阿拉伯共和國成立的當年即 1952 年，雙方貿易額即比上年暴增近九倍（1951 年 94 萬美元；1952 年 899 萬美元），增加部分全部為埃及對華出口（1951 年 47 萬美元；1952 年 861 萬美元），而中國對埃出口反而略有下降（1951 年 47 萬美元；1952 年 38 萬美元）。從 1956 年中埃正式建交起中國對埃出口才大幅提升，但一直到 1960 年埃及對華貿易都保持大量順差。參見《1981 年中國統計年鑑》。中埃雙方資料均顯示早在 1953 年，即埃及阿拉伯共和國成立不久後，埃方就派員來華就促進棉花出口與中國進行接觸。雙方信息略有不同的是，埃及官方稱此人為「貿易官員」（Trade Official），而中方資料提及此人處均稱為名為「昆地」的商人，並稱「當時中國並不需要進口棉花，但出於做埃及工作的考慮，周恩來總理決定答應埃及的要求」。參見 "Economic Relations", China, State Information Service, Egypt, http://www.sis.gov.eg/section/186/2967?lang=en-us; 安惠侯：〈埃及與新中國建交始末〉，《阿拉伯世界研究》，2008 年第 6 期。

9.　Larkin, pp. 20–21.

10.　Wei Liang-Tsai, *Peking Versus Taipei in Africa*, p. 42.

11.　United Nations Department of Economic and Social Affairs, *Economic Developments in the Middle East 1955–1956: Supplement to World Economic Survey, 1956* (New York: UN, 1957), pp. 6, 23 and 26.

12.　Larkin, p. 90.

13.　Ibid.

14.　郭濟州：〈笑裏藏刀的「親善」〉，《紅旗》，1961 年第 7 期，頁 24。引述自 Larkin, p. 92.

15.　Larkin, p. 106.

16. 譯者註：肯尼亞於1963年12月宣告獨立，翌年5月與中國在北京簽署了經濟技術合作協定，中方提供1,500萬美元的發展貸款，用於肯尼亞購買中國的初級工業品和其他設備。這筆貸款免息、延展期十年、還款期十年，內含無償贈款280萬美元。同年12月，兩國在內羅畢簽訂政府間貿易協定。參見〈中肯簽訂經濟技術合作協定〉，《人民日報》，1964年5月11日，第1版；Prybyla, Jan S., "Communist China's Economic Relations with Africa 1960–1964." *Asian Survey*, Vol. 4, No. 11 (Nov., 1964): 1135–43；〈中肯兩國簽訂貿易協定〉，《人民日報》，1964年12月20日，第4版。

17. Michael Chege, "Economic Relations Between Kenya and China, 1963–2007," in Jennifer Cooke, et al., *U.S. and Chinese Engagement in Africa: Prospects for Improving U.S.-China-Africa Cooperation* (Washington, D.C.: CSIS, July 2008), pp. 15–16. Also see "Bilateral Relations," Ministry of Foreign Affairs of the PRC official website, 12 October 2003, http://www.fmprc.gov.cn/eng/wjb/zzjg/fzs/gjlb/3014/default.htm.

18. IMF DOTS, 1964–68, Mainland China pages, 270.

19. Larkin, p. 106.

20. Wei Liang-Tsai, *Peking versus Taipei in Africa*, p. 46.

21. Larkin, pp. 93,106–7.

22. Alexander Eckstein, *Communist China's Economic Growth and Foreign Trade* (New York: McGraw Hill, 1966), p. 310. Cited in Larkin, p. 93.

23. CIA, "People's Republic of China: International Trade Handbook," October 1976, 1.

24. 譯者註：這是指在1970年代中前期的「新中國第二次大規模引進成套技術設備」。1972年初，根據國內外經濟、政治形勢的變化，國家計劃委員會提出了進口成套工業技術設備的報告，經過反覆討論和調整，最終在1973年1月提交了《關於增加設備進口，擴大經濟交流的請示報告》，提出在其後三五年內要集中進口一批成套設備和單機設備。該報告列出的需引進成套技術設備的項目共26個，需用外匯43億美元，故此該報告又稱為「四三方案」。後又追加8.8億美元，實際用匯51.8億美元。親手主導這次大規模引進的中國政府高官認為，這對於解決當時中國國民經濟中的若干關鍵問題，建立和發展同西方發達國家的經貿合作關係，乃至對後來的改革開放都起到了「率先開拓」的作用。參見陳錦華：《國事憶述》(北京：中共黨史出版社，2005)，頁2–20。

25. CIA, "People's Republic of China: International Trade Handbook," October 1976, 3. 這些資本進口基本上被視為是「註定失敗的經濟政策」，「因為只是單純地從西方和日本進口先進但昂貴的工業設備，卻忽略了與產業上游的聯繫至關重要，對下游成本問題也缺乏關注。」Richard Baum, *China Watcher: Confessions of a Peking Tom* (Seattle: University of Washington Press, 2010), pp. 281–82.

26. CIA, "People's Republic of China," 5, 1.

27. IMF DOTS 1969–75, 46 and 50. See also Algeria, Egypt, Libya, and Nigeria country pages.

28. 鄧小平：〈在聯大第六屆特別會議上的發議〉，1974年4月10日。

29. Baum, p. 108; U.S. Department of Commerce, International Trade Administration, "China's Economy and Foreign Trade, 1979–81," May 1982, 14.

30. Baum, p. 108.
31. Bates Gill and Jamie Riley, "The Tenuous Hold of China Inc. in Africa," *Washington Quarterly* (Summer 2007): 43–44.
32. U.S. Department of Commerce, "China's Economy and Foreign Trade, 1979-81," 13.
33. Deborah Brautigam, *The Dragon's Gift: The Real Story of China in Africa*, (London: Oxford University Press, 2009), p. 74.
34. 譯者註:根據本書作者後續的統計,2010年之後中非貿易額以更快的速度增長,2014年達2,217億美元,佔中國外貿總額的5.2%,佔非洲全球貿易的17.3%,三項指標均為歷史峰值。2016年中非貿易額降至1,516億美元,為2010年以來的新低,佔同年中國外貿總額的4.1%,但在非洲貿易總額佔比仍高達16.9%。
35. Jian-Ye Wang. "Working Paper No. 07/211: What Drives China's Growing Role in Africa?" IMF Working Paper 07/211, August 2007, 20.
36. 1995至2009年間的數據,來自位於南非斯泰倫博斯的南部非洲貿易與法律中心(Trade and Law Centre for Southern Africa, TRALAC)。參見 http://www.tralac.org/cgi-bin/giga.cgi?cmd=cause_dir_news&cat=1044&cause_id=1694。
37. Etim Imisim, "ECOWAS Positions for $10bn Chinese Aid," *This Day* (Nigeria), 17 June 2008.
38. Rob Crilly, "Chinese Seek Resources, Profits in Africa," *USA Today*, 21 June 2005.
39. *Nightly Business Report*, February 22, 2005, http://www.pbs.org/nbr/site/onair/transcripts/050222t/.
40. William Kistner, "Timber Trade Fuels Liberia's Misery," *San Jose Mercury News*, 10 Aug 2003. Also see Allan Thornton, "Chinese Involvement in African Illegal Logging and Timber Trade," Testimony, House Committee on International Relations, Subcommittee on Africa, Human Rights and International Operations, 28 June 2005.
41. Kristen Nelson, "China Leads Energy Use, BP Statistical Review for 2011 Shows Demand Growth Fastest in Nearly 40 Years," *Petroleum News*, 12 June 2011.
42. 在拉各斯中國城紡織市場的訪談,2007年8月10日。
43. "Africa-China Trading Relationship," TRALAC, 2010, 1.
44. "Africa-China Trading Relationship-Update 2009," TRALAC, 2009.
45. "Largest Cargo Ship Docks in Dar es Salaam," *Daily News* (Tanzania), 16 February 2011.
46. "Chinese Exporters Destroying Country Textile Industry," *Vanguard* (Nigeria) 16 November 2008. Also see "Not All Charmed by China's Desperate Scramble for Africa," *Sunday Tribune* (South Africa), 2 September 2007.
47. Harry G. Broadman, *Africa's Silk Road: China and India's New Economic Frontier* (Washington, D.C.: The World Bank, 2007), p. 293.
48. Themba Munalula, "Statistical Brief Issue No. 3, China's Special Preferential Tariff Africa," COMESA Secretariat, Division of Trade, Customs and Monetary Affairs, Statistics Unit, July 2007, comstat.comesa.int/researchdocs/China%20Statistical%20Brief.pdf.

49. Broadman, pp. 174,176.

50. 譯者註：1965年聯合國非洲經濟事務委員會 (UNECA) 在贊比亞盧薩卡召集了東部和南部非洲新獨立國家部長會議，討論次區域經濟一體化機制建設問題，最終提議建立東部和中部非洲經濟共同體。1978年盧薩卡宣言之後，經談判和籌備，建立優惠貿易區 (PTA) 的正式協定於1981年12月在盧薩卡簽署。該協定規定PTA開始建設十年後升格為共同市場，最終將建成經濟共同體。建立COMESA的條約於1993年11月在烏干達首都坎帕拉簽署，並於一年後生效。參見 "COMESA", African Union official website, https://au.int/en/recs/comesa.

51. "Uganda International Trade Fair 1993 Opens in Kampala," *Xinhua*, 30 October 1993.

52. 截至2011年，科邁薩成員國包括布隆迪、科摩羅、剛果 (金)、吉布提、埃及、厄立特里亞、埃塞俄比亞、肯尼亞、利比亞、馬達加斯加、馬拉威、毛里求斯、盧旺達、塞舌爾、蘇丹、斯威士蘭、烏干達、贊比亞、津巴布韋。(資料來源："About COMESA," COMESA official website, http://about.comesa.int/lang-en/overview/history-of-comesa.) 建立科邁薩的條約在1994年12月8日於馬拉維首都利隆圭 (Lilongwe) 的會議獲正式確認。參見Andrew Ngone, "China's Cooperation and Engagement with Africa: A COMESA Perspective," Presentation at Experience Sharing Program on Development Between China and Africa, Beijing, 22 May 2008. 科邁薩在2018年7月接納突尼斯、索馬里加入，現有成員國增至21個。

53. "COMESA Trade Show Attracts 18 States," *Xinhua*, 13 May 1999.

54. "Common Market for Eastern and Southern Africa — COMESA," PRC Ministry of Foreign Affairs official website, 25 April 2002.

55. "China Reiterates Its Support to COMESA," Press Release, COMESA Official Website, 11 November 2005.

56. "Interview: COMESA Looks Forward to Cementing Ties with China," *People's Daily*, 17 March 2005.

57. Ibid.

58. "China Granting Tariff-Free Treatment to Some Goods Exported to China by the Least Developed Countries," FOCAC official website, 18 January 2005. 這25個受惠非洲國家是：貝寧、布隆迪、佛得角、中非共和國、科摩羅、剛果民主共和國、吉布提、厄立特里亞、埃塞俄比亞、幾內亞、幾內亞比紹、萊索托、利比里亞、馬達加斯加、馬里、毛里塔尼亞、莫桑比克、尼日爾、盧旺達、塞拉利昂、蘇丹、坦桑尼亞、多哥、烏干達、贊比亞。譯者註：2007年7月，受惠商品稅目新增稅目254個，參見〈關於給予非洲部分最不發達國家第二批對華出口商品零關稅待遇〉，海關總署公告，2007年6月29日。2010年7月起，受惠商品稅目增至4,762個，約佔當時中國全部稅則稅目的60%。參見財政部新聞辦公室：〈我國給予最不發達國家4,762個稅目商品零關稅待遇〉，2010年6月23日，中國財政部網站。截至2018年底，中國單方面對非洲34個最不發達國家實施特惠關稅，涉及中國海關進口稅則中全部8,549個稅目的97%，幾近實現全面零關稅。參見國務院關稅稅則委員會：《中華人民共和國進出口稅則 (2019)》，2018年12月29日。

59. Deborah Brautigam, "The List of Zero Tariff Products is Now Here!" Blog posting 13 April 2010, http://www.chinaafricarealstory.com/2010/04/list-of-zero-tariff-products-is-now.html.

60. Munalula.

61. Li Nuer, Song Ying and Tichaona Chifamba, "Interview: Customs Union Shows Strong Political Determination of COMESA States," *Xinhua* 7 June 2009; Li Nuer, Song Ying and Tichaona Chifamba, "Interview: China Urged to Invest More in Africa's Manufacturing Sector," Xinhua 6 June 2009.

62. Li Nuer and Song Ying, "Interview: COMESA Customs Union Conducive to Sino-African Cooperation: China's Special Representative," *Xinhua,* 9 June 2009.

63. "COMESA Says African Countries Should Learn from China's Development Path," *People's Daily*, 29 June 2011.

64. 南共體的前身是1980年成立的南部非洲發展協調會議（Southern African Development Coordination Conference, SADCC）。其成員國首腦在1992年8月17日於納米比亞首都溫得和克舉行會議，簽署建立南共體的條約。截至2019年，南共體共有16個成員國：安哥拉、博茲瓦納、剛果民主共和國、萊索托、馬達加斯加、馬拉維、毛里求斯、莫桑比克、納米比亞、塞舌爾、南非、斯威士蘭、坦桑尼亞、贊比亞、津巴布韋、科摩羅。

65. "Communiqué of the 2002 SADC Consultative Conference: SADC Institutional Reform for Poverty Reduction Through Regional Integration," Department of International Relations and Cooperation, South Africa official website, 28–29 October 2002, http://www.dirco.gov.za/docs/2002/sadc1029.htm.

66. "SADC to Further Boost Relations with China, India," *People's Daily,* 16 August 2004.

67. "Chinese PM Congratulates Southern African Body on 25th Anniversary," *Xinhua,* 19 August 2005.

68. "SADC to Seek More Cooperation with China," *People's Daily,* 20 August 2005..

69. "China Appoints Permanent Representative to SADC," *Economist* (Namibia), 20 April 2007.

70. TRALAC, 2009, 2.

71. "SADC, China Meeting Cancelled," *Bizcommunity*, 20 May 2011;〈中國投資給南共體帶來切實利益〉,《人民日報》,2011年5月20日,第22版;〈中國投資南部非洲論壇在南非舉行〉,中國駐南非大使館經濟商務參網站,2011年6月1日。

72. 〈王岐山出席中國—南共體經貿論壇開幕式並致辭〉,新華社,2011年6月4日;〈胡錦濤會見南共體輪值主席、納米比亞總統波漢巴〉,新華社,2011年6月5日。

73. 1975年5月在拉各斯出席西非國家和政府首腦會議,簽署成立西共體條約的十五國,分別是：達荷美(今貝寧)、岡比亞、加納、畿內亞、畿內亞比紹、科特迪瓦、利比里亞、馬里、毛里塔尼亞、尼日爾、尼日利亞、塞內加爾、塞拉利昂、多哥和上沃爾特(今布吉納法索)。1976年11月,佛得角加入;2000年12月31日,毛里塔尼亞退出;故此該組織目前成員國仍是十五個。

參見 "History", ECOWAS official website, http://www.ecowas.int/about-ecowas/history/。

74. "Nigerian Acting President Elected ECOWAS Chairman", *People's Daily*, 17 February 2010.

75. Profile: Economic Community of West African States (ECOWAS), African Union official website, undated.

76. "Yearender: Africa – A Continent Stepping onto World Stage," *Xinhua*, 18 Dec 2006.

77. TRALAC 2009 data.

78. "Interview: Nigerien President Terms Beijing Summit an Opportunity to Review China-Africa Cooperation," *Xinhua* 20 October 2006.

79. "First ECOWAS Business Forum Final Report: Harnessing Private Sector Energies for the Challenges for Integration," ECOWAS official document presented in Accra, Ghana, 29–31 October 2007, 5–6.

80. "China, West Africa Initiate Trade Forum for Stronger Economic Ties," *Xinhua*, 23 September 2008.

81. "ECOWAS Bank and China to Establish Markets to Boost Trade and Investment," ECOWAS press release, 24 April 2008.

82. "ECOWAS Positions for $10bn Chinese Aid."

83. "China, West Africa Initiate Trade Forum for Stronger Economic Ties"; "China-ECOWAS Economic & Trade Forum Held in Beijing," China Gezhouba (Group) Corporation official website, 23 September 2008, http://www.gzbgj.com/english/article.asp?id=853; Mei Hua, "China-ECOWAS Economic and Trade Forum," Dongfeng Chengli Special Automotive Co., Ltd, official website, 26 September 2008, http://www.dfclw.com/en/clnews/carnews138.html.

84. "China, West Africa Initiate Trade Forum for Stronger Economic Ties."

85. "ECOWAS Bank and China to Establish Markets to Boost Trade and Investment."

86. "Vice Foreign Minister Zhai Jun Meets with ECOWAS Delegation," Ministry of Foreign Affairs of the PRC website, 20 June 2011, http://www.fmprc.gov.cn/eng/zxxt/t832787.htm. "ECOWAS Invites China to Participate in Regional Trade Fair," ECOWAS Press Release, 24 June 2011.

第4章

投資與援助

中國的投資戰略、策略和目標

中國的對外投資是一個相對較新的現象。由1979年起步一直到1985年，中國政府對海外的投資項目實施嚴格的審批制度，只有中央管理企業和冠以「國際經濟技術合作」的各省、市地方國有企業才有資格投資海外。從1986開始到1991年間，中國政府放鬆了管制，允許越來越多的企業申請在海外設立分支機構。從1992年到1998年，地方企業的海外投資大幅增長。在1990年代初，中國把非洲作為開發的主要目標市場，開始在其中部分國家建立中國投資開發貿易促進中心。1993年，當時的對外經濟貿易合作部（現商務部前身）提出了幫助中國企業加強中非貿易和投資的四步方略。[1] 中國政府主要基於以下四方面的考慮：第一，非洲的自然資源對中國經濟發展至關重要；第二，非洲人口眾多，是中國生產的消費品重要的潛在市場；第三，非洲國家對於中國的礦產勘探、工程建設和勞工輸出都極富吸引力；第四，中國認定數個非洲國家是頗具價值的長期投資的關鍵目標。[2]

　　1999年起，中國開始強化「走出去」戰略，鼓勵企業向海外拓展。國家提供了一系列鼓勵措施，包括放寬銀行貸款條件、簡化出境手續、在稅收和進出口方面給予優惠政策。[3]中國把支持投資非洲寫進2000年的《中非經濟和社會發展合作綱領》，旨在鼓勵、保護和保障投資，改善投資環境。[4]2006年發布的《中國對非洲政策文件》，強調中國政府鼓勵和支持中國企業到非洲投資興業，也歡迎非洲企業到中國投資；中國政府同意繼續與非洲國家商簽並落實《雙邊促進和保護投資協定》和《避免雙重徵稅協定》。[5]2006年中非合作論壇通過的《北京行動計劃(2007–2009年)》重申了上述內容，並提及第二屆中非企業家大會在北京峰會期間成功舉行，以及「中國—非洲聯合工商會」成立，還宣布中國政府支持設立中非發展基金(China-Africa Development Fund, CADF)。[6]

　　中國的央企由國家佔大部分股權，中國對非洲的絕大部分投資都由央企以美元計價來展開。這些企業傾向進入資源和基礎設施建設行業。省、市地方國有企業也參與投資非洲，通常是某個省專門專注一個或幾個非洲國家。[7]多達四分之一的中國對非洲投資來自全國各省區，其中很多是省、市政府所屬的地方國企。[8]

　　據中國進出口銀行統計，2006年在非洲投資的中國企業有800多家，其中85%屬於民營。到2009年底，在非洲投資的中國企業增至2,000家；商務部副部長在2011年時更指已有4,600家。[9]大多數中國民營企業都是中小企業，傾向與當地華人合作，與非洲本地商家聯繫則較弱。這些企業往往彼此間競爭激烈，卻又常常聚集在同一個產業園區，相互支持，協調生產。它們的總部高度集中於浙江、廣東、福建、江蘇和山東等沿海省份。[10]少數企業，如華為技術有限公司，理論上說是民營企業，但卻與政府關係密切。在非洲活躍的華為是指定的「國家隊」，與軍方、政府其他機構及其科研院所合作密切，從國有銀行獲得授信額度和研發基金。[11] 華為在約40個非洲國家僱用了逾2,500人。

中國企業打入非洲新市場時，通常會自行興建新設施，發展垂直一體化的業務，從中國而非當地採購，更樂於開發政府客戶。[12] 投資項目多採取合資企業形式進行，中方通常持有大部分股權以保證能控制企業運營。中國在任何非洲國家投資，包括那些不為西方接納的國家。同西方企業相比，中國企業的競標策略得益於低成本，無論在勞工和資本設備、管理費用以至較微薄的邊際利潤，都更加低廉。許多中國企業甘願蒙受損失也要打造口碑項目，以此獲得市場准入機會或份額，支持國家戰略。[13] 傳統上，中國企業比西方企業更願意承擔在衝突地區開展業務的風險，例如尼日利亞東南部、剛果民主共和國、埃塞俄比亞的歐加登 (Ogaden) 地區、蘇丹的達爾富爾 (Darfur) 和科爾多凡州 (Kordofan)。[14] 大多數非洲國家政府都歡迎中國的投資，特別是西方的投資在冷戰結束後縮減。中資企業同時投資基礎設施、製造業和農業，這些領域近年一直被西方企業忽視。

中國對非洲的投資有諸多動因。追求利潤最大化也許是最重要，即使是國企也不例外。中國國內市場趨於飽和，出現設備閒置，使一些企業走向海外尋找出路。中國政府也鼓勵企業開拓新市場，通過對外投資來繞過某些國家的貿易壁壘。例如中國到非洲生產紡織品，以利用《非洲增長與機遇法案》提供的通道進入美國市場。投資非洲也讓中國企業得以利用區域和國際貿易協定帶來的便利。中國經常利用投資來確保得到原材料和自然資源，儘管中國官方對此很少提及。中國投資還可能是獲取西方先進科技和現代生產技術的手段，中國對英國石油公司 (BP) 安哥拉離岸深水石油區塊的投資就是例子。分散風險和政府鼓勵，也是中國企業投資非洲的原因。中國對非投資和促進對非出口，與其對非援助項目之間，也有很強的關聯。[15]

中國企業認識到，投資成功的最重要元素是聯繫上一個合適的當地合作夥伴。它們偏愛政府在投資活動發揮重要角色的投資環境。在選擇潛在投資項目時，中國企業主要考慮的是市場需求和商業定位。中國的技術儘管不是最先進，但對非洲國家而言卻往往是適合、並具很強的適應性。在某些非洲國家，中國企業已經遇到一些問題，如政治不穩定、市場規模有限、熟練工人不足、外匯管制僵化、稅收待遇苛刻等。若非洲國家存在華人社群，中國企業則與當地的華人社區緊密合作，如南非、毛里求斯、馬達加斯加等。[16]

在某些非洲國家的外來投資中，來自香港和澳門的企業扮演了重要角色。這在香港企業投資安哥拉的案例得到充分證明。[17]香港投資者在馬達加斯加和莫桑比克也尤其活躍。2009年，備受爭議的畿內亞軍政府宣稱達成了一項用本國礦產換取中國70億美元投資的協定，以展示自己得到國際支持。該項交易由中國國際基金有限公司發起，這是一家由中國和安哥拉合資成立的企業，註冊地在香港。可是，中國政府稱對該項交易並不了解。[18]

儘管中國在非洲的企業持續改善自身的企業行為和社會責任，來自當地的批評卻持續不絕。這些批評包括忽視勞工安全、不遵守最低工資法、幾乎不關注環保問題、不願培訓非洲工人、投資操作不公平等。[19]例如，中國在贊比亞銅業領域的投資就引爆了該國反對黨的滿腔怨懟，反對黨借此在大選中攻擊執政黨。不過，中國已學會適應這些合理的批評。比如，在贊比亞因受全球金融危機影響工人被解僱時，中國政府非洲事務特別代表劉貴今敦促在贊比亞中資企業採取措施避免裁員。2008年，中國社會科學院的研究人員對在馬里、埃塞俄比亞和蘇丹的中資企業履行社會責任狀況做了調

研，最終報告建議中國政府應對幾方面問題給予更多關注。[20]企業
社會責任在中國已成為受到高度重視的議題，也被列入2009年在
埃及召開的中非合作論壇議程。[21]

衡量中國在非洲的投資

測量中國的對外直接投資（FDI），是一門藝術而非科學。提供
中國對外直接投資信息的兩個官方來源，一是商務部，一是國家外
匯管理局，但它們都不發布中國金融機構在非洲對外直接投資的數
據。中國官方的統計並不能全面反映中國的對外直接投資。貿易信
貸、發展合作、中國金融機構的項目融資以及中資企業的直接投資
之間的分別，絕大部分情況也是不清晰。中國企業在很大程度上依
賴留存收益和非正式的安排為投資融資，而不是通過資本市場和銀
行貸款。[22]這些都足以說明為何官方公布的對外直接投資統計與中
國學者甚至部分官員引用的數字存在巨大差異，而後者的數字通常
更大。直到2004年，中國對非直接投資規模都還比較小，此後就
顯著上升並高速增長。

根據中國官方統計，聯合國貿易和發展會議（UNCTAD，簡稱
「貿發會議」）計算出1990年中國對非洲對外直接投資累計淨額（存
量）為4,900萬美元。到1990年代末，中國在47個非洲國家投資總
額為8.2億美元。到2005年底，貿發會議估計中國對非洲直接投資
存量達16億美元。[23]總理溫家寶指截至2005年底，中國對非洲國
家投資累計達62.7億美元。商務部副部長魏建國和《2007中國商務
年鑒》把截至2006年底的中國對非洲直接投資數字提升到117億美
元。2007年初，商務部將這一數字估算為135億美元。不過，溫家

寶後來又稱，截至2008年底中國企業在非洲國家的直接投資存量為78億美元。另外，香港對非洲直接投資額達53億美元。2009年底，中國官方統計指中國對非洲的直接投資為93.3億美元，中共中央政治局常委李長春卻說數字已逾300億美元。[24] 把中國的這些數據放在大環境來看，全球對非洲的對外直接投資在2008年達到720億美元的高峰，2009年下降至590億美元，其中大部分資金來自發達國家。[25]

　　中國對外直接投資的數字有這麼大的出入，並沒有明確的解釋。這可能是因為關於對外直接投資的定義不同，也可能反映了資金承諾和實付之間的差異。例如近年有中國企業宣布分別在尼日利亞和安哥拉的石油區塊投資27億美元和24億美元，中國工商銀行斥資55億美元收購南非標準銀行（Standard Bank）20%的股份。[26] 累計對外直接投資的數字越大，越能準確反映中國對非洲直接投資的狀況。[27] 雖然近年來中國對外直接投資的發展驚人，如僅在2009對非洲直接投資就估算達13億美元，但這仍遠遠落後於美國和歐洲主要大國。2007年中國在非洲的投資佔非洲吸納的外國直接投資約3%，2003年則佔不足1%。2008年，中國對外直接投資總額的4%投放到非洲。2009年，中國在全球範圍內的對外直接投資顯著增長，但非洲在其中所佔的比例下降到不足3%，反觀拉丁美洲佔13%，亞洲更逾70%。[28] 這些比例都是基於中國官方對非洲直接投資總額計算出來的，雖然數據過於保守，但它們的確反映出中國對外直接投資總額的一部分。

　　中國已在54個非洲國家中的52個進行了對外直接投資。一個很常見的現象是，中國某一省、市地方企業的對非直接投資，集中於某一個或幾個非洲國家。廣東一直是對非直接投資的最大來源，其次是上海、山東、北京、江蘇和浙江。到2009年末，根據官方統計，中國對非直接投資的目的地國按金額從高到低的排序，依次為南非、尼日利亞、贊比亞、蘇丹、阿爾及利亞和埃及。[29]這些國家除了埃及都是主要的能源或礦產生產國，埃及則是進入中東和北非地區的通道。至2010年，中國已經同非洲國家中的33個簽訂了雙邊促進和投資保護協定，和11個簽訂了避免雙重徵稅協定。[30]

中國的投資促進機構

中國設立了各種投資促進機構，多數在全球營運，只有少數專注非洲。它們的起源相對較晚，效力也不盡相同。不過總的來說，它們體現了中國政府致力於鼓勵在全球投資的決心，尤其是在非洲投資。傳統上，在非洲的中國投資者慣於依賴來自國有銀行的低息貸款。隨着中國私營企業對非投資的大幅增長，國有金融機構開始感到壓力，敦促這些公司尋求商業貸款。[31]

中國政府在1994年設立國家開發銀行(CDB，簡稱「國開行」)，主要目標是推動國內的發展。雖然發放到境外的貸款比例在慢慢增加，但在2008年仍不足5%。[32] 2009年，國開行向安哥拉提供了12億美元的信用額度，用於支援農業發展，為期四年。至2009年末，國開行已對在18個非洲國家開展的27個項目提供了總額21.5億美元的融資，還在開羅設立了代表處。國開行是中非發展基金(CADF)的主要資金來源。[33]

中非發展基金創立於2007年，旨在鼓勵中國企業對非開展貿易與投資。這隻股權投資基金的首期資金規模是10億美元，計劃增至50億美元，現已增資至100億美元。中非發展基金的存續期為50年，其投資對象限於在非洲開展經貿活動的中國企業及其非洲合

資夥伴。這一規定有效地將投資和中國企業聯結起來。中非基金不
持有任何項目的控股權,持股比例在10%到50%之間。它按市場
經濟原則運行,自負盈虧。該基金可以在中國國家政策允許範圍內
以任何方式進行投資,也可以將適當比例資金投資在其他投資非洲
的基金。中非基金為中國企業提供管理、諮詢和金融顧問服務,目
標產業包括農業、製造業、基礎設施、資源開發和產業園區。[34]

中非發展基金投資的項目包括,在津巴布韋與中國中鋼集團合
作的鉻鐵廠、在埃塞俄比亞與中地海外集團合作的玻璃廠、在加納
與深圳能源集團合作的電廠,以及一個在馬拉威、莫桑比克和贊比
亞開展的棉花種植加工項目。2010年,中非發展基金與中國核工
業集團達成協議,雙方合作在非洲進行鈾資源的勘探與開發。大部
分項目的投資額在500萬到2,500萬美元之間。截至2010年,中非
發展基金同意對非洲的30個項目投資8億美元,實際支付3億至4
億美元。截至2018年9月,中非發展基金已對非洲36個國家的90
多個項目累計承諾投資46億美元,實際出資逾33億美元,並已在
南非、加納、埃塞俄比亞、贊比亞和肯尼亞開設了代表處。中非發
展基金是第一家堅持對投資項目做環境評估的中國基金。它強調創
業機會廣泛存在,支持非洲人員在私營領域與中國夥伴合作創業。
它與泛非銀行集團(Ecobank)和南非標準銀行建立了合作關係,並
與世界銀行和非洲開發銀行(African Development Bank, ADB)磋商,
並支持《非洲發展新夥伴計劃》(NEPAD)的原則。[35]

中國的主權財富基金中國投資有限責任公司(CIC,簡稱「中
投」),也提供潛在的非洲投資機會。中投成立於2007年,註冊資
本金2,000億美元,到2008年底資產總額增至3,000億美元,至2017
年底再增至約9,414億美元。中投副總經理汪建熙指出,由於政治
風險和法律法規不健全,公司對發展非洲業務持審慎態度。世界銀

行總裁羅伯特‧佐利克（Robert Zoellick）曾鼓勵中投向世界銀行新設的資產管理公司投資。世界銀行的資產管理公司投資非洲的私營部門，投資主要流向債務重組、股權投資、醫療保健和金融部門。佐利克說中投對國際金融公司（International Finance Corporation, IFC）的一個新項目表示投資上的興趣，該項目旨在收購和重組發展中國家的不良債務。世界銀行歡迎中國在撒哈拉以南的非洲投資，因為中國有潛力建設基礎設施，創造就業，促進製造業發展。[36]

中國出口信用保險公司（SINOSURE，簡稱「中信保」）於2001年開始正式掛牌運營，以提供保險服務的方式支援中國的出口和海外投資，保險範圍涵蓋買方風險和國家風險，如外匯管制、徵收充公、國有化、戰爭及政治暴亂等。2006年，它的承保金額達300億美元，雖然非洲業務僅佔其短期險的3%，但在中長期險業務所佔比例卻高達29%，僅次於亞洲。[37] 中非民間商會（China-Africa Business Council）於2005年開始運營，由聯合國開發計劃署（UNDP）、中國商務部和中國光彩事業促進會共同發起成立。這個商會把黨政部門與民營企業聯繫起來，共有逾16,500家民營企業會員。中非民間商會鼓勵會員企業響應「走出去」的戰略號召走進非洲。商會組織經貿代表團出訪非洲，接待非洲商務考察團，為會員提供合資項目信息和貿易投資研究報告。它對促進民營企業在非洲的投資是否有效，仍有待觀察。[38] 2006年，中國貿促會與非洲商業、工業、農業和服務業商會聯盟（Union of African Chambers of Commerce, Industry, Agriculture and Professions, UACCIAP）共同成立「中國—非洲聯合工商會」（China Africa Joint Chamber of Commerce and Industry），旨在推動中非之間的招商引資、信息共用、技術轉讓、法律諮詢、商情發布。[39] 不過，該組織迄今似乎並沒有發揮特別有效的作用。

中國通過「中小企業國際市場開拓資金」來推動中小企業走向海外市場。中國中小企業數目逾4,000萬家，佔企業總數的99%，貢獻了出口總額的60%。出口額在1,500萬美元以下的企業可向該項基金申請資助，金額最高可達10萬美元。[40]具體額度與投資規模相關，一般限定在1萬美元以內。[41]該項資金對於中國企業在非洲投資是否有切實幫助，目前尚不清楚。2010年，商務部成立了「中國—非洲研究中心」，這是一個旨在促進對非貿易和投資的智庫，由商務部國際貿易經濟合作研究院主辦。該中心成立之初有十名研究人員，預期在其後兩年內規模翻倍。[42]

中國對外直接投資的行業分佈

聯合國貿易和發展會議(UNCTAD)的一項全面研究，在考慮到中國對非洲直接投資累計總額的各種計算之間存在巨大差異的同時，為這些投資中的大部分投放到哪些行業提供了最詳盡的資料。在1979年至2000年間，以美元計價的直接投資有46%投放到製造業(主要是紡織業、輕工業、家用電器和機械設備)，28%投放到資源採掘業，18%投放到服務業(主要是建築業)，7%投放到農業，其他各行業佔1%。[43]但在此後，再沒有關於中國在整個非洲大陸直接投資行業分佈的研究。不過，有許多關於中國對個別非洲國家投資的個案研究，和很多難以證實的軼聞。大多數說法認為，進入二十一世紀後中國的對外直接投資呈現一個重大轉向，轉移至資源採掘業，尤其是石油和礦產開採、電信業和銀行業。[44]

雖然中國的對外投資已從製造業轉移至資源採掘業，製造業仍然是中國在一些國家的主要投資領域。根據一個案例研究的摘要，

2000年至2007年間中國在科特迪瓦的投資有90%流向製造業，在埃塞俄比亞為66%，在加納為92%，在蘇丹為50%，在烏干達為63%，在贊比亞為87%。[45]由於中國對蘇丹的石油行業和贊比亞的銅產業有大量投資，上述的一些百分比值得商榷。

中國鼓勵對非洲的投資和貿易，其中一項重要且具潛在影響力的努力，是在非洲發展經濟特區（Special Economic Zone, SEZ），又有自由貿易區（Free Trade Zone, FTZ）、出口加工區、工業園區、自由港等不同稱謂。「特區」的概念是鄧小平在1979年提出的，旨在為中國的發展謀出路，如今則成為中國在非洲投資佈局的組成部分。[46]這些園區由中國各類所有制企業基於利潤考量所倡議。中國政府提供指引和支持，園區項目本身則由開發商管理運營。在2006年的中非合作論壇北京峰會，中國同意「今後三年內在非洲國家建立三到五個境外經濟貿易合作區」，並宣布首個合作區落戶在贊比亞銅帶省中部的謙比希（Chambishi）。中方承諾為參與該項目的中資企業提供8億美元的投資信貸，其中2.5億美元用於最關鍵的銅冶煉廠投資。中國還同意在毛里求斯成立在非洲的第二個境外經貿合作區，以鞏固對印度洋地區的貿易和投資。該項目正在建設中，預期在五年內吸引7.5億美元的中國對外直接投資。[47]

中國在尼日利亞支持兩個經貿合作區，即奧貢（Ogun）廣東經濟貿易合作區和萊基（Lekki）自由貿易區。埃及蘇伊士經貿合作區也正在建設中，計劃在2018年建成，其目標是在未來十年吸引逾50家公司進駐，吸納投資額2.93億美元。中國正在埃塞俄比亞建設東方工業園，以及在贊比亞建設第二個園區。中國同意在阿爾及利亞建立一個經貿合作區，但該園區因為當地外商投資法發生變化而暫時擱置。[48]中方深明，這些經貿合作區與在中國的經濟特區等各類園區並不相同，甚至在非洲的不同地區園區概念也差異很大。

但它們之間的相似之處，是引入競爭和國際合作，及地方政府的鼓勵。非洲國家希望這些經貿合作區能有助於彌補對華貿易逆差。坦桑尼亞出口加工區管理局局長阿德哈姆‧馬如 (Adelhelm Meru) 解釋說：「中國投資者不能僅僅是帶着本國勞工來採礦，而是要提高產品附加值，更加努力培訓本地居民，創造就業機會。」[49] 經貿合作區在非洲的發展遭遇挑戰，對其評價也是毀譽參半。雖然目前對其評判成敗為時尚早，經貿合作區還是在非洲國家中吸引了相當可觀的興趣。[50]

據世界銀行估算，2001年至2007年期間，中國在撒哈拉以南非洲對石油領域的投資約75億美元，其中尼日利亞獨佔48億美元，安哥拉佔24億美元。該研究顯示中國在蘇丹的投資為零，但蘇丹投資管理部門負責人告訴筆者稱，實際投資額估計約50億美元。總理溫家寶稱截至2008年底，中國對非洲直接投資存量為78億美元，但世界銀行對中國僅在撒哈拉以南非洲石油領域的投資就接近這個數字。世界銀行估計同期中國在非洲礦產資源領域的投資達31億美元，主要投放在鉻、銅、鋁土礦、鈷、鐵、鑽石、煤炭和鎳，主要投資對象國有南非、贊比亞、津巴布韋、剛果民主共和國、尼日利亞和厄立特里亞。[51]

中國在非洲石油領域的主要投資者是中國石油天然氣集團有限公司 (中石油，CNPC)、中國海洋石油集團有限公司 (中海油，CNOOC) 和中國石油化工集團有限公司 (中石化，Sinopec)。截至2006年，中石油已在九個非洲國家投資，中石化六個，中海油三個。[52] 由於跨國公司之間存在着錯綜複雜的聯繫網，清楚說明中非間的投資關係絕非易事。例如，中石化的全資子公司——中國石化集團國際石油勘探開發公司 (SIPC)，2009年以72億美元的價格收購了 Addax 石油公司，後者總部設在瑞士，在多倫多和倫敦上市，這是當年中國企業最大的海外併購案。收購Addax石油公司，使中國獲得了在尼日利亞、喀麥隆和加蓬生產運營中的油田，以及價值待估的石油儲量。

中國在非洲農業領域的投資受到關注，多因為一直以來關於中國在非洲掠奪土地以養活本國人民的指控，但這些多為不實之辭。在一定程度上，中國自己製造了這些麻煩。多年前，中國曾與莫桑比克等國商討過租賃大片土地的事宜。總體而言，這些商討或是沒有達成協議，或是中國意識到此類交易不啻於引爆政治炸彈，因而放棄提議。2007年，中國進出口銀行董事長兼行長李若谷稱，許多非洲國家有大量土地，他鼓勵中國農民遷往非洲。他還說允許中國農戶在非洲開辦農場有利無弊，進出口銀行願全力支持。[53]這類言論使非洲民眾對中國的意圖愈加關切。

中國對非洲農業的援助項目由來已久，而投資農業領域則最近才開始。一些媒體對此類話題高度關注，卻分不清中非農業合作與中國對非洲農業投資有何區別。2008年，中國農墾（集團）總公司在非洲經營了至少11個農業項目，佔地合計四萬英畝，分佈在贊比亞、馬里、幾內亞、加納、毛里塔尼亞、坦桑尼亞、多哥、加蓬和南非等國，其中有些是援助項目。贊比亞至少有23個中資農場，投資額達1,000萬美元，向當地市場供應農穫。中興通訊的子公司中興能源，在2007年與剛果民主共和國簽訂了10萬公頃油棕櫚種植及生物燃料加工項目的框架協議。[54]2010年，中興能源又獲蘇丹政府批出約1萬公頃的土地，用於種植小麥和玉米。埃塞俄比亞准許中國人前來種植芝麻，這是該國對華出口的主要產品，但類似案例極為罕見。[55]在尼日利亞、肯尼亞、贊比亞、烏干達、塞內加爾和蘇丹等地，出現了一些中國農民的居民點，人數從400到2,000人不等，這些地方同時僱傭同等數量的中國和非洲當地勞工。[56]

中國有全球五分之一的人口，僅佔世界8%的可耕地，其消耗的糧食中有95%產自本國。展望未來，這才是大眾關注的原因。在全球糧食危機和中國國內糧價嚴重通脹的背景下，中國農業部在2008年的一份文件中稱，中國難以保障自身糧食安全，故此應該在海外開墾耕地。一些官員對此反應激烈，認為由於運輸成本和政治風險，通過在海外開墾耕地來保證糧食安全並不可行。到2008年末，中國國家發展和改革委員會公布了《國家糧食安全中長期規劃綱要（2008–2020年）》，明確表明中國沒有在海外獲取耕地的計劃。[57]

一些中國官員隨後對在非洲獲取耕地以供應中國糧食的主意大潑冷水。農業部農業貿易促進中心副主任謝國力說，中國在非洲種糧運回國內，既不現實，政治上也不可接受。[58]農業部市場與經濟信息司司長錢克明稱，中國將繼續從美國等農業出口大國進口糧食以彌補短缺，而不是在境外購買農地，他還強調海外購地在政治上和經濟上的消極影響。[59]

儘管中國在未來幾十年裏將面臨日益嚴峻的糧食安全困境，官方的政策表示會盡量減少在非洲或其他地方租賃農地來養活中國人。然而，中國的投資者幾乎肯定會在非洲尋找富有吸引力的農業投資項目，以滿足當地市場的需求。[60]中國與坦桑尼亞在2010年簽訂了一項為期五年的協議，鼓勵中國企業赴當地投資水產養殖和禽畜飼養，這表明中國對非洲的農業投資確實在增長。

隨着中國對非洲貿易和投資的增加，中國人需要更好地了解非洲市場及更多的融資手段。中國的企業客戶比較喜歡使用在非洲開展業務的中資銀行，或是和中國的銀行有夥伴關係的非洲銀行。中國中小企業在非洲的成長，也成為中國銀行來此拓展業務的動力。全球金融危機引發了在國際貿易結算中使用其他貨幣來替代美元的呼聲，這促使中國在國際金融體系扮演更加自信的角色。[61]

雖然早在1981年滙豐銀行(HSBC)就通過收購赤道銀行(Equator Bank，主營貿易融資)的控股權在非洲建立據點，但中國直接參與非洲銀行業還是比較新的現象。[62] 2007年，中國國家開發銀行(「國開行」)與英國巴克萊銀行(Barclays Bank)簽署了股份認購協定及戰略合作備忘錄。國開行出資30億美元，獲得巴克萊銀行3.1%的股份。巴克萊銀行在非洲的貿易融資業務強大，同時也是南非聯合銀行(ABSA Bank)的大股東。[63] 這兩家銀行都與中國進出口銀行合作，就非洲的投資機會向中國的國有企業客戶提供諮詢服務。[64]

2007年，中國工商銀行以55億美元收購南非標準銀行(Standard Bank) 20%的股權，使中國成為非洲銀行業的重要角色。這是南非有史以來金額最高的外來投資項目，也是工行最大一筆海外投資。按資產計，標準銀行是非洲最大的銀行，在18個非洲國家以及包括中國在內的非洲之外20個國家或地區設有分支機構。這筆交易使標準銀行得以吸納來自中國的投資者，並向中國個人和企業客戶吸收儲款。工行也通過標準銀行獲得非洲當地市場的有關信息，包括信貸情況、違約和零售客戶的消費行為。[65] 工行並不要求獲得能掌握控制權的股份比例，也不要求對方在財務方面進行調整。一位西方銀行專家說，這筆交易表明中國銀行家願對非洲同儕平等相待。[66] 標準銀行行政總裁傑科·馬里(Jacko Maree)在2010年說，工行的參與具有「壓倒性的積極作用」，來自中國的這家銀行是極好的合作夥伴。[67] 2008年，工行和標準銀行宣布共同設立10億美元的全球資源基金，主要用於投資中國和非洲的礦產資源和能源產業，至2009年底時已有60宗在非洲的交易正在磋商。[68]

2000年，中國建設銀行和中國銀行在約翰內斯堡開設分行。建行在當地主要提供商業銀行、批發銀行和投資銀行業務的產品和服務，其業務發展迅速。2009年，建行與南非第一蘭特銀行

(FirstRand Bank)簽訂了戰略合作備忘錄,雙方約定可互通投資新機會,其近期目標是雙方聯手為建行客戶在非洲拓展業務提供諮詢及結構性融資服務。中行在南非的業務,主要集中在貿易、能源、礦產、房地產開發和電信行業。[69]中行於1997年在贊比亞成立了全資子公司「贊比亞中國銀行」,後者在十年後成為贊比亞的第八大銀行。[70]2007年,尼日利亞的非洲聯合銀行(United Bank of Africa, UBA)宣布與中國國家開發銀行締結夥伴關係。2010年,泛非銀行(Ecobank)與中國銀行簽署協定,規定在泛非銀行的分支機構設立若干「中國櫃枱」,由中國職員專門服務中行的在非客戶。[71]中國境內唯一的信用卡組織中國銀聯,則與埃及、南非、毛里求斯和肯尼亞等國的銀行建立代理關係,增加在非洲可使用的自動櫃員機數量。[72]

　　通過總部設在澳門的Geocapital策略投資股份有限公司,中國與葡語非洲國家的銀行業建立了業務聯繫。Geocapital在畿內亞比紹控股了一家小銀行,還持有莫桑比克Moza銀行49%的股份。該銀行於2008年開業時,啟動資本為1,000萬美元,主營投資銀行業務。迄今,中國的金融機構還沒有進入到非洲法語地區。[73]

　　中非民航業務是中國對非洲投資進展較慢的領域。截至2011年,已至少有五家非洲航空公司開通了飛往中國的定期航班,但中國國際航空公司卻沒有飛往非洲的航班。中國南方航空飛往拉各斯的航班與港龍航空實現代碼共用,海南航空開通了飛往喀土穆、開羅和羅安達三條非洲航線。[74]

對中國在非洲投資的評估

中國企業走進非洲是近年才出現的新動向。1988年，中國在非企業不到80家。此後，這一數字呈指數式增長。這些企業往往成立時間不長，僱傭員工人數要比競爭對手更多。中國的國有企業比之西方同行，眼光更為長遠。中方鼓勵戰略性投資，強調長期而不是短期的盈利。中國政府提供低息貸款，並成立了多家機構來促進對非直接投資。[75] 中國甚至通過世界銀行集團下專門支援私營企業的部門——國際金融公司 (IFC)，從資金上支持它的項目。2010年，國際金融公司首次同意對中國在坦桑尼亞的一個投資項目提供融資。[76]

中國的國有企業和民營企業，以至中國和非洲國家的政府之間，都在經歷相互學習的過程。中國企業的具體做法和業務取態各不相同，非洲國家的政府和私人部門仍在努力適應。[77] 在進行海外投資時，能夠區分特定公司的企業特質及其從中國政府獲得的支持是很重要的。舉例說，大型國有企業電信設備商中興通訊，在非洲各地廣設分支，該企業一位高層對非洲記者稱，中國企業的成功在很大程度上要歸功於得到中國政府和金融機構的有力支持，這樣的說法不足為奇。[78] 中國愈加重視對外投資合作國的風險評估，並開發出一套覆蓋全球各地的投資指南，其中就詳細描述了非洲國家的投資環境。[79]

位於加納首都阿克拉的非洲經濟轉型中心 (African Center for Economic Transformation, ACET) 分析了中國對非洲的直接投資，結論認為中國投資有潛力通過技術轉移來幫助非洲國家實現經濟轉型，當中引述中興通訊和華為在非洲的電信項目作為例證。非洲經濟轉型中心還考察了中國對外直接投資對於創造就業的實際效果和增長潛力，並指出中國正在向非傳統投資領域進軍，諸如農業、製造業和基礎設施。中國投資也幫助非洲製造業將本國經濟融入到全球供應鏈中，並促進非洲產品出口多元化。從消極的一面來看，非洲經濟轉型中心稱中國對外直接投資的重點項目對建立本地的產能或專業知識並無幫助，對製造業領域的投資一直不穩定。中國的投資側重於零售、一般性貿易和紡織等行業，這導致非洲本地公司被替代。從中國進口廉價商品，令本地產品顯得相對更貴。最後，中國投資者常常因為不公平的生產操作和生產條件嚴苛而遭到指控。[80]另一方面，中國也越來越注意履行企業社會責任的問題。

非洲在華投資

根據中國國務院的數字，截至2009年底非洲國家對華直接投資存量達99.3億美元，而中國對非的直接投資存量為93.3億美元，儘管如此，我們有信心論斷，截至2011年，中國對非的直接投資遠大於非洲在華的直接投資。毛里求斯、南非、塞舌爾、尼日利亞和突尼斯是非洲主要的對華投資國家。傳統上，毛里求斯一直在非洲國家對華投資佔最大份額，2007年時逾13億美元。毛里求斯和中國還簽訂了避免雙重徵稅的協定，允許外國人投資毛里求斯的外商獨資企業，而這些外資企業反過來也可以在中國投資。若以單筆投資項目的金額論，南非投資者才是非洲在華直接投資的執牛耳者，但中國的官方統計數據幾乎可以肯定沒有涵蓋全部。2007年，中方記錄顯示南非對華直接投資累計淨額為6.54億美元。[81]2008年，南非副外長估計本國對華直接投資為7億美元，與中國官方的數字接近。[82]然而，南非研究中非關係問題的專家馬丁·大衛

斯 (Martyn Davies) 在2007年説，這個數字應該接近20億美元。[83]
個別非洲國家傾向集中在中國的一個省或市投資，這表現了將非洲
國家與中國的某地區或市結對的努力。[84]

關於非洲對華投資的研究很少，在已有的研究中大部分關注南
非的對華投資。自1994年起，南非米勒釀酒公司 (SABMiller) 已通
過華潤啤酒，在中國的消費品產業投資逾4億美元。雙方成立了合
資企業華潤雪花啤酒。就產品銷量和釀製能力而言，華潤雪花啤酒
已是中國最大的啤酒製造商，佔有19%的市場份額。到2010年，中
國市場對南非米勒的增長貢獻率高達45%。[85]南非庫博礦業 (Kumba
Resources) 公司在中國投資了一家鋅冶煉廠。另有幾家採礦企業也涉
足中國，例如金田公司 (Gold Fields) 和安格魯阿山帝黃金公司 (Anglo
Gold Ashanti) 購買了中國黃金企業的股份，英美資源集團 (Anglo
American) 持有中國最大煤炭生產商神華能源股份有限公司1.5億美
元的股份。標準銀行在香港設有分支機構，負責東亞業務。南非紙
業巨頭薩佩公司 (Sappi)，以及其他一些企業也在中國有投資。在
2004年，南非沙索 (Sasol) 公司與一個中國企業財團簽訂的意向書格
外引人注目。沙索公司是世界最大的合成燃料生產商，這一項目旨
在發展煤間接液化製油項目，項目投資金額可能達數十億美元。[86]
南非以外，突尼斯和中國投資者在華合資建立了一座化肥廠。

中國對非援助的原則和演變

在毛澤東時代，中國對發展的看法是強調要擺脫殖民控制，進
行國家建設。中國政府認為，必須徹底根除不公平和不公正的國際
經濟秩序，因為它們是不發達的主要原因。在發展進程中，時刻需

要鞏固國家獨立，捍衛自身主權。重新構建的新秩序，要以主權完整和自力更生為基礎。[87]中國將其對外援助政策與「和平共處五項原則」(見第1章)相結合，指責「帝國主義」國家在對外援助附加苛刻的條件，借機索求特權。中國聲稱它提供援助從不為謀取私利，也無意到受援國開闢商品銷售市場。[88]周恩來總理在1964年訪問加納時，詳細闡述了中國對外援助的「八項原則」。[89]直至今天，中國仍然將這些原則援引為對外援助政策中不可分離的部分。

中國在對非洲援助方面，向來示人以最大限度的無私面目。然而，如同其他主要的對非援助國一樣，中國的對外援助也是重要的外交政策工具。中國藉對外援助來抗衡西方國家對非洲的影響，同時在中蘇對抗時期，藉此抵制蘇聯更深入地介入非洲事務。它也藉此說服非洲國家在外交上承認北京而非台灣。儘管截至2020年底僅餘一個非洲國家承認台灣，但這仍是中國對非援助的一項考量。許多早期展開的援助，特別是對非洲解放運動的軍援，也支持了中國的世界觀及其改變超級大國統治世界秩序的意願。[90]

關於中國對非援助的演變進程有多種分析。其中有三種饒具啟發意義，它們都將中國援助政策劃分為三個階段。袁武為2006年中非合作論壇北京峰會準備的一套中國「官方」論述把1956至1978年劃為第一階段——中國對埃及的援助始於1956年。袁武將這個階段描述為，中國設計並規劃援助項目，運送和安裝設備，派遣專家解說操作規程，以及提供跟進服務，此後非洲國家接管已經完成的項目。這段時期最著名的項目是坦贊鐵路。[91]中國農業大學的李小雲認為，第一階段的劃分應該是從1950到1974年。他將這一時期定義為「意識形態輸出」階段，援助主要流向親近社會主義思想的非洲國家。[92]黛博拉·布羅蒂加姆(Deborah Bräutigam)的研究領域主要集中在撒哈拉以南非洲地區，她將1960到1976年界定為第一階段，將之稱為「毛澤東時期」。畿內亞是第一個接受中國援助的撒哈拉以南的非洲國家。黛博拉認為，一個國家得到中國援助的最重要因素是願意承認北京，而非台北。[93]

儘管中國對發展的觀點以及其對外援助的原則隨時代而演變，但其早期思想中的強烈元素對接下來的階段影響深遠。隨着西方國家對華關係正常化，中國對西方援助直言不諱的批評逐漸湮滅不聞。1983年初，趙紫陽總理在出訪非洲十一國行程將盡時，在當年接受最多中國援助的非洲國家坦桑尼亞，就中國對外援助發表了重要講話。他宣布了「中非經濟技術合作四項原則」，強調平等互利、不附帶任何政治條件、講求實效、形式多樣、共同發展。他說，中國將把重點轉到合作生產、合資經營以及承建工程上來，這些工程項目可以是由非洲國家政府出資，也可以是其他第三國或國際組織援助。[94]

外交部副部長宮達非在趙紫陽闡明「四項原則」時陪同出訪。他補充指出中國不會再重覆例如坦贊鐵路或毛里塔尼亞努瓦克肖特友誼港（Friendship Port of Nouakchott）之類的大項目，而是將轉向發展小型的農業項目、加工業、紡織廠、道路建設、體育館和人民宮等。隨着中國削減對非援助並集中精力投入本國經濟建設，宮達非稱，非洲國家領導人會理解中方的舉措，並承諾中國會逐漸增加對非的經濟協助。[95]

羅汝飛在1984年發表的關於中華人民共和國對外援助的研究中解釋，中國援助的目標是幫助第三世界國家獨立自主地發展國民經濟，提高自力更生的能力。中國對援助項目的設計，注重鼓勵受援國的自主性和自生能力，目標是提供可自身持續的項目或「交鑰匙工程」（turn-key projects），鼓勵低成本和運作簡便的項目，令最貧困的民眾受惠。中國着重基本的醫療服務，糧食生產的自給自足，相對簡單的技術，以及通常包括培訓內容的計劃。中國通常會在項目完成後做跟蹤監察。[96]

「官方」的論述把1978至1995年劃分為中國援助政策的第二階段，當時中國宣稱要把對外援助與互利合作結合起來，以實現共同發展。例如在盧旺達的一間水泥廠以及在布隆迪和貝寧的紡織廠，都為受助國政府帶來利潤和稅收。李小雲把由1974到1990年的第二階段形容為調整和轉型期，其時中國對非援助下降，轉向專注於國內的現代化建設。布羅蒂加姆把1977到1989年劃分為改革時期，指出當時的中國已開始進行市場經濟建設，經濟發展規劃制定權下放到省、市地方幹部手中。正當中國的援助水平下降之時，國有企業卻越來越多地走進非洲，日漸活躍，即趙紫陽在1983年所說的「形式多樣」。[97]

至於第三階段，根據「官方」版本論述，由1995年開始持續至今。除繼續給予援助贈予和優惠貸款外，中國還提供約定利率的政府貼息貸款，並推動創辦合資企業。中國把援助同投資、外貿結合起來，為中國企業走進非洲打開方便之門，如分別向蘇丹的石油勘探、赤道畿內亞的森林開發、以及科特迪瓦的一個農用機械組裝廠提供貸款。李小雲把這一階段的起點定於1991年，稱之為複合目標型的經濟技術援助階段。中國對全球各地的援助都在增加，尤其是非洲，並強調互惠和經濟利益，與政治利益相整合，以及「大國」的新型責任。[98]

布羅蒂加姆選擇把1990年作為第三階段的開端，並稱這一階段是互惠互利的經濟合作時期。她指出，1989年的天安門事件和台灣再度祭起對非洲的「金元外交」，都使得中方重新審視其對外援助政策。中國開始關注一些之前已移交給非洲國家政府的援助項目，它們的運行情況持續惡化。對本國出口產品提供補貼和尋求獲取自然資源，都成為中國對外援助戰略的一部分。政府運用國家開發銀行、進出口銀行、農業發展銀行等政策性銀行參與這些項目，一般來說，中國的商業銀行不願意涉足這些項目。國家主席江澤民和總理李鵬於1990年代中後期出訪非洲時，都解釋過中國的政策已從提供援助轉向互利互惠的經濟合作。[99]

2000年，中非合作論壇首屆部長級會議通過了《中非經濟和社會發展合作綱領》，字裏行間還保留着一些毛澤東時代的意識形態殘餘，如提到「當前不公正和不平等的世界秩序」。它提出為了在二十一世紀實現可持續發展，應建立新型戰略夥伴關係，為此提出五項合作原則：平等互利，形式與內容多樣化，注重實效，實現共同發展，以友好方式消除分歧。前四項其實是重申趙紫陽的「四項原則」，最後一項是中國對外援助政策的新內容。不過，中國的政策開始越來越多地反映出非洲方面的關切。北京主張它在非洲促進了當地工業，採購了當地的材料以及增加了本地就業。中國宣布將增加對非無償援助，同時繼續提供優惠貸款和無息貸款，增加對非洲開發銀行集團和其他非洲多邊金融機構的支持。中國還同意減免非洲國家債務，並在農業、自然資源、公共醫療衛生、教育領域與非洲國家合作。[100]

2006年發布的《中國對非洲政策文件》和《中非合作論壇北京行動計劃(2007–2009)》，全面闡述了中非關係的各方面，其中包括發展援助。這兩份文件在中國對非援助的指導方針和政策措施敍述相似，都強調中國將增加對非洲在農業、基礎設施、醫療衛生、科技、職業教育和獎學金等方面的支持。中國同意減免非洲國家更多的債務，並在環保和減災、救災領域加強合作。[101]

2009年的中非合作論壇上，溫家寶總理宣布在今後三年，中國政府將採取八項推進中非合作的「新」舉措。八項「新」舉措中的大部分是重申過去的援助政策。不過，其中兩項的確是中國新的關注點，包括與非洲國家合作共同應對國際金融危機的挑戰，及應對氣候變化。

　　在評估中國援助非洲國家的原因時，時刻考慮到中國自身仍然面對着巨大的發展挑戰顯得非常重要。中國農村仍有近5億人口，日均生活費不足2美元。[102] 中國官員經常向非洲對話者強調，中國仍然是發展中國家，提供援助的能力不應與傳統外援國相提並論。與此同時，如果中國的國民生產總值 (GNP) 繼續以年均9%的速度增長，而那些主要外援國的經濟增長依然停滯，那麼中國就有望在對非洲國家的援助中佔更大的比例，包括提供無償援助。現在中國將援助、投資和優惠貿易安排一齊運用作為獲取非洲自然資源的手段，藉此加強與非洲54個國家的政治聯繫。中國的對非援助，也是幫助本國企業開拓非洲出口市場和發展業務的一攬子計劃的一部分。[103]

量度中國對非洲的援助

　　中國從不公布年度對外援助支出的數據。這些數據被視為國家機密。[104] 關於中國援助金額的統計信息，絕大多數來自於非洲國家政府，與中國官方公告的並不一致。中國和非洲的數據來源信息不僅零散，而且經常不說明到底是援助的承諾金額還是實際上撥付的金額。過去，至少是在早年間，中國公布的援助承諾金額最終並不總是能全額交付。因此，中國的對外援助總額，特別是對各個具體國家歷經久遠年代過程的實際支付額，時常受到質疑。對於從1954年到1996年間不同歷史分期的中國對非援助金額，有些數據從整個大洲估算，也有些以國別估算。[105] 自1996年後，再沒有單個非洲國家的接受中國援助的數據。近年有一些對整個非洲年度援助總額的估算，但這些數據相互間差距極大。

在中國的環境下，很難確定對外援助包含哪些內容，以及中國如何計算援助金額。根據經濟合作與發展組織 (OECD) 發展援助委員會 (Development Assistant Committee, DAC) 的定義，對發展中國家提供的無償援助或優惠貸款若被政府用於促進經濟發展，就被視為官方發展援助 (Official Development Assistant)。中國對於援助並沒有官方定義，對其解釋似乎也很寬泛。比如，中國把幫助別國發展而給予的貿易優惠，和向企業提供的商業貸款都算成對外援助，即使這不涉及給予別國政府任何捐助。另一方面，經合組織發展援助委員會把減債算成官方援助，但中國則不是。負責中國對外援助事務的主要部門是商務部，但外交部和財政部也扮演重要角色，而2018年成立的國家國際發展合作署則負責擬訂對外援助戰略的方針、規劃、政策，並統籌協調相關問題。國家衛生健康委員會負責援外醫療隊，教育部管理外國來華留學生獎學金。以上各部委在對外援助資料統計方面，並沒有有效的協調。[106]

中國的對外援助資金包括三種方式：無償援助 (以糧食或其他實物形式提供，特別是機械設備，偶爾現金)、無息貸款和貼息優惠貸款。[107]中國進出口銀行負責管理優惠貸款，也稱之為特惠貸款或低息貸款，由此近年來一些非洲國家獲得大筆貸款。截至2007年底，進出口銀行已批准了約300筆對非洲國家貸款，金額達240億美元。[108]2007年，進出口銀行稱對非洲提供優惠貸款的餘額約為80億至90億美元。[109]貸款利率為2%至3%，還款期通常是15至20年，寬限期五至七年。[110]進出口銀行在約翰內斯堡設有地區代表處負責東南非市場，在喀土穆的分支負責北非地區業務，在巴黎的機構負責非洲法語區。[111]

安哥拉一直是中國進出口銀行的主要貸款對象。通過以石油抵付的方式，安哥拉獲得首筆20億美元的貸款，利率條件為倫敦銀行同業拆借利率（LIBOR）上浮1.75%，還款期15年6個月。第二筆20億美元貸款，仍然以石油償還，利率為LIBOR上浮1.5%，還款期18年6個月。及至2007年中，安哥拉和中國同意以與第一筆貸款相同的條件再達成一筆90億美元貸款的協定。[112]儘管這些利率條件比商業貸款都更具吸引力，但都不算是優惠貸款。[113]

國家開發銀行董事長陳元在2010年稱，截至當年9月底，國開行向非洲30多個國家的35個項目提供了56億美元的融資支援。2006年，溫家寶總理稱截至當年中國已向非洲國家提供援助累計56億美元。許多學者都認為這個數字被大大低估，尤其是如果計入進出口銀行提供的優惠貸款的話。2006年，中國公布的對外援助支出總額為82.37億元人民幣（折合約10.3億美元）。傳統上，撒哈拉以南非洲在中國對外援助總額佔比約44%，而北非佔約6%。據這個官方統計推算，中國對非洲援助約為5億美元，這個數字只包括中國所提供貸款的優惠貼息部分，而並不是進出口銀行貸款的面值。[114]研究這一問題的學者相信中國對外援助總額實際上應該更高，即意味着2006年中國對非洲援助比其宣稱的5億美元要多。[115]中國國務院後來稱，2009年45.7%的對外援助流向了51個非洲國家，但卻沒有披露全年對外援助的總額。

研究該議題的分析人員估計，至2009年中國對撒哈拉以南的非洲國家援助每年達20億美元。[116]另一位專家稱，如果計入減債在內，2009年中國對整個非洲大陸的援助總額達25億美元。[117]非洲開發銀行認為，2009年中國對非援助在14億美元到27億美元之間，而貸款則達85億美元。[118]溫家寶總理在2009年中非合作論壇上宣布，中國將向非洲國家提供100億美元的優惠性質貸款，支持中國的金融機構設立金額10億美元的非洲中小企業發展專項貸款。在中國的對外援助數據和計算方法變得更透明之前，若要獲知相關信息，我們只能依靠那些專事這方面研究的專家。

中國援助項目的類型

多年來，中國對非洲援助項目的內容廣泛，涉及領域包括輕工業和製造業、礦業和自然資源開發、交通基礎設施、發電廠、公共設施和體育場館、房屋項目、灌溉供水、廣播電台、農業、醫療隊，以及在中非兩地進行的專業培訓。[119]本節聚焦援非醫療隊和農業援助這兩項歷史最悠久的援助項目、目前中國最着力的基礎設施建設，以及中國最新啟動的赴非志願者項目。

中國在1963年開始向非洲派遣援外醫療隊，首支是派遣到阿爾及利亞。截至2018年，中國已向48個非洲國家派遣了醫療專業人員逾2萬人次，全球診治患者達2.8億人次；2018年共有1,095名援外醫療隊人員在全球111個醫療點工作，當中主要是在非洲國家。[120]援外醫療隊規模從20人到50人不等，通常派駐當地兩年，期滿後會有新一批醫療隊來接替。為保證醫療隊人員的招募，中國採取對口支援的方式，即指定各省級行政區固定向一個或多個非洲國家派出醫療隊，由此該省區須負責派出醫療隊去輪替。援非醫療隊可進行外科手術、針灸治療、基本衛生保健，並開展草藥研究。在非洲這個保有自己的傳統醫療的大陸，傳統中藥如魚得水，一展拳腳。此外，醫療隊還為非洲醫務人員舉辦長期和短期的培訓。在中國與非洲國家建交後，派遣醫療隊通常都是雙方最先達成協定的內容之一。中國醫療隊是公認的成就斐然。[121]

　　中國對非醫療援助的成功遠不止派遣醫療隊，還反映了中國自身在農村地區建立基本醫療衛生體系的經驗。中國在非洲建立醫院、診所和製藥廠，捐贈藥物特別是抗瘧藥，還援助醫療設備和用品。近年來又開始強調面向傳染性疾病防治的講習班和培訓，諸如瘧疾、愛滋病和禽流感。中國自身經歷過的嚴重急性呼吸系統綜合症 (SARS) 和禽流感疫情，凸顯了疫病的跨界傳播對政治穩定的衝擊。在 2006 年中非合作論壇，中國同意為非洲援助 30 所醫院，並給予 3 億元人民幣 (折合 3,800 萬美元) 無償援款用於提供防瘧藥品，以及設立 30 個抗瘧中心。[122]

　　中非農業合作始於 1959 年，最先在畿內亞。[123] 至 2006 年，中國已承擔了約 200 個合作項目，並向非洲派出了約 1 萬名專業技術人員。至 1970 年代末，大多數中國對非援助都是成套的農業援助項目。其中一部分的項目遇到管理上的問題，以致中國不得不調整政策。從 1970 年代末到 1990 年代中期，中非雙方都強調互利合作和中方持續參與，而不是把項目完全轉交給受助國運營。自 1980 年代中起，中國開始與國際多邊機構在農業項目開展合作。從 1990 年代中至今，中國一直鼓勵大型國有企業赴非投資，如中國農業發展集團有限公司、中國水產總公司、中國牧工商 (集團) 總公司。這些項目既有中方獨資，也有與東道國合資。多年來，援助項目主要是稻米種植和實驗農場，中方也承擔了棉花、糖、茶、大豆、水果、水產、豬和禽類等的種植養殖項目。[124] 當一些非洲國家在北京與台北之間游走政治承認時，兩岸會發現自己常會接手對岸所發起的農業援助項目，其中很多是稻米種植。

　　中國在非洲的農業合作項目，成績可謂毀譽參半。[125] 中國為非洲提供的農業基礎技術一般而言運作良好，但東道國政府接手建成項目後總是不能善加維護，其中有些最終失敗。這導致中國調整與非洲農業合作的方式。但即使採取了更商業化的方式，也沒有取得完全的成功。從1990年代開始，中國農墾（集團）總公司先後在加蓬、加納、畿內亞、贊比亞和坦桑尼亞五個國家設立了項目。西非的項目涉及中國與東道國政府的雙邊協議，而東非的項目則是沒有政府協議的獨立投資項目。至2007年，在坦桑尼亞的劍麻農場倒閉，雖然這個項目還有可能會恢復。在贊比亞的三個農場，其中兩個盈利。在畿內亞的兩個養雞場沒有盈利，於是後來就成為大型援助項目。在加蓬的畜牧項目並不成功。中國與加納合資的可可種植企業，被加納民眾政治化，問題叢生。[126]

不過，過往的失利從未能磨蝕中國援助非洲農業的熱情。在2006到2009年間，中國同意向非洲派遣一百名資深農業技術專家，在非洲建立十個有特色的農業技術示範中心，鼓勵和支援中國企業擴大對非農業投資，加強與非洲國家在聯合國糧農組織（FAO）「糧食安全特別計劃」（Special Program for Food Security）框架內的合作。[127]中國政府高官經常強調與非洲農業合作的重要性，並計劃繼續這種合作。然而，這種合作涉及培訓、技術轉移和投資，而非政府間的援助項目。[128]2009年，溫家寶總理在中非合作論壇上宣布，為非洲國家援建的農業示範中心增加至20個，向非洲派遣50個農業技術組，為非洲國家培訓2,000名農業技術人員。[129]從2006年到2018年，中國向非洲派遣了農業技術專家共計724人次，為非洲國家培訓了農業官員、專業技術人員和職業教育學生合共逾5.7萬人次，在19個非洲國家建成了20個農業示範中心。[130]

中國目前對非洲的援助項目大部分是基礎設施發展。根據中方的一項估計，基建項目佔全部對外援助的70%。[131]然而，在分析中國的對外援助和投資時，統計資料可能會誤導我們。中國在非洲的絕大多數基建工程都是由中資企業承建的商業項目，通常都是國企。

但是，這些項目常含有援助成分，多為中方提供低息貸款，中方甚至最終免去項目招致的債務。法國政府在2007年的一項研究認為，中國企業已控制了非洲主要建造和土木工程承包市場的逾半份額。[132]

世界銀行對2001至2007年間中國在撒哈拉以南非洲進行的基礎設施項目做過調查，估計在2000年代初，中國對基建項目的財政投入達到年均5億美元，2003年後增長至年均13億至15億美元，2006年驟升至70億美元，2007年又降至45億美元。尼日利亞、安哥拉、埃塞俄比亞、蘇丹四國合計得到這些財政支持的70%，幾內亞、加納和毛里塔尼亞也是主要的受援國。[133]

這些項目中的約33%是電力工程，主要是水電。[134]至2008年，中國已承諾要在19個非洲國家修建27座水壩，項目規模從數百萬美元到逾10億美元不等。[135]大多數項目並無爭議，但在蘇丹境內尼羅河第四瀑布的麥洛維大壩(Merowe dam)，因對環境可能造成破壞性影響及壩區移民遷置問題受到批評。[136]加蓬當地的環保組織指出，貝林加(Belinga)水壩項目將建在一個國家公園內，沒有公布環境評估報告。此後，中國進出口銀行暫停了對該項目的貸款。中方同意在埃塞俄比亞奧莫河(Omo River)上建設吉布3(Gibe III)水電站項目，但有科學家對此表示擔憂，因大壩建成後會縮減行洪量，將對下奧莫河谷和肯尼亞境內的圖爾卡納湖(Lake Turkana)脆弱的生態系統產生負面影響。[137]大多數中國建設的水利工程都得到東道國的好評，但中國政府也越來越展示出其認識到並關注援助項目對環境造成的影響。[138]

運輸基建在2001到2007年間佔了基礎設施項目另外的33%份額，當中主要是鐵路和公路。中國在非洲修建鐵路有悠久歷史，可遠溯至1970年代的坦贊鐵路。中國在2009年同意向坦桑尼亞和贊比亞貸款以進行坦贊鐵路更新改造工程，並承諾參與在尼日利亞、

加蓬和毛里塔尼亞的大型新建鐵路項目。另一項重要運輸基建是修
建公路。在博茨瓦納、埃塞俄比亞和蘇丹等國，中國幾乎壟斷了所
有的公路建設，中國路橋工程有限公司成為當地最活躍的企業。[139]

　　排在第三位的是信息通訊業，吸納了中國投向非洲基礎設施項
目資金的17%。這部分的主要業務是向非洲出售設備，其中只有小
部分屬於對外援助。越來越多中國金融機構，如中國進出口銀行和
國家開發銀行等，向那些購買中國設備的資訊科技項目提供融資。
中興 (ZTE)、華為 (Huawei) 和中法合資的上海貝爾阿爾卡特 (Alcatel
Shanghai Bell)，是在非洲最活躍的中國通訊企業。2004年，華為和
中興分別從中國進出口銀行取得6億和5億美元額度的出口授信，華
為還從國家開發銀行獲得了100億美元的授信。[140] 餘下的基礎設施
建設資金，14%用於一般項目，3%用於小型部門。包括南部非洲發
展共同體、東非共同體等在內的非洲次區域組織，對吸納區域基礎
設施建設項目的融資越來越感興趣，中國已開始討論這些請求。[141]

　　「中國青年志願者服務非洲」是中國最新的援助計劃，始於
2005年，當年向埃塞俄比亞派遣了12名志願者。該計劃是共青團
中央和中國青年志願者協會聯合發起的「中國青年志願者海外服務
計劃」的延續。與美國的和平隊 (U. S. Peace Corps) 有點類似，由該
計劃派遣到埃塞俄比亞的志願者幫助當地發展使用沼氣，改善體育
教育，擴展資訊科技並提升醫療技術。中國在2006年向埃塞俄比
亞派遣50多名志願者，開展漢語教學、醫療衛生、鄉村建設、工
業技術、文化發展等方面的服務。[142]

　　2007年，十名中國志願者赴塞舌爾，提供醫療援助並從事音
樂和旅遊業技能培訓。同年，15名中國志願者赴津巴布韋，在醫
藥、畜牧、體育、電腦技術和漢語教學等領域提供援助。與中國援
外醫療隊一樣，中央政府也要求各省市或組織對口為特定的非洲國

家提供志願者。赴塞舌爾的志願者來自廣州青年志願者協會。中國還派遣了數名志願者到毛里求斯和突尼斯。深圳市政府在2009年開始招募20名志願者赴多哥。[143] 截至2009年底，在非洲有312名中國青年志願者。[144]

援助條件

很多論者已經寫過，中國的對外援助政策不圖回報。的確，與西方及國際金融機構的援助不同，中國的援助不附帶任何政治條件，除了受援國不得與台灣保持外交關係之外。中國沒有把援助與政府善治、人權實踐以至經濟政策改革的需要聯繫起來。事實上，中國基於對國家主權的基本理念，明確反對把這些條件與援助掛勾。[145]

中國的援助與非洲國家政府對華政策之間是否有更微妙的聯繫，並不十分清楚。假如一個接受中國援助的非洲國家，尖銳地批評中國的西藏政策或者是處理新疆維吾爾自治區民族衝突的手法，中國會有怎樣的反應？即使是那些人權紀錄良好的非洲國家，都對中國任何有問題的人權實踐保持緘默。近年來都找不到任何一個非洲國家批評過中國人權狀況的例子。一些非洲國家政府例如蘇丹和津巴布韋，還公開支持中國的人權政策，正如中國也支持其政策一樣。[146] 正如一位中國官員所說，「沒有非洲受援國曾向中國要求附加條件」。[147]

與大多數其他援助國一樣，中國對非洲的援助很大程度上受到戰略和政治目的的驅動，包括加強與資源豐富國家的聯繫。反過來，中國的援助有助於強化非洲國家政府的地位。這或許可以解釋為什麼在眾多的項目中，中國着重建設政府辦公樓、總統官邸、議會、警察局、軍事設施、政黨辦公室和公共體育場館等。這一政策不構成條件，但它卻提醒受援國的統治階層，是中國幫助他們在這裏掌權。香港科技大學的政治學者丁學良相信，中國將「始終以尋求貸款國家的戰略地位為指導」。[148]

儘管中國對外援助的條件也許很微妙，也需要分析，但毫無疑問，大部分的中國援助都與採購中國的商品和服務掛勾。事實上，對外援助當中唯一不掛勾的，或許就是免除債務。西方援助國的做法類似。中國在1987年表明，69%的援助資金都是用於購買中國設備。[149]一篇在2004年發表於人民日報社旗下《市場報》的文章，建議中國企業盡量採購及從中國進口更多與優惠貸款協議相關的設備、技術和服務。[150]

一些中國資助項目中最具爭議的，是在失業率高的非洲國家僱傭中國工人。雖然在一些情況中國的勞務輸出很顯著，但是也不能以這種做法概括整個非洲大陸。[151]安哥拉法律要求中國資助的項目僱用的安哥拉工人要佔到七成，雖然這一比例偶爾會下調至六成。[152]一項對四個非洲國家的研究顯示，中資企業使用的本地工人佔總勞動力85%至95%。[153]無論如何，非洲國家政府歡迎中資公司的項目，因為它們幾乎總是比其他國家的投標要便宜。中國提供的勞動力成本和利潤率都低，大多數西方企業預期的利潤回報率為15%至25%，而大部大分中國企業則願意接受低於10%的利潤回報率，很多還可以接受低至3%到5%的利潤回報率。[154]

免除債務

中國的對外貸款並沒有準確的數據，因此要確定中國免除債務的百分比並不可能。把中國債務統計與世界銀行的「重債窮國」

(Heavily Indebted Poor Countries, HIPC) 倡議比較也很困難，因為前者沒有按原債務按國家、到期狀況和優惠性進行細分。[155] 歷史上，中國對非洲的債務問題沒有作出重大的貢獻。許多中國發放的貸款是無息貸款，還款期限較長，甚至有延長還款期。中國曾有對最貧窮的國家免除債務的紀錄，把原來的貸款轉化為捐助。非洲對中國的債務佔中國在全球債務的比例相對較小。中國不附條件的債務免除，與HIPC倡議有關。然而，隨着中國增加對非洲的貸款，外界也越來越關注非洲國家償還債務的能力。[156] 這些國家的對華出口很多是自然資源，因此只要石油和礦產價格維持在夠高的水平，這些貸款安排就應當沒有問題。

在債務的可持續性問題上，中國與其他援助國的觀點不同。中國考慮更多的是非洲國家長期的經濟潛力，而非其立即還款的能力，後者則是西方國家和國際金融機構一向遵循的原則。中國在2009年向剛果民主共和國提供的巨額貸款就是例子。儘管中國也認為債務的可持續性重要，它更關注「發展的可持續性」。中國通過發放貸款刺激非洲國家的出口及國民生產總值，也許在債務的可持續性產生了積極效應，但也造成了減少多元化的消極效應。有人批評中國貸款標準較低，破壞民主機制，滋生腐敗，在石油資源豐富的國家尤其如此。如果這種情況發生，便會削弱債務的可承受能力。[157] 另一方面來說，中國的貸款與傳統的援助國貸款之間存在競爭，而競爭產生的積極影響促進了非洲的發展。[158] 值得指出的是，中國並沒有免除岡比亞、布基納法索和聖多美和普林西比這三個國家的債務，因為它們曾一度轉向承認台北。

從2000年到2009年，中國免除了35個非洲國家的312筆債務，總額28億美元。[159] 外交部部長助理翟雋在2006年指出，中國向非洲的貸款只是非洲外債總額2,840億美元的一小部分。中國又稱，計劃免除與所有重債窮國和非洲最不發達國家截至2005年到期的無息貸款債務。另外，中國承諾在國際多邊框架內積極參與非洲債務減免的工作。到了2008年，中國已經與非洲33個重債窮國其中的32個與北京有外交關係的國家，簽署了債務抵銷協議，免除了截至2005年底已經到期的債務。[160]中國的減免債務更多是逐案考慮，而非按照一套既定的原則。到目前為止，還沒有確實的證據證明中國正在顯著地增加非洲最窮國家的債務。[161]

中國參與多邊援助機構

據估計，中國的對外援助高達95%是直接提供給受援國政府。[162]隨着中國在世界對外援助的角色越來越重，而國際援助組織亦把大部分資金用於非洲，中國開始越來越積極地參與非洲和國際的援助組織。中國在這些組織運用其影響力，鼓勵建立着重正義、合理、平等、互利以及發展中國家權利和利益的國際政治經濟新秩序。脫貧是中國國內的優先任務，也是中國對外援助的重要目標。

中華人民共和國在1971年繼承中國在聯合國的席位後，早在1980年起就向聯合國專門機構適度撥付捐助和會費。1980年代初，中國向聯合國開發計劃署(UNDP)的每年捐款和會費僅剛過100萬美元，但到了2008年已增至2,800萬美元。與此同時，中國也從聯合國開發計劃署得到很多的援助。[163]自1980年代初起，中國一直向聯合國資本發展基金會、聯合國難民事務高級專員署(UNHCR)和聯合國人口基金會(UNFPA)作出小額捐款。中國每年向聯合國難民署的捐款一直維持在100萬美元以下。[164]到1980年，中國開始向聯合國工業發展計劃(UNIDO)作出小額捐助，2008年捐助額達160萬美元。[165] 自1981年以來，中國一直為聯合國兒童基金會 (UNICEF) 作出適度捐助，但同時也是主要受益國。[166] 中國在1981年開始捐助世界糧食計劃署 (World Food Programme)，年度捐助額在1998年增至約100萬美元，到2008年增至近1,000萬美元。[167] 中國在1980年加入聯合國國際農業發展基金 (IFAD)，開始作出小額捐助，但捐助額一直不大，亦同時為農發基金的受助國。[168] 中國定期向聯合國糧食及農業組織 (FAO) 作出有限的捐助，2009年與糧農組織簽署了協議，在三年內建立3,000萬美元的信託基金以幫助發展中國家提高農業生產力。該信託基金主力援助非洲地區，中國將向受援國派遣農業專家和提供小型設備。[169]

中華民國於1945年加入國際貨幣基金組織 (IMF)，中華人民共和國後來取代其會籍。國際貨幣基金組織執行董事會由24名執董組成，中國佔有一席。截至2020年9月，中國擁有6.08%的投票權，而投票權最多的美國則為16.51%。[170] 中國在2009年同意認購500億美元國際貨幣基金組織發行的債券，IMF總裁多米尼克·斯特勞斯─卡恩 (Dominique Strauss-Kahn) 對中國幫助應對全球金融危機，特別是幫助發展中國家和新興市場國家的舉動表示讚賞。[171] 中國對IMF事務日益增強的參與，將減少IMF批評中國向非洲國家提供巨額貸款的傾向，並使中國對IMF擁有更大的政策影響力。

北京在1980年取代台北在世界銀行的中國成員國地位，最初認繳了1.36億美元的股份。[172] 到2009年，中國認繳了45億美元。2010年，世界銀行把中國的投票權提高到4.42%，而美國則為15.85%，令中國在世界銀行中的投票權升至第三位。此外，中國在國際開發協會 (International Development Association, IDA) 的投票權為1.88%，在主要針對私營企業的國際金融公司 (IFC) 的投票權為1.02%。[173] 中國曾經是世界銀行最大的借貸國，貸款主要用於為農村發展項目融資。中國繼續尋求向世界銀行借貸，世界銀行也希望繼續向中國貸款。隨着中國的財力增強，並成為世界銀行的重要的捐助國，世界銀行開始重塑與中國的關係。例如，中國進出口銀行同意與世界銀行一道為非洲的項目提供資金。[174]國際金融公司在2010年同意向在撒哈拉以南非洲地區開展業務的中國企業首次批出貸款，向中鐵建工集團與坦桑尼亞非政府組織的合資項目提供1,000萬美元融資，在達累斯薩拉姆興建零售設施和辦公室大樓。[175]

中國是「全球防治艾滋病、結核病和瘧疾基金」(Global Fund to Fight AIDS, Tuberculosis and Malaria) 的創始董事會成員，該基金大部分資金預算用於非洲。截至2010年，中國向全球基金承諾捐助1,600萬美元，已經支付了1,400萬美元。另一方面，中國也從全球基金獲益良多。中國從全球基金獲贈的資金達6.59億美元，歷年要求的資金接近20億美元。[176]中國是全球基金的第四大受援國，排在埃塞俄比亞、印度、坦桑尼亞之後，獲贈資金較其捐助多出約60倍。相比之下，美國向全球基金捐款總額達55億美元。[177]全球基金在2011年以中國疾病控制預防中心管理不當為由，一度凍結了對中國的艾滋病項目的撥款。

中國於1985年加入非洲開發銀行及其附屬的非洲開發基金 (African Development Fund, ADF)。早年，中國只作象徵式的捐款，在1996年捐款1,500萬億美元。截至2009年中國已作出八次補充捐款，捐款總額達4.86億美元，同年中國在非洲開發銀行有1.119%的投票權比重，而美國則為6.498%。2007年中國在上海主辦了非洲開發銀行理事會第42屆年會暨非洲開發基金理事會第33屆年會。這是非洲開發銀行第二次在非洲以外也是首次在亞洲召開會議，標誌着中國作為援助非洲國角色的新台階。在非洲開發銀行的執行董事會，中國也佔有一個執董席位。[178]

在南非、尼日利亞、塞內加爾和阿爾及利亞的大力支持下，非洲國家在2001年啓動了非洲發展新夥伴計劃（New Partnership for Africa's Development, NEPAD）。在促進非洲大陸的和平、發展、人權和健全經濟管理的基礎上，該計劃致力推進與捐助方之間形成一種新的發展夥伴關係的全面議程。儘管它最初只針對西方的捐助國，但中國在2003年於亞的斯亞貝巴舉行的第二次中非合作論壇部長級會議上表態支持「非洲計劃」。中國隨後和NEPAD的秘書處簽署了諒解備忘錄，同意提供長期的培訓援助。當美國和多數西方國家對NEPAD的援助僅僅停留在口頭上時，中國積極大力支持NEPAD的理念，而NEPAD的核心理念是若沒有真正的民主、尊重人權、和平和善治，發展將無法實現。[179]中國決定接受這一非洲倡議並使之更符合中國的意願，因為這一倡議並不反映中國發展利益中的優先考慮。非洲聯盟在2010年通過成立NEPAD規劃和協調局，把NEPAD正式併入非盟框架。不論NPCA取得何種成果，中國從一開始就支持NEPAD，這讓中國以很低的成本而獲得好評。

中國對非援助的評估

在非洲，中國已經從一個次要的捐助國，變成了一個重要的捐助國。[180]中國把支持發展放在優先地位，因為這有助實現穩定。[181]非洲各國政府對中國提供的基礎設施援助格外歡迎，因為西方捐助國在二十多年前就放棄了這一領域；中國替非洲國家援建諸如政府總部大樓、總統官邸和體育場等帶有聲望的項目，而這些是西方國家一直以來避免的。非洲領導人長期以來都讚揚中國的援外醫療隊。非洲各國政府也歡迎沒有政治條件的援助，不會公開批評中國

對中非共和國、赤道幾內亞、津巴布韋和蘇丹等專制政府提供資金
援助。即使民主的非洲國家政府，也沒有批評中國的援助並沒有改
善政府治理和人權狀況。公民社會團體、工會和反對派政黨則對中
國的援助更有批判性。中國大部分的援助是實物而非現金，所以也
許較不容易造成腐敗。部分出於這個原因，中國似乎更喜歡項目和
實物援助。

　　與其他捐助國一樣，中國在非洲也有處在失敗的邊緣或是已經
失敗的項目。然而，中國對其自身記錄感到自豪，並急於避免未來
的錯誤。儘管缺乏透明度，商務部稱已有一套計劃，用以評估已完
工的項目。中國在免除非洲最貧窮國貸款方面的紀錄良好。除非應
東道國政府要求，否則中國通常不會在個別國家與多個捐助國組成
的團體合作。中國沒有興趣像其他一些捐助國般，把對外援助與政
治條件掛勾。中國與其他捐助國合作的時候，更希望在聯合國系統
內而不是經合組織屬下的發展援助委員會 (Development Assistant
Committee, DAC) 展開合作。[182] 中國相信在聯合國機構，較發展援
助委員會有更多可以擴展影響力的空間。中國近年來也顯露出與英
國和加拿大援助機構合作援助非洲的意願。不過，中國不願承認其
援助通常是與中資企業和原料供應掛勾，而且似乎也沒有計劃把兩
者脫勾。世界銀行經濟學家阿里·扎法爾 (Ali Zafar) 在有關中國與
非洲經濟關係的研究中總結：「援助主要被用於促進貿易和改善對
自然資源的獲取。」[183]

註釋

1.　譯者註：該戰略正式名稱為《1993年實施市場多元化戰略總體規劃和工作部
　　署》，並非專門針對非洲市場，而是提出加強開拓非洲、拉美、中東和原蘇聯
　　地區、東歐國家的市場，支援企業到這些地區設點、考察、推銷、辦展。參

見吳儀 (對外貿易經濟合作部部長):《關於對外經濟貿易工作的報告——1993年12月27日在第八屆全國人民代表大會常務委員會第五次會議上》,中國人大網。

2. John Wong and Sarah Chan, "China's Outward Direct Investment: Expanding Worldwide," *China: An International Journal*, 1, 2 (September 2003): 279–81; UNCTAD, *Asian Foreign Direct Investment in Africa* (New York: UN, 2007), p. 54; Garth Shelton, "China and Africa: Building an Economic Partnership," *South African Journal of International Affairs*, 8, 2 (Winter 2001): 113.

3. UNCTAD, *Asian FDI*, p. 54. Wong and Chan, p. 281.

4. 《中非經濟和社會發展合作綱領》,2000年10月12日。

5. 《中國對非洲政策文件》,2006年1月。

6. 《中非合作論壇北京行動計劃 (2007–2009 年) 》,2006年11月5日。

7. Raphael Kaplinsky and Mike Morris, "Chinese FDI in Sub-Saharan Africa: Engaging with Large Dragons," *European Journal of Development Research* 21, 4 (2009): 553.

8. Chen Zhimin and Jian Junbo, "Chinese Provinces as Foreign Policy Actors in Africa," South African Institute of International Affairs Occasional Paper 22 (January 2009): 10–13.

9. "China to Unveil Its Foreign Assistance Policy," *Ethiopian News Agency*, 19 April 2011.

10. Jing Gu, "China's Private Enterprises in Africa and the Implications for African Development," *European Journal of Development Research* 21, 4 (2009): 573–76.

11. 關於華為與軍方關係的背景材料,參見 Brad Reese, "Cisco vs. Chinese Military Partner—Huawei Technologies," 21 January 2008, www.networkworld.com/community/print/24176. 關於民營企業投資非洲的案例,參見Jian-Ye Wang, "What Drives China's Growing Role in Africa?" IMF Working Paper, August 2007, 18.

12. Harry G. Broadman, "China and India Go to Africa: New Deals in the Developing World," *Foreign Affairs* 87, 2 (March/April 2008): 98.

13. Chris Alden and Martyn Davies, "A Profile of the Operations of Chinese Multinationals in Africa," *South African Journal of International Affairs*," vol. 13, issue 1(Summer/Autumn): 90.

14. Shinn, "Chinese Involvement in African Conflict Zones," *China Brief* 9, 7 (2 April 2009): 7–10. 例如,中國駐剛果 (金) 大使吳澤獻說,大多數國家的投資者和政府均視剛果 (金) 為麻煩叢生之地,避之唯恐不及。而中國卻認為剛果 (金)「潛力巨大」,準備要長期耕耘,挖掘潛力。參見Alex Perry, "China's New Focus on Africa," *Time,* 24 June 2010.

15. Wong and Chan, pp. 284–85; Raphael Kaplinsky, Dorothy McCormick and Mike Morris, "The Impact of China on Sub Saharan Africa," unpublished paper (April 2006), 14; Mario Biggeri and Marco Sanfilippo, "Understanding China's Move into Africa: An Empirical Analysis," *Journal of Chinese Economic and Business Studies*, 7, 1 (February 2009): 36; Anthony Yah Baah and Herbert Jauch, ed., "Chinese Investments

in Africa: A Labour Perspective," African Labour Research Network (May 2009): 43, www.fnv.nl/binary/report2009_chinese_investments_in_africa_tem7-23663.pdf; Deborah Bräutigam, *The Dragon's Gift: The Real Story of China in Africa* (Oxford: Oxford University Press, 2009), pp. 62–65.

16. Deborah Bräutigam, "Close Encounters: Chinese Business Networks as Industrial Catalysts in Sub-Saharan Africa," *African Affairs*, vol. 102 (2003): 466–67.

17. U.S.-China Economic and Security Review Commission, "The 88 Queensway Group: A Case Study in Chinese Investors' Operations in Angola and Beyond," 10 July 2009.

18. Chris Alden, "What is China Doing in Guinea?" *Guardian* (19 October 2009). 譯者註:當時中國外交部發言人就此問題回答記者提問時說:「中國國際基金是一家在香港註冊的國際公司,其在幾內亞的投資純屬其企業自身行為,該公司活動與中國政府無關,中國政府不了解具體合作情況。」中國外交部網站,2009年10月16日。

19. Bates Gill and James Reilly, "The Tenuous Hold of China Inc. in Africa," *Washington Quarterly* 30, 3 (Summer 2007): 49–51. 關於中國在非企業勞動條件和勞工關係的出色分析,參見 Baah and Jauch, 66–70; Bräutigam, *The Dragon's Gift*, pp. 299–306.

20. Chris Alden and Christopher R. Hughes, "Harmony and Discord in China's Africa Strategy: Some Implications for Foreign Policy," *China Quarterly* 199 (September 2009): 576–79; Chris Alden and Ana Cristina Alves, "China and Africa's Natural Resources: The Challenges and Implications for Development and Governance," SAIIA Occasional Paper no. 41, September 2009, 20–21. 在2010年2月24日於利比里亞蒙羅維亞舉行的非洲—中國—美國三方會議上,中國社會科學院西亞非洲研究所所長楊光介紹了此次關於中國企業社會責任調研的情況。楊光帶領調研組赴馬里、蘇丹和埃塞俄比亞訪問了20多家中資企業,他認為這些企業在履行社會責任方面表現良好,但仍有改進空間。參見詹世明:〈履行企業社會責任 促進中非共同發展——「中國在非洲企業履行社會責任」調研組考察報告〉,《西亞非洲》,2008年第7期。

21. Li Anshan, "What's to Be Done after the Fourth FOCAC?" *China Monitor* (November 2009): 8. 關於海外中資企業履行社會責任實踐及在贊比亞的情況,參見 Chloe Yang, "Corporate Social Responsibility and China's Overseas Extractive Industry Operations: Achieving Sustainable Natural Resource Extraction," Foundation for Environmental Security and Sustainability (August 2008): 1–12, www.fess-global.org/issuebriefs/CSR_China.pdf; Zhang Zhongxiang, "Corporate Conscience," *Beijing Review* 53 (2 December 2010): 12–13.

22. Jian-Ye Wang, 11; Helmut Asche and Margot Schüller, *China's Engagement in Africa: Opportunities and Risks for Development* (Eschborn: Germany: GTZ, 2008), p. 27.

23. UNCTAD, *Asian FDI*, p. 19. 這頁把分別截至1990年末和2005年末的中國對非洲各國的直接投資資料逐國列出,這些數字看上去都過於保守了。如上面顯示至2005年末中國對蘇丹直接投資累計為3.515億美元,但蘇丹投資辦公室主任在2007年中告訴本書作者,中國在蘇丹投資已逾50億美元。

24. 溫家寶：《加強中非合作促進互利共贏——在中非領導人與工商界代表高層對話會暨第二屆中非企業家大會開幕式上的講話》，2006年11月4日；China Ministry of Commerce, "The Economic and Trade Relations Between China and African Countries in 2006," *China Commerce Yearbook 2007*, p. 615; Jing Gu, 572; 溫家寶：《全面推進中非新型戰略夥伴關係——在中非合作論壇第四屆部長級會議開幕式上的講話》，2009年11月8日；UNCTAD, *Report 2010 South-South Cooperation: Africa and the New Forms of Development Partnership* (New York: UN, 2010), pp. 84–86, www.unctad.org/en/docs/aldcafrica2010_en.pdf; State Council, "China-Africa Economic and Trade Cooperation," December 2010, http://english1.people.cn/90001/90777/90855/7240530.html; "China Vows to Increase Government Scholarships for African Students," *Xinhua*, 20 April 2011. 譯者註：商務部副部長魏建國在2007年談及截至2006年底中國對非直接投資累計金額時，前後幾次提供的資料都不同。2007年2月5日在新華網與網友線上交流時，稱為63億美元；8月28日在商務部改進企業對非工作座談會上指是117億美元；11月13日在中非合作論壇北京峰會八項政策措施落實情況通報會上稱是136億美元。參見〈商務部副部長魏建國談中非經貿合作問題（全文）〉，2007年02月05日，http://news.sohu.com/20070205/n248056842.shtml；〈商務部改進企業對非工作座談會在京召開〉，商務部官網，2007年8月28日，http://www.mofcom.gov.cn/article/ae/ai/200708/20070805038328.shtml；〈魏建國副部長在中非合作論壇北京峰會八項政策措施落實情況通報會上的講話〉，商務部官網，2007年11月14日，http://weijianguo.mofcom.gov.cn/article/speechheaders/200711/20071105245706.shtml。

25. UNCTAD, *World Investment Report 2010: Investing in a Low-Carbon Economy*, (Geneva: UN, 2010), pp. 32–33.

26. Olu Ajakaiye, et al., "Seizing Opportunities and Confronting the Challenges of China—Africa Investment Relations: Insights from AERC Scoping Studies," Policy Issues Paper 2, January 2009, 4.

27. 本書作者之一史大偉，2011年5月至6月間在北京與中國專家討論非洲問題時，就此處列出的資料自相矛盾問題提問請教。中方專家並未給出解釋，但同意2009年底對非直接投資存量93.3億美元這個數字明顯低估實際情況。

28. Harry G. Broadman, *Africa's Silk Road: China and India's New Economic Frontier* (Washington: The World Bank, 2007), pp. 94–97. UNCTAD, *Asian FDI*, p. 53. UNCTAD, *Report 2010*, p. 84; "China Surges to 5th Largest Global Investor," *Xinhua*, 6 September 2010.

29. 譯者註：截至2017年底，中國對非直接投資的前十位目的地國按存量金額排序依次為：南非、剛果民主共和國、贊比亞、尼日利亞、安哥拉、埃塞俄比亞、阿爾及利亞、津巴布韋、加納、肯尼亞。參見中國商務部、國家統計局、國家外匯管理局：《2017年度中國對外直接投資統計公報》。

30. 國務院新聞辦公室：《中國與非洲的經貿合作》白皮書（2010年12月）；Broadman, *The Silk Road*, pp. 96–97; UNCTAD, *Report 2010*, p. 84; African Center

for Economic Transformation (ACET), *Looking East: A Guide to Engaging China for Africa's Policy-Makers*, vol. 2 (Accra, Ghana: November 2009), p. 26; Walter Kerr, "The Role of Chinese Provinces in Advancing China-Africa Relations," unpublished paper, George Washington University, 10. 2009年時，非洲開發銀行稱中國對非洲直接投資流量每年有13億美元，多集中在資源豐富國家，如安哥拉、剛果民主共和國、尼日利亞、蘇丹，參見Richard Schiere, "Impact of the Financial and Economic Crisis on China's Trade, Aid and Capital Inflows to Africa," Development Research Brief, 11, September 2009, 1. 譯者註：截至2018年底，中國與非洲35個國家簽訂了雙邊投資保護協定，與17個國家簽訂了避免雙重徵稅協定，但其中六個尚未生效。參見UNCTAD, Investment Policy Hub, International Investment Agreements Navigator, China, https://investmentpolicy.unctad.org/international-investment-agreements/countries/42/china;「我國簽訂的避免雙重徵稅協定一覽表」，國家稅務總局網站。

31. Lucy Hornby, "China Tries to Wean Africa Investors Off State Loans," *Reuters,* 4 November 2009.

32. 譯者註：截至2018年底，國家開發銀行貸款餘額11.68萬億元人民幣，對中國大陸以外貸款佔比2.25%。參見《國家開發銀行2018年度報告》。

33. Deborah Bräutigam, *China's African Aid: Transatlantic Challenges* (Washington: German Marshall Fund of the US, 2008), p. 15; "China-Africa Cooperation in Development Financing," *The African Economist*, vol. 26, 60 (May–June 2007): 13–15; Bräutigam, *The Dragon's Gift*, pp. 115–117.

34. "CAD-Fund," www.cdb.com.cn/english/Column.asp?ColumnId=176; Bräutigam, *The Dragon's Gift*, pp. 93–95.

35. "Chi Jianxin," *Africa-Asia Confidential* 2, 9 (July 2008): 9; Stephen Marks, "Another Way to Build a Foothold," *Pambazuka News,* 23 April 2009. 參見「中非發展基金」網站，www.cadfund.com/; 本書作者史大偉與中非發展基金研發部專家蔡金牛的訪談，利比里亞蒙羅維亞，2010年2月25日。

36. David Lawder, "China Interested in IFC Toxic Asset Plan – Zoellick," *Reuters,* 5 October 2009; Victoria Ruan and J.R. Wu, "Chinese Bank Defends Record in Africa," *Wall Street Journal*, 8 March 2010.

37. Jian-Ye Wang, 16.

38. UNDP, "China Africa Business Council: Annual Progress Report 2006," www.undp.org.cn/monitordocs/43576.pdf. Also see www.hkbu.edu.hk/~cabc/; www.cabc.org.cn/english/introduce.asp.

39. 〈中非合作論壇北京峰會後續行動落實情況〉，中國外交部網站，2008年5月。

40. 譯者註：該項資金於2001初成立時，規定「上年度海關統計出口額在1,500萬美元以下」進出口中小企業可申請企業項目，「每個項目給予支持的資金最高不超過30萬元人民幣」，主要支援內容包括：「境外展覽會、企業管理體系認證、各類產品認證、境外專利申請、國際市場宣傳推介、電子商務、境外廣告和商標註冊、國際市場考察、境外投（議）標、企業培訓、境外收購技術和品牌等」。2010年，該項資金新的管理辦法公布，將「上年度海關統計出口額」調整為4,500萬美元以下；從2015開始，出口額門檻進一步上調為6,500萬美元。同時，資助內容、項目數量、金額也更為多元複雜。但大體來看，該項資金的主要支援內容是出口，重點並不在投資促進。參見外經貿部、財政部：《關於印發〈中小企業國際市場開拓資金管理辦法實施細則（暫行）〉的通知》（2001年6月）；財政部、商務部：《關於印發〈中小企業國際市場開拓資金管理辦法〉的通知》（2010年5月）；財政部、商務部：《關於2015年度外經貿發展專項資金申報工作的通知》（2015年7月）。

41. Jing Gu, 580.

42. "New Think-Tank to Focus on Africa," *China Daily*, 17 August 2010.

43. UNCTAD, *Asian FDI*, pp. 56–57. Barry Sautman and Yan Hairong, "The Forest for the Trees: Trade, Investment and the China-in-Africa Discourse," *Pacific Affairs*, vol. 81, no. 1 (Spring 2008): 22–23.

44. ACET, pp. 29–30. Lucy Corkin, "The Strategic Entry of China's Emerging Multinationals into Africa," *China Report*, vol. 43, no. 3 (2007), 313–16. Olu Ajakaiye, "China and Africa—Opportunities and Challenges," African Economic Research Consortium, 9–10, www.aercafrica.org/documents/china_africa_relations/Opportunities_and_Challenges%20_Olu.pdf. 有關對中國電信企業特別是華為和中興努力向全球擴張的分析，參見 Cheng Li, "China's Telecom Industry on the Move: Domestic Competition, Global Ambition, and Leadership Transition," *China Leadership Monitor*, no. 19 (Fall 2006): 1–23. 根據2009年的一項全球研究，中國的外國直接投資往往會進入那些自然資源豐富、但制度落後的國家。參見 Ivar Kolstad and Arne Wiig, "What Determines Chinese Outward FDI?" CMI Working Paper 2009:3, 15–16, www.cmi.no/publications/file/3332-what-determines-chinese-outward-fdi.pdf.

45. ACET, p. 89. 中國在蘇丹大量投資石油；50%的製造業數據令人懷疑。中國在贊比亞有大量銅投資，該國87%的比例也值得懷疑。有關中國在非洲十個國家的投資情況詳細分析，參見Baah and Jauch及摘要，頁35–40。

46. Bao Pu, Renee Chiang and Adi Ignatius, *Prisoner of the State: The Secret Journal of Zhao Ziyang* (New York: Simon and Schuster, 2009), pp. 101, 277–78. Martyn J. Davies, "Special Economic Zones: China's Developmental Model Comes to Africa," in Robert Rotberg, ed., *China into Africa: Trade, Aid, and Influence* (Washington: Brookings Institution Press, 2008), pp. 138–140.

47. 譯者註：毛里求斯經貿合作區原先由山西天利集團中標開發，2007年6月動工，計劃在五年內建成。但到了2009年6月，山西省政府決定重組合作區開發主體，園區更名為「毛里求斯晉非經貿合作區」，宣布合作區分兩期開發，其中一期預計於2012年上半年竣工，但開發建設速度仍然緩慢，直到2014年也沒有完成合作框架協定的要求。參見〈晉非經貿合作區：重振晉商海外輝煌〉，《中國企業報》，2017年7月4日。

48. 譯者註：「阿爾及利亞中國江鈴經濟貿易合作區」在2008年1月對外宣布正式啟動，但後因應2009年阿爾及利亞關於外國投資的法律重大調整，要求在所有外國投資項目阿方參股至少51%，故此沒有推進實施。參見唐曉陽：《中非經濟外交及其對全球產業鏈的啟示》(北京：世界知識出版社，2014)。

49. "Nation to Hike SEZ Spending in Africa," *China Daily*, 15 September 2010.

50. Phillip Giannecchini, "Chinese Special Economic Zones in Africa," *China Monitor* (September 2011): 10-14. 關於境外經貿合作區及其在贊比亞、尼日利亞、毛里求斯和埃塞俄比亞的詳盡分析，參見Deborah Brautigam, Thomas Farole and Tang Xiaoyang, "China's Investment in African Special Economic Zones: Prospects, Challenges and Opportunities," *Economic Premise* 5 (March 2010): 1–6; Loro Horta, "China Building Africa's Economic Infrastructure: SEZs and Railroads," *China Brief* 10, 15 (22 July 2010): 9–12; 伊恩．泰勒 (Ian Taylor) 在非洲研究學會 (Africa Studies Association) 2011年11月17日華盛頓會議上的發言。

51. Vivian Foster, William Butterfield, Chuan Chen and Nataliya Pushak, "Building Bridges: China's Growing Role as Infrastructure Financier for Sub-Saharan Africa," (Washington: World Bank, 2008), 35–39. 作者在第39頁就欠缺任何中國對蘇丹投資的數據，提供了一種可能的解釋。關於中國資助撒哈拉以南非洲自然資源項目的摘要，參見頁77–81頁。在另一項研究，約翰霍普金斯大學的Bo King估計，在1992年至2009年間中國對撒哈拉以南非洲石油行業的投資為130億美元，www.sais-jhu.edu/bin/m/h/Chinas-Energy-Strategy-in-Africa.pdf.

52. Trevor Houser, "The Roots of Chinese Oil Investment Abroad," *Asia Policy*, no. 5 (January 2008): 156; Xin Ma and Philip Andrews-Speed, "The Overseas Activities of China's National Oil Companies: Rationale and Outlook," *Minerals and Energy*, vol. 21, no. 1 (March 2006): 21. Florence C. Fee, "Asian Oils in Africa: A Challenge to the International Community," *Alexander's Gas and Oil Connections*, vol. 11, issue 9 (4 May 2006). 有關中國在非洲能源政策的有用分析，參見Ricardo Soares de Oliveira, "Making Sense of Chinese Oil Investment in Africa," in Chris Alden, et al., *China Returns to Africa* (London: Hurst and Company, 2008), pp. 83–109. 有關中國能源安全策略的分析，參見Surya Narain Yadav, *India, China and Africa: New Partnership in Energy Security* (New Delhi: Jnanada Prakashan, 2008), pp. 117–56.

53. Michael Bristow, "China's Long March to Africa," *BBC* (29 November 2007).

54. Deborah A. Bräutigam and Tang Xiaoyang, "China's Engagement in African Agriculture: 'Down to the Countryside'," *China Quarterly*, no. 199 (September 2009): 696–97; Stephen Marks, "China and the Great Global Landgrab," *Pambazuka News* (11 December 2008), www.pambazuka.org/en/category/africa_china/52635; Duncan Freeman, Jonathan Holslag and Steffi Weil, "China's Foreign Farming Policy," *BICCS Asia Paper*, vol. 3. no. 9 (2008): 15–21. 中國在非洲農業投資的更多例子，參見ACET, p. 77.

55. Genet Mersha, "International Agricultural Land Deals Award Ethiopian Virgin Lands to Foreign Companies," (12 August 2009): 12–13, www.ethiomedia.com/adroit/ethiopian_virgin_lands_for_sale.pdf.

56. Vincent Castel and Abdul Kamara, "Foreign Investments in Africa's Agricultural Land: Implications for Rural Sector Development and Poverty Reduction," African Development

Bank Development Research Brief, no. 2 (April 2009): 2–3. 譯者註：2006年前後，中國一些媒體大量湧現關於非洲「保定村」的報道，指中國農民長期集中在非洲某些地區進行生產經營和生活而形成居民點，因據稱這種生存形態的創始人和最早的居民來自於河北保定，故稱為「保定村」，當時流行的說法是全非各地建有28個「保定村」。但很快就有調查記者指出，所謂非洲「保定村」的存在真實值得高度存疑。參見劉彥、陳曉：〈不靠譜的非洲發財故事〉，《中國新聞週刊》，2007年41期。

57. Lorenzo Cotula, Sonja Vermeulen, Rebeca Leonard and James Keeley, "Land Grab or Development Opportunity? Agricultural Investment and International Land Deals in Africa," FAO, IIED and IFAD report (2009): 55, www.reliefweb.int/rw/rwb.nsf/db900sid/KHII-75EHR4/$File/full_report.pdf.

58. Stephen Marks, "China and the Great Global Landgrab," *Pambazuka News*, 11 December 2008.

59. "China Says Not Pushing to Expand Farming Overseas," *Alibaba.com*, 4 March 2009.

60. Carl Rubinstein, "Speaking Freely: China's Eye on African Agriculture," *Asia Times*, 2 October 2009; Bräutigam, *The Dragon's Gift*, pp. 253–72; Stephen Marks, "Another Way to Build a Foothold," *Pambazuka News*, 23 April 2009. Bräutigam 在2010年4月16日的博客中寫道，沒有強力的證據表明中國在非洲擁有大型農場。相反，中國正在尋求一種援助與中國農業綜合企業相結合的創新模式。

61. Riaan Meyer and Chris Alden, "Banking on Africa: Chinese Financial Institutions and Africa," SAIIA China in Africa Policy Report no. 5 (2008), www.saiia.org.za/images/stories/pubs/chap/chap_rep_05_meyer_alden_200806.pdf. Chris Alden and Riaan Meyer, "Unveiling the Diversity of Chinese Finance in Africa," *Pambazuka News*, 11 February 2010.

62. 背景資料參見www.encyclopedia.com/doc/1G2-2840600113.html. UNCTAD, *Asian FDI*, p. 132.

63. Tan Wei, "Overseas Expansion," *Beijing Review*, vol. 50, no. 48 (29 November 2007): 33; Julia Werdigier and Joseph Kahn, "Barclays Increases Bid for ABN Amro," *New York Times*, 24 July 2007. 譯者註：中國進出口銀行入股巴克萊銀行的初衷，很大程度上是為了全面開拓非洲市場，故此後雙方合作繼續深化，如在2014年雙方又簽訂了有關商業活動戰略合作備忘錄。但到了2016年3月，巴克萊銀行正式宣布決定退出非洲市場，為此減持旗下非洲業務部門「巴克萊非洲集團」(BGAL) 62.3%的股份，至2017年第三季度，佔股銳減至14.9%，其設有分支機構的非洲國家數量也從之前的十個減少至僅餘肯尼亞一個。

64. "Absa, Barclays to Advise China's Eximbank Clients on Africa Investment," *Market Watch* (South Africa), 23 October 2006.

65. Ni Yanshuo, "Banking on Greater Investment," *ChinAfrica*, vol. 2, no. 8 (August 2007): 13; Parmy Olson, "China Grabs a Slice of Africa," *Forbes.com*, 25 October 2007.

66. William Pesek, "China's Africa Dream Is Looking Less Nightmarish," *Bloomberg*, 30 October 2007.

67. "The China-Africa Business Connection: An Interview with the CEO of Standard Bank," *McKinsey Quarterly* (June 2010), www.mckinseyquarterly.com/Africa/The_ China_Africa_business_connection_An_interview_with_the_CEO_of_Standard_ Bank_2610.

68. "ICBC, Standard Bank Agree on $1 Bln Resource Fund," *Reuters*, 16 March 2008; Tom Burgis, "China Ready to Invest in Africa Again," *Financial Times*, 5 March 2009; "Standard Bank Sees Chinese Returning to Africa," *Reuters*, 10 September 2009.

69. "FirstRand, China Construction Bank Enter Deal," *The Times* (South Africa), 30 July 2009; Zhuan Ti, "BOC Marks 10 Years in South Africa," *China Daily*, 9 August 2010. 也參閱 www.bankofchinalocations.com/south_africa/.

70. 參見贊比亞中央銀行行長的講話，www.boz.zm/publishing/Speeches/GovernorRe marksAtBankofChina_10Years.pdf. 譯者註：截至2019年，中國銀行在非洲八個國家建立了常設機構，分別是贊比亞、南非、安哥拉、毛里求斯、坦桑尼亞、肯尼亞、摩洛哥、吉布提，機構形態包括分行、子銀行、代表處等。

71. "Ecobank Partners with China," *Kenya Broadcasting Corporation*, 15 February 2010.

72. "China Union Pay Enlists Equity Bank," *The East African*, 20 September 2010. 譯者註：中國銀聯在2018年宣布已有50個非洲國家接受銀聯，並有11個非洲國家發行了銀聯卡。參見〈一卡在手，走遍非洲不是夢〉，《人民日報》，2018年6月22日，第22版。

73. "Mozambique: New Bank Inaugurated," *allAfrica.com*, 16 June 2008. 譯者註：Geocapital策略投資股份有限公司自稱「以充任中國、澳門、葡萄牙和葡語國家之間的橋樑為使命」，其創辦人和大股東是澳門博彩業大亨何鴻燊，以及葡萄牙商人李百鴻（Jorge Ferro Ribeiro）。

74. "Turkish Airlines Moving into Africa: Will Turkey Emulate China?" *Centre for Asia Pacific Aviation*, 16 July 2010. 譯者註：直到2014年5月總理李克強倡議實施「中非區域航空合作計劃」，南方航空同年6月27日開通深圳直飛毛里求斯航線，中國航企才開始恢復非洲航線。隨後中國政府通過資金補貼等方式，鼓勵航空運輸企業「飛出去」，開闢中非航線。2015年8月5日，南航正式開通廣州至內羅畢航線。同年10月29日和11月2日，中國國航先後開通北京至約翰內斯堡和北京至亞的斯亞貝巴兩條直達航線。

75. Peter Kragelund and Meine Pieter van Dijk, "China's Investments in Africa," in Meine Pieter van Dijk, ed., *The New Presence of China in Africa* (Amsterdam: Amsterdam University Press, 2009), pp. 90–91.

76. "IFC Finances China Investment in Africa," Bretton Woods Project, 18 June 2010, www.brettonwoodsproject.org/print.shtml?cmd[884]=x-884-566442.

77. Jing Gu, 585.

78. "Why Chinese Companies Are Doing Well Despite Global Credit Crunch," *Ghana Business News*, 27 July 2009.

79. Wang Duanyong, "China's Overseas Foreign Direct Investment Risk: 2008–2009", SAIIA Occasional Paper 73, January 2011, 18–25. 譯者註：中國商務部自2009年起

每年都組織編寫並發布的年度《對外投資合作國別（地區）指南》，對全球各國和地區的投資環境作全面介紹。2019年版的指南，覆蓋了172個國家和地區。

80. ACET, p. 30–32. 聯合國貿易和發展會議2010年的報告指出，中國正迅速向全球價值鏈上游移動，為其他發展中國家留下空間，讓它們生產一些中國目前生產的低技術產品。參見UNCTAD's *Report, 2010*, p. 41.

81. 國務院新聞辦公室：《中國與非洲的經貿合作》白皮書（2010年12月）；有關中國通過毛里求斯投資的解釋，參見www.milonline.com/companies/investment-in-china.html.

82. Sue van der Merwe, "Reflections on South Africa-China Bilateral Relations," 19 August 2008.

83. Craig Timberg, "Inventive South Africa Firms Thrive in Booming China," *Washington Post*, 11 February 2007.

84. Kerr, 13–14, 19.

85. "China in Africa – SABMiller," *Business Day* (South Africa), 8 July 2010. 譯者註：華潤啤酒（控股）有限公司在2016年收購了南非釀酒集團（亞洲）有限公司在華潤雪花啤酒有限公司中所持有的全部股份（49%），當年10月11日交易正式完成，華潤雪花啤酒成為華潤啤酒的全資附屬公司，與南非米勒再沒有任何關係，雙方合資結束。

86. Andrea Goldstein, et al., *The Rise of China and India: What's in it for Africa?* (Paris: OECD, 2006), pp. 86–87. 譯者註：2004年9月，南非沙索公司與中國神華集團等企業簽訂合作意向書，計劃分別在陝西榆林、寧夏寧東兩地同時開展煤間接液化製油項目，進行第一階段可行性研究。但此後雙方的談判與合作一直進行得並不順利，到2008年陝西榆林項目被叫停，寧夏項目的政府審批被長期懸置，雙方合作最終結束。

87. Law Yu Fai（羅汝飛），*Chinese Foreign Aid* (Saarbrücken, Germany: Verlag Breitenbach Publishers, 1984), pp. 61–66, 240.

88. Ai Ching-chu, "China's Economic and Technical Aid to Other Countries," *Peking Review*, vol. 7, no. 34 (21 August 1964): 14–16. 有關中國對非洲援助歷史發展的概覽，參見Liu Haifang, "China's Development Cooperation with Africa: Historical and Cultural Perspectives," in Fantu Cheru and Cyril Obi, eds., *The Rise of China and India in Africa* (London: Zed Books, 2010), pp. 54–58.

89. 中國對外援助八項原則分別是：（一）中國政府一貫根據平等互利的原則對外提供援助，從來不把這種援助看作是單方面的賜予，而認為援助是相互的；（二）在提供對外援助的時候，嚴格尊重受援國的主權，絕不附帶任何條件，絕不要求任何特權；（三）以無息或者低息貸款的方式提供經濟援助，在需要的時候延長還款期限，以盡量減少受援國的負擔；（四）提供外援的目的是幫助受援國逐步走上自力更生、經濟上獨立發展的道路；（五）幫助受援國建設的項目，力求投資少，收效快，使受援國政府能夠增加收入，積累資金；（六）中國政府提供自己所能生產的質量最好的設備和物資，並且根據國際市場的價格議價，如果中國政府所提供的設備和物資不合乎商定的規格和質量，中國政府保證退換；(七)中國政府對外提供任何一種技術援助的時候，保證做到使受援國的人員充分掌握這種技術；(八)中國政府派到受援國的專家，同受援國自己的專家享受同樣的物質待遇，不容許有任何特殊要求和享受。也參見 Bräutigam, *China's African Aid,* 9; Penny Davies, *China and the End of Poverty in Africa*— *Towards Mutual Benefit?* (Sundbyberg, Sweden: Diakonia, 2007), p. 40 (footnote 81). 中國官員和學者到今天仍持續提到「八項原則」，彷彿它們是中國援助政策不可分割的一部分，例子可參見 He Wenping, "Moving Forward with the Time: The Evolution of China's African Policy," paper delivered at a workshop in Hong Kong (11-12 November 2006), 5.

90. Bräutigam, *China's African Aid*, pp. 37–38. Chris Alden, "Emerging Countries as New ODA Players in LDCs: The Case of China and Africa," *Gouverance Mondiale*, no. 1 (2007): 5.

91. Yuan Wu, *China and Africa* (Beijing: China International Press, 2006), pp. 47–50

92. Li Xiaoyun, "China's Foreign Aid and Aid to Africa: Overview," slides 4 and 5, 2008 PowerPoint presentation available at www.oecd.org/dataoecd/27/7/40378067.pdf.

93. Bräutigam, *China's African Aid*, pp. 8–9. 有關中國援助政策演變的另外兩個分析，參見 Penny Davies, pp. 36–39; V. Maurice Gountin, "China's Assistance to Africa, A Stone Bridge of Sino-African Relations," 2006 unpublished paper available at www.cctr.ust.hk/china-africa/papers/Gountin,Maurice.pdf. 有關 1975 至 1978 年中國對非洲援助的詳細描述，參見 Gail A. Eadie and Denise M. Grizzell, "China's Foreign Aid, 1975–78," *The China Quarterly*, no. 77 (March 1979): 217–34.

94. George T. Yu, "Africa in Chinese Foreign Policy," *Asian Survey*, vol. 28, no. 8 (August 1988): 857–58; Ian Taylor, "China's Relations with Sub-Saharan Africa in the Post-Maoist Era, 1978–1999," in Frank Columbus, ed., *Politics and Economics of Africa* (Huntington, NY: Nova Science Publishers, 2001), pp. 90–91. 趙紫陽的「四項原則」原文如下：「一、中國同非洲國家進行經濟技術合作，遵循團結友好、平等互利的原則，尊重對方的主權，不干涉對方的內政，不附帶任何政治條件，不要求任何特權。二、中國同非洲國家進行經濟技術合作，從雙方的實際需要和可能條件出發，發揮各自的長處和潛力，力求投資少、工期短、收效快，b並能取得良好的經濟效益。三、中國同非洲國家進行經濟技術合作，方式可以多種多樣，因地制宜，包括提供技術服務、培訓技術和管理人員、進行科學技術交流、承建工程、合作生產、合資經營等等。中國方面對所承擔的合作項目負責守約、保質、重義。中國方面派出的專家和技術人員，不要求特殊的待遇。四、中國同非洲國家進行經濟技術合作，目的在於取長補短，互相幫助，以利於增強雙方自力更生的能力和促進各自民族經濟的發展。」參見 Xuetong Yan, "Sino-African Relations in the 1990s," *CSIS Africa Notes*, no. 84 (19 April 1988): 4. 亦參見〈總理宣布中非經濟技術合作四項原則：平等互利、講求實效、形式多樣、共同發展〉，《人民日報》，1983 年 1 月 15 日，第 6 版。羅汝飛 (Law Yu Fai) 在頁 313 總結，指趙紫陽的「四項原則」簡明重申了周恩來的「八項原則」，四項原則強調實際成果，並承認一些早期項目的管理失敗。

95. 南非記者 Colin Legum 對宮達非的訪問，*Africa Report* (March–April 1983): 22.

96. Law Yu Fai, pp. 240–50.

97. Yuan Wu, pp. 50–51. Li Xiaoyun, slide 6; Bräutigam, "China's African Aid," 10. 關於中國對非洲援助的最新歷史記錄，參見 Bräutigam, *The Dragon's Gift*, pp. 22–104.

98. Yuan Wu, pp. 52–54. Li Xiaoyun, slide 7. 關於中國和日本對非洲援助的歷史比較，參見 Pedro Amakasu Raposo and David M. Potter, "Chinese and Japanese Development Co-operation: South-South, North-South, or What?" *Journal of Contemporary African Studies*, vol. 28, no. 2 (April 2010): 177–202.

99. Bräutigam, *China's African Aid*, pp. 10–12.

100. 《中非經濟和社會發展合作綱領》(2006年9月14日)。

101. 《中國對非洲政策文件》(2006年1月)，《中非合作論壇北京行動計劃(2007–2009)》(2006年11月5日)。

102. 譯者註：世界銀行所訂國際貧困線 (Global Poverty Line) 的日均生活費標準，自1990年最初發布以來經過多次調整，2008年調整至1.25美元，2015年10月再調整至1.90美元。按此標準計算，在2010和2011年前後，中國生活在貧困線下的人口約為1億至1.5億。參見 "Poverty & Equity Data Portal", World Bank, http://povertydata.worldbank.org/poverty/country/CHN.

103. Martyn Davies, et al., "How China Delivers Development Assistance to Africa," monograph published by the Centre for Chinese Studies, University of Stellenbosch, February 2008, 4–5. 對外援助與促進出口之間的聯繫，可以追溯到中國對非洲援助的初期。參見 Alexandra Close, "Aid from the Aidless," *Far Eastern Economic Review*, vol. 49, no. 5 (29 July 1965): 215.

104. 對於中國不願在對外援助數據上更加透明，有各種各樣的解釋。參見 Penny Davies, pp. 49–51; Carol Lancaster, "The Chinese Aid System," Center for Global Development (June 2007): 2–3.

105. 有關1954至1979年，參見 CIA, "Communist Aid Activities in Non-Communist Less Developed Countries, 1979 and 1954–79," October 1980, 18–20. 有關1970至1985年，參見 OECD, "The Aid Programme of China," Paris, March 1987, 18–19. 有關1957至1996年，參見 Deborah Bräutigam, *Chinese Aid and African Development: Exporting Green Revolution* (New York: St. Martin's Press, Inc., 1998), pp. 45–46.

106. Martyn Davies, "How China Delivers Development Assistance to Africa," 1–2. Penny Davies, pp. 51–52; Thomas Lum, et al, "China's Foreign Aid Activities in Africa, Latin America, and Southeast Asia," Congressional Research Service, 25 February 2009: 1–2; Asche and Schüller, pp. 37–39; Katharina Hofmann, "Challenges for International Development Cooperation: The Case of China," *FES Briefing Paper*, no. 15 (November 2006): 4.

107. Deborah Bräutigam, "China's Foreign Aid in Africa: What Do We Know?" in *China into Africa: Trade, Aid, and Influence*, pp. 200–201. 無息貸款和小額贈款從一開始就是中國對非洲援助的一部分，參見 Daniel Wolfstone, "Sino-African Economics," *Far Eastern Economic Review*, vol. 43, no. 7 (13 February 1964): 350–51.

108. "China Helps Africa Where West Failed – State Official," *Reuters*, 18 October 2007; Carlos Oya, "Greater Africa-China Economic Cooperation: Will This Widen 'Policy Space'?" *Development Viewpoint*, no. 4 (June 2008), http://asiandrivers.open.ac. uk/44011.pdf. 關於中國進出口銀行在非洲活動的概述，參見Todd Moss and Sarah Rose, "China Exim Bank and Africa: New Lending, New Challenges," *Center for Global Development Notes* (November 2006). 也參見Bräutigam, *The Dragon's Gift*, pp. 111–14, 140–48.

109. Penny Davies, pp. 47–48.

110. Paul Hubbard, "Aiding Transparency: What We Can Learn about China Exim Bank's Concessional Loans," Center for Global Development working paper no. 126 (September 2007): 7 and "Chinese Concessional Loans," in *China into Africa: Trade, Aid and Influence*, pp. 218–26.

111. 中國進出口銀行首席國家風險分析師趙昌會的評論，本書作者史大偉與趙昌會的交流，利比里亞蒙羅維亞，2010年2月24日。譯者註：中國進出口銀行巴黎分行在2013年10月正式成立，業務現已集中於歐洲國家，巴黎代表處撤銷；西北非代表處於2015年5月在摩洛哥首都拉巴特正式成立，主要業務區是以法語地區為主的北非、中非及西非共26個國家。設在約翰內斯堡的東南非代表處，主要經營服務區為非洲以英語地區為主的26個國家。參見《中國進出口銀行巴黎代表處正式掛牌》，中新網，2005年6月18日。

112. 本書作者史大偉和馬佳士與安哥拉財政部副部長 Eduardo L. Severim Morais 的交流，安哥拉羅安達，2007年8月15日。有關中國進出口銀行「安哥拉模式」的解說，參見Asche and Schüller, pp. 36–37.

113. 本書作者史大偉和布羅蒂加姆在2011年11月15日的郵件通信內容。

114. Bräutigam, *China's African Aid*, p. 20, and "China's Foreign Aid in Africa," pp. 208–11. Law Yu Fai, p. 184. 紐約大學瓦格納學院 (Wagner School) 進行的研究，包括優惠貸款的票面價值、政府資助的投資、債務減免和撥款。因此，僅撒哈拉以南非洲地區的援助總額就非常龐大，2006年達90億美元，2007年達180億美元。參見Lum, 5–8. 中國社會科學院西亞非洲研究所副主任詹世明在2006年指出，在過去50年中國對非洲援助累計444億元人民幣。參見"Conference Convened on 'Sensitive Issues in Contemporary Sino-African Relations'," *Contemporary Chinese Thought*, vol. 40, no. 1 (Fall 2008): 30; 詹世明：〈「當前中非關係敏感問題」研討會召開〉，《西亞非洲》，2006年09期。

115. Lancaster, 3. 根據一項分析，中國對撒哈拉以南非洲地區的援助由1998年的4億美元增至2007年的15億美元。參見Gerald Schmitt在2007年10月題為 "Is Africa Turning East?" 的未發表論文，www.businessenvironment.org/dyn/be/docs/160/Schmitt.pdf. 曾任職國際貨幣基金組織的經濟學家王建業，認為中國在2004和2005年對撒哈拉以南非洲援助，每年可能在10億至15億美元之間；對比下，他稱在1989至1992年間每年平均約3.1億美元。參見Jian-Ye Wang, 8.

116. Jean-Raphaël Chaponnière, "Chinese Aid to Africa, Origins, Forms and Issues," in *The New Presence of China in Africa*, p. 66.

117. Bräutigam, *The Dragon's Gift*, pp. 168–72, 317.

118. Schiere, 2.

119. 有關中國多種對外援助項目的描述，參見 Law Yu Fai, pp. 209–38.

120. 譯者註：2018年中國在45個非洲國家派有醫療隊，截至2019年的56年間，歷年約有8萬人次非洲醫療人員來華接受培訓。參見〈我國援外醫療隊診治患者2.7億人次〉，《人民日報》，2013年08月17日，第4版；〈我國援外醫療隊對外援助情況綜述〉，國家國際發展合作署網站，2018年10月16日；〈大愛無疆，命運與共——獻給中國援非醫療五十六載非凡歲月〉，新華網，2019年8月19日。

121. Law Yu Fai, pp. 226–29. Drew Thompson, "China's Soft Power in Africa: From the 'Beijing Consensus' to Health Diplomacy," *China Brief*, vol. 5, issue 5 (3 October 2005): 1–4; Yuan Wu, pp. 79–81. Shinn, "Africa, China and Health Care," *Inside AISA*, nos. 3 and 4 (October/December 2006): 14–16; "China Makes Donation to Help Save African Babies," *Xinhua*, 26 July 2006; Kenneth King, "Aid within the Wider China-Africa Partnership: A View from the Beijing Summit," unpublished paper (2007): 8, www.cctr.ust.hk/china-africa/paper/King,Kenneth.pdf. 中國的一些省份有時也會與非洲國家對口合作，提供培訓項目，甚至提供小量的贈款援助。參見 Chen Zhimin and Jian Junbo, 13. 有關對口支援非洲國家提供醫療隊服務的中國省市區，參見 Bräutigam, *The Dragon's Gift*, p. 316.

122. 譯者註：中國援助30所醫院，包括新建28所，以及為兩所提供醫療設備。至2009年中非合作論壇第四屆部長級會議召開前，26所醫院已開工建設，30所瘧疾防治中心均已掛牌設立。參見〈胡錦濤主席在中非合作論壇北京峰會開幕式上的講話〉，2006年11月4日；〈中非合作論壇北京峰會後續行動落實情況〉，中非合作論壇網站，2009年11月10日。

123. 有關中國早年在非洲農業的參與，參見 Bräutigam and Tang Xiaoyang, 688–92.

124. Yuan Wu, pp. 56–68; Law Yu Fai, pp. 230–238. 有關中國在西非農業活動的詳細討論，參見 Bräutigam, *Chinese Aid and African Development*, pp. 61–138; Yahia M. Mahmoud, *Chinese Development Assistance and West Africa Agriculture: A Shifting Approach to Foreign Aid?* (Lund, Sweden: Lund University, 2007).

125. 麥肯錫 (McKinsey) 2010年的一份報告指出，中國在非洲只有不到1,000名農業推廣專家，他們的努力缺乏協調也有欠系統。幾位中國農業專家告訴作者，中國農業項目的影響微乎其微。參見 Steve Davis and Jonathan Woetzel, "Making the Most of Chinese Aid to Africa," https://www.mckinsey.com/industries/public-sector/our-insights/making-the-most-of-chinese-aid-to-africa.

126. 本書作者史大偉和馬佳士，在2007年1月10日於北京與中國農墾 (集團) 總公司高層官員的交流。

127. 《中非合作論壇北京行動計劃 (2007–2009年)》。

128. 《吳邦國在中非企業合作大會上的演講》，新華社，2007年5月21日。

129. 溫家寶：〈全面推進中非新型戰略夥伴關係——在中非合作論壇第四屆部長級會議開幕式上的講話〉，2009年11月8日。農業示範中心的背景，參見 Bräutigam, *The Dragon's Gift*, pp. 247–52.

130. 〈推動中非農業合作再上新台階〉，中國農業農村部網站，2018年9月1日。

131. Chaponnière, p. 68. 2001至2007年按行業分類的中國出資基建項目名單，參見 Foster, et al., 65–72.

132. Chaponnière, p. 72. 在非洲尋求基礎設施項目的中國企業之間存在激烈競爭。在一些國家，競爭就是在多間中國企業之間。雖然這些項目大部分由國有企業實施，但中國私營建築公司的數量也迅速增長。參見 Lucy Corkin, Christopher Burke and Martyn Davies, "China's Role in the Development of Africa's Infrastructure," SAIS Working Papers in African Studies (April 2008): 6, 15. 譯者註：根據工程行業的權威期刊美國《工程新聞記錄》(Engineering News-Record)所發布的年度全球最大225/250家國際工程承包商排行榜，2008年中國企業在非洲市場所佔份額比上年大幅躍升，從而超過所有其他國家和地區的企業位居第一，達42.4%。此後一直保持領先位置，所佔份額繼續擴大，至2014年達到49.4%，2018年份額已高踞60.9%。參見張宇：〈2019年度國際承包商250強榜單解讀〉，《工程管理學報》，2019年第5期。

133. Foster et al., 13, 19. 關於中國建築企業在非洲的研究，參見 Chuan Chen, Pi-Chu Chiu, Ryan J. Orr and Andrea Goldstein, "An Empirical Analysis of Chinese Construction Firms' Entry into Africa," International Symposium on Advancement of Construction Management and Real Estate, Sydney, 8–13 August 2007, 451–63. 斯泰倫博斯大學 (Stellenbosch University) 中國研究中心在2006年11月發表了關於中國在安哥拉、塞拉利昂、坦桑尼亞和贊比亞的基礎設施的案例研究，題為 "China's Interest and Activity in Africa's Construction Sectors"。坦桑尼亞和贊比亞的案例研究，參見 Christopher Burke, "China's Entry into Construction Industries in Africa: Tanzania and Zambia as Case Studies," China Report, vol. 43, no. 3 (July 2007): 323–36.

134. Foster, et al., 16.

135. Nicole Brewer, "The New Great Walls: A Guide to China's Overseas Dam Industry," International Rivers (July 2008): 17.

136. 譯者註：麥洛維大壩位於蘇丹首都喀土穆以北350多公里處，是一項用於發電和灌溉、兼顧防洪的大型水利水電樞紐工程，2003年由中國水利電力對外公司和中國水利水電建設集團公司組成的聯營體 (CCMD JV) 中標，承擔了該大壩的土木工程建設和金屬結構及機械設備工程，2010年正式竣工。圍繞該項目在蘇丹國內外一直有爭議之聲。有非政府組織稱該項目涉及移民遷置多達7萬人，為此蘇丹政府與當地居民發生矛盾，其中尤以2006年4月22日雙方發生的暴力衝突影響為最，當時造成當地村民死三人、傷五十餘人。直到2011年，當地還發生上千人為移民安置問題聚集抗議的事件。參見 "Sudan Government Massacres Merowe Dam Affected People", International Rivers, April 22, 2006, https://www.internationalrivers.org/resources/sudan-government-massacres-merowe-dam-affected-people-3906; "Hundreds Protest in Sudan, Displaced by Dam: Witnesses", Reuters, November 20, 2011, https://www.reuters.com/article/us-sudan-protests/hundreds-protest-in-sudan-displaced-by-dam-witnesses-idUSTRE7AJ0GP20111120.

137. 譯者註：吉布3水電站項目遭非政府組織批評，在沒有經過國際競標的情況下於2006年授予意大利薩利尼公司 (Salini Costruttori S.p.A.) 整體承擔，並非法動工。中國企業只是負責其中的機電設備及金屬結構部分，於2011年7月開始進場施工，至2016年9月完工，項目在同年底正式投產運營。參見 "Ethiopia Inaugurates Tallest RCC Dam in World Built by Salini Impregilo", official website of Salini Impregilo, December 17, 2016;〈中企承建水電站帶來電力和光明〉,《人民日報》, 2017年4月22日，第3版。

138. Peter Bosshard, "China Dams the World," *World Policy Journal*, vol. 26, issue 4 (Winter 2009/2010): 43–51.

139. Foster, et al., 17–18. Faraja Mgwabati, "Tazara, China Seal 51bn/-Deal," *Daily News* (Tanzania), 30 December 2009.

140. "Wired for Growth," *Africa-Asia Confidential*, vol. 1, no. 9 (July 2008): 3. 這篇文章對中國在2008年中在非洲的電信活動作了精彩的總結。譯者註：華為和中興在2004年2月13日與中國進出口銀行簽署協定，分別各獲得6億美元和5億美元的出口信貸額度。同年12月27日，國家開發銀行與華為簽訂開發性金融合作協定，在其後五年內為華為及其海外客戶提供100億美元的融資額度。

141. Garth Shelton, "China: Transport Network Partner for African Regional Integration?" *The China Monitor* (March 2010): 4–9.

142. 〈50名中國青年志願者奔赴埃塞俄比亞〉,《人民日報》, 2006年11月2日；"More Volunteers to Venture Abroad," *China Daily*, 6 September 2006; Bräutigam, *The Dragon's Gift*, p. 123–24.

143. "Volunteers Return Home from Africa," *China Daily*, 29 January 2008;〈中國青年志願者奔赴津巴布韋〉, 新華網, 2007年1月21日；"20 Volunteers Wanted for Togo Program," *Shenzhen Daily*, 2 July 2009.

144. 國務院新聞辦公室：《中國與非洲的經貿合作》白皮書 (2010年12月)。

145. Jing Gu, John Humphrey and Dirk Messner, "Global Governance and Developing Countries: The Implications of the Rise of China," *World Development*, vol. 36, No. 2 (2008): 285; Gernot Pehnelt, "The Political Economy of China's Aid Policy in Africa," *Jena Economic Research Paper*, no. 051 (2007): 8–9. 非洲官員樂於接受中國不附加治理和經濟政策改革條件的貸款。參見 Andrew Walker, "China's Loans Raises African Debt Fears," *BBC*, 19 September 2006. 有關這個議題的分析，參見 Pang Zhongying "China's Engagement with Africa: Approaches and Challenges," in Luca Castellani, et al., *China Outside China: China in Africa* (Torino, Italy: CASCC, 2007), pp. 34–36. 有關中國對津巴布韋人權、民主和貪污方面影響的討論，參見 Bräutigam, *The Dragon's Gift*, pp. 284–97.

146. 中國在後天安門時代增加了對非洲的援助，有觀察家認為，此舉是為了贏得盟友的支持，因為中國受到了西方的批評，亦受到台灣在國際上爭取外交承認的壓力。非洲國家幫助中國，努力阻止西方國家在聯合國譴責中國的人權記錄。參見 Scarlett Cornelissen and Ian Taylor, "The Political Economy of China and Japan's Relationship with Africa: A Comparative Perspective," *The Pacific Review*, vol.

13, no. 4 (2000): 621–22; Nuria Giralt, "Chinese Aid to Africa: A Foreign Policy Tool for Political Support," master's thesis, University of the Witwatersrand, 2007, 48–50.

147. Yang Guang, Director-general of the Institute of West Asian and African Studies, Chinese Academy of Social Sciences, at the Africa-China-United States Trilateral Dialogue in Monrovia, Liberia, 24 February 2010.

148. 引述自Antoaneta Bezlova, "U.S. Nervous About China's Growing Footprint Across Africa," *IPS*, 31 July 2009.

149. Bräutigam, "China's Foreign Aid in Africa," p. 204. Chaponnière, p. 71. 有關掛勾援助的最新分析，參見Bräutigam, *The Dragon's Gift*, 148–53.

150. Miriam Mannak, "Concerns over Chinese Investment and Working Conditions," *Inter Press Service* (16 June 2010).

151. Bräutigam, *The Dragon's Gift*, pp. 154–57.

152. 本書作者史大偉和馬佳士與安哥拉財政部副部長Eduardo L. Severim Morais 的交流，安哥拉羅安達，2007年8月15日。

153. Penny Davies, p. 67. 另一項對中國在非洲建築企業的研究總結，這些企業平均而言聘用的中國工人和當地工人數量相當，但管理職位絕大多數是中國員工。參見Chen, et al., p. 460. 中國在非洲的勞工問題，同樣存在於對外援助和投資。一項關於中國在非洲投資的重要研究表達了對大量中國工人的擔憂。參見Baah and Jauch, 43–44.

154. Barry Sautman and Yan Hairong, "Friends and Interests: China's Distinctive Links with Africa," *African Studies Review*, vol. 50, no. 3 (December 2007): 86.

155. Jian-Ye Wang, 26. Bräutigam, *The Dragon's Gift*, pp. 184–88.

156. 例如英國國際發展大臣彭浩禮（Hilary Benn）表達的憂慮，參見Chris McGreal, "Chinese Aid to Africa May Do More Harm Than Good, Warns Benn," *Guardian*, 8 February 2007; 世界銀行行長沃爾福威茨的憂慮，參見Daniel Schearf, "China Defends Role in Africa against World Bank President's Criticism," *VOA*, 24 October 2006; 美國財政部長保爾森的憂慮，參見Adam Wolfe, "Upcoming Summit Highlights Africa's Importance to China," *Power and Interest News Report*, 3 November 2006.

157. Helmut Reisen and Sokhna Ndoye, "Prudent Versus Imprudent Lending to Africa After HIPC and MDRI," draft paper published by OECD Development Centre (October 2007), 29.

158. Helmut Reisen, "Is China Actually Helping Improve Debt Sustainability in Africa?" unpublished draft paper presented at a conference in Paris on 6–7 July 2007.

159. 國務院新聞辦公室：《中國與非洲的經貿合作》白皮書（2010年12月）。

160. 《中非合作論壇北京行動計劃（2007–2009 年）》，2006年11月5日，〈中非合作論壇北京峰會後續行動落實情況〉。

161. Ngaire Woods, "Whose Aid? Whose Influence? China, Emerging Donors and the Silent Revolution in Development Assistance," *International Affairs*, vol. 84, no. 6 (2008): 6.

162. Lin Cotterrell and Adele Harmer, "Diversity in Donorship: The Changing Landscape of Official Humanitarian Aid. Aid Donorship in Asia," *Humanitarian Policy Group Background Paper*, September 2005, 19.

163. OECD, "The Aid Programme of China," 14; UNDP Annual Report 2009; Xue Mouhong, "Sino-African Technical Cooperation," *Asian Review*, vol. 5 (1991): 108–109.

164. OECD, "The Aid Programme of China," 14; 也參閱 www.uncdf.org; www.unhcr.org 及 www.unfpa.org; Cotterrell and Harmer, 19.

165. OECD, "The Aid Programme of China," 14; UNIDO Annual Report 2008; Xue Mouhong, 109.

166. OECD, "The Aid Programme of China," 14; UNICEF Annual Report 2008.

167. 參見 www.wfp.org; Cotterrell and Harmer, 19.

168. OECD, "The Aid Programme of China," 14; IFAD Annual Report 2008.

169. 糧農組織的新聞公布,羅馬,2009年3月25日。

170. 參見 www.imf.org.

171. 國際貨幣基金組織的新聞公布09/204,2009年6月9日。

172. OECD, "The Aid Programme of China," 14.

173. 參見 www.worldbank.org. Harry Dunphy, "World Bank Gives More Clout to a Rising China," *Washington Post*, 26 April 2010.

174. Richard McGregor, "World Bank to Work with China in Africa," *Financial Times*, 18 December 2007.

175. Aki Ito and Sandrine Rastello, "World Bank Gives First Loan to Chinese Firm in Africa," *Bloomberg*, 23 April 2010.

176. www.theglobalfund.org/programs/country/?countryID=CHN&lang=en; www.theglobalfund.org/documents/pledges_contributions.xls.

177. Jack C. Chow, "Foreign Policy: China's Billion-Dollar Aid Appetite," *NPR*, 21 July 2010, www.npr.org/templates/story/story.php?storyId=128664027.

178. 參見 www.afdb.org. OECD; "The Aid Programme of China," 14; Martyn Davies, et al., 25.

179. Sara Van Hoeymissen, "Aid within the China-Africa Partnership: Emergence of an Alternative to the NEPAD Development Paradigm?" *China Aktuell*, no 3 (2008): 102–129; Pang Zhongying, pp. 49–50.

180. 有關中國對外援助的評估,參見 Penny Davies, pp. 62–72; Bräutigam, "China's African Aid," 30–31; Joshua Kurlantzick, *Charm Offensive: How China's Soft Power Is Transforming the World* (New Haven: Yale University Press, 2007), pp. 171–74, 202–204; Bräutigam, "China's Foreign Aid in Africa," 212–13.

181. 本書作者史大偉與中國國際問題研究院副院長榮鷹的訪談,北京,2011年6月2日。

182. 歐盟議會在2008年通過決議,批評中國不附加條件向非洲批出貸款,惹來中國猛烈回應。幾個月後,歐盟委員會提議在對非洲援助的四個方面與中國合

作,包括和平及安全、基礎設施、自然資源的可持續管理、食物安全。參見
Jin Ling, "Aid to Africa: What Can the EU and China Learn from Each Other?" SAIIA
Occasional Paper no. 56 (March 2010).
183. Ali Zafar, 125.

第5章
軍事、安全與維和任務

全球與非洲安全問題

中國與特定非洲國家的安全關係可以追溯至1950年代，時至現在某種程度來說已擴展至50個非洲國家，這些國家都承認北京（而非台北）。這種關係由中國支持非洲的獨立運動和幾個反對非洲保守派政權的革命組織開始。這是毛澤東和副總理兼國防部長林彪的革命戰爭理論和在全世界促進民族解放戰爭的一部分。[1]隨着非洲國家紛紛獨立，中國的政策變得更加務實，意識形態成分越來越少，中國與非洲國家的安全關係轉移至武器銷售與轉讓，簽訂軍事建設合同，增加培訓和高層次的軍事交流互訪。自1990年代末起，中國支持聯合國和非洲聯盟的維持和平行動已成為這種關係的重要組成部分。近年，打擊索馬里的海盜行為，和保護中國在非洲的工作人員及工人，也被列入中國與非洲國家關係的議程。[2]

《2010年中國的國防》白皮書明確指出：「不論現在還是將來，不論發展到什麼程度，中國都永遠不稱霸，永遠不搞軍事擴張。」[3]中國在非洲沒有基地，並且堅稱沒有建立任何基地的意圖，也沒有同任何一個非洲國家組建任何正式的軍事聯盟。另一方面，有強力的證據表明，中國正在尋求將其海軍力量擴展到包括非洲東海岸在內的印度洋上，希望不再依靠美國海軍來保護中國從非洲和中東進口石油和礦產的海上航道。從與中國的軍事合作受益的非洲國家，與中國主要的石油和礦產供應國之間，並沒有太強的關聯。

中國國家安全的首要任務是確保共產黨的執政不受威脅，保持經濟增長與發展，維持國內政治穩定，保衛國家主權和領土完整，以及保障中國的大國地位。[4]因此，中國越來越強調軍事行動而非戰爭。此外，中國參與國際安全合作，鼓勵軍事交流，推動設立建成軍事信心的機制；關注由恐怖主義、環境災難、氣候變化、流行性疾病、跨國犯罪和海盜行為等對全球經濟造成的風險。因為經濟和軍事力量的增長，中國或許會受到非洲國家的推動而更加介入非洲的安全問題。非洲聯盟已經呼籲中國扮演更主動的角色。中國在非洲保持低調的軍事形象的能力正在減弱。[5]

中國把這些對全球安全的關切和政策應用在非洲。在2006年的《中國對非洲政策文件》中，中國承諾推動中非高層軍事交流，繼續培訓非洲軍事人員。中國表示將支援聯合國、非洲聯盟和非洲區域組織為解決地區衝突和參與維和行動而作出的努力。中國還同意與非洲執法機構合作打擊跨國有組織犯罪、恐怖主義活動、小型武器走私、販毒以及非法移民等行為。[6]2006年的這份文件中並沒有提到中國對非洲的武器銷售。中非合作論壇首屆部長級會議後續機制中的安全部分，強調要支持聯合國維和行動、解決地區衝突、打擊索馬里海盜行為和合作應對自然災害。[7]

中國人民解放軍並不是獨立的行動者，它必須與中國共產黨和國家機構進行協調，這取決於所設想的軍事行動的類型以及與之互動的國家。解放軍的外交軍事關係行為是中國領導人作出的戰略性活動，服務於黨和國家領導層決定的更大層面上的外交、政治、經

濟和安全議程。「政治」和「軍事」兩方面不能分割。中國的軍方和
文職領導人都認為，解放軍的海外軍事活動是出於戰略目的而採取
軍事手段的政治行為，而不是由軍事專業人員出於軍事目的而進行
的一套獨立的軍事行動。[8]

　　不過，我們也不宜過於放大中國與非洲安全和軍事關係的意
義。中國的國家安全利益主要集中在其周邊地區，如南亞、東南
亞、中亞、西亞(包括中東)、俄羅斯、日本、蒙古和朝鮮半島。中
國也關注美國和歐洲向亞洲投射實力的能力，尤其是在可能防衛台
灣方面。[9]只有在支撐中國工業經濟的關鍵原材料供應可能中斷，
或對中國在非洲日益增長的影響力構成威脅的情況下，非洲才會成
為安全問題。這些關注轉化為中國重視加強非洲國家穩定的戰略，
尤其是那些主要原材料出口國，不管它們的政治意識形態如何。

支持非洲解放和革命運動

　　中國與非洲的軍事合作始於1950年代後期，當時中國支援阿
爾及利亞民族解放陣線為脫離法國獨立而戰。[10]此後的1960年，中
國為試圖結束葡萄牙殖民統治的畿內亞比紹叛軍提供培訓。在
1960年代，中國大力擴大對解放運動的軍事援助，當中的一些組織
例如穆加貝(Robert Mugabe)的津巴布韋非洲民族聯盟(Zimbabwe
African National Union)，直到二十一世紀仍然掌權。中國早年對非
洲民族聯盟和穆加貝的支持，很大程度上影響了中國今天對津巴布
韋的政策。中蘇決裂愈加影響中國同意向哪些非洲解放運動組織提
供軍事訓練和援助。例如，當蘇聯支持南非的非洲人國民大會
(Africanist National Congress)時，中國同意支持非國大內的反對派，

後從非國大分離出來的泛非主義者大會 (Pan Africanist Congress)。
非國大取得主流地位後，中國不得不爭取與其關係正常化，並向其
提供軍事裝備。[11]

坦桑尼亞、加納和剛果 (布拉柴維爾，Brazzaville) 允許中國在
其國境內訓練自由戰士和革命者。坦桑尼亞的訓練集中在愛德華
多‧蒙德蘭 (Eduardo Mondlane) 的莫桑比克解放陣線 (Frente de
Libertação de Moçambique, FRELIMO)，其戰士從中國獲得武器，並
採取中國的遊擊戰術。在1960年代早期，莫桑比克解放陣線開始
派遣代表團前往中國。中國在坦桑尼亞訓練津巴布韋非洲民族聯盟
的部隊，在贊比亞支援莫桑比克的全國抵制運動 (Resistência
National Moçambicana, RENAMO)，還派遣武器專家培訓來自加納
葡萄牙佔領區的民族主義者。中國第一批共五名遊擊戰專家於
1964年抵達，直至1966年加納政變，這項計劃才宣告結束。[12]中國
還與非洲統一組織 (Organization of African Unity) 協調為多個民族解
放運動組織提供軍事訓練。在1971和1972年期間，在非洲統一組
織從非洲以外國家取得的軍事援助中，中國所佔比例高達75%。[13]
中國還向非洲一些失勢的反對派和革命組織提供培訓和武器，其早
年介入安哥拉、剛果 (即現在的剛果民主共和國) 的事務均不成功。

中國後來發現與非洲的解放組織打交道很困難，它們在政治上
往往不可靠，軍事上不負責任。北京逐漸採取更強硬和更選擇性的
做法，開始集中向非洲的遊擊隊訓練營提供指導員，提供適量武
器，並在中國展開小組培訓。北京得出的結論是，非洲解放運動基
本上是尋求外國支持但拒絕外國支配的民族運動。中國支持非洲一
些國家的激進、持不同政見者，包括肯尼亞、烏干達、桑給巴爾
(Zanzibar)、塞內加爾、喀麥隆、尼日爾和剛果 (布)，給早年的中
非關係帶來災難性的影響。有些國家與中國的關係破裂，驅逐當地

華人，另一些國家則對中國的意圖不信任。1965年後，隨着中國領導人意識到革命並不會橫掃非洲，而且他們亦忙於國內事務，中國大幅減少對這些組織的支持。美國中央情報局國家情報總監在1971年總結，也許除了埃塞俄比亞以外，中國已不再積極試圖推翻任何獨立的非洲國家政府。[14]美國陸軍部1974年的一項研究補充，因為中國把軍事援助微薄地分散到第三世界的廣大地區，「似乎中國的對外軍事援助項目較以往有所擴大。」[15]

1960至1980年代中國對非洲國家的軍事援助

根據美國軍備控制和裁軍署的統計，在1961到1971年間，非洲國家僅獲得總值4,200萬美元的中國武器，中國由此成為非洲（不包括埃及）的第七大武器供應國，排在蘇聯、法國、美國、英國、西德、捷克斯洛伐克之後。中國的軍事援助集中在坦桑尼亞，佔對非洲援助總額的83%。阿爾及利亞、剛果（布）和畿內亞得到中國小量的軍事援助，相當於非洲軍火收購總額的2.4%。1967至1971年間，中國向非洲（不包括埃及）提供了245類主要武器系統：50輛坦克和自走槍、160門大炮、20輛裝甲運兵車和15艘巡邏艇。然而，這只佔到非洲同期主要武器進口的約5%。俄羅斯的交貨量遠超中國。不過在坦桑尼亞，中國的武器交貨量超過了所有其他國家。[16]

1970年代初，中國對非洲的軍事援助顯著增加。從1967到1976年間，中國向非洲15個國家共轉讓總值1.42億美元的武器。主要受助國為坦桑尼亞（7,500萬美元）、剛果民主共和國（2,100萬美元）、剛果共和國（1,000萬美元）以及喀麥隆、埃及、畿內亞、蘇丹、突尼斯和贊比亞，各500萬美元。布隆迪、岡比亞、馬拉威、馬里、莫桑比克和盧旺達各100萬美元。非洲只佔中國向發展中國家出口武器總額的7%。雖然在這段時期中國在非洲軍火市場的份額只有約2.8%，但它代表了北京在其直接地緣戰略周邊以外的主要軍事投資。[17] 培訓非洲的軍事人員是中國計劃的重要組成部分。在1955到1979年間，中國至少培訓了13個非洲國家的2,720名軍事人員，坦桑尼亞以1,025人居首，其次是剛果共和國515人、畿內亞360人、蘇丹200人、剛果民主共和國175人、塞拉利昂150人、喀麥隆125人、贊比亞60人、多哥55人、馬里和莫桑比克各50人、阿爾及利亞和索馬里各不到30人。[18] 在1979年，有305名中國軍事技術人員被派往非洲國家提供軍事訓練。[19]

在1966到1977年間，中國對非洲的武器轉讓，包括向坦桑尼亞輸出戰鬥機 (米格-17、19和21)、巡邏艇和坦克，向蘇丹輸出米格17和坦克，向剛果民主共和國輸出坦克，向喀麥隆、剛果共和國、赤道畿內亞、畿內亞和突尼斯輸出炮艇。在西方國家拒絕向博茨瓦納的防衛部隊提供武裝時，中國在1977年向博茨瓦納提供小型武器、彈藥和高射炮。在同年的扎伊爾 (今剛果民主共和國) 沙巴 (Shaba) 地區危機，中國向扎伊爾政府空運了軍事裝備和野戰炮。[20] 北京還在1970年代為安哥拉的反對安哥拉人民解放運動 (Movimento Popular de Libertação de Angola, MPLA) 武裝提供武器，1977至1978年間為扎伊爾政府提供武器抵抗反蒙博托 (Mobutu) 的安哥拉入侵者，1978年後為與埃塞俄比亞交戰的索馬里提供武器，把自身置於有潛力妥協的位置。[21] 在整個1970年代，除了坦桑尼亞以外，中國的軍事援助對當地的軍事或戰略平衡並沒有什麼改變。北京成為西方和蘇聯兩大陣營的補充力量，但極少能夠提供有效的另類選擇。[22] 美國中央情報局在1980年得出結論認為，中國向撒哈拉以南非洲輸送的武器，無論在數量還是精密度上均無法與蘇聯相比。[23]

　　毛澤東的逝世和鄧小平的改革，改變了中國的武器轉讓政策，政策的重點變成從銷售武器轉到賺取硬通貨。[24] 1970年代末起，北京轉移了出讓軍火的主要市場，把重點投向孟加拉、緬甸、伊朗、伊拉克和泰國等新客戶，對埃及以外的非洲國家減少輸出。[25] 在1980至1984年間，中國對撒哈拉以南非洲的新武器轉讓承諾總額達1.61億美元，其中的大部分輸入津巴布韋、蘇丹、索馬里、扎伊爾、尼日利亞和坦桑尼亞。同期，中國向撒哈拉以南非洲運送的武器實際總值達2.37億美元，主要的收受國有蘇丹 (8,500萬美元)、索馬里 (4,800萬美元)、扎伊爾 (3,400萬美元)、坦桑尼亞 (2,900萬美元) 和津巴布韋 (1,500萬美元)。[26] 中國輸出的武器中大部分技術含量相對較低，主要是在1950和1960年代仿照蘇聯系統製造的。

　　中國在1980年代成為埃及的主要軍備供應國。埃及從中國得到80架殲-7戰機、96枚「海鷹-2」(北約稱「蠶式」) 岸對艦導彈、七艘037E型 (北約稱「海南」級) 獵潛艇、六艘024型 (北約稱「河谷」級) 小型導彈艇、三艘053HE型 (北約稱「江湖」級) 導彈護衛艦和六艘033型 (北約稱「R級」) 柴電潛艇。中國向幾內亞比紹移交了20輛59式主戰坦克 (按蘇聯的T-55型仿製)。[27] 從北非的阿爾及利亞到非洲南部的津巴布韋，中國輸出了各式各樣的軍裝，包括戰機、火炮、巡邏艇和坦克。中國還培訓了津巴布韋的飛行員和剛果的士兵。[28]

1990年代的軍事援助

　　1990年代，中國對非洲的軍備供應增加，但仍遠少於俄羅斯。美國國會研究服務部 (Congressional Research Service) 自1992年起追蹤發展中國家常規武器轉移的情況，把俄羅斯列為在1992至1999年間向撒哈拉以南非洲轉移武器最多的國家。在1992至1995年間，中國佔了上述地區總交付量的5.5%（約2億美元），與英國並列第三位。到了1996至1999年間，中國的百分比升至15.6%（5億美元），上升至第二位。此外，中國向北非的阿爾及利亞提供了總值1億美元的武器，其中包括火炮、飛機、坦克、自行火炮，裝甲運兵車和巡邏艇。在上述兩個時間段，美國交付的軍備佔總量均不到4%。這些統計數字不包括小型武器和彈藥，雖然這些軍火的價值不高，但中國在這方面卻是主要供應國。[29]

根據美國國務院的紀錄，中國在1989到1999年間對非洲的武器交付和協議總值達13億美元，其中2億美元投向非洲北部，6億美元投向非洲中部，5億美元投向非洲南部。向北非國家交付的包括十艘艦艇和100枚反艦導彈；向非洲中部交付的包括100輛坦克、1,270個火炮、40輛裝甲運兵車、13艘艦艇、20架超音速戰鬥機、30架其他軍用飛機和30枚地對空導彈；向非洲南部交付的包括40輛坦克、兩艘艦艇和20架超音速戰鬥機。對中國向非洲轉移軍備要客觀地比較看待，美國在1989到1999年間向非洲（主要是埃及）的軍備轉移和協定總值達20億美元，而同期俄羅斯的總值更達76億美元。[30]

在1990年代，中國的常規武器轉移以銷售為主，流向了很多國家，包括巡邏艇、戰鬥機，以及數量越來越多的運輸機和火炮。[31]輕小武器（SALW）也是1990年代中國向非洲轉移武器的重要組成部分。儘管交付資訊並不完整，就交付金額而言，從與扎伊爾（剛果民主共和國）的2,900萬美元到和盧旺達的數千美元不等。其他武器接收國包括阿爾及利亞、喀麥隆、吉布提、埃及、埃塞俄比亞、摩洛哥、尼日利亞、蘇丹和坦桑尼亞。[32]

中國軍事裝備的一個主要吸引力是其價格低廉，經久耐用，容易操作，保養簡單。在1998至2000年的埃塞俄比亞－厄立特里亞戰爭中，兩國都從中國購買大量的裝備。埃塞俄比亞從中國得到彈藥、輕型迫擊炮、AK-47槍支和車輛。中國裝備的質量不俗，彈藥的成本只是俄羅斯製造的三分之一，質素卻相若。中國製的迫擊炮很輕，即使在山區只需要兩個人就可以很容易地安裝，比同等的美國製迫擊炮更適用。雖然中國製的車輛的質量不夠好，但因為其價格便宜，仍吸引不少非洲國家購買。[33]中國的軍備與前蘇聯和俄羅斯的武器庫存相似，蘇俄製的武器正構成很多非洲國家軍工廠的基礎。中國存有大量的蘇式老舊武器，當中一部分最後在非洲找到了歸宿。

武官與高級別軍事互訪

雖然一些非洲國家元首親自與中國領導人就雙邊軍事合作協定進行談判，但大部分談判是在高層軍事互訪中展開的。一般情況下，中國駐非洲國家的武官和非洲國家駐北京的武官負責監察這些項目的執行。1988年，只有九個非洲國家在北京派駐武官，包括阿爾及利亞、剛果（布拉柴維爾）、埃及、索馬里、蘇丹、坦桑尼亞、扎伊爾（今剛果民主共和國）、贊比亞和津巴布韋。到1998年，有駐華武官的非洲國家增至13個，新增畿內亞、科特迪瓦、肯尼亞、馬里和尼日利亞，但剛果民主共和國撤回了駐華武官。[34]2007年，18個非洲國家在北京設置了武官處，到2010年再躍升至28個。安哥拉、博茨瓦納、布隆迪、中非共和國、赤道畿內亞、埃塞俄比亞、加納、毛里塔尼亞、摩洛哥、莫桑比克、納米比亞、尼日爾、盧旺達、塞內加爾和南非，1998年後都在中國設置了武官處。[35]

中國駐非洲國家的武官人數難以確定，他們都是職業情報人員。從1985至2006年，中國在世界各國派駐有武官的外交代表機關幾乎倍增，達到107個，但同期駐非洲的中國武官處僅從九個增至14個。[36]到2007年末，駐非洲的中國武官處增至16個，分別在埃及、利比亞、突尼斯、阿爾及利亞、蘇丹、剛果（布拉柴維爾）、剛果民主共和國、尼日利亞、贊比亞、莫桑比克、津巴布韋、埃塞俄比亞、南非、摩洛哥、納米比亞和利比里亞。[37]中國還授權一些武官，以非常駐的形式兼駐其他非洲國家的武官。不過，中國在非洲國家的武官處數目之少仍令人意外，而且在中國重要的軍事援助夥伴坦桑尼亞也沒有設置武官處。相比之下，在2009年，美國在非洲設置了34個武官處或安全助理辦公室。[38]

中國例行公布的高層軍事交流訪問涉及中國與非洲的軍事人員。在每兩年發表一次的國防白皮書，附錄都會列出這些交流訪問。然而，中國的公開通報幾乎從來沒有提供這類會談的任何具體信息，通常都是簡單地重申雙邊目前的友好軍事關係或雙方達成提升合作的協議，非洲媒體的報道則偶爾會提供這類互訪成果的細節。

2000年，中國的高級別軍事代表團訪問了18個非洲國家。[39]雖然中國對非洲以外許多國家的高級別軍事訪問數量顯著增加，但是自2000年以來，涉及非洲的軍事訪問次數保持相對穩定。[40]在2005年共有六個中國高級別軍事代表團訪問了11個非洲國家，同年則有13個非洲國家代表團訪華。到2006年，有11個中國代表團出訪18個非洲國家，16個非洲國家代表團訪華。2007年，僅六個中國軍事代表團訪問了九個非洲國家，但有多達22個非洲國家代表團訪華。2008年，也許因為北京要舉辦奧運會，中國對非洲合共13個國家進行了七次高級別軍事訪問，而全年只有八個非洲國家代表團訪華。[41]

中國高級別代表團在 2005 至 2008 年間訪問的非洲國家,說明了對非軍事關係對於中國的重要性。中國軍方代表團訪問埃及合共八次,次數位列非洲國家之冠;其次是坦桑尼亞的六次,南非的五次,突尼斯的四次,肯尼亞的三次,埃塞俄比亞、蘇丹、阿爾及利亞、贊比亞、納米比亞和烏干達則各有兩次。在這段時期接待過一次中國高級別代表團訪問的非洲國家,包括厄立特里亞、喀麥隆、多哥、貝寧、津巴布韋、盧旺達、馬達加斯加、博茨瓦納、萊索托和摩洛哥。很多非洲國家都派高級軍事代表團訪問中國。南非和加蓬各派團訪華四次,次數最多。坦桑尼亞和科摩羅群島各有三次。肯尼亞、利比里亞、莫桑比克、馬里、中非共和國、納米比亞、蘇丹、佛德角群島、津巴布韋和摩洛哥都各派過兩次代表團訪華,而在這四年間只派過一次高級別軍事代表團訪華的非洲國家也有很多。[42]

從蘇丹和津巴布韋與中國的軍事關係的角度來看,這兩國與中國的軍事代表團互訪次數著實不多。中國也許少報了兩國軍方對中國的訪問次數。同樣值得注意的是,埃及在這四年間只派過一個高級別軍事代表團訪華,但它接待的中國高級別代表團訪問的次數卻比任何其他非洲國家都要高。雖然中國已與南非建立防務合作會談機制,但南非卻是唯一與中國進行正式、兩年一度雙邊防務談判的非洲國家。雖然中國曾經數次與非洲國家進行專門化的聯合演練,但尚未有非洲國家與中國進行過聯合軍事演習。[43]

中國的武器交付政策

1998 年,中國暫停參與聯合國的常規武器登記,以抗議美國在 1996 年起向登記冊提供其向「中國台灣省」出售武器的情況。2007

年，當美國不再登記對台軍售的資料後，中國恢復每年向登記冊報告常規武器的進出口資料。[44] 雖然中國口頭上稱對小型武器出口進行管制，但在制度上卻遠遠沒有做到。2000年的《中非合作論壇北京宣言》指出，中國願與非洲國家加強在制止小武器和輕武器的非法擴散、轉讓和販運方面的合作。[45] 在2005年聯合國小武器問題研討會的開幕式上，中國外交部副部長喬宗淮表示，中國將不斷加強與非洲國家的合作，「制止小武器的非法擴散、轉讓和販運。」[46]

中國外交部部長助理翟雋在2006年表示，中國對非洲出口軍品一向持非常謹慎且負責任的態度。他說，中國只向主權國家政府出口軍品，不向任何非國家實體和個人出口武器，並要求軍品接受國政府提供最終用戶和最終用途證明，承諾不向第三方轉讓從中國進口的武器。翟雋稱，中國嚴格遵守聯合國安理會有關決議，不向安理會實施武器禁運的國家和地區出口軍品。[47] 外交部發言人姜瑜補充，「中國只向主權國家出口軍品，並要求有關國家承諾不向第三方轉讓從中國進口的武器。」[48]

中國表示不向衝突地區的國家出售武器，儘管一些官員在私下承認，中國製武器和其他國家的武器一樣，的確在這些地區出現。[49] 中國堅稱，任何在衝突地區出現的中國武器，都是從國際軍火市場購買。官方指中國試圖監督武器轉移情況，強調中方將懲處違法者。中方官員舉例，在喀麥隆和尼日利亞爆發衝突後，中國停止向雙方提供武器。中國表示，其按照《軍品出口管制條例》控制所有常規軍事物品的出口，包括小型武器。儘管中方的上述言論，且所有中國製武器均由國有企業製造，但是有關出口軍事裝備尤其是輕小武器的管制問題仍然存在。[50]

中國官員說中國並非要通過出售武器賺錢。但是，一位非洲國家的駐華大使在北京同本書作者討論時稱，對中方的這一說法難以苟同，這位大使所在的國家從中國購買了相當數量的武器。這位大使形容，中國「只要能賺錢，就會把武器賣給任何人」。[51] 與1950年代和1960年代中國願意向某些反對現政府的非洲革命組織出售或提供武器形成對比的是，現在很少有證據表明，中國故意允許武器裝備落入叛亂武裝集團的手中。另一方面，中國似乎願意向任何為北京利益服務的非洲國家政府出售軍備。

1997年，中國發布了《軍品出口管制條例》，首次以法律法規形式管制軍事裝備出口，把中國的出口原則寫進條文，並採納了一些國際出口管制標準。但是，該條例並沒有列出受管制的特定軍品清單。國務院和中央軍委在2002年修訂《軍品出口管制條例》，但仍然沒有列出受控制軍品的清單，有關規定仍然含糊不清。[52] 國務院新聞辦公室在2005年發表《中國的軍控、裁軍與防擴散努力》白皮書稱，要維護並進一步加強和改善現有國際軍控法律體系，並強調嚴厲打擊輕、小武器領域的非法活動，對於維護地區和平、穩定與發展，打擊恐怖主義和販毒、走私等跨國有組織犯罪，具有重大意義。[53]

當前中國向非洲轉移武器的情況

1999年，中國改革國防工業，從軍事生產轉向民用生產，把所有軍工部門轉為作為經濟機構和工業集團的軍工集團公司。這些企業向國家繳納稅款和一定百分比的利潤。這些公司現在主要通過擴大出口來增加利潤。[54] 這就包括與西方國家、俄羅斯以及幾個前蘇聯加盟共和國展開競爭，向非洲出售更多、更精密的軍事硬件。其中，K-8教練機的最大客戶是埃及，埃及與中國合作生產120

架。K-8教練機的其他客戶包括加納、蘇丹、贊比亞、納米比亞和津巴布韋。納米比亞和尼日利亞從中國取得殲-7MG (F-7MG) 戰鬥機，蘇丹取得強-5C (北約稱A-5C Fantan，「番攤」) 地面攻擊機，阿爾及利亞購買了裝有艦對艦導彈的C-802導彈艇，加蓬、肯尼亞、蘇丹、剛果 (布拉柴維爾)、贊比亞和坦桑尼亞都有中國製的WZ-551裝甲運兵車。加蓬是T-63和T-90多重火箭發射器的客戶，馬里和毛里塔尼亞購買了豹直升機，蘇丹購買了T-85 HAP坦克，尼日利亞購買了PL-9短程反空導彈。中國向許多非洲國家出口Y-7、Y-8、Y-12和MA-60軍用運輸機。中國兵器工業集團有限公司 (Norinco) 向阿爾及利亞、蘇丹和埃及交付了155毫米的榴彈炮。[55] 例如在2007年，中國承認分別向坦桑尼亞、肯尼亞和乍德出口了2輛、32輛和10輛裝甲戰鬥車，向盧旺達出口六個大口徑火炮系統，向加納出口四架戰鬥機。[56]

　　美國國會研究服務部評估了2002至2009年間流向發展中國家的常規武器轉移，當中不包括輕小武器。在這段時期，中國向撒哈拉以南非洲供應了總值11億美元的常規武器，向北非供應了14億美元的常規武器。中國轉移到撒哈拉以南非洲的武器佔其全球武器轉移的約14%，佔撒哈拉以南非洲地區的所有武器供應的近20%。中國是撒哈拉以南非洲的重要武器供應國，但從2002到2005年間向這一地區供應的常規武器總值低於俄羅斯和德國。到了2006到2009年間，中國的銷售額已與德國持平。從2002年到2009年，中國向撒哈拉以南非洲轉移了以下軍事裝備：390門大炮、590輛裝甲運兵車和裝甲車、56艘小型水面艦艇、220架軍機、130枚反艦導彈、20架坦克和自行火炮。[57]

　　從全球範圍看，中國的常規武器出口規模適度，特別是與美國和俄羅斯相比。中國對非洲的武器出口比例上較大，但仍然比許多人認為的要少。中國繼續是非洲國家輕小武器的主要來源，儘管這些銷售的收入有限。中國或許將對非洲的輕小武器出口視為提升其國際政治地位的途徑，也可增加其獲得重要自然資源尤其是石油的能力。[58] 例如，2006年，法國國防部長阿莉奧－瑪莉（Michèle Alliot-Marie）在出席參議院會議時稱，在非洲出現的中國製武器太多，並認為部分原因是中國為求獲得礦產資源和政治影響力。[59]

軍事培訓繼續構成中國與非洲國家軍事合作的重要組成部分。解放軍向非洲派遣了很多軍事專家，幫助軍事教育、培訓、設備維修和醫療衛生。[60]安哥拉國防部長評論說，中國在多個中國軍事訓練中心為安哥拉軍人提供免費訓練。[61]津巴布韋的少校和中尉級別的軍官，在中國南京的解放軍陸軍指揮學院受訓。中國向津巴布韋供應防空系統，並提供有關的人員培訓。中國通常還為它的軍機銷售提供飛行員培訓。大多數津巴布韋飛行員在中國受訓，中國亦為蘇丹訓練強-5C「番攤」地面攻擊機的飛行員。[62]此外，中國還向蘇丹、津巴布韋、喀麥隆和加蓬等國派遣三至十名指導員，協助軍事裝備的保養工作。中國有若干名軍事教官指導赤道畿內亞的部隊使用重型武器，也許這是出售軍事硬件的一部分。中國海軍與南非海軍進行聯合海上訓練。2009年，中國在加蓬舉行了首次軍事醫療演練。中國避免為非洲國家的地面部隊進行直接作戰訓練，但是歷年來的飛行員、海軍和地面設備訓練，也可以看作是戰鬥訓練。

西方國家批評中國與津巴布韋維持緊密的軍事關係，後者因為破壞民主制度和違反人權的行為，遭到包括武器禁運在內的西方制裁。但是，中國不同意西方對其進行制裁，並繼續向津巴布韋轉移大量的軍事裝備。[63]

2008年4月，載着中國軍火武器的中國「安岳江」號船抵達南非德班，預備將武器運往內陸國津巴布韋。就在武器到達之前，津巴布韋在3月29日舉行的總統選舉第一輪投票引發了很大爭議，並將於6月27日舉行次輪投票。南非碼頭工人拒絕卸載價值120萬美元的77噸中國製小型武器，其中包括三百多萬枚彈藥、AK-47突擊步槍、迫擊炮和火箭筒。[64]當「安岳江」號在非洲尋求可以卸載武器的港口時，引發了戲劇性的中國「恥辱號」事件，遭到傳媒前所未有的負面報道。南非、納米比亞和莫桑比克當局都拒絕讓貨船靠岸。安哥拉當局允許貨船卸載非軍用貨物，但不可以卸載運往津巴布韋的武器。中國外交部發言人姜瑜表示抗議，指貨船所運輸的是「中國與津巴布韋之間完全正常的軍品貿易」。[65]中國駐肯尼亞大使後來解釋說，中國的航運公司遠在津巴布韋政治局勢緊張之前的2007年就與津巴布韋簽約交付武器。[66]儘管津巴布韋政府聲稱，中國的武器最終到達了哈拉雷，但美國國防部長辦公室表示，中國「在安哥拉卸載非軍用貨物後，船隻攜帶剩餘貨物返回了中國」。[67]

武器轉讓與非洲衝突地區

中國向非洲轉讓的武器最後出現在武裝衝突地區，這已經成為一個富有爭議的問題。在任何特定的衝突中，交戰各方都會使用許多國家製造的輕小武器。近年來，並沒有證據表明中國直接向叛亂組織提供了這些武器。這些武器似乎已轉移到非洲各國政府手中，此後，在某些情況下，非洲政府失去對這些武器的控制，而使之落入鄰國的叛亂武裝或是本國的民兵團體手中。或是，這些武器亦有來自國際軍火市場。要追蹤輕小武器和彈藥的確切轉移路徑，可謂非常困難。但是，由於在非洲各國輕小武器的轉移中，中國扮演的角色越來越重，似乎有更多的中國武器出現在非洲衝突地區。

2001至2003年間，利比里亞的東方木材公司 (Oriental Timber Company) 被指從中國的中航技進出口有限公司，在向查理斯・泰勒 (Charles Taylor) 的部隊轉移突擊步槍、機關槍、火箭推進手榴彈和彈藥上扮演了核心角色。這批武器轉移發生時利比里亞正遭受制裁，但中國卻沒有理會制裁措施，仍從利比里亞進口木材直至2003年。「利比里亞人和解與民主團結會」(Liberians United for Reconciliation Democracy, LURD) 的叛軍，使用包括中國在內的多國生產的武器。據報道，畿內亞政府提供了中國製武器，包括56型AKM步槍、重機槍和彈藥。[68]

塞拉利昂的武裝衝突吸引了來自包括中國在內的幾個國家製造的輕小武器。中國同時向塞拉利昂共和國武裝部隊 (Republic of Sierra Leone Armed Forces, RSLAF)、全國臨時執政委員會 (National Provisional Ruling Council, NPRC)、軍政府和艾哈邁德・泰詹・卡巴 (Ahmed Tejan Kabbah) 的政府提供輕小武器。沒有證據表明，叛軍組織「革命聯合陣線」(Revolutionary United Front, RUF) 使用了中國武器，該組織在內戰中犯下了大部分暴行。據報，中國在制裁生效之前，曾向塞拉利昂的全國臨時執政委員會提供了AK型突擊步槍和反坦克火箭發射器。這些採購的資金可能來自非法鑽石走私、洗錢和濫用發展和緊急援助資金。中國版的AK-47和反坦克火箭發射器也出現在卡巴部隊的庫存中。在實施制裁後，中國與一些歐洲國家政府，繼續向卡巴政府轉移輕小武器。[69]

中國武器在乍德扮演了特別可疑的角色。2006年4月，叛軍在鄰國蘇丹的支持下，幾乎推翻了乍德的伊德里斯・代比 (Idriss Déby) 政府。法國軍事介入，支持代比政權。中國是蘇丹的主要武器供應國之一。外界普遍認為蘇丹把中國武器轉移給乍德的叛軍。當時，代比政府與台灣有外交關係。在擊退叛軍後，代比認

為自己不能一直依賴法國，決定未來與中國保持良好的關係。當
年8月，乍德結束對台灣的外交關係，轉而承認北京。中國和乍
德在2007年同意加強軍事合作，並簽署中國在當地建設煉油廠的
協議。同年，中國向乍德送來十輛輕型裝甲車輛。2008年，來自
中國的一批裝甲車輛和50個運載武器彈藥的集裝箱抵達喀麥隆，
交付乍德。乍德叛軍繼續試圖推翻代比政府，但沒有得到中國的
幫助。2008年，在叛軍於再次發動武裝行動之時，乍德外交部長
艾哈邁德‧阿拉姆米 (Ahmad Allam-Mi) 呼籲中國向蘇丹施壓，結
束對叛亂分子的支持，並指「中國是蘇丹和乍德兩國的友好國
家」。[70]

來自中國和其他國家的武器，在索馬里的衝突中被廣泛使用。
中國的56型突擊步槍是索馬里最常見的槍械之一，中國的RPG-69
反坦克武器也很適應當地的戰場環境。「索馬里青年黨」(al-
Shabaab，沙巴布) 極端主義組織使用B10無後坐力步槍，衝突各方
均使用中國版的重型機槍。索馬里武裝部隊和叛軍使用55型高射
炮。[71]沒有跡象表明中國向衝突中的任何一方提供武器，所有武器
都可以在索馬里和國際軍火市場上買到。

在1994年的盧旺達種族大屠殺，以及隨後由圖西族領導的盧
旺達愛國陣線 (Rwandan Patriotic Front, RPF) 推翻胡圖族領導的政府
的過程中，中國武器都扮演了角色。盧旺達愛國陣線使用的中國武
器是烏干達的庫存，而胡圖族政府的盧旺達武裝部隊 (Forces Armée
du Rwanda, FAR) 也許從獨立的軍火交易商採購到中國的步槍和手
榴彈。然而，在胡圖族政權逃到鄰國扎伊爾 (今剛果民主共和國)
之前，它從包括中國在內的一些國家的軍火商得到武器。據悉，北
京在1994年履行了與盧旺達愛國陣線總值500萬美元的合同，出售
突擊步槍、手榴彈和火箭榴彈。一名中國官員把這次軍火出售合理

化，因為當時國際社會沒有對扎伊爾實施禁運。在扎伊爾以外活動的胡圖族獨立武裝，也獲得了一些中國武器。[72]

自稱為剛果愛國者的「馬伊馬伊」(Mäi-Mäi) 武裝組織，主要從剛果民主共和國政府手中得到中國武器。中國製造的地雷、卡拉什尼科夫步槍和 MAG 機槍部件來自坦桑尼亞，M-1 型步槍和 M-2 型機槍顯然來自烏干達。盧旺達的政治、軍事和商業領袖，向「剛果民主聯盟－戈馬」(Rassemblement Congolais pour la Démocratie-Goma, RCD-Goma) 提供了大部分的武器，其中有些來自中國。[73] 中國版的 AK-47 突擊步槍在剛果民主共和國得到廣泛使用，槍上還刻着表明該武器型號的數字「56」。剛果民主共和國和其他幾個國家的政府，把武器轉交給剛果民主共和國的叛軍組織。[74]

1998 年，埃塞俄比亞與厄立特里亞於發生邊境衝突。此後，聯合國安理會通過決議，促請各國不向任何一方提供武器。但是，身為安理會成員國的中國和俄羅斯以及其他幾個國家無視決議，繼續向兩國提供武器。隨後，安理會在 2000 年 5 月通過了為期一年的武器禁運。外界並不清楚在禁運實施後中國是否停止武器供應。[75] 無論如何，中國向埃塞俄比亞和厄立特里亞出售的武器總值，也許達 5 億美元。[76]

中國武器在非洲最具爭議的使用，發生在 2003 年的蘇丹達爾富爾 (Darfur) 危機。在與乍德接壤的蘇丹西部達爾富爾地區，叛亂組織挑戰喀土穆的管治權威。蘇丹政府不但利用其國家軍事力量強烈應對，還向在達爾富爾的阿拉伯「賈賈威德」(Janjaweed) 武裝民兵提供軍火，而賈賈威德要為當地發生的重大暴行事件負責。中國從前是蘇丹的主要武器供應國之一，並繼續保持對蘇丹的武器供應。政府軍把這些中國武器用於鎮壓反抗組織和平民，並把部分武器轉移給賈賈威德。達爾富爾衝突吸引了包括書籍、期刊文章和報告在內的廣泛關注，其中一些聚焦在中國的角色。[77]

1990年代初以來，蘇丹的大部分常規武器來自中國、俄羅斯和白俄羅斯。中國、伊朗和俄羅斯的企業，支持了蘇丹的小型武器、大炮和裝甲車的組裝和生產工業。[78]在2001到2008年間，在蘇丹自行報告的輕小武器和彈藥進口中，來自中國和伊朗的武器合起來佔了九成以上。[79]聯合國安理會在2004年對達爾富爾實施武器禁運，但只限於不准向該地區的非政府武裝部隊和個人轉移武器。在中國和俄羅斯的堅持下，排除了對蘇丹政府的禁運。聯合國安理會在2005年將武器禁運的範圍擴大到包括蘇丹政府在內的衝突各方，中國和俄羅斯投了棄權票。然而，新的武器禁運並不適用於向蘇丹政府交付不會用於達爾富爾的武器。聯合國專家小組在隨後的調查中發現，在禁運生效後，蘇丹政府仍然繼續向賈賈威德提供武器。[80]儘管付交給賈賈威德的一些武器，也許在禁運通過之前就由蘇丹政府接收，但有證據表明喀土穆在禁運實施後，仍然進行了武器轉交。專家小組識別出達爾富爾交戰方使用的彈藥由中國供應，製造年份在2006年和2007年。小組由此得出結論，部分來自中國的軍火「輸入了達爾富爾，有違安理會的制裁決議」。[81]

武器供應商辯稱，他們沒有違反聯合國安理會的武器禁運決議，因為他們只是把武器和彈藥轉移給蘇丹政府以供其在達爾富爾以外地區使用。與此同時，那些包括中國在內的向蘇丹提供武器的國家，有責任防止武器在達爾富爾使用，以免違反聯合國決議。反抗組織「蘇丹解放運動」的領袖阿卜杜勒・瓦希德・努爾（Abdelwahid al-Nur）宣稱，由於中國與喀土穆的軍事關係，中國也牽涉到達爾富爾問題中。據報道，中國為蘇丹政府軍在達爾富爾使用的中國強-5攻擊機訓練飛行員，國際法律師指出，此舉已構成違反安理會的武器禁運決議。[82]在聯合國的武器禁運實施後，中國、白俄羅斯和俄羅斯都沒有限制向蘇丹政府交付武器。作為聯合國安理會常任理事國，中國和俄羅斯並沒有向蘇丹政府施壓、令其遵守禁運決議。最後，中國還是在限制蘇丹在達爾富爾的行動上發揮了正面作用，迫使喀土穆接受非洲聯盟與聯合國的聯合維和行動。[83]

中國政府非洲事務特別代表劉貴今，曾為中國向蘇丹出售武器辯護。他強調中國的銷售額只佔蘇丹武器進口總額的8%。他指出西方國家藉此向中國施壓是為了破壞即將舉行的北京奧運會。[84]中國外交部發言人秦剛指責，總部設在紐約的「人權第一」(Human Rights First)組織有關中國與蘇丹軍事關係的報告是「毫無根據和別有用心」。他否認中國違反了安理會的武器禁運決議，強調中國從不向受到安理會武器禁運的國家或地區出口武器。[85]這顯然是中國與蘇丹以石油為主的緊密經濟關係，及其對國家主權壓倒一切的信念，導致中國追求這一系列的行為，這些行為在西方難以站得住腳。

非洲華人面臨的安全威脅

隨着中國在非洲擴大影響以及華人人數增加，越來越多的華人身處衝突地區，即便在非衝突地區也面臨着安全威脅。[86]從前中國官方也許認為，中國公民不會像西方人一樣招致敵視的眼光，但目前則打消了這種想法。近年來，中國工人、企業代表和投資者進駐了尼日利亞尼日爾河三角洲、蘇丹科爾多凡(Kordofan)地區和埃塞俄比亞奧加登等西方人一般會避開的危險地帶。這些冒險行為導致了對中國公民的襲擊。

尼日爾河三角洲解放運動(Movement for the Emancipation of the Niger Delta, MEND)多年來對尼日利亞政府軍發動攻擊，聲稱三角洲石油生產帶的居民未能分到合理的經濟成果。中國在三角洲地帶有石油利益，並向尼日利亞政府提供了高速巡邏艇抗擊叛亂武裝。
MEND在2006年警告：「中國政府及其石油公司最好遠離尼日爾河
三角洲。」[87]隨後，MEND或其他叛軍組織綁架了二十多名在三角
洲地區為四川通信建設工程有限公司、中國土木工程集團有限公司
和中國石油天然氣集團公司工作的中國公民。綁架者最終釋放了所
有中國人。雖然中國政府從未承認支付了贖金，但是一如其他被綁
架的外國人也被要求支付贖金，中國當局很可能也這樣做。[88]
MEND的發言人在2009批評中國人是「幾分鐘內就會肆虐農田的蝗
蟲」，儘管他也補充說，目前已在三角洲經營的石油公司「除了遵守
在適當條件下的標準之外，也沒有好到哪裏去」。[89]

蘇丹的科爾多凡地區鄰近達爾富爾地區，中國製武器在後者的
當地衝突中扮演了重要角色。2007年10月，叛亂武裝組織「正義與
平等運動」(Justice and Equality Movement, JEM)向科爾多凡的Defra
油田發動襲擊，俘擄了五名非中國籍人員，以此警告中國(中國主
導該油田的投資項目)終止對喀土穆的軍事和政治支持。「正義與平
等運動」發言人表示，在該次襲擊行動繳獲的武器都是來自中國，
因此要求中國、印度和馬來西亞停止與蘇丹政府的能源合作，「因
為喀土穆正在用石油賺來的錢購買武器，殺害達爾富爾人民。這是
我們的國家，其他人必須離開。」[90]2007年12月，「正義與平等運
動」向保護科爾多凡石油重鎮黑格里格(Heglig) Rahaw油田設施的
蘇丹駐軍發動襲擊，中國石油長城鑽探工程有限公司當時就在該油
田作業。「正義與平等運動」領袖哈利勒‧易卜拉欣(Khalil Ibrahim)
說：「我們發動襲擊，是因為中國正在用我們的鮮血換取石油。」[91]
中國外交部發言人強調，任何對中國公民的威脅和恐嚇行為都不可
接受，要求蘇丹當局採取有效措施，「保障在蘇丹的中國機構和人
員的安全。」[92]最嚴重的事件發生在2008年10月，當時一個不明組

織，也許是「正義與平等運動」，在南科爾多凡針對中國石油參與投資的石油設施發動了第三次襲擊，俘擄了中國石油僱用的三名中國籍工程師和另外六名中國籍工人。在營救過程中，四人死亡，四人獲救，另有一人失蹤。[93]中國外交部形容，這是慘無人道的「恐怖主義行徑」。[94]

索馬里人聚居的埃塞俄比亞歐加登地區，是中國人喪生最多的地方。埃塞俄比亞政府軍與尋求地區自決的歐加登民族解放陣線（Ogaden National Liberation Front, ONLF）之間一直有長期衝突。歐加登天然氣儲量豐富，亦可能蘊藏石油。歐加登民族解放陣線曾經警告外資企業遠離當地，更在 2007 年 4 月向一個守衛森嚴的石油勘探基地發動襲擊，殺害了中國石化子公司中原石油勘探局的九名中國籍員工和 65 名埃塞俄比亞士兵。襲擊發生後，歐加登民族解放陣線宣布不允許埃塞俄比亞政府或「任何以非法合同進入的企業」繼續染指當地的資源。[95]中國隨後放棄了該項目，此後也沒有重返。[96]

中國在 2009 年 7 月鎮壓新疆的維吾爾族穆斯林，導致與阿爾蓋達有聯繫的伊斯蘭馬格里布組織（AQIM）把威脅矛頭對準在阿爾及利亞和北非的中國工人，矢言要襲擊在阿爾及利亞的五萬多名中國人。在烏魯木齊騷亂發生前的一個月，阿爾及利亞安全部隊遭到伊斯蘭馬格里布的襲擊，造成 24 名阿爾及利亞人死亡。這些阿爾及利亞安全部隊人員，負責保護興建從首都阿爾及爾到北部城市布阿拉里季堡（Bordj Bou Arréridj）的高速公路的中國工程人員。這是阿爾蓋達或其分支組織，首次直接威脅中國在非洲的利益。[97]

索馬里海盜已成為在亞丁灣和印度洋對中國航運的嚴重威脅。2007 年 5 月，索馬里海盜在首都摩加迪沙的東北面海域劫持了一艘台灣籍漁船，船上有兩名台灣船員和 12 名大陸船員，最終在支付贖金後全部獲釋。[98]同年，海盜劫持了兩艘韓國籍船隻，船上有十名

中國籍船員，其他船員來自韓國、印尼、越南和印度。2008年有
1,265艘中國商船駛經亞丁灣，其中七艘遭海盜襲擊。海盜在肯尼亞
海岸劫持了中國漁船「天宇八號」，船上有15名中國籍船員，又在亞
丁灣劫持了一艘來自香港的化學品貨船。2009年，索馬里海盜劫持
了另外一艘台灣漁船，船上有五名中國大陸籍船員。同年，海盜在
離塞舌爾海岸550海里處劫持了中國散貨輪「德新海」號，船上有25
名中國籍船員，海盜叫價350萬美元的贖金。2010年，索馬里海盜
劫持了一艘懸掛着聖文森特和格林納丁斯國旗的貨船，船上有23名
中國籍船員，一艘有17名中國籍船員懸掛着新加坡國旗的貨船，以
及一艘有29名中國籍船員懸掛着巴拿馬國旗的貨船。2011年5月，
索馬里海盜劫持隸屬中遠集團的巴拿馬籍貨輪「富城號」("Full City")
和24名船員，該船很快獲國際海軍出手得以獲救。

　　中國公民也成為非洲更為常規的安全威脅的受害者。2007
年，尼日爾的圖阿雷格族 (Tuareg) 叛亂武裝綁架了一名在當地鈾曠
的中國負責人，以示警告中國不應無視環境問題並與尼日爾政府簽
署不可接受的協議，中國人質在數天後獲釋。叛亂武裝還襲擊了一
個前往中國石油勘探基地的武裝車隊。2008年，剛果民主共和國東
部地區的衝突，導致一名中國公民在盧本巴希 (Lubumbashi) 喪生。
同年3月，赤道畿內亞一個中國建築工地的一百多名中國籍勞工發
起罷工，當地警方認為罷工違法，在衝突中殺死了兩名中國工人，
另有四人受傷。

　　中國在非洲的第一次撤僑發生在1991年的索馬里內戰期間，
當時解放軍海軍未能從摩加迪沙撤走中國大使館人員。[99]中國派出
了一艘國有企業中遠集團的輪船撤走中國公民。中國在非洲的大使
館也越來越主動發出安全警報，並在必要時組織中國公民撤離。中
國外交部領事司在2006年正式成立領事保護處 (翌年升格為領事保

護中心），以更好地維護海外中國公民的安全，儘管中國駐外使館
主要還是依靠與東道國政府合作。2008年1月，乍德反政府武裝逼
近首都恩賈梅納 (N'Djamena)，中國成功安排中資機構人員和僑胞
撤離。2011年2月，中國從局勢動盪的利比亞撤出近3.6萬名中國
公民，過程中未有傷亡，為中國歷年來最大規模的撤僑行動。雖然
大部分人是乘坐中國政府租用的客輪離開利比亞，但中國也從參加
亞丁灣反海盜巡邏的海軍部隊抽調一艘護衛艦赴地中海，並出動四
架「伊爾-76」(IL-76) 運輸機經喀土穆飛往的黎波里。這次空前的
撤僑行動對中國的防務採購和安全政策產生了重大影響。[100]

中國社會科學院西亞非洲研究所非洲研究室主任賀文萍指出，
保護在非洲的中國公民已經成為敏感話題，因為輿論要求政府做更
多事情。她承認中國企業在項目開始之前會更密切地評估當地的安
全形勢。[101] 自從利比亞撤僑之後，這種關切表現得更為明顯。[102]

中國在非洲作出軍事應對，是在應付索馬里海盜對中國船隻和
船員的威脅。中國在2008年底作出了前所未有的決定，派遣兩艘驅
逐艦和一艘補給艦到亞丁灣與各國海軍合作護航，震懾索馬里海
盜。解放軍海軍此後還持續派遣了多艘艦船進出亞丁灣進行輪換。
中國現代國際關係研究院反恐怖研究中心主任李偉，把這一決定形
容為「中國安全理念的重大突破」。[103] 他補充道，它改變了中國應對
潛在威脅的方法，標誌着中國的安全觀念從傳統走向非傳統的轉變。

中國對非洲維和的支援

中國在安全領域得到廣泛正面評價的一面，是其對聯合國和非
洲聯盟維和工作的貢獻。斯德哥爾摩國際和平研究所 (SIPRI) 編寫

的一份研究報告稱，在多邊維和行動的人力物力已嚴重透支之際，中國通過派遣工程兵、運輸兵和醫療隊，提供了急需的物資。[104] 報告補充説：「中國維和人員一直被評為聯合國維和行動中最專業、最訓練有素、最有效率和紀律的組織。」[105] 2008年7月，聯合國秘書長潘基文在北京外交學院發表演講，形容中國派遣維和部隊「就是中國能夠高高站起的地方」。[106] 在2007胡錦濤訪問利比里亞的前夕，該國總統埃倫‧約翰遜‧瑟利夫 (Ellen Johnson Sirleaf) 讚揚中國維和人員給予的幫助：「利比里亞人民永遠不會忘記中國維和士兵的友誼。」[107]

1971年，北京在取得聯合國安理會席位時反對維和行動，認為這是受超級大國操縱、對主權國家的干涉。[108] 在1981至1987年間，北京逐漸改變觀念，此後開始與聯合國的一些維和行動合作。1989年，中國首次向聯合國維和行動派遣人員，20名中國軍事觀察員參與負責監督納米比亞首次大選的「聯合國過渡時期援助團」。1990年代初開始，中國派遣小批維和人員參與了聯合國在非洲的幾個維和行動：1991年開始在西撒哈拉，1993至1994年在莫桑比克，1993至1997年在利比里亞，1998至1999年在塞拉利昂。1992至1995年間，聯合國組織的兩次索馬里維和行動，以及從1992年底到1993年初由美國主導的維和行動，中國都沒有派遣部隊參與，但在聯合國安理會上都支持上述三個行動，因為它們是「特殊」的人道主義任務。[109]

自2000年起，中國向埃塞俄比亞和厄立特里亞邊界的聯合國特派團派遣了十名觀察員。[110] 2003年，中國明顯擴大了在聯合國非洲維和行動的參與，在向剛果民主共和國派駐了小批軍事觀察員後，派遣了一個175人的工兵連和一個43人的醫療分隊到當地執行維和任務。在宣布派遣部隊時，國防部維和辦公室副主任戴紹安大校表示，中國現在已準備好在維和行動中發揮更加重要的作用，並計劃成立維和培訓中心。[111] 同年12月，中國向利比里亞派遣了一個275人的工兵連、240人的運輸連和43人的醫療分隊。就在兩個月前，利比里亞決定不再承認台灣，與北京恢復外交關係。直到2003年中，中國一直違反聯合國對利比里亞查理斯‧泰勒政權的制裁決議，是利比里亞木材的主要買家。2004年，中國向派駐布隆迪和科特迪瓦的聯合國維和部隊派出小量軍事觀察員，到達當地後再獲委派任務調配。

中國現在已把維和行動看成是聯合國的核心活動，並在政策文件闡述了有關立場。[112] 中國在《2008年中國的國防》白皮書中稱，「一貫支持並積極參與符合《聯合國憲章》精神的維和行動。」[113] 這句聲明忽略了早期的歷史，但的確反映了2000年以後的真實圖象。中國和非洲就中非合作論壇峰會撰寫的多份文件，越來越強調維和行動的作用。2003年中非合作論壇第二屆部長級會議通過的《亞的斯亞貝巴行動計劃》稱，「希望中國考慮加大參加維和行動的力度。」2006年，於北京召開的中非合作論壇第三屆部長級會議上，中國承諾「積極參與聯合國在非洲的維和行動」。到了2009年於埃及沙姆沙伊赫召開的第四屆部長級會議，中國同意繼續支持並參與聯合國在非洲的維和行動，並在維和理論研究、開展維和培訓與交流、支持非洲維和能力建設等方面加強與非洲國家的合作。[114]

截至2011年中，中國向聯合國在非洲的六個維和行動，派遣了1,550名官兵、40名警察和42名軍事專家，總計1,632人，人數遠超聯合國安理會其他常任理事國。美國雖然貢獻了26%的聯合國全球維和預算，但當時僅派遣了28名維和人員到非洲，反觀中國的維和預算貢獻份額僅3%。中國派遣最多人員的地區是利比里亞（564名官兵、18名警察和2名軍事專家），其次是南蘇丹（444名官兵、22名警察和12名軍事專家)、達爾富爾(324名官兵)和剛果民主共和國(218名官兵和15名軍事專家)。中國在科特迪瓦和西撒哈拉也分別有三名和十名軍事專家。潘基文在2007年任命中國國防部維和事務辦公室官員趙京民為聯合國西撒哈拉特派團部隊指揮官,成為首任擔任聯合國維和部隊高級指揮官的中國公民。[115]

為了表示對全球維和行動作出的承諾,中國目前有三個設施從事某些方面的維和培訓。它們分別是南京的解放軍國際關係學院,河北廊坊的中國維和警察培訓中心,以及北京懷柔的中國國防部維和中心。國防部在2009年於北京市郊懷柔成立第一個軍事維和培訓中心,提供英語培訓,並設有模擬聯合國維和營地、模擬排雷訓練場、游泳和潛水訓練館等,它也是國際維和行動交流的主要地點。

中國最具爭議的維和部隊派遣要算達爾富爾地區,這既因為北京與喀土穆的密切聯繫,也因為中國約6%的石油進口來自蘇丹。中國在南蘇丹也派駐了維和部隊,但自2003年停火協議以來,那裏的中國軍隊就沒有受到批評。即使在達爾富爾,中國軍隊也在專業行事,沒有在政治上偏向任何一方。2007年,中國同意派遣315名的維和部隊到達爾富爾,包括三個工兵排、一個打井排和一個野戰醫院。聯合國要求中國在後續增援的非洲聯盟與聯合國混合維和部隊到來之前,在當地修建道路和橋樑並挖井。不過,有人權組織和一些政府批評,北京不願意在達爾富爾參與支援更強大的國際部隊。

達爾富爾叛亂武裝「蘇丹解放運動」(Sudan Liberation Movement, SLM)的指揮官稱,北京是喀土穆在達爾富爾的「共犯」,「我們不能相信他們或與他們合作。」[116]另一反政府武裝「正義與平等運動」的領袖,也稱達爾富爾人民不歡迎中國維和部隊,但是「我們也不會以中國維和人員作為目標。」[117]中國外交部發言人秦剛回應稱,中方「難以理解也不能接受對中國參加達爾富爾維和行動的指責」,

並承諾為促進蘇丹和平進程作出不懈的努力。[118]「蘇丹解放運動」、「正義與平等運動」，以及特別是美國的人權活動家，持續批評中國的維和行動。另一方面，中國以及非洲聯盟和聯合國混合部隊的指揮官，則高度讚揚中國維和工兵和醫療隊所做的一切努力。雖然達爾富爾的叛亂武裝從未以中國維和部隊為目標，但「正義與平等運動」曾對科爾多凡地區的中國油田作業發動過三次襲擊。

中國曾為非洲聯盟和非洲次區域的維和行動，給予外交支持和小額資助。中方認為，非洲地區組織在涉及成員國主權和內部事務的問題上有充分的發言權。由於非洲聯盟的一致同意，中國在2004年同意支持對科特迪瓦實施武器禁運。然而非洲聯盟在2009年要求聯合國對支持索馬里極端主義分子的厄立特里亞實施制裁時，中國反對，但最終在聯合國決議中投下棄權票。中國的資金援助為專項性質，其中最大筆的援助投向非洲聯盟在達爾富爾的維和行動。2006年，中國向非洲聯盟維和行動提供了100萬美元的預算支持，為達爾富爾人民提供了250萬美元的人道主義援助。2008年，中國向非洲聯盟在索馬里的維和行動提供了30萬美元，2009年再撥款40萬美元。相對於維和行動的龐大開支，中國的捐款數額其實不大。[119]中國繼續與非洲聯盟及其他次區域組織在安全領域上合作，但有55個成員國的非盟，並不是一個容易協調的對話者。[120]

非洲、西方國家和聯合國，大致上都歡迎中國參與全球維和行動，尤其是非洲。聯合國一直在尋找更多的部隊派遣國，但西方國家尤其是美國，並不太希望派遣部隊參加非洲的維和行動。總體而言，參與非洲的維和行動令中國收益。它讓中國得以回應非洲的要求，並與非洲各國政府和地區組織建立互信。中國越來越希望被外界視為「負責任的大國」，維和是以非威脅性方式實現這一目標的途徑，成本也相對較低。解放軍藉着參與維和行動樹立正面的形象，有助中共領導層提升在國際社會的地位。中國在非洲的維和行動獲得了實際的政策效益。中國參與的四個最大規模的維和行動,其中中國都有或曾經有重大的自然資源利益,包括南蘇丹和蘇丹的石油、剛果民主共和國的礦產以及利比里亞的硬木,顯然並非巧合。

最後,解放軍有着重要的行動考量。美國海軍上將菲利普‧羅傑斯 (Philippe Rogers) 稱,聯合國維和行動為日後的遠程軍事行動提供了經驗。解放軍獲得行動補給、跨國行動、戰鬥和土木工程方面的經驗,也學習到關於後勤、起航港、通信線路、行動線路和情報的寶貴知識,令部隊日後得以持續在非洲的長期行動。在戰術層面上,沒有什麼比實地經驗更寶貴了。使用全球定位系統 (GPS) 穿越環境惡劣的撒哈拉沙漠,這種經驗無法在教室中獲得。持續向聯合國非洲維和行動派遣部隊,可令解放軍建立廣泛的信息基地。[121] 羅傑斯總結説,中國「在非洲行動上的努力已經領先華盛頓,可以想像,美國有一天會轉向中國軍方尋求有關非洲維和行動的專門知識」。[122]

鄭和回歸:中國在非洲的海軍外交

第1章提過,明朝的鄭和是第一位到達非洲的中國航海家。他在公元1405到1433年曾航行到約三十個西亞和東非國家,早於哥倫布、達加馬和麥哲倫。2005年是「鄭和下西洋」600周年,中國國務院副總理黃菊呼籲中國人民繼承鄭和的科學探索和與世界各國人民友好合作的精神。[123] 今天,中國對非洲的外交經常引用鄭和的「和平」航程。近年來,人們熱議中國將海上力量擴展至印度洋乃至東非沿海地區的意圖。中國問題專家和海軍分析人士越來越認為這是中國戰略的組成部分。早在1979年，美國漢學家于子橋就認為這是個值得觀察的問題。[124]

《2006年中國的國防》白皮書表示，「海軍逐步增大近海防禦的戰略縱深」，不僅要守護沿海地區，還要守護附近的海域。[125]中國承認解放軍海軍正在經歷「戰略轉型」，並暗示這包括部署在海岸以外的能力。《2006年中國的國防》白皮書表示，海軍致力於「逐步發展遠海合作與應對非傳統安全威脅能力，推動海軍建設整體轉型」。[126]美國海軍情報處的分析則更加直白，認為中國在經濟上依賴海洋航道，因為它佔到了中國對外貿易運輸量的逾九成和貿易額的八成。中國共產黨視保護這些航道為解放軍海軍的重大任務，因為中國的持續繁榮，依賴外國供應商通過可靠的渠道把資源輸送到中國。[127]與此相關的問題是中國控制的油輪不足。因此，中國的航運公司已經開始大規模收購巨型原油運輸船，中國的收購已佔2008年所有新造油輪的兩成。

中國在改革開放後的三十年間，每年經濟以平均9%的速度增長。中共領導層希望每年的經濟增長至少維持在7%至8%，而這部分取決於從非洲進口的石油和礦產。雖然石油和天然氣僅佔中國能源需求的約兩成（煤炭構成中國能源需要的最大部分，而煤炭基本上能夠做到本國自給），進口天然氣和石油的佔比卻迅速增長。中國目前逾四成的石油要靠進口，到2025年這個比例可能上升到75%。[128]中國目前的進口石油近三分之一來自非洲，比例還可能再上升。非洲目前擁有世界已探明石油儲量的約10%，很多仍然有待開發，非洲的石油發現量預期將會超過世界其他地區。[129]中國從中東和非洲進口的石油，約九成從馬六甲海峽取道，中國因此興建穿越緬甸的中緬油氣管道，以確保油氣供應的安全。北京航空航天大學戰略問題研究中心教授張文木寫道：「中國越發展，就對外貿及支撐經濟增長的資源依賴越大。」[130] 很大程度上，美國和某程度來說的印度，控制着從非洲海岸到馬六甲海峽的海上航道。對有全球抱負的中國來説，這種情況從長遠來説是不可持續的。[131]

截至2010年，解放軍海軍水面部隊共有25艘驅逐艦、49艘護衛艦、85艘導彈巡邏艇、55艘兩棲登陸艦。1990年代中以來，解放軍海軍強調潛艇部隊的現代化建設。解放軍海軍共有54艘柴油攻擊潛艇、六艘攻擊型核潛艇和三艘彈道導彈核潛艇。其中最有能力的潛艇，可用於在太平洋和印度洋的長時間和長距離巡航。[132] 中國現在擁有僅次於美國的世界第二大海軍。[133]

直到2011年，中國是唯一沒有現役航空母艦的聯合國安理會常任理事國。1998年，中國從烏克蘭購買了一艘未完工的蘇聯時代航空母艦，2002年開始把它翻新改造。50名學員在2008年開始在解放軍海軍大連艦艇學院受訓，以準備成為中國首批能夠操作從航母起飛的定翼機海軍機師。這艘後來命名為「遼寧艦」的航母，2011年中進行了首次航海測試，但直到2013年底才進行遠洋演習訓練。添置航空母艦表明，中國意圖將其海軍存在擴展至遠洋水域，幾乎肯定包括印度洋。前海軍政治委員胡彥林上將在2009年全國人大會議表示，中國有能力製造航空母艦，無論是現實還是潛在的安全需求，都要求中國應擁有自己的航母。航母建造的研究和發展正在進行。退休解放軍海軍少將尹卓在2011年評論説，中國要建立艦空母艦戰鬥群，至少還需要十年時間。美國海軍情報處認為中國在2015年之後的某個時候將會有國產航母投入使用。美國國防部稱，解放軍海軍正在考慮在2020年左右建造多艘航空母艦。[134]

2000年7月，現代的中國海軍派艦艇編隊首次訪問非洲，到訪坦桑尼亞和南非。南海艦隊參謀長黃江少將率領「深圳號」導彈驅逐艦（舷號167）、「南倉號」綜合補給艦（舷號953）和480名官兵，訪問達累斯薩拉姆港和開普敦附近的西蒙斯敦 (Simonstown) 軍港。2002年5月，北海艦隊司令員丁一平率領「青島號」導彈驅逐艦 (舷號113)、「太倉號」綜合補給艦 (舷號575) 和500名官兵進行了中國海軍的首次環球遠航。經過蘇伊士運河後，艦艇編隊抵達埃及亞歷山大港。此後再過八年才有中國軍艦再次造訪非洲，承擔中國在亞丁灣反海盜行動任務的「馬鞍山號」導彈護衛艦，2010年初在吉布提港口停靠補給。這開啟了編配亞丁灣護航任務的中國海軍艦艇後來對吉布提的一系列造訪。在完成亞丁灣護航任務後，兩艘中國驅逐艦於2011年在歸國途中訪問了坦桑尼亞達累斯薩拉姆港、南非德班和塞舌爾。

2010年底，解放軍海軍新醫療船「和平方舟號」在吉布提、肯尼亞、坦桑尼亞和塞舌爾停靠，為當地居民和在亞丁灣進行反海盜活動的人員提供醫療服務。和平方舟號此舉，表明中國開始重視人道主義和災難救援行動，以表示善意。

新美國安全中心高級研究員、《大西洋雜誌》記者羅伯特‧卡普蘭 (Robert D. Kaplan) 對中國的印度洋海軍計劃作了廣泛而有說服力的介紹。他認為，中國對印度洋採取了一系列「珍珠鏈戰略」，這包括在印度洋北部沿岸的友好國家建設一系列港口。中國正在巴基斯的坦瓜達爾 (Gwadar) 建設一個大型海軍基地和情報哨所；在瓜達爾以東約121公里的伯斯尼 (Pasni) 興建港口，並以高速公路與瓜達爾的設施連接；在斯里蘭卡南部海岸建立了燃油補給站；在孟加拉吉大港 (Chittagong) 建立了適用於大型海軍和商業作業的集裝箱設施；以及計劃把緬甸的印度洋港口用作補給支援中國遠洋航線。[135] 這些設施的用途是商用多於軍用。[136] 然而，這些建設項目令解放軍海軍得以進入相關港口停靠和補給。有「中國現代海軍之父」之稱、1980年代曾任解放軍海軍司令員的劉華清，曾提出中國海軍

「三步走」的遠景規劃，計劃到2050年左右能夠「全球行走」，即具備遠洋作戰並產生世界影響力的能力。[137]

中國正在與肯尼亞政府商討在蒙巴薩北部建設主要的港口設施，並對埃及塞得港（Port Said）的兩個集裝箱設施表現出濃厚興趣。長期從事海軍戰略研究的海軍軍事學術研究所研究員李杰，接受國內官方媒體訪問時評論說，中國應該考慮在東非建立補給和支援基地，也許在吉布提。[138]解放軍海軍裝備論證研究中心高級研究員尹卓少將贊同中國有需要建立永久性海軍基地，為在亞丁灣進行反海盜活動的中國艦艇提供補給。[139]中國國防部此後迅速澄清說，中國在亞丁灣的艦艇可繼續從法國在吉布提的基地獲得海上補給。中國的英語電視頻道則表示：「海外補給基地可能是今後的選項，但目前還沒有相關方面的考量。」[140]中國也許並未考慮建立傳統意義上的軍事基地，而是可以支持解放軍海軍進行例如反海盜和救災行動等非傳統任務的軍事基地。[141]

自鄭和在十五世紀初下西洋以來，中國在非洲海域最重要的海軍發展就是參與在亞丁灣的反海盜行動。2009年1月以來，中國在亞丁灣持續輪換兩艘護衛艦和一艘綜合供給艦參與行動。這是解放軍海軍在西太平洋地區以外的首個系列的軍事行動。北京在開始派遣護航編隊時強調，這不代表解放軍要矢志推進走出去的「藍海」軍事行動。同時，中國巧妙地為這個歷史性的行動安排了國內和國際的觀眾。[142]中國一直不願意加入在亞丁灣行動的任何正式海軍聯盟，稱其行動的目的是「維護和保障航經該地區中國船隻的安全」。[143]然而，解放軍海軍也與其他國家海軍合作，表露出在加強情報信息交換、人道主義救援等方面合作的意願。中國國防部在2009年11月邁出了重要一步，邀請各國打擊海盜單位在北京召開亞丁灣護航國際合作協調會議。不過，出於長期以來對北大西洋公約組織的不信任，解放軍增設了附加條件。中國國際戰略學會高級顧問唐寅初表示，中國將在海外軍事行動強調獨立和主權：「我們不會對其他國家指手畫腳，也不希望其他國家對我們指手畫腳。該原則在我們今後的反海盜行動中絕不會改變。」[144]

亞丁灣行動為中國和解放軍海軍帶來了獨特的機遇。中國人民大學國際關係學院教授龐中英說：「中國通過參與這樣的行動，加強了作為負責任主權國家的形象。」[145]李杰補充說，另一個重要目標是加強中國海軍的存在感。[146]清華大學國際關係研究院院長閻學通評論說，中國的外交政策正在進入反映中國與世界關係的新階段。[147]解放軍海軍指揮學院研究員莊聰勇表示，這項行動反映了中國軍事戰略的轉型，海軍將來會進行更遠距離的任務。[148]亞丁灣行動表明了中國不斷壯大的軍事能力，以及協助維護全球安全的意願。它讓解放軍海軍通過與更有經驗的海軍密切合作參與行動，改善其戰術、技術和步驟。它為解放軍海軍提供了改善「藍海」作戰戰術的機會，並向外國觀察者解釋中國防衛力量構建的正當性。最後，行動還可向外界展示中國自行設計和製造的艦船。[149]

從多方面來說，中國的這次行動受到歡迎，海軍部隊也是專業行事。索馬里海盜問題的挑戰，為中國提供了測試海軍遠海作戰能力的理想場所，出於保護中國公民的生命安全和利益，傳統的不干涉原則也開始鬆綁。聯合國肯定國際介入，索馬里過渡聯邦政府也呼籲包括中國在內的各國打擊海盜。北京還保護在香港和澳門註冊的船隻，並向台灣籍船隻提供協助，強調港澳船隻依靠解放軍海軍也使台灣當局處境為難。2010年，中國表示願意設法減輕歐盟往來於肯尼亞蒙巴薩與索馬里北部海岸的博薩索和貝貝拉港口之間的糧食援助船，以此擴大其參與。中國還利用介入亞丁灣來完善其對索馬里衝突的政策。中國常駐聯合國代表李保東強調要從根本上解決索馬里海盜問題的根本原因，並提出三點方案。他認為國際社會應進一步推動索馬里有關各派對話與和解，爭取盡快改善索馬里的經濟和社會狀況，並支持切實執行軍火禁運和資產凍結等措施，以切斷海盜武器和資助的供應鏈。[150] 2011 年 5 月，中國解放軍總參謀長陳炳德在訪問華盛頓時提出採取更強硬的手段，認為要有效打擊海盜，「我們很可能需要把打擊範圍延伸至海洋以外，要摧毀他們的陸上基地。」[151]

中國近年在印度洋的活動，引發了與美國海軍在該地區存在的潛在衝突。長遠來說這可能會發展成問題，但更即時的擔憂來自印度，印度自視為該地區的主要力量。[152]一些印度的戰略家認為中國的海軍力量正在快速增長，是「戰略包圍」印度計劃的一部分。[153]現在，中國與印度的關係良好，兩國甚至進行了聯合海軍演習，但這種情況可能會有所改變。中國持續支持巴基斯坦以及與伊斯蘭堡的緊密政治聯繫，給中印關係帶來問題。同樣，印度與美國的結盟也許會使中國更加謹慎。解放軍海軍在質量和數量上，都較印度海軍優勝。因此，印度與多個印度洋島國簽署了合作協定，並與塞舌爾簽署了港口准入協定。印度在馬達加斯加北端建設了高科技監測站，並與毛里求斯、肯尼亞、坦桑尼亞、莫桑比克和南非進行海軍合作。[154]印度不會讓中國忘記，其門前的海洋終究叫做「印度洋」。

註釋

1. 關於這些理論的討論，參見 Ralph L. Powell, "Maoist Military Doctrines," *Asian Survey*, vol. 8, no. 4 (April 1968): 246–56; George E. Taylor, "Lin Piao and the Third World," *The Virginia Quarterly Review*, vol. 42, no. 1 (Winter 1966): 1–11.

2. 關於中國與非洲安全關係的敘述，包括 2000 年以來中國與十個主要非洲國家軍事關係的總結，參見 David Shinn, "Military and Security Relations: China, Africa, and the Rest of the World," in Robert I. Rotberg, ed., *China into Africa:*

Trade, Aid, and Influence (Washington: Brookings Institution Press, 2008), pp. 155–96.

3. 國務院新聞辦公室：《2010年中國的國防》白皮書（2011年3月）。

4. U.S. Office of the Secretary of Defense, *Annual Report to Congress: Military and Security Developments Involving the People's Republic of China 2010, p.*15.

5. Jonathan Holslag, "China' New Security Strategy for Africa," *Parameters,* vol. 39, no. 2 (Summer 2009): 34.

6. 中國國務院：《中國對非洲政策文件》（2006年1月）。

7. 《中非合作論壇——沙姆沙伊赫行動計劃（2010–2012）》（2009年11月）；《中方關於論壇北京峰會後續行動落實情況的報告》（2009年11月）。

8. Kristen Gunness, "China's Military Diplomacy in an Era of Change," 2006年6月20日美國華盛頓國防大學未公開發表文章。中國人民解放軍的領導與結構控制的分析，參見David Shambaugh, *Modernizing China's Military: Progress, Problems, and Prospects* (Berkeley: University of California Press, 2002), pp. 108–83.

9. Shambaugh, pp. 295–96.

10. U.S. Department of the Army, "An Assessment of the Military Assistance Programs of the People's Republic of China," 15 November 1974, 3, Digital National Security Archive.

11. 中國對津巴布韋、安哥拉和莫桑比克獨立運動的軍事支援，參見 "Soviet and Chinese Military Involvement in Southern Africa," *Current Bibliography on African Affairs,* vol. 16, no. 3 (1983–1984): 195–206.

12. Alaba Ogunsanwo, *China's Policy in Africa, 1958–1971* (London: Cambridge University Press, 1974), pp. 146–47, 172–73. 中國向加納派遣軍事專家的協議文本，見p. 283–84，中國專家的姓名、專業、服務日期的記載見p. 277，也參見Ian Taylor, *China and Africa: Engagement and Compromise* (London: Routledge, 2006), pp. 94–95, 110–12; CIA, "What the Chinese Communists Are Up to in Black Africa," 23 March 1971, *Foreign Relations, 1969–1976,* vol. E-5, Documents on Africa, 1969–1972.

13. He Wenping, "Moving Forward with the Time: The Evolution of China's African Policy" paper for Workshop on China-Africa Relations: Engaging the International Discourse, Hong Kong University of Science and Technology, 11–22 November, 2006, 5.

14. CIA, "What the Communists Are Up to in Black Africa"; Bruce Larkin, *China and Africa 1949–1970: The Foreign Policy of the People's Republic of China* (Berkeley: University of California Press, 1971), pp. 183–84.

15. U.S. Department of the Army, 15

16. Joseph P. Smaldone, "Soviet and Chinese Military Aid and Arms Transfers to Africa: A Contextual Analysis," in Warren Weinstein and Thomas H. Henriksen, eds., *Soviet and Chinese Aid to African Nations* (New York: Praeger, 1980), pp. 104–6.

17. Ibid., pp. 104–5.

18. CIA, "Communist Aid Activities in Non-Communist Less Developed Countries, 1979 and 1954–79," October 1980, 16.

19. Ibid., 15.

20. Smaldone, p. 106.

21. Lillian Craig Harris, *China's Foreign Policy Toward the Third World* (New York: Praeger, 1985), pp. 81–82.

22. Smaldone, p. 109.

23. CIA, "Communist Aid Activities in Non-Communist Less Developed Countries," 40.

24. Eric Hyer, "China's Arms Merchants: Profits in Command," *China Quarterly*, no. 132 (December 1992): 1102. Richard A. Bitzinger, "Arms to Go: Chinese Arms Sales to the Third World," *International Security*, vol. 17, no. 2 (Autumn 1992): 86.

25. Daniel L. Byman and Roger Cliff, *China's Arms Sales: Motivations and Implications* (Santa Monica, CA: Rand, 1999), pp. 3–4.

26. U.S. Department of State Bureau of Intelligence and Research, "China's Policy Toward Sub-Saharan Africa," (20 August 1985), 3–4, Digital National Security Archive.

27. Ibid., 50–53; John F. Copper, "China's Military Assistance," in John F. Copper and Daniel S. Papp, eds., *Communist Nations' Military Assistance* (Boulder, CO: Westview Press, 1983), p. 113.

28. Arthur Waldron, ed., *China in Africa* (Washington: Jamestown Foundation, 2008), pp. 97–101.

29. Richard F. Grimmett, *Conventional Arms Transfers to Developing Nations, 1992–1999*, CRS Report for Congress (Washington, D.C., 18 August 2000), pp. 55, 58, 68.

30. U.S. Department of State, *World Military Expenditures and Arms Transfers* (Washington: 2003), pp. 165–66, 187–89, www.state.gov/t/vci/rls/rpt/wmeat/1999_2000/.

31. Waldron, pp. 97–101; Byman and Cliff, pp. 49–53; Ian Taylor, *China's New Role in Africa* (Boulder, CO: Lynne Rienner, 2009), p. 121; Mark Curtis and Claire Hickson, "Arming and Alarming? Arms Exports, Peace and Security," in Leni Wild and David Mepham, eds., *The New Sinosphere: China in Africa* (London: Institute for Public Policy Research, 2006), p. 44.

32. Waldron, pp. 102–3.

33. 作者與埃塞俄比亞國防部前高級官員Tsadkan Gebre-Tensae將軍的會晤，亞的斯亞貝巴，2007年7月2日。

34. Kenneth W. Allen and Eric A. McVadon, "China's Foreign Military Relations," Stimson Center Report 32, October 1999.

35. Susan M. Puska, "Resources, Security and Influence: The Role of the Military in China's Africa Strategy," *China Brief*, vol. 7, issue 11 (30 May 2007): 2; Military Attaché website in Beijing, www.bjmac.org/HTML/Regions.htm.

36. Puska, 2.

37. 西方國家駐華武官從中國人民解放軍獲得信息的郵件，日期為2007年12月16日。

38. 本書作者史大偉與美國非洲司令部 (AFRICOM) 職員的談話，德國加爾米施-帕滕基興，2009年11月14日。

39. 〈中國的軍事外交正步入一個新的發展階段〉，《解放軍報》，2002年9月23日。

40. Puska, 2–3; Holslag, 28.

41. 國務院新聞辦公室：《2008 年中國的國防》白皮書（2009 年 1 月）；《2006 年中國的國防》白皮書（2006 年 12 月）。

42. 同上。

43. Puska, 3.

44. 《2008 年中國的國防》白皮書。

45. Curtis and Hikson, p. 39.

46. 〈喬宗淮副部長在聯合國小武器問題研討會開幕式上的講話〉，2005 年 4 月 20 日，中國外交部網站。

47. 〈外交部部長助理翟雋就中非合作論壇北京峰會接受外國媒體專訪〉，2006 年 10 月 26 日，中國外交部網站。

48. 〈外交部發言人姜瑜在例行記者會答記者問〉，2007 年 1 月 30 日，中國外交部網站。

49. 中國在 1998 至 2000 年埃塞俄比亞與厄立特里亞的戰爭期間，向雙方提供了武器。雖然這顯然是衝突局面，但中國認為它們是主權國家，因此它們把買回來的武器拿作什麼用途是它們自己的事情。

50. 作者與幾位中國官員的見面，北京，2007 年 1 月。Byman and Cliff, pp. 31–41; Curtis and Hikson, pp. 37–41。有關中國官方的立場，參見 "China's Endeavors for Arms Control, Disarmament and Non-Proliferation," 1 September 2005, www. chinadaily.com.cn/english/doc/2005-09/01/content_474248.htm;〈喬宗淮副部長在聯合國小武器問題研討會開幕式上的講話〉。

51. 作者與幾位中國官員的見面，北京，2007 年 1 月 12 日。

52. Curtis and Hikson, pp. 39.

53. 中國國務院新聞辦公室：《中國的軍控、裁軍與防擴散努力》白皮書（2005 年 9 月）。

54. Ian Taylor, "The 'All-Weather Friend'? Sino-African Interaction in the Twenty-first Century," in Ian Taylor and Paul Williams, eds., *Africa in International Politics: External Involvement on the Continent* (London: Routledge, 2004), p. 95.

55. Richard A. Bitzinger, "China's Re-emergence as an Arms Dealer: The Return of the King?" *China Brief*, vol. 9, issue 14 (9 July 2009): 7–8; Stockholm International Peace Research Institute (SIPRI) database; Andrei Chang, "Lock and Load in Africa Part Three," *UPI*, 31 December 2008; Andrei Chang, "China Expanding African Arms Sales," *UPI*, 26 January 2009; Waldron, pp. 97–101; Serge Michel and Michel Beuret, *China Safari: On the Trail of Beijing's Expansion in Africa* (New York: Nation Books, 2009), pp. 131–44.

56. 《2008 年中國的國防》白皮書。

57. Richard F. Grimmett, *Conventional Arms Transfers to Developing Nations, 2002–2009*, CRS Report for Congress (Washington, D.C.: CRS, 10 September 2010), 52–53, 57–58, 65, 67.

58. Ibid., 10; Bitzinger, "China's Re-emergence as an Arms Dealer," 8. Curtis and Hickson 認為，中國的武器出口必須放在「其對非洲自然資源的胃口」的背景下看待，參見頁 40。

59. "France Says Finding Too Many Chinese Arms in Africa," *Reuters*, 14 December 2006.

60. "Military Ties to Help Africa Develop," *China Daily*, 22 May 2010.

61. "Cooperation Tops Visit of Defence Minister to China," *allafrica.com*, 30 July 2010.

62. Hilary Andersson, "China 'Is Fuelling War in Darfur'," *BBC*, 13 July 2008.

63. 中國向津巴布韋軍事轉移的詳細信息，參見 Taylor, *China's New Role in Africa*, pp. 123–25; Allen and McVadon, 33.

64. David Beresford, "Chinese Ship Carries Arms Cargo to Mugabe Regime," *The Guardian*, 18 April 2008; Levi Tillemann, "Blowback from Zimbabwe: China's Faltering Strategy on Arms Exports," *China Brief*, vol. 8, issue 13 (18 June 2008): 7–9.

65. L.C. Russell Hsiao, "Chinese Soldiers and Arms Exports Embroiled in Zimbabwe's Electoral Impasse," *China Brief*, vol. 8, issue 9 (28 April 2008): 2.

66. "China-Africa Ties: Europe Should Not Panic," *The African Executive*, 16–23 July 2008; 一位中國共產黨高級官員在2008年12月13日於華盛頓告訴本書作者史大偉，向津巴布韋運輸武器說明中國政府內部缺乏協調。

67. "Arms from China's 'Ship of Shame' Reach Mugabe," *Sunday Herald*, 17 May 2008; U.S. Office of the Secretary of Defense, *Annual Report to Congress: Military Power of the People's Republic of China 2009*, p. 58. 記載了這段尷尬風波的有：Samuel J. Spiegel and Philippe Le Billon, "China's Weapons Trade: From Ships of Shame to the Ethics of Global Resistance," *International Affairs*, vol. 85, no. 2 (March 2009): 323–34; Miles Larmer, "The Zimbabwe Shipment Campaign," *Review of African Political Economy*, vol. 35, no. 117 (September 2008): 486–93; Nicole Fritz, "People Power: How Civil Society Blocked an Arms Shipment for Zimbabwe," *SAIIA Occasional Paper* no. 36, July 2009, 1–12; Max du Plessis, "Chinese Arms Destined for Zimbabwe over South African Territory: The R2P Norm and the Role of Civil Society," *African Security Review*, vol. 17, no. 4 (December 2008): 1–29.

68. Paul Holton, "Case Study: Liberia, 1992–2006," SIPRI (2007), 11, 15–17, 23–25; Amnesty International, "People's Republic of China: Sustaining Conflict and Human Rights Abuses, The Flow of Arms Accelerates," June 2006, www.amnesty.org.hk/html/files/images/ASA1703006.pdf.

69. Paul Horton, "Case Study: Sierra Leone, 1997–present," SIPRI (2007), 5–7, 12–13, 16, 20–21; Eric G. Berman, "Re-Armament in Sierra Leone: One Year After the Lomé Peace Agreement," Small Arms Survey Occasional Paper 1, December 2000; Taylor, "The 'All-weather friend'?" 97.

70. "Press Conference by Chad's Foreign Minister," United Nations, New York, 26 February 2008, www.un.org/News/briefings/docs/2008/080226_Chad.doc.htm; Holslag, 25–26.

71. UN Security Council. "Report of the Monitoring Group on Somalia," 10 March 2010, 74–98.

72. Damien Fruchart, "Case Study: Rwanda, 1994–present," SIPRI (2007), 5, 9–10, 13, 15–16.

73. Damien Fruchart, "Case Study: Democratic Republic of the Congo, 2003–2006," SIPRI (2007), 6–8.

74. Amnesty International, "People's Republic of China;" Michel and Beuret, 136–37.

75. Pieter D. Wezeman, "Case Study: Eritrea and Ethiopia, 2000–2001," SIPRI (2007), 3–6.

76. 作者與埃塞俄比亞國防部前高級官員Tsadkan Gebre-Tensae將軍的會晤，亞的斯亞貝巴，2007年7月2日。

77. 有關中國在達爾富爾衝突角色的詳情，參見David Shinn, "China and the Conflict in Darfur," *Brown Journal of World Affairs*, vol. 26, issue 1 (Fall/Winter 2009): 85–100. 從人權角度觀察武裝聯繫的兩個論述，參見Stephanie L. Kotecki, "The Human Rights Costs of China's Arms Sales to Sudan—A Violation of International Law on Two Fronts," *Pacific Rim Law and Policy Journal*, vol. 17, no. 1 (2008): 209–35; Amnesty International, "Sudan: Arms Continuing to Fuel Serious Human Rights Violations in Darfur," 8 May 2007, www.amnesty.org/en/library/info/AFR54/019/2007. 同時參見Richard Cockett, *Sudan: Darfur and the Failure of an African State* (New Haven: Yale University Press, 2010), pp. 277–81.

78. Pieter D. Wezeman, "Case Study: Darfur, Sudan, 2004–2006," SIPRI (2007), 4; "Powder Keg—Unfettered Arms Flows Reflect Sudan's Instability," *Jane's Intelligence Review* (13 November 2009); Taylor, *China's New Role in Africa*, pp. 120–23.

79. Small Arms Survey, "Supply and Demand: Arms Flows and Holdings in Sudan," *Sudan Issue Brief* no. 15 (December 2009): 1. 關於中國從1980年代中期起對蘇丹的軍事轉移以及為其本土軍火工業發展提供的技術支援，參見Small Arms Survey, "Arms, Oil and Darfur: The Evolution of Relations Between China and Sudan," *Sudan Issue Brief*, no. 7 (July 2007): 4–6. 根據聯合國貿易統計局的統計，蘇丹報告從2003至2008年從中國進口總值逾4,300萬美元的輕小武器、彈藥和軍品。同一時期，中國報告對蘇丹出口總值不到100萬美元。根據蘇丹的報告，其中大部分是2004年和2005年運抵蘇丹的。參見Mike Lewis, "Skirting the Law: Sudan's Post-CPA Arms Flows," Small Arms Survey HSBA Working Paper (September 2009), 23–26. 「人權第一」(Human Rights First) 組織也發布了中國與蘇丹軍事關係的詳盡報告，參見"Investing in Tragedy: China's Money, Arms, and Politics in Sudan," March 2008, 11–16, www.humanrightsfirst.info/pdf/080311-cah-investing-in-tragedy-report.pdf. 人權第一強調俄羅斯一直是蘇丹歷史上最大的武器供應國，並補充指中國是蘇丹目前最大的小型武器供應國 (頁15)。

80. Wezeman, "Case Study: Darfur," 5–8.

81. See the UN Panel of Experts report, UNSC document S/2009/562, 29 October 2009, 35–36.

82. Hilary Andersson, "China 'Is Fuelling War in Darfur'," *BBC* (13 July 2008).

83. Shinn, "China and the Conflict in Darfur," 92–94; Daniel Large, "China and the Changing Context of Development in Sudan," *Development*, vol. 50, no. 3 (2007): 59–60.

84. James Blitz, "China's Arm Sales to Sudan 'Exaggerated'," *Financial Times*, 23 February 2008.

85. Lindsay Holmwood and Christopher Bodeen, "China Denies Report That It Increased Small-Arms Sales to Sudan as Darfur Violence Escalated," *AP*, 14 March 2008.

86. 有關中國公民受襲的摘要，參見Jerker Hellström, "China's Emerging Role in Africa: A Strategic Overview," Swedish Defence Research Agency, May 2009, 18; David Shinn, "Chinese Involvement in African Conflict Zones," *China Brief*, vol. 9, issue 7 (2 April 2009): 7.

87. "Car Blast near Nigeria Oil Port," *BBC*, 30 April 2006; Katherine Houreld, "Will Chinese Oil Workers Be Next Target of Militants?" *South China Morning Post*, 6 March 2006; Shinn, "Chinese Involvement in African Conflict Zones," 9.

88. "Chinese Telecom Firm's Special Team Arrives in Nigeria on Hostage Rescue Mission," *Xinhua*, 9 January 2007; "Nigerian Militants Release Five Chinese Workers," *VOA*, 18 January 2007; "Three Chinese Workers Kidnapped in S. Nigeria," *Xinhua*, 9 May 2008; "Three Chinese Workers Freed in Nigeria," *AFP*, 11 May 2008. 中國在尼日爾河三角洲問題的詳盡分析，參見Cyril I. Obi, "Enter the Dragon? Chinese Oil Companies and Resistance in the Niger Delta," *Review of African Political Economy*, vol. 35, no. 117 (September 2008): 417–34.

89. Tom Burgis, "Militants Criticise China's Plants to Tap Nigerian Oil," *Financial Times*, 29 September 2009.

90. Arthur Bright, "Sudanese Oil Field Attack Threatens Peace Talks," *The Christian Science Monitor*, 27 October 2007; Andrew McGregor, "Sudan's Oil Industry Faces Major Security Challenges," *Terrorism Monitor*, vol. 7, issue 16 (11 August 2008): 10.

91. "Darfur Rebel Leader Claims It Attacked Chinese-run Oil Field," *AP*, 11 December 2007; "Sudan: What Can Militants Do, and What Can China Tolerate?" *Stratfor Global Intelligence*, 13 December 2007.

92. "China Seeks Safety Guarantees After Sudan Oilfield Attack," *AFP*, 13 December 2007.

93. "Chinese Oil Workers Kidnapped in Sudan's Kordofan," *Sudan Tribune*, 20 October 2008; "Four Chinese Workers Killed in Sudan, Foreign Ministry Confirms," *Xinhua*, 28 October 2008.

94. Heba Aly and Scott Baldauf, "Will Killing of Oil Workers Harden China's Darfur Policy?" *The Christian Science Monitor*, 20 October 2008.

95. Jeffrey Gettleman, "Ethiopian Rebels Kill 70 at Chinese-Run Oil Field," *New York Times*, 25 April 2007; Tsegaye Tadesse, "Petronas and Sinopec in Ethiopia Exploration Talks," *Reuters*, 10 December 2007.

96. 作者史大偉和馬佳士在亞的斯亞貝巴與中國大使館官員的會晤，2007年7月2日。

97. Alison Klayman, "Beijing Vows to Protect Chinese in Africa from Al-Qaeda Threat," *VOA*, 14 July 2009; Tania Branigan, "China Urges Its Companies and "Workers to Be on Guard After Al-Qaeda Threat," *Guardian*, 15 July 2009; Abdul Hameed Bakier, "Jihadis Identify U.S. Plots Against China in Xinjiang and Africa," *Terrorism Monitor*, vol. 7, issue 21 (17 July 2009): 3–5; Chris Zambelis, "Xinjiang Crackdown and

Changing Perceptions of China in the Islamic World?" *China Brief,* vol. 9, issue 16 (5 August 2009): 7.

98. "Somali Pirates Release Taiwanese Ship, Says U.S. Navy," *International Herald Tribune,* 5 November 2007.

99. Christopher D. Yung and Ross Rustici, *China's Out of Area Naval Operations: Case Studies, Trajectories, Obstacles and Potential Solutions* (Washington, D.C.: National Defense Univerisity Press, December 2010), p. 14.

100. Gabe Collins and Andrew Erickson, "Implications of China's Military Evacuation of Citizens from Libya", *China Brief,* 11, 4 (10 March 2011): 8–10.

101. Edward Cody, "China's Expansion Puts Workers in Harm's Way," *Washington Post,* 26 April 2007.

102. 中國非洲問題專家對史大偉發表的評論，北京，2011 年 5 月、6 月。

103. "Sailing to Strengthen Global Security," *China Daily,* 26 December 2008.

104. Bates Gill and Chin-Hao Huang, "China's Expanding Role in Peacekeeping," SIPRI Policy Paper 25, November 2009, 1. 截止目前，中國還沒有向聯合國維和行動派遣攻擊部隊。

105. Ibid., vii.

106. Ian Ransom, "U.N.'s Ban Calls on China to Be Bigger Peacemaker," *Reuters,* 1 July 2008. 潘基文：〈在外交學院的講話〉，聯合國網站，2008 年 7 月 1 日。

107. "Chinese President in the Spotlight over Sudan," *The Star* (Johannesburg), 1 February 2007.

108. Stefan Stähle, "China's Shifting Attitude towards United Nations Peacekeeping Operations," *China Quarterly,* vol. 195 (September 2008): 639; Yin He, *China's Changing Policy on UN Peacekeeping Operations,* Asia Paper (Stockholm: Institute for Security and Development Policy, July 2007), 16–17; International Crisis Group, *China's Growing Role in UN Peacekeeping,* Asia Report 166 (Brussels: ICG, 17 April 2009), 3. 有關中國對維和看法演變的分析，參見 Pang Zhongying, "China's Changing Attitude to UN Peacekeeping," *International Peacekeeping,* vol. 12, no. 1 (Spring 2005): 87–104.

109. Yin He, 29. Taylor, *China's New Role in Africa,* 145.

110. Shinn, "Military and Security Relations," 177. 有關中國維和行動派遣的部隊和警察人員種類，參見 Philippe D. Rogers, "China and United Nations Peacekeeping in Africa," *Naval War College Review,* vol. 60, no. 2 (Spring 2007): 76–77.

111. "China to Send Peacekeeping Troops to DR Congo Next Month," *AFP,* 10 February 2003.

112. Pang Zhongying, 88; Rogers, 79–80. "Position Paper of the PRC at the 65th Session of the UNGA," section III (1).

113. 國務院新聞辦公室：《2008 年中國的國防》白皮書。

114. 《中非合作論壇──亞的斯亞貝巴行動計劃 (2007 至 2009 年)》;《中非合作論壇──北京行動計劃 (2007 至 2009 年)》;《中非合作論壇──沙姆沙伊赫行動計劃 (2010 至 2012 年)》。

115. 中國向聯合國維和行動派遣的人員人數, 參見 www.un.org/en/peacekeeping/contributors/2010/july19_5.pdf; "Chinese Elected to Lead UN Peacekeeping Force in Western Sahara," *UN News Service*, 27 August 2007; Gill and Huang, 34; International Crisis Group, 7–8. 中國維和部隊在剛果民主共和國、利比里亞、南蘇丹以及特別是西撒哈拉從事的活動類型，參見 Rogers, 80–87.

116. "Darfur Is Hostile Region for Chinese Troops-Rebel Commander," *Sudan Tribune*, 24 November 2007.

117. "Darfur JEM Vows to Not Attack Chinese Peacekeepers," *Sudan Tribune*, 27 November 2007.

118. 〈秦剛：中方反對對中國維和人員安全的公開威脅〉，新華社，2007年11月28日。

119. Sara Van Hoeymissen, "China's Support to Africa's Regional Security Architecture: Helping Africa to Settle Conflicts and Keep the Peace?" *The China Monitor* (March 2010): 10–14; "China Gives $3.5 Million for AU Mission in Darfur," *UN Integrated Regional Information Networks*, 21 June 2006.

120. Kwesi Aning, "China and Africa: Towards a New Security Relationship," in Fantu Cheru and Cyril Obi, eds., *The Rise of China and India in Africa* (London: Zed Books, 2010), pp. 149–51.

121. Rogers, 88–89; 同時參見 International Crisis Group, 14–15; Gill and Huang, 15–16.

122. Rogers, 90.

123. 〈黃菊李長春出席鄭和下西洋600周年紀念大會〉，人民網，2005年7月11日。研究中國海權史的學者羅榮邦 (Jung-Pang Lo) 分析古代中國海權時，認為元朝繼承了宋朝的海軍，明朝又繼承了元朝的海軍，因此延續了宋朝的海軍精神和傳統。他總結說：「中國海軍從防禦性的軍隊，發展成作為政治控制和攻擊的工具，而中國的海軍也從東海推向南海以至印度洋。」"The Emergence of China as a Sea Power During the Late Sung and Early Yuan Periods," *The Far Eastern Quarterly* (pre-1986), vol. 14, no. 4 (August 1955): 503.

124. George T. Yu, *China's Quest for National Security and Political Influence: The Indian Ocean Connection* (Seoul: Institute of Social Sciences, Seoul National University, April 1979), pp. 9–13.

125. 《2006年中國的國防》白皮書。

126. 《2008年中國的國防》白皮書。

127. U.S. Office of Naval Intelligence, "The People's Liberation Army Navy: A Modern Navy with Chinese Characteristics," (August 2009), 10-11, www.fas.org/irp/agency/oni/pla.navy.pdf.

128. Shinn, "Military and Security Relations," 182. Dennis Blair and Kenneth Lieberthal, "Smooth Sailing: The World's Shipping Lanes are Safe," *Foreign Affairs*, vol. 86, no. 3 (May/June 2007): 7; Robert D. Kaplan, "The Geography of Chinese Power: How Far Can Beijing Reach on Land and at Sea?" *Foreign Affairs*, vol. 89, no. 3 (May/June 2010): 24.

129. Jacques de Lisle, "China Rising: Assessing China's Economic and Military Power," Foreign Policy Research Institute Conference Report (Philadelphia, 2007).

130. Zhang Wenmu, "Sea Power and China's Strategic Choices," *China Security*, vol. 2, no. 2 (Summer 2006): 17.

131. Antoine Halff, "Africa on My Mind: The Panda Menace," *The National Interest*, no. 90 (July/August 2007): 40; U.S. Joint Forces Command, "The Joint Operating Environment 2008," 27, www.jfcom.mil/newslink/storyarchive/2008/JOE2008.pdf; Toshi Yoshihara and James R. Holmes, "China's Energy-Driven 'Soft Power'," *Orbis* 52, 1 (Winter 2008): 131.

132. U.S. Office of Naval Intelligence, "The People's Liberation Army Navy," 18–21; U.S. Office of the Secretary of Defense, *Annual Report to Congress: Military and Security Developments Involving the People's Republic of China 2010*, pp. 2–3; Ronald O'Rourke, *China Naval Modernization: Implications for U.S. Navy Capabilities-Background and Issues for Congress* (Washington, D.C.: CRS, 22 April 2011), p. 41.

133. Robert D. Kaplan, "While U.S Is Distracted, China Develops Sea Power," *Washington Post*, 26 September 2010.

134. U.S. Office of Naval Intelligence, "The People's Liberation Army Navy," 19; U.S. Office of the Secretary of Defense, *Annual Report to Congress: Military and Security Developments Involving the People's Republic of China 2010*, p. 48; O'Rourke, 24–26; Chris Buckley, "China Launches First Aircraft Carrier On Maiden Sea Trial," *Reuters*, 10 August 2011. 另參見 Nan Li and Christopher Weuve, "China's Aircraft Carrier Ambitions: An Update," *War College Review*, vol. 63, no. 1 (Winter 2010): 13–31; "China Confirms Construction of 'Secret' First Aircraft Carrier," *Global Post*, 8 June 2011; Richard Fisher, "Rocking the Boat: China Prepares to Expand Its Carrier Navy," *Jane's Intelligence Review*, vol. 21, no. 7 (July 2009): 54–55.

135. Robert D. Kaplan, "Center Stage for the Twenty-First Century: Power Plays in the Indian Ocean," *Foreign Affairs*, vol. 88, no. 2 (March April 2009): 22; Robert D. Kaplan, "The Revenge of Geography," *Foreign Policy* (May/June 2009): 101. 有關解放軍海軍船隻使用印度洋港口的額外資訊，參見 Daniel J. Kostecka, "The Chinese Navy's Emerging Support Network in the Indian Ocean," *China Brief*, vol. 10, issue 15 (22 July 2010): 3–5. 有關支持 Kaplan 論點的分析，參見 Lyle J. Goldstein, "Cold Wars at Sea," *Armed Forces Journal* (April 2008): 17, 43; Jonathan Holslag, "Embracing Chinese Global Security Ambitions," *Washington Quarterly*, vol. 32, no. 3 (July 2009): 111–12. 有關中國在印度洋意圖的理論分析，參見 David Walgreen, "China in the Indian Ocean Region: Lessons in PRC Grand Strategy," *Comparative Strategy*, vol. 25, issue 1 (2006): 55–73.

136. Gordon Arthur, "Into the Shade: China's Overseas Naval Operations," *Jane's Intelligence Review*, vol. 22, no. 4 (April 2010): 55; Jason J. Blazevic, "Defensive Realism in the Indian Ocean: Oil, Sea Lanes and the Security Dilemma," *China Security*, vol. 5, no. 3 (2009): 63–64.

137. Peter Howarth, *China's Rising Sea Power: The PLA Navy's Submarine Challenge* (London: Routledge, 2009), pp. 41–42; 亦參見David Lei, "China's New Multi-Faceted Maritime Strategy," *Orbis*, vol. 52, no. 1 (Winter 2008): 149–151.

138. "Military Expert: China Should Consider Land-Based Support Center Located in East Africa," *China Review News* (21 May 2009).

139. "China's Navy Mulls Push into Arabian Sea," *UPI*, 30 December 2009; Christopher Bodeen, "China Navy Official Says Overseas Base Needed," *AP*, 30 December 2009.

140. Richard Weitz, "Global Insights: China Tests Waters on First Overseas Naval Base," *World Politics Review* (5 January 2010), www.worldpoliticsreview.com/article.aspx?ID=4882.

141. Michael S. Chase and Andrew S. Erickson, "Changes in Beijing's Approach to Overseas Basing?" *China Brief*, vol. 9, no. 19 (24 September 2009), 8. 關於非洲海港吞吐量的分析，參見Gordon S. Magenheim, "Chinese Influence on U.S. Operational Access to African Seaports," *Joint Force Quarterly* 45 (2nd quarter 2007): 22–27. 關於解放軍海軍在印度洋潛在基地選項的分析，參見Daniel J. Kostecka, "Places and Bases: The Chinese Navy's Emerging Support Network in the Indian Ocean," *Navy War College Review* 64, 1 (Winter 2011):59–78. 本書作者史大偉在2011年6月3日於北京與解放軍軍事科學院的五名成員見面時，曾問為什麼中國沒有請求法國或美國，讓在亞丁灣執行反海盜任務的中國艦船可以進入在吉布提基地作儲存和補給。他們回應稱，這看來就像中國在非洲的軍事基地，違背中國的政策。相反，他們表示中國將通過商業合同為其艦船提供所需的支持，又指中國預期艦船增加對非洲的訪問。

142. Mingjiang Li, "China's Gulf of Aden Expedition and Maritime Cooperation in East Asia," *China Brief*, vol. 9, issue 1 (12 January 2009): 5.

143. Kaufman, 3.

144. Stephen Chen and Greg Torode, "PLA Given Nod to Lead Anti-Piracy Operations," *South China Morning Post*, 22 September 2010.

145. 引述於Zhang Quanyi, "China's Multi-Purpose Naval Mission," *UPI Asia*, 26 December 2008.

146. Ibid.

147. Eric Baculinao, "China Enters New Waters with Pirate Mission," *NBC News*, 26 December 2008.

148. 引述於Richard Weitz, "Priorities and Challenges in China's Naval Deployments in the Horn of Africa," *China Brief*, vol. 9, issue 24 (3 December 2009): 12.

149. Richard Weitz, "Operation Somalia: China's First Expeditionary Force?" *China Security*, vol. 5, no. 1 (Winter 2009): 32–35. 同時參見Andrew S. Erickson and Justin D. Mikolay, "Welcome China to the Fight Against Pirates," *Proceedings of the U.S. Naval Institute* 135, 3 (March 2009): 38–39. 引述中國強調建造航空母艦並把它加入其核動力潛艇艦隊，印度海軍總結稱，中國「正在邁向成為藍海部隊」，見India Ministry of Defence, "Freedom to Use the Seas: India's Maritime Strategy" (2007), http://indiannavy.nicoin/maritime_strat.pdf.

150. 〈中國常駐聯合國代表：根除海盜問題需要綜合治理〉，新華社，2010 年 8 月 25 日。

151. Phil Stewart, "Attack Pirate Bosses on Land, Chinese General Says," *Reuters*, 19 May 2011. 史大偉在 2011 年 5 月至 6 月於北京外交部與官方背景的智庫討論時了解到，這個說法與外交部並不一致，也許並不反映中國廣泛的外交政策。

152. Robert D. Kaplan, "The Geography of Chinese Power: How Far Can Beijing Reach on Land and at Sea?" *Foreign Affairs*, vol. 89, no. 3 (May/June 2010): 26.

153. Vijay Sakhuja, "Maritime Multilateralism: China's Strategy for the Indian Ocean," *China Brief*, vol. 9, issue 22 (4 November 2009): 14; Harsh V. Pant, "India in the Indian Ocean: Growing Mismatch Between Ambitions and Capabilities," *Pacific Affairs*, vol. 82, no. 2 (Summer 2009): 290–91; Sanjay Kumar, "China's Naval Strategy: Implications for India," Institute of Peace and Conflict Studies, New Delhi, 2 March 2009, www.ipcs.org/print_article-details.php?recNo=2845; Amit Kumar, "China's Island Strategy in the Indian Ocean: Breaching India's Sphere of Influence," 4 June 2010, www.observerindia.com/cms/export/orfonline/modules/analysis/attachments/influence_1253251335478.pdf; Kaplan, "Center Stage for the Twenty-first Century," 22–23.

154. Jonathan Holslag, "China, India and the Military Security Dilemma," *BICCS Background Paper*, vol. 3, no. 5 (2008): 14–16; Pant, 287 and 291–294. 有關中國對於印度海洋力量的觀點分析，參見 James R. Holmes and Toshi Yoshihara, "China and the United States in the Indian Ocean: An Emerging Strategic Triangle?" *Naval War College Review*, vol. 61, no. 3 (Summer 2008): 51–56; Kaplan, "Center Stage for the Twenty-First Century," 27–28.

第6章

傳媒、教育和文化關係及
與非洲華人社群的聯繫

官方媒體是中國在非洲搜集和發布信息的最有效管道。隨着中國參與非洲事務向縱深發展，新華通訊社、中國國際廣播電台以及中國中央電視台對中非關係的報道也迅速增加。同時，中國的大學已經成為越來越多非洲精英學生的留學選擇地。它們連同中國在非洲國家設立的職業技術學校以及孔子學院，向非洲青年傳播着有關中國及漢語的知識。自1950年代以來，青年會議、電影節以及藝術家和作家的代表團，已經成為中非文化交流的組成部分。相比之下，社群之間的直接互動則成為人際關係的新元素：移居非洲的華人人數空前，在華的非洲人也越來越多。傳媒、教育、文化和社群，合起來構成了中國和非洲社會間互動的最大部分。

傳媒

中國官員長久以來都感到，中國的非洲政策遭到西方傳媒的不公正對待，以及中國日增的經濟實力與中國媒體在非洲相對較弱的影響力之間存在着落差。隨着這些憂慮的增加，中國政府也增加了國有海外媒體擴展業務的財政支持。這些媒體以新華社為代表，旁及中國國際廣播電台和中央電視台。自2000年後，這些海外媒體設法向非洲受眾投射一個更溫和、更具合作精神的中國形象。

新華社是中國在非洲歷史最悠久的新聞機構，較其他的中國或西方新聞通訊社在非洲擁有更多的分支機構，有效地成為北京在這塊大陸的耳目和喉舌。據威斯敏斯特大學（Westminster University）的辛欣教授分析，作為中國共產黨最忠實喉舌的新華社，「負責設定供其他中國傳媒機構跟隨的官方口徑，並一直積極地推動中國在非洲的政策以及中非關係。」[1]這一節探討新華社以及以廣播為基礎的姊妹機構中國國際廣播電台在非洲的信息搜集和發布活動。

擴展全球佈局的新華社

新華社是全球最大的新聞通訊社。2005年，新華社有8,400名員工（法新社則有2,000人），其中包括1,900名記者和編輯，每天以七種語言發布逾4,500則新聞。[2]2005到2010年間，由於新華社在非洲擴大投資，這些數字大幅增加。這間官方新聞通訊社在海外逾100個國家派駐了記者，設有七個駐外總分社，包括設在肯尼亞內羅畢的非洲總分社以及設在埃及開羅的中東總分社。[3]新華社既是出版社也是新聞通訊社，印刷將近40種不同類型的報紙和雜誌，並向逾130個國家的出版物提供新聞。[4]

新華社宣稱一直秉承着「宣傳中國、報道世界」的歷史使命。[5]新華社在1937年採用了現在的名字，1949年中華人民共和國成立後，成為正部級國務院直屬事業單位。[6]在1960到1970年代，新華社只出版幾份針對外國讀者的期刊，之後國家開始鼓勵宣傳領域工作者在國外樹立中國的形象。在改革開放時期，新華社的大量宣傳材料被翻譯為西方國家的語言,「較以前更多在全球範圍廣播,並被其他新聞通訊社採用。」[7]根據中國人民大學新聞學院院長趙啟正的說法,新華社擴大外文內容的原因是「外國人的語言和思維方式都與中國人不同」。他補充説:

> 「使外國人了解中國人的思想、行為以及價值觀,語言和文
> 化都需要進行『翻譯』。這就是説,為了向海外世界講述中國
> 故事,必須採用外國讀者可以理解並接受的語言和習慣。」[8]

自2000年以來,作為新華社最高決策層的的黨組,一直致力把新華社「盡快打造得更大、更有影響力」。[9]新華社同其他國有媒體分支機構迅速擴展,到了2009年將盡時已透過與外國同行在新聞報道、人力資源和信息技術方面深化合作,增強其「國際跨文化傳播能力」。[10]

新華社在非洲

政治科學學者金德芳 (June Teufel Dreyer) 在1963年指出,「傳播中國的政治宣傳」和喚起「非洲領袖同情中國的事業」是中國對非洲政策的兩大目標。[11]新華社記者深入地介入這兩大工作,通過報道和代表國家行動來支持革命組織。[12]非洲學生伊曼紐爾・約翰・海維 (Emmanuel John Hevi) 對其在華歲月頗感失望,他在1966年觀察到:「新華社的政策是,特派記者都要把一部分的時間和才能,投入到打探消息以及顛覆他們所在的 (非洲) 國家等事情上。」[13]

在1960年代,中國國有媒體的特派記者分發宣傳手冊,鼓勵非洲國家承認中華人民共和國,解釋北京的國際政策立場,並傳播中共的革命口號。[14]這些宣傳材料和一些價廉的平裝版毛澤東著作,一同出現在非洲的許多書店裏。[15]新華社報道,畿內亞首都科

納克里 (Conakry) 一家書店僅在 1960 年 1 月到 5 月就賣出 395 本毛澤東著作。[16]早在 1961 年，新華社就在加納阿克拉、塞內加爾達喀爾、畿內亞科納克里、坦桑尼亞達累斯薩拉姆以及摩洛哥拉巴特設立了辦事處。[17]一般而言，早年新華社的報道集中在五大主題：非洲受殖民主義的壓迫；非洲的反殖鬥爭；北京對非洲人民反殖民主義鬥爭的支持；中國是被壓迫民族的榜樣；中國和非洲國家的和平友好關係。[18]《人民日報》在 1961 年 12 月 10 日的一篇文章讓人們領略到這個時代宣傳的味道：

> 「所有被壓迫的國家和民族遲早都會在革命中興起，這就恰好說明了為什麼革命經驗和理論會很自然地在這些國家和民族中開始廣泛傳播，並且深入到他們的內心。這就是為什麼那些介紹中國遊擊戰的小冊子可以在非洲得以廣泛傳播……而且即使在小冊子已經破舊不堪、甚至都已經散頁的情況下，而且還因為拓本的緣故出版都已經變得不合法了，人們還是把它們視為寶貝。意識形態的影響沒有國界。沒有一個人可以阻擋人們所需要東西的傳播。」[19]

新華社早年聲稱「非洲的殖民統治正走向全面崩潰」，又指非洲的革命分子都受到了毛澤東思想的影響，這些言論誇大了非洲一些國家的反抗範圍，曲解了其他一些國家武裝鬥爭的性質，而且總體上過度強調了中國在非洲的影響力。[20]一些非洲人並不提倡武裝鬥爭，一些人不贊成中國對這些國家衝突的描述，有些人則對新華社許諾的革命成果沒有實現感到失望。例如，1963 年新華社特派記者高梁安排將中國的捐助送到在布隆迪的圖西族武裝，尋求推翻由胡圖族領導的盧旺達共和國。中國對封建主義的譴責讓人以為它會支持長期受到壓迫的胡圖族、反對圖西族重新建立其統治地位。但是，出於中國自身的利益，新華社曲解了圖西族人對胡圖族的惡意入侵，只因當年的盧旺達憲法存在反共條款，盧旺達亦與台灣保持着外交關係。[21]

1960年代末，隨着非洲國家對中國激進言論的敵視增加，新華社撤回在非洲的特派記者（連同外交官）。因此，文化大革命期間新華社有關非洲的報道減少，廣播也變得更加極端。然而，中美兩國在1972年尋求關係正常化，三年後中國在安哥拉內戰與南非比勒陀利亞的白人政權合作，這與新華社繼續譴責美帝國主義和南非種族隔離政策的廣播，顯得越來越矛盾。文革結束後，中國重建了新華社以前在非洲的分社，報道取態也更溫和，採取更加合作的路線。非洲在1980年代獲得了新華社的更多關注，並非作為共產主義革命的「溫床」，而是作為尚待開發的新聞的潛在來源。不過，出於加強與西方和鄰國的商業聯繫，這一時期新華社的外國報道優先關注歐洲、北美和亞洲。再者，比較而言，非洲對北京來說不太重要。中國不是非洲市場的大客戶，也不是非洲石油和礦產的重要消費者。相比文革時或1989年天安門事件後的被國際社會孤立時期，中國那時並不急切尋求外交夥伴。[22]

在改革開放早年，新華社缺乏政府資金的支持，派駐非洲的記者由1979年的72名下降到1984年的48名。非洲艱苦的工作環境難以吸引具有才華的年輕記者，限制了新華社在非洲分社的復興。整個1980年代，由於長期的忽視和人手短缺等原因，造成新華社在非洲只能在有限的議題上產出粗淺的報道。為了解決這些問題，新華社於1986年在內羅畢成立非洲總分社，統籌其在撒哈拉以南非洲的報道以及英語和斯瓦希里語（Swahili）節目的工作。[23]

在1980年代，新華社的新聞專線（newswire）對所有非洲新聞機構都免費，直到2011年仍對未能負擔的機構免費。然而到了1995年，為了抵銷在非洲擴大業務的開支，新華社開始在一些非洲國家

(例如埃及、尼日利亞和肯尼亞) 向使用服務的媒體收費。[24] 通過國家撥款以及從商業營運得到的資金，新華社在非洲創造了最完整的資訊傳播系統，建立了「覆蓋全球的新聞信息採集網絡」。[25] 新華社前社長郭超人在任內致力增加訂閱客戶數目，新華社的國內和國際訂閱客戶由1994年的1,876個，增加至1998年的3,400個，到2002年再大增至16,969個。[26] 2010年，新華社在非洲擁有23個海外辦事處 (18個在撒哈拉以南的非洲，5個在北非)。[27] 由於中國的地方報章在非洲都沒有駐點，新華社的國際新聞報道就通過通訊社在國內的發布網絡分發到全國媒體，到2005年，包括306個廣播電台、369個電視台、2,119份報章以及9,038份期刊。[28]

許多非洲國家的首都和省首府城市，除非發生人道主義、政治或軍事危機，否則平日很少獲得西方新聞媒體的關注。這種「信息差距」給新華社的產品帶來了附加值，包括向中國國家機構及在非洲中資企業提供的「內部參考」，以及向私人客戶供應的公開來源資訊。為獲取信息，新華社記者經常在非洲各地駐點調動，以建立廣闊的地區聯繫網絡。例如在2007年任新華社駐安哥拉羅安達分社首席記者的戴阿弟，之前曾派駐尼日利亞拉各斯；本身是回族穆斯林的新華社駐蘇丹喀土穆記者邵杰，之前曾派駐黎巴嫩、約旦、阿爾及利亞和伊拉克。[29]

設於內羅畢的新華社非洲總分社，2006年從巴黎分社接管了非洲法語國家新聞的製作和傳播工作，增加了八名記者，並僱傭了兩名肯尼亞當地人。內羅畢非洲總分社擴充成新華社的多語言非洲媒體樞紐，緩解了人手不足的問題，加速了英語和法語互譯的步伐，同時加強了與埃及開羅中東總分社的協調。新華社中東總分社負責管理五個駐北非國家分社的阿拉伯語內容。[30] 葡萄牙語的報道則通過新華社北京總部發布。

　　為了保證中國決策者以及宣傳人員的信息傳播到更廣泛的非洲受眾，新華社向非洲的報章購買版位。比如，2009年4月6日的馬拉維《每日時報》(Daily Times) 隨報有一份12版的副刊，題為「西藏民主改革50年」，它其實是重印的中國國務院新聞辦公室在一個月前發表的同名白皮書。[31]

　　今天新華社在非洲的活動，已與文化大革命時代形成鮮明對比。非洲人對新華社早年革命風格的懷疑，塑造了當代新華社在非洲的報道和信息傳播方式。2006年11月，中非合作論壇部長級會議在北京舉行，新華社由此新增了177個非洲訂閱客戶。根據新華社在2006年進行的一項調查，非洲媒體有關中國的報道中，多達31%的消息來源是新華社，其次是路透社的29%，法新社的7%和美聯社的2%。[32] 新華社在非洲的經營成果看起來頗為成功。

編輯政策

　　既要充當中共的忠實喉舌，又要為客戶提供覆蓋各類議題的可信賴新聞來源(包括負面消息)，新華社至今仍面對着協調這兩個角色的困難。當局指導新華社記者要以殖民地歷史的視角來分析非洲問題。新聞學者辛欣稱，為減輕非洲對「中國威脅」的憂慮，新華社運用了三個技巧：強調中國是愛好和平的國家；使用「人均」的數字來淡化報道中國的經濟發展成果；強調中國仍是發展中國家。[33]

　　新華社既發布公開消息，也有「內部參考」報道。前者通過在國內的新華社渠道或約130個國家的4,200多個海外訂閱客戶，每天發布數千條新聞。[34] 後者是「為高級政府官員、企業主管以及媒體領導提供專有信息和深入分析的內容」。[35] 中共內部依據等級的新聞分類和信息發布始於國共內戰期間，並在1949年建政後沿續。美國籍的中共黨員李敦白 (Sidney Rittenberg)，1946年到1949年間曾在新華社任職翻譯並開辦英語廣播，1955年到1963年間又在北京廣播電台 (中國國際廣播電台的前身) 擔任外國專家，負責潤色新華社的英語報道。他在自傳裏寫到這項工作的具體過程：

> 「很少有人可以接觸到那些從秘密的、限制流通的文件而來的真實的新聞，我就是那為數不多的一個。水平最低的是參考消息，它包含對國外新聞的解讀，這些國外新聞有法國《世界報》、《新聞報》、《紐約時報》以及《華爾街日報》，這些報紙都被認為是普通低級水平的幹部可以讀懂的報紙。接下來級別高一點的參考資料，一天兩版，一版是40多頁的帶着一個小薄冊子的厚雜誌，這種資料只能在像中央各部門主管、省委書記這樣的高級官員以及像我們這些在宣傳機構裏工作的人之間流通。像外國領導、讀者對中國進行政治攻擊這樣更為重要的、可能會引發爆炸性效果的國際新聞也都會到那裏。關於國內、國際新聞最殘酷的事實體現在內部參考上，這是一種像美國《讀者文摘》一樣大小、厚度的薄紙原稿雜誌，由宣傳部出版並且是在需要的時候有選擇性地發布。然後就是只有精選的黨內高級官員才可以讀到的秘密電報。」[36]

把一些報道歸類為「內部參考」，而把其他消息向公眾發布，這個過程至今保持了高度的政治性。中共中央宣傳部負責監管哪些報道用於內部發布，哪些則可經新華社的新聞服務發布。[37]關於台灣、伊斯蘭教、西藏或人權等敏感議題，以及那些以負面的眼光描述中國利益或企業的報道，不大可能會被公開發布。相反，它們被冠以「內部參考」的標籤，只有中文報道，被送到相關領導、機構或國有企業。[38]新華社在北京的編輯把駐外特派記者的實地報道整理和分類，這樣的機制確保記者可以自由地報道屬政治敏感或公眾議題的消息。[39]「無國界記者」組織有一份關於新華社的報告，這樣描述新華社現在的分類過程：「各個部門的負責人選擇故事，編輯翻譯負責翻譯稿件，外國專家審校稿件，然後稿件回到部門負責人那裏。部門負責人根據中央宣傳部制定的標準進行審查，審查之後再決定發布電訊稿。」[40]

與非洲傳媒共事

新華社記者定期與非洲政府的官方新聞通訊社合作，這種方式使得他們成為了這塊大陸上關係最廣泛、消息最靈通的外國人。與非洲的新聞機構合作令新華社的報道更符合非洲受眾的口味習慣，也把新華社的業務擴展到那些很少受到西方媒體關注，或基本上都是獲負面關注的非洲國家。中央宣傳部部長劉雲山稱，這些合作有助新華社「研究國外受眾的接受習慣」，「不斷增強對外宣傳的吸引力、親和力。」[41]例如新華社記者邵杰，雖然他與蘇丹的私營媒體幾乎沒有聯繫，但卻與蘇丹官方的蘇丹新聞社 (Sudan News Agency, SUNA) 緊密合作。[42]

為了促進新華社與非洲媒體的交流，中國邀請許多非洲官方新聞通訊社的領導訪華。比如在2007年7月，塞內加爾、加蓬、多哥和貝寧的官方通訊社社長訪華，與新華社社長田聰明會晤並簽署了「新聞交流協議」。非洲訪者表示，希望「學習和借鑒新華社的經驗，進一步加深合作」。[43]參會的貝寧通訊社社長洪克波努‧姚韋 (Yaovi Hounkponou)，返回首都科托努 (Cotonou) 後接受新華社訪問，講述其訪華經歷。報道稱他深情地講述代表團到北京、天津、深圳和廣州的參觀，並以中國官方傳媒經常使用的詞彙「合作共贏」，來形容貝寧通訊社與新華通訊社的聯繫。

新華社副社長馬勝榮在2005年8月宣布，新華社將「加強與非洲國家新聞機構的交流與合作」。[44]此後，新華社與至少十多間非洲通訊社擴大合作和信息共享。[45]有關的例子包括：與突尼西亞非洲通訊社「在新聞故事、電信技術、信息和數據方面提升交流」，與塞拉利昂多種媒體機構「在人力資源培訓、技術和管理方面開展合作」，以及2007年為津巴布韋國營《先驅報》(Herald)捐贈電腦系統。[46]肯尼亞的國營媒體與中國有合作協定，新華社在2010年允許《肯尼亞時報》(Kenya Times)可以無限量使用其圖片和報道。[47]這些協議有助新華社記者與非洲同行發展長期合作關係，從而使得信息收集和發布更加便利。

新華社與津巴布韋官方的「新津巴布韋全非通訊社」(New Zimbabwe Inter Africa News Agency, New ZIANA)的關係，一直穩步發展。兩間通訊社在2009年簽訂了加強技術、新媒體以及人員培訓合作的協議，八家津巴布韋國營的地區報章，將增加刊載新華社報道和圖片的國際版。[48]新華社也曾與南非國營的BuaNews合作發布信息，這些報道在稿末均標注「BuaNews-Xinhua」字樣，不時包括針對南非讀者與中國相關的內容，以及一些中國和南非受眾都感興趣的國際議題文章。[49]新華社駐約翰內斯堡特派記者也向當地中文報章提供報道，以饗當地華僑華人的口味。[50]

然而，中非媒體交流並不是一直都很順利。2006年6月，新華社邀請贊比亞新聞信息社社長巴特克‧賈巴尼 (Patrick Jabani)與埃塞俄比亞通訊社和坦桑尼亞衛報集團的領導層到中國進行為期一周的訪問。[51]翌年2月胡錦濤國事訪問贊比亞在盧薩卡出席歡迎晚宴時，賈巴尼和贊比亞的記者同行卻「被隔離在一個小房間裏，不能看到晚宴的過程」，新華社記者卻獲准許在場報道。賈巴尼試圖說服禮賓主任允許津巴布韋記者進入會場，但遭到拒絕。一名沮喪的津巴布韋記者喊道:「這是對新聞專業的侮辱,隔離記者的做法不能讓人接受。」[52]對比之下,曾對贊比亞媒體展開過八個月研究的中國非洲研究專家趙姝嵐,把這種分歧歸咎於西方的影響,呼籲中國的官辦新聞機構要「盡量在贊比亞宣傳中國的成就」,並「充分利用媒體資源來擴大影響力」。她說,贊比亞的國際新聞完全是「摘抄自BBC、CNN或其他西方主流媒體」,贊比亞的精英階層「從經濟發展到對外部世界的認知都完全處於西方國家控制之下」,造成贊比亞人對中國有「偏見」。[53]

有獨立思考的非洲記者對中國媒體堅定地臣服於中國共產黨感到沮喪,而中國消除這類觀感的辦法則是向記者獻殷勤。[54]例如,外交部新聞司在2006年9月邀請了非洲法語國家聯合新聞團一行24人訪華。外交部部長助理翟雋說「希望新聞團通過此行全面認識和了解中國」。[55]非洲記者也參加有亞洲和拉丁美洲同行的來華採訪團。2008年8月北京國際新聞中心邀請了來自非洲16個國家的57名記者來華,由新華社組織五天的「旋風式參訪團」,在北京和天津參觀採訪北京奧運會主新聞中心以及其他設施和景點。[56]在更正式的雙邊合作協議以及在中非合作論壇框架下的多邊非洲記者研修班以外,像這樣的短期參訪團起到補充作用。

記者培訓

中國為非洲記者安排雙邊和多邊的培訓課程,目的是令非洲媒體產出更多有關中國的正面報道,並令更多非洲媒體轉載新華社的報道。新華社指出,在研修班其間,「參加者通過兩星期的授課、研討會和參訪,對在中國發生的持續改變得到了全面和深入的理解。」外交部非洲司副司長李強民於2006年3月在北京舉行的第三期非洲國家新聞記者研修班對學員稱，記者研修班是「中非人力資源開發合作的重要內容之一，旨在加強中非新聞界的交流。」[57]新華社的歷史使命包括「宣傳中國」，而在非洲這就需要培養對中國有感情的記者來傳播這些信息。為了達到這個目的，按照中方在中非合作論壇的承諾，中國為非洲傳媒工作者舉辦新聞培訓研討會。

中國最早期的傳媒培訓課程是主要針對非洲記者的技術支援項目，教導學員怎樣使用中國的器材。早年課程也包括新聞學實踐的指導，但內容佔比不多。[58]反觀今天的雙邊媒體培訓項目，都在新華社位於北京的教育培訓中心進行。[59]據新華社駐蘇丹記者沈昂稱，新華社喀土穆分社每年都會從蘇丹通訊社選出由新聞官員和記者組成的代表團，到北京參加為期兩周的培訓項目。[60]新華社位於亞的斯亞貝巴和拉各斯的分社，都有類似的項目。[61]新華社拉各斯分社的主管稱，為尼日利亞媒體提供的雙邊培訓項目包括當地的私營和官方通訊社，目標是幫助參加者改善報道技巧，並學習「新華社的風格」。這些雙邊培訓課程亦讓新華社能與消息更靈通的非洲同行有合作的機會，協調事實核查和報道。[62]

新華社羅安達分社首席記者戴阿弟說，在他此前派駐拉各斯的五年間，培訓了兩名尼日利亞記者。他們後來成為尼日利亞通訊社的副總編輯，以及尼日利亞三角洲地區辦事處的主管。這些尼日利亞記者接受的培訓在新華社拉各斯分社開始，在北京結束。戴阿弟指這個培訓過程在非洲國家很常見。[63]新華社拉各斯分社也為當地面向城市華人群體的地區報紙提供中文內容。[64]同樣地，南非的Bua和新華社也互派代表團進行為期七到十天的交流，新華社記者參訪Bua後，翌年Bua的員工就會參訪新華社總部。這些工作持續擴大了新華社在南非以及當地華人的讀者人數。

近年來，隨着中國擴大對非洲大陸的接觸，新華社為非洲媒體提供的多邊培訓課程和研修班也迅速增加。這些工作坊越來越常規化，是記者培訓倡議的最公開例子，並獲得新華社、國務院新聞辦、外交部、商務部以及中國多所大學的支持。在埃及達成的《中非合作論壇—沙姆沙伊赫行動計劃 (2010–2012 年)》，闡述了中非媒體合作的性質，並重申雙方承諾：

> 「推動中非新聞部門負責人、編輯和記者的互訪，支持雙方新聞機構互派記者，鼓勵雙方新聞媒體加強對雙方的客觀公正報道。」[65]

為兌現中非合作論壇的承諾，中國在 2004 到 2011 年間為非洲傳媒舉辦了八期研修班。其間，中國贊助了來自非洲 48 個國家的約 300 名新聞官員來華接受培訓。[66]

2004 年：來自 19 個國家的 20 名非洲記者參加了在北京舉行的第一期非洲國家新聞記者研修班，聆聽了中國外交部人員以及新華社副總編輯所作的報告。[67] 參加者參訪了包括新華社和中央電視台在內的信息發布和相關對外宣傳機構。外交部副部長戴秉國鼓勵參加者「書寫更多關於中國和非洲的故事，以及在中非存在的商機」。[68]

2005 年：中國國務院新聞辦公室舉辦了第二期研修班，來自非洲逾 20 個國家的新聞官員參加。他們與新華社副社長馬勝榮會晤，馬承諾推動「與非洲通訊社的交流與合作」。[69] 代表團又與中共中央政治局常委李長春會晤，李稱要「推動雙方新聞媒體的合作」。[70]

2006年：中非合作論壇中方後續行動委員會秘書處主辦了第
三期非洲國家新聞記者研修班，其時北京正在籌備
同年11月舉行的中非合作論壇第三屆部長級會議。
參加者出席包括「中非關係和中國對非洲政策」、「中
國在經濟改革和國家發展的經驗和成就」、「台灣問
題」以及「中國的新聞觀和中國媒體的運作」等指導課
程。代表團也參觀了新華社總部、中央電視台和中
國國際廣播電台。[71]在結業典禮上，外交部副部長呂
國增為來自非洲23個英語國家的42名新聞媒體負責
人和記者頒發結業證書。[72]

2007年：外交學院贊助了第四期非洲國家政府官員新聞研修
班，來自非洲29個國家的42位政府新聞官員和媒體
負責人參加。[73]項目內容包括有關「中國國情」、「中
國與非洲國家關係」以及中國新聞體系等的研討會和
講座。參加者也在中央電視台和中國國際廣播電台
參加了「遊學團」。[74]

2008年：國務院新聞辦公室舉辦了第五期非洲國家政府新聞
官員研修班，共有來自18個非洲國家的32名官員
參加。據新華社報道，在為期兩周的培訓，非洲的
新聞官員和媒體負責人參加了與中國新聞官員、記
者和專家的講座和研論會。[75]他們還會晤了主要的
宣傳官員，包括呼籲「深化與非洲各國新聞主管部
門的交流與合作」的國務院新聞辦主任王晨，[76]以及
中共中央宣傳部部長劉雲山。[77]非洲代表團成員包
括多哥國家電視台新聞局局長和馬里總統府傳播顧
問。[78]

2009年：國務院新聞辦和外交部在北京共同主辦第六期非洲
　　　　國家政府官員新聞研修班，共有來自27個非洲國家
　　　　的70名新聞官員參加。王晨和外交部部長助理翟雋
　　　　再次出席致辭。[79]

2010年：國務院新聞辦主辦了第七期非洲國家政府官員新聞
　　　　研修班，共有來自19個非洲國家的36名新聞官員參
　　　　加。參加者訪問了北京和重慶，「通過講座、研討、
　　　　旅行和其他活動了解了中國的實際情況。」他們會見
　　　　了包括國務院新聞辦公室副主任和重慶市委宣傳部
　　　　部長的高官。[80]

2011年：商務部和國務院新聞辦共同主辦第八期非洲國家政
　　　　府官員新聞研修班，共有42名非洲國家政府新聞官
　　　　員、發言人和主流媒體的高層參加。來自17個非洲
　　　　國家的代表團成員，參加了「兩周的講座、研討和參
　　　　觀考察」。[81]

博茨瓦納報章《報道者》（*The Reporter*）記者吉迪恩·恩卡拉
（Gideon Nkala）曾在2008年到中國參加非洲記者培訓項目。當年6
月回國後，吉迪恩撰文描述其第一身經歷，以非洲人的角度為中國
的多邊記者培訓項目提供了珍貴一瞥。他指非洲記者都很期待有關
西藏問題的講座。其間，中共的講師說：「西藏自古以來就是中國
的一部分，所謂大藏區是媒體臆造的、從未存在過的。」他又指中
國人民「看到的都是西方炮製的謊言和假新聞，只說漢族人犯下了
怎樣的暴行，但對西藏僧侶戕害百姓的行徑卻不置一詞」。這位講
師「還取來圖片為證，以說明這些圖片是怎樣經過修改以掩蓋僧侶
及其支持者犯下的暴行」。恩卡拉寫道，「他板着臉說，如果一個剛

到中國的外國人走在中國的大街上，尋求一些不真實或捏造的事，那麼現在他會被稱為『CNN』，『如果有人在中國説謊，我們就稱他為CNN』。教室裏所有人聽到後都哄堂大笑。」[82]

中國國際廣播電台/非洲北京廣播電台

北京廣播電台(Radio Peking)在1956年11月開始向非洲廣播，在文化大革命爆發前一直與新華社緊密合作，以放大中共在非洲大陸的聲音。雖然它最初以摩斯密碼廣播的訊號微弱，僅兩年後北京廣播電台就開始向在非洲南部和印度洋的華人社區每天發布粵語節目。令人驚訝的是，當年這些廣播沒有什麼政治宣傳，它們也許被用來衡量聽眾的反應，並測試新的廣播技術。1959年9月，北京廣播電台為非洲人開通了首個兩小時的英語廣播節目，之後迅速擴展在非洲的服務。[83]

到1961年，北京廣播電台的非洲聽眾每周可接收超過35小時的英語廣播，七小時的粵語廣播，七小時的葡萄牙語廣播，七小時的斯瓦希里語廣播，四小時的法語及針對北非的阿拉伯語廣播。[84]不過，金德芳在1961寫道，北京廣播電台每周的廣播總時數逾100小時。[85]1963年起，中國開始用豪薩語(Hausa)廣播，豪薩語是一種在西非應用比較普遍的語言，尤其是在尼日利亞。為了從競爭對手爭奪聽眾，北京廣播電台既用美式英語也用英式英語廣播，後者模仿英國廣播公司(BBC)的廣播頻率及它的開場音樂。[86]

1964年，北京廣播電台開始播放更多現場報道，來顯示非洲國家和中國在政治、經濟和文化條件上的相似性。對非洲的廣播為非洲本國的革命分子提供了「煽動和鼓勵」。例如，北京廣播電台在

1964年3月報道說，在南非「沒有和平解決的前景」。同年，該台的非洲節目鼓吹在贊比亞建立津巴布韋流亡政府，其法語非洲服務則報道，摩洛哥遊擊隊英勇戰鬥，「抵抗以美國為首的帝國主義陣營提供的現代化武器。」[87] 在幾乎所有情況，北京廣播電台強調以暴力手段進行反殖民主義和反帝國主義的革命。美國記者約翰·庫利 (John K. Cooley) 在1965年論及北京廣播電台時寫道：

> 「北京廣播電台每天以所有主要的非洲語言，廣播中國共產黨的強硬信息：『只有通過暴力革命和武裝鬥爭，才能推翻殖民主義者和白人。只有通過暴力和戰鬥，真正的自由才會來到非洲。只有為它而戰，非洲、亞洲和拉丁美洲的人民才會戰勝他們最壞的敵人：美帝國主義。」[88]

北京廣播電台和新華社在北京的特派記者，不時會請在中國的非洲人和非洲聽眾談他們對各種議題有何印象。[89] 例如，北京廣播電台在1963年報道了桑給巴爾 (Zanzibar) 代表團訪問北京，稱讚其「反抗殖民主義和帝國主義的英雄光榮傳統」，並引述代表團領袖阿里·穆辛 (Sheikh Ali Muhsin) 稱，感謝中國在獨立運動給予的「道義和物質支持」。[90]

中國通過捐贈無線電器材，擴大了在非洲的聽眾人數。例如在1964年，中國為剛果共和國提供50kW廣播短波信號發射機。[91] 到1965年，北京廣播電台把非洲的廣播服務擴充至每周近100小時，成為「在非洲宣傳紅色中國最著名和最有效的渠道」。[92] 當1966年文化大革命爆發的時候，在非洲的中國廣播記者與新華社同行遭受了同樣的命運。中國外交官和特派記者被召回，到1967年北京廣播電台對東非地區的英語廣播時數已跌至每周21個小時，僅在晚上6時至9時播送節目。[93]

　　文革結束後，北京廣播電台全面恢復正常運作，並擴大任務
至包括「向中國境內的聽眾提供及時的新聞和報道」。北京廣播電
台繼續播放，1983年英文名稱改為「Radio Beijing」，1993年英文
名稱正式改為「China Radio International, CRI」（中國國際廣播電
台）。隨着1980年代改革開放的繼續，北京廣播電台開始向國內
播放包括非洲在內的國際消息，1984年開始對北京地區正式進行
英語廣播。在1990年代，國際新聞廣播逐漸擴展到國內幾十個城
市。到1997年由於中國政府投資了4,000萬元人民幣，並從奧地
利政府獲得320萬美元貸款，中國國際廣播電台從傳統模擬廣播
轉變到數碼廣播。[94]中國國際廣播電台的數碼設備由西門子公司
提供，包括數據存儲中心、中央控制、直播系統和錄音工作站，
令該台擁有世界最大的數碼廣播系統。根據官方網站，中國國際
廣播電台「每天用43門外語和漢語方言，每天為全球提供211小時
的廣播」。[95]

中國國際廣播電台在非洲活動現狀

　　中國國際廣播電台在非洲的辦事處位於開羅、拉各斯、內羅畢
和哈拉雷，並以阿拉伯語、豪薩語、斯瓦希里語和英語廣播和營運
網站。[96]雖然新華社仍然是中國對非洲發布新聞和宣傳的主要管
道，但是中國國際廣播電台也通過包括短波廣播、衛星、網絡廣播
和互聯網圖象和故事等傳播信息。據估算，2000年中國國際廣播
電台在非洲的聽眾有1億人。[97]在2000年後，為擴大聽眾人數，中
國向多個非洲國家提供了無線電設備，包括科摩羅群島、剛果民主
共和國、剛果共和國、赤道幾內亞、萊索托、馬拉維、馬里、多
哥、贊比亞和津巴布韋等。

中國國際廣播電台擁有眾多AM（調幅）和FM（調頻）中繼站，2006年2月在內羅畢成立第一個海外的FM廣播電台（CRI 91.9FM）。內羅畢調頻台是中國和肯尼亞政府的合作項目，每天以英語、斯瓦希里語和漢語向約200萬肯尼亞聽眾提供每天19個小時的節目。與早年的革命年代不同，為了拉近中國和非洲之間的距離，中國國際廣播電台現在包羅了大量非政治性、跨文化的內容。例如在2009年，內羅畢調頻台的節目表包括了例如《音樂旅行》（*Music Safari*）和《熱鍋秀》（*Hot Pot Show*）等節目，節目中則加插以漢語和斯瓦希里語廣播的每小時整點新聞報道。[98]

2010年7月，多哥政府與中國國際廣播電台和中央電視台的領導達成廣播協議，洛美廣播電台和多哥電視台將播放由中國官方媒體製作的法語節目。協議還為多哥的國營電台和電視台，提供現代化的技術和物質支援。[99]

教育

非洲的精英通常缺乏關於中國詳盡和及時的資訊。這是因為非洲人缺乏興趣、歷史接觸、共同語言和正式的機制，以聚集他們的知識並發展相互協調的對華政策。即使在為數不多的非洲智庫和大學裏有少數致力了解中國的非洲專家，南非斯坦陵布什大學設有非洲唯一獨立的中國研究中心，但仍有越來越多的非洲外交官、學生和商人，因為希望更好地理解中國政治和持續對中國抱有興趣，到訪中國並進行不同的任務。

中國已經注意到這個資訊差距，已通過教育計劃推廣中國的形象並影響非洲的年輕人。與記者培訓一樣，教育和職業培訓項目也是發展人際聯繫,培養一批可以與中國人愉快合作的非洲對話者。教育還匯集了非洲和中國的精英,並讓中國得以向非洲傳播技術和政治信息。儘管與經濟、對外援助和戰略話題相比,教育往往很少受到關注,但它在中國學者和政策制定者的文獻和公開聲明都有持續的着墨。通過中非合作論壇框架,中非教育事業持續發展。

1960–2000年間的中非教育交流

中國的對外教育和培訓計劃起步於1950年代和1960年代初,但在文化大革命時期受到嚴重破壞。[100] 有關工作在1973至1978年間得到重組,但到了改革開放初期才全面恢復。1990年代由於中國政府撥款資助,在華非洲學生和在非洲中國教師的人數,以及雙向的教育交流代表團數目都呈指數式增長。自2000年以來,教育交流已經包含在中非合作論壇的框架內,並以前所未有的速度擴展。

中非教育交流可以追溯到1958年,當時總部設於布拉格的國際學生聯合會(International Union of Students)開始在北京為非洲學生經營一家診所。1961年,許多非洲國家獨立後,當時估計有500名非洲學生在北京外國語學院學習,來自阿爾及利亞、蘇丹、索馬里、肯尼亞、埃及、桑給巴爾、喀麥隆、乍德、加納和烏干達。[101] 到1963年,在華非洲學生人數下降至約380人。[102] 到了1966年人數再下滑至190人,來自14個非洲國家,不過當時面向非洲的教育拓展工作仍然持續。同年中國向坦桑尼亞和索馬里提供教學設施,派遣中國學生到埃及、摩洛哥和阿爾及利亞留學,並且有五個中國教育代表團訪問了埃及、阿爾及利亞、馬里、畿內亞、坦桑尼亞、摩洛哥和中非共和國。[103]

當文化大革命爆發後，北京切斷了所有同非洲的教育交流，召回外派教師，並驅逐了所有外國留學生。所有中非教育項目都暫停，直到1970到1971年，中國才再派遣語言、數學、物理和化學教師到剛果。中國在1973年重新接收外國留學生，到1978年全國大學非洲留學生人數近500人，來自25個國家。這時中國減少派遣教育代表團到訪非洲，但來華的非洲國家教育代表團卻增加。在1970年代，貝寧、阿爾及利亞、坦桑尼亞和贊比亞的教育部長都曾訪問中國，而蘇丹、索馬里、扎伊爾、盧旺達、畿內亞和埃塞俄比亞也都至少派遣過一個教育代表團訪問北京。[104]

在1979至1989年間，很少中國學生在非洲留學，但卻有來自43個國家的2,271名非洲學生在華學習。北京繼續向非洲輸送教師和教學設備。當局在1990年實行被稱為「高水平、短期內、高效益」的政策，把重點招收對象從非洲本科生轉移至大學研究生和職業培訓項目。在1990到1996年間，中國接待了來自45個國家的1,500名非洲學生，派遣了近100名中國學生到九個非洲國家留學，並且贊助了在18個非洲國家的24個實地培訓計劃。中國對非洲人的職業培訓項目包括電腦課程、食品加工、土木工程和建造、土地測量和漢語。不過，與在2000年中非合作論壇框架下啟動的項目比較，職業培訓計劃和記者培訓項目一樣，都是小項目。[105]

中非合作論壇和中非教育合作的發展，2000–2011

中非合作論壇第一屆部長級會議：北京，2000年10月。首屆中非合作論壇會議建立了中非教育合作的新框架，「在多種模式激發了新水平的教育互動。」會議引入了擴展教育合作的幾個機制，包括設立「非洲人力資源開發基金」，以及同意制訂國別培訓計劃的

《中非經濟和社會發展合作綱領》。中方承諾增加非洲國家來華留學生獎學金名額，繼續向非洲的高等院院派遣教師，以及發展中國與非洲國家大學之間的關係，不過沒有設定具體的目標。[106]

中非合作論壇第二屆部長級會議：亞的斯亞貝巴，2003年10月。[107]中方在這次會議同意在2004到2006年間，為非洲一萬名包括經濟管理、農業、教育、科學、技術和醫療等專業人員，出資舉辦逾300多個培訓課程。[108]參與的非洲國家承諾，為具體培訓和項目合作提供後勤支持，以在當地建立技能和職業教育培訓學校。[109]中國也為非洲學生提供新的獎學金名額。2003年在華非洲留學生共有1,793人，佔在華外國留學生總數的約三分之一。[110]

中非教育部長論壇：北京，2005年11月。這次會議是在2006年中非合作論壇北京峰會舉行前，合作評估中非的教育合作項目。非洲國家的教育部長着重職業和技能教育、大學教育和文化多樣性，這些概念在中國政府於2006年發布的《中國對非洲政策文件》得到重申。2005年，中國向非洲學生提供了1,200個獎學金名額，並在25個非洲國家進行了約60個教育項目。[111]在2000年和2005年間，在華非洲留學生人數從1,388人上升到2,757人。[112]

中非合作論壇北京峰會暨第三屆部長級會議：北京，2006年11月。大會批准《北京行動計劃(2007–2009年)》，當中包括獎學金和職業教育的承諾。中方同意在2006到2009年，將向非洲國家提供的中國政府獎學金名額由2,000個增加至4,000個，把在「非洲人力資源開發基金」項目下的為培訓名額由過去三年的1萬個增至今後三年內的1.5萬個，並派遣300名「青年志願者」赴非洲國家，協助建立100所農村學校和30所醫院。[113]這些保證和非洲訪問學者項目，在教育交流計劃訂下了宏大的目標。2007年，在華就讀高等教育課程的非洲留學生約有2,700人，包括農業、醫學、語言學、教育、經濟和管理等專業，當中57.3%正在攻讀研究碩士和博士學位。[114]

中非合作論壇第四屆部長級會議：沙姆沙伊赫，2009年11月。 大會批准的《沙姆沙伊赫行動計劃(2010–2012年)》，中方再次在「人力資源開發和教育」向非洲國家作出承諾。[115]到2012年，中國承諾為非洲國家再培訓2萬名各類專業人員，三年內向非洲學生提供的獎學金名額再增至5,500個，援建50所中非友好學校，為非洲國家培訓1,500名校長和教師。[116]中國總理溫家寶在公布行動後宣稱：「我們援非和加強合作的最終目的是提高非洲國家的自我發展能力。我們注重改善民生，幫助非洲培訓更多的人員。」[117]據新華社報道，埃及和蘇丹的代表都同意，感謝中國通過聯合培訓和教育項目縮窄「技術技能差距」。[118]

職業培訓

在華學習的非洲人，有多種短期專業和技術培訓計劃可供選擇。中國教育部支持一些二線大學為非洲學生提供課程，包括吉林大學、東北師範大學、中國農業大學等，這些大學在2002至2006年間每所都培訓逾200名非洲學生。自2002年以來，教育部每年都舉行研討會，協調對發展中國家尤其是非洲的教育援助。四川成都在2007年舉行了第五次這樣的會議，與會者來自教育部、商務部、外交部及逾20所中國大學的代表。[119]

浙江師範大學也許是培訓最多非洲學生的大學，2006年與十幾個非洲國家的逾20所大學建立了關係。1996年，該校在喀麥隆設立了漢語培訓中心。2003年，在教育部支持下成立了中國第一個非洲教育研究中心。浙江師範大學的專業培訓集中在非洲大學的校長和管理層人員。例如，該校在2006年10月舉行了中非大學校長論壇，包括來自14個非洲國家的30名校長和教育官員參加。[120] 上海國際問題研究院院長楊潔勉和學者劉鴻武於2009年主編出版題為《中非合作50年：背景、進展與意義》(*Fifty Years of Sino-African Cooperation: Background, Progress & Significance*) 的著作。該書共有33篇由中國學者以英文撰寫的探討中非關係文章，每篇文章都來自不同的中國專家。

天津工程師範學院 (2010年更名為天津職業技術師範大學) 在2003年被指定為非洲職業培訓的正式基地。該校在2005年11月中非教育部長論壇後成立了非洲職業教育研究中心 (2012年升格為非盟研究中心)，為非洲各國培訓中等專業技術人員。2006年中國教育部在該中心主辦「亞非職業教育校長研討會」，培訓了逾200名非洲學生，並派遣了84名教師到非洲國家管理職業培訓項目。[121]

孔子學院

由於很少非洲人對中國有廣泛認識，北京因此希望對新一代非洲人施以漢語和中國文化教育，促進中國與非洲國家的經濟和政治關係。為實現此目的，國家漢語國際推廣領導小組辦公室 (國家漢辦) 已經將全球的孔子學院項目擴大至非洲的大學，為每所孔子學院提供10萬到15萬美元的啟動資金。[122] 孔子學院提供各個階段的漢語課程，培訓漢語老師，管理漢語考試和導修服務，並組織漢語比賽。一些孔子學院還為那些有興趣到華留學的非洲學生提供服務和與中國相關的商業和文化信息。[123] 根據國家漢辦主任許琳的說法，這些活動的三大基本目標是教授漢語、推動文化交流及促進商業活動。[124]

國家漢辦在2002年開始在海外建立漢語學習機構，2004年正式成立把這些機構聯繫起來的孔子學院。[125]第一所孔子學院在2004年於韓國首爾掛牌成立，兩年後中國在北京召開首屆孔子學院大會，來自38個國家和地區的代表商議制定《孔子學院章程》，以及如何促進學院在全球擴充。[126]

孔子學院每年的國家經費達1,200萬美元，另有2,500萬美元用於支援對外漢語教學工作。孔子學院支出不算大，但在很大程度上它卻是公關成功的案例。部分原因是孔子學院項目帶有合作性質，它們都位於非洲國家的教育機構內，由中國提供教師、教材及啟動資金。[127]雖然國家漢辦在支持上很慷慨，但在教學內容上卻很嚴格。根據孔子學院在2007年制定的標準模式，國家漢辦只會向「接受孔子學院總部統一課程及管理模式」的合資格教育機構，授權特許經營孔子學院。[128]

非洲每所孔子學院的活動及效益，取決於中方合作大學和外方承辦機構的能力，以及非洲主辦國的需求。為展示中國高層對非洲孔子學院的支持，中國政要出訪非洲時經常參觀孔子學院或為學院揭牌。[129]內羅畢大學孔子學院在2005年12月建立，不久就舉辦與肯尼亞學生一起做餃子慶祝中國新年的活動。[130]該學院在2006年開班時只有兩個班合共40名學生，在兩年內就發展到九個班合共260名學生。內羅畢大學孔子學院院長姆貝奇 (Isaac Mbeche) 在2009年宣布，學院在三年內將會有為中國研究中心而設的獨立教學設施。[131]學院的中方副院長撤德全回應稱，計劃「透過把孔子學院整合到肯尼亞的教育系統，以讓它扎根於非洲的土地上」。他在接受中國國際廣播電台訪問時，讚揚內羅畢大學成立了中國研究中心，指「它豐富了孔子學院的職能」。他在談及孔子學院的職能時稱：

「我們已經設立了漢語學士學位課程，並在這學期開始招生。這個學士學位要求在四年內要修夠44個學分。孔子學院將把招生面擴大至社區，而不只限於大學生。我們將為肯尼亞的小學和中學教師開展培訓班，以讓肯尼亞人可以在年齡還小的時候就可以了解中國。同時，我們還將加強中國與肯尼亞的文化交流。舉個例子，我們正計劃舉辦十場關於中國在過去30年文化和發展的研討會。」[132]

同位於內羅畢的肯雅塔大學 (Kenyatta University)，2009年開辦孔子學院，由山東師範大學為其提供漢語和中國文化講師。國家漢辦為孔子學院提供了15萬美元的啟動資金，還有贈書、教學設備、在職培訓以及接下來四年內的小額資金，而學院在五年後將自負盈虧。學院在第一個學期只有六名學生，第二個學期增至70名（肯雅塔大學學生約2.8萬人）。學院在2010年暫時搬遷至校園內一處舊房宅，此後搬到一個專門設計的中心內。為了吸引更多肯尼亞人，學院為來自全國其他大學的18名學生舉辦暑期課程。同年，五名肯雅塔大學學生得到獎學金到山東師範大學學習一年漢語。[133]

當然，在非洲18個國家的約28所孔子學院，並非每所都像肯尼亞的學院般發展得那麼快。[134]埃及開羅大學在2006年9月與北京大學簽署了成立孔子學院的協議。[135]雖然按計劃學院應在2007年開始運作，但直到中方在2008年捐贈了3,000本書後，才有漢語課程開班。[136]

埃及的第二所孔子學院位於蘇伊士運河大學，發展步伐似乎也是差不多。該大學在2007年與中國不太著名的華北電力大學合作開辦中文系，並派遣了五名講師到中國發展課程。[137]該校孔子學院在2008年4月正式揭牌成立，此後為當地中資企業的埃及僱員提供初級和專業級的漢語課程。[138]比如在2010年，志高電器工業（埃及) 股份公司的13名埃及職工在蘇伊士運河大學孔子學院修讀了為期兩個月的初級漢語培訓課程，此後三個月還再接受空調領域專業漢語詞彙培訓。[139]

截至2011年，僅在南非就已經有四所孔子學院，都是在2007年建立，分別位於羅德斯大學 (Rhodes University)、開普敦大學、茨瓦尼科技大學 (Tshwane University of Technology) 和斯坦陵布什大學。[140]其中，由廈門大學合作創辦的斯坦陵布什大學孔子學院就算不是非洲最活躍，也算是南非最活躍的孔子學院。[141]該大學孔子學院在最初兩年由斯坦陵布什大學中國研究中心管理，這樣的關係提高了該中心本已扎實的研究能力，並承擔了與中國相關的高質出版、活動及到華留學獎學金的工作。[142]不過，孔子學院在2009年從中國研究中心獨立出來，骨幹職員離開後，改由大學的研究生與國際處運作和管理，以進行重組和發展。[143]

為了設立標準以及得出「孔子學院的最佳運作手法」，北京已經舉辦了幾場會議，邀請了全世界現在和潛在的孔子學院承辦機構派代表出席。比如在2008年10月，國家漢辦在北京召開了非洲孔子學院建設工作會議，來自非洲國家的孔子學院院長及其所在學校的代表應邀出席。[144]非洲孔子學院的職員也被邀請出席更大型的會議，例如在2007年5月於日本京都立命館大學舉行的世界孔子學院論壇，與世界其他地方同行討論孔子學院的活動和運作。北京現在每年12月都會舉辦孔子學院大會，第五屆大會在2010年12月在北京舉行。[145]

學生的不滿

中國和許多非洲民族之間存在語言和文化差異，因此很多在華留學的非洲學生因為經歷孤獨和理想破滅而回國，也是不足為奇。[146]

在1960年代，不少從中國的大學回國的非洲留學生，抱怨着中國的國家監控和郵件審查。1960年代初，數十人因為違反了不得與中國女性過從甚密的規定，而被驅逐出境。在1960年來華的五名蘇丹學生中，其中四人在1961年中離開中國；同期來華的42名索馬里學生，其中22人也在翌年年中回國。[147] 1962年，30名喀麥隆學生公開對種族歧視作出反應後，亦被驅逐出境。[148]

多年來，語言、種族或者人際關係方面的跨文化衝突，已經引發了中非學生之間的爭論，甚至暴力衝突。最早記錄的衝突發生在1962年3月，一名非洲留學生在北京某賓館外與中國人發生肢體衝突。幾個人受傷入院，幾名非洲學生被捕，直到畿內亞大使和加納代辦介入事件後始獲釋。中國當局最終向非洲學生道歉。[149]

最不光彩的衝突發生在1988年12月的南京。有謠言説河海大學的非洲學生在他們的宿舍招待中國女性，觸發一群中國學生和附近居民襲擊非洲留學生。毫無疑問，非洲留學生獲得的優厚生活待遇也是問題的一方面。非洲留學生的宿舍有暖氣，兩人住一個房間；但中國學生卻六個人住一間，而且房間沒有供暖。中國警察不問原因，就把非洲留學生拘留於賓館內五天，脱光他們的衣服，又以電棍電擊生殖器的方式來折磨他們。[150]

中國和非洲學生以至中國當局之間的大規模對抗，近些年來已經不常見。然而在中國的一些城市，出租車司機、商人以至一般中國人對非洲學生的歧視，仍然是非洲人感到焦慮的來源。[151] 例如在2010年浙江師範大學的非洲穆斯林學生，就因為被拒絕安排做禮拜的場所而感到憤怒，而他們的基督徒留學生同學卻毫無問題。[152]

中國和非洲國家試圖通過舉辦中非青年聚會，緩和跨文化衝突，並吸引非洲學生來華留學。儘管中非青年聚會已經存在了好幾十年，但是中國共青團和中華全國青年聯合會通過2004年舉辦的首屆中非青年聯歡節擴展了這個概念。來自44個非洲國家的132名青年組織、領袖和企業家參加了青年聯歡節。[153]第二屆和第三屆聯歡節分別在2006年和2009年舉行，吸引了逾750人參加，包括來自49個非洲國家的青年代表。溫家寶總理在向參加者發表演說時，鼓勵他們「為建設中非新型戰略夥伴關係貢獻自己的智慧和力量」。[154]

文化

文化交流是半個多世紀以來中國與非洲社會關係的重要一環，為政治、經濟、傳媒和教育合作奠定了基礎。文化交流曾是中國和非洲國家第一個、有時也是唯一的連繫，但時至今日它已被一系列多樣化的人際連繫所取代。

中非間的傳媒和教育合作項目多不平衡，因為中國無論在出資還是內容上均佔了絕大多數份額。與這些合作項目不同，文化活動促成了對等的交流。與中國打開關係的國家，文化交流往往是開展合作的首個範疇。[155]埃及在1955年與中國簽署文化協議，成為首個與中國開展文化交流的國家。由76人組成的中國文化藝術代表團，1956年到埃及和蘇丹訪問演出。[156]在1958年，有20個中方文化代表團訪問非洲，45個非洲國家代表團訪華，中國並與摩洛哥、加納、尼日利亞、索馬里蘭、烏干達和安哥拉建立了文化交流。翌年，十個中國文化代表團訪問非洲，50個非洲代表團訪華。這些代表團和今日的一樣，包括雜技演員、運動員、青年代表團和戲劇團體等。在1950和1960年代，訪華的非洲文化代表團經常與數以千計的中國民眾一同參加慶典活動，如「阿爾及利亞日」和「剛果周」等。中共的前線組織召集這些活動，使活動本身政治化。[157]

　　早年的中國文化代表團由中非人民友好協會和國務院對外文化聯絡委員會聯合監督。對於那些不願同北京建立政治關係的非洲國家，這些文化代表團對與那些國家開展初次接觸起到了重要作用。被視為中共前線組織的眾多人民團體，包括成立於1954年的中國人民對外文化協會（中國人民對外友好協會的前身）和成立於1949年的中國人民外交學會，致力發展與非洲人民的文化聯繫。中國人民對外文化協會在1957年出版的《中國手冊》，解釋了文化交流的作用：

> 「支持文化代表團、作家、藝術家及科學家的文化交流，支持舉辦不同年齡、不同國家的傑出文化人物展覽和紀念座談會，同時支持戲劇演出。通過這些管道，向其他國家的人民介紹中國的文化成就，並把其他國家人民的介紹到中國來。」[158]

　　在1950年代，非洲多個代表團在中非文化交流的框架下訪華，並受到了包括中華全國新聞工作者協會和中華全國學生聯合會等人民團體的接待。這些非洲代表團也擴展中非傳媒和教育交流的機遇。例如在1958年，來自塞內加爾、安哥拉、尼日利亞、索馬里、烏干達和加納的八名非洲記者訪華，他們的報道——「中國的驚人發展令人讚歎」，經由北京廣播電台向非洲播放，並刊載於《人民日報》。同年，埃及教育部部長助理率領教師代表團到中國訪問三個星期。[159]中國非洲人民友好協會在1960年成立，承擔這些倡議活動，至今仍然是中非文化合作的重要推動團體。[160]

　　在1980年代，中非文化合作在市級和省級範圍擴展。1982年，湖南省政府外事辦公室同意長沙市與剛果布拉柴維爾市締結為首個中非姊妹城市，開始了這類地方層面的倡議。[161]在1982至2006年間，中國的省市與非洲國家的省市合共簽署了69項這類協定。中國非洲人民友好協會稱,「通過鞏固和加強友好城市和省份的關係,中非友誼已延伸到基層,進入普通百姓家庭。」[162]

中非合作論壇框架下的文化交流

在中非合作論壇框架下,文化交流已日趨正式。例如2003年的《亞的斯亞貝巴行動計劃》,中國決定舉辦突出非洲文化藝術的國際藝術節,建立「雙邊文化交流計劃」,並邀請非洲國家政府文化代表團來華參加藝術節。[163]在一個名為「中非文化交流」的政府官方網站,列出了當代中非文化交流的六大「主要特徵」:(一)高層交流;(二)表演與藝術展覽;(三)擴大文化展覽的內容;(四)藝術和表演者的合作培訓;(五)在貝寧和毛里求斯成立中國文化中心;(六)舉辦「特別主題活動」,如中國的「摩洛哥文化周」和「阿爾及利亞電影周」以及非洲國家的「中華文化月」等。[164]

在2007至2009年間,五個中國文化代表團訪問了十個非洲國家,來自15個國家的非洲代表團則來華訪問。[165]一個中國代表團於2008年6月訪問尼日利亞,當時中國大使館正與尼日利亞電影公司(Nigerian Film Corporation)合作主辦「2008年中國電影周」。中方提供了資金和電影放映機,並培訓尼日利亞人員使用機器。中國大使館又為尼日利亞電影公司的員工設立獎學金,供有意者到中國的大學攻讀電影專業的學位。[166]

2009年,中國重申與非洲國家展開文化交流的重要性。該年,中國與非洲國家簽署了16項新的雙邊文化協議,在此之前,自2006年以來中國已與非洲國家簽署了20項文化協議。中國文化部、國家廣播電影電視總局和新聞出版總署,2009年在非洲20多個國家聯合主辦「中國文化聚焦」活動,向非洲民眾介紹中國傳統文化。此前一年，當局在深圳舉辦了「2008非洲文化聚焦」大型活動。在2009年，734位來自中國20個省份的藝術家應邀到非洲國家參加了27個文化節和慶典活動，而370位來自非洲21個國家的藝術家則在中國舉行的國際藝術節演出。[167]

這些當代的中非文化交流活動，依然帶有政治意味的弦外之音。例如在2009年，應邀訪華的61個非洲國家代表團，參加了「文化政策討論」、「國家事務管理思想交流」、「繪畫創意思維」等題目的討論。對中國而言，打造有利的國家形象仍然是與非洲國家進行文化交流的重要組成部分。[168]

社群

華人在非洲

自2000年以來，非洲各地的華人社群一直持續增長。新華社在2007年估算，至少有75萬名華人在非洲大陸工作或生活。[169]儘管沒有人知道確實的人數，我們估計人數現已接近100萬。在非洲人數不斷增長的華人，很多都在唐人街或由企業擁有的勞工樓群聚居，而不是散居在社會各地。然而，在非洲的華人在社會階層、職業、來自地區和世代都有明顯區別。一般來說，非洲的華人社群由三個不同的群體組成，分別是專業人士、非技術工人、以及商人和商界人士。

第一類的專業人士，包括中國大使館人員、政府指派的專家、大型中資企業的代表和項目經理。這個群體的華人通常會說一種當地的語言，能與非洲人進行良好互動。在完成任務後，大多數人都會回國,或調派到所屬企業或單位的另一個職位。第二類人的人數也許最多,他們是低技術或非技術工人,被派遣到非洲為特定的工程項目工作一段固定的時間。他們很少人會說當地的語言,通常住在勞工樓群,很少與非洲人交往,親人都留在中國。他們因高薪而出國打工,合同結束後就急於回國,在談及與非洲人的交往經驗時都使用不友好的語言。

第三類是中國商人和小企業人員。他們因為尋求商機而來,不少攜家眷到非洲,能說一點當地語言,謹慎地生活,傾向在當地居住較長的時間。只要業務良好和人身安全狀況滿意,較多人可能成為非洲國家的永久性居民。他們當中不少人已成為非洲永久華人社群的一員,有些人則在非洲人中生活。他們在當地批發或零售價格實惠的貨品,貨源來自中國家庭生產者和經銷商的垂直供應鏈(主要在福建和浙江)。這些商人努力工作,盡量避免進口關稅,在一些非洲國家所售貨品的價錢可比當地生產商和商人所銷售的價格更低。

雖然在官方層面上有足夠的相互理解,但文化衝突確有發生。跨文化衝突尤其常在非洲進行的實地培訓發生,由於非洲人不接受中國的培訓方法,導致雙方產生敵意。被指是國家控制的電信設備供應商華為,以及屬湖南省政府國有企業的湖南發展集團股份有限公司,兩間企業的中方培訓人員均在分別進行的訪談稱,培訓埃塞俄比亞人的工作十分困難。一名華為培訓人員在2007年抱怨道:「你教了他們一天,他們第二天就忘掉或者失蹤。培訓非洲人很浪費時間。」[170] 湖南發展集團股份有限公司在亞的斯亞貝巴的代表也對他們的培訓計劃和僱用的當地人感到洩氣。有些中方培訓人員認為埃塞俄比亞人「素質很低」、「懶」,稱呼他們為「黑鬼」。一名中國人用濃厚的湖南口音在亞的斯亞貝巴吃午飯時說道:「這些人自出生時就只會伸着手，甚至像狗一樣用雙手吃飯！」他們稱在當地一間中國餐廳，幾個月前埃塞俄比亞人和中國人曾因毆鬥爆發流血事件。[171]

勞工抗議有時候也是問題。例如在2008年，400名在赤道畿內亞打工的中國工人因抗議聘請他們的中國建築公司，被即時驅逐出境。根據赤道畿內亞高壓的法律，抗議都是違法的。由於中國工人為期一至兩年的勞務合同工資都以美元計算，但當美元兌當地貨幣的匯率大幅下滑時，賠償問題就會引發爭端。[172]中國企業與中國及非洲工人的勞務合同都是按照當地勞動法例寫成，不用向被解僱或遇上工傷的工人作出補償。[173]中國有色礦業集團有限公司在贊比亞投資經營的謙比希(Chambishi)銅礦，2007年因為勞工權益問題觸發工人暴力抗議，而在兩年前該個銅礦附近由中國有色集團子公司建設的炸藥廠發生爆炸事故，造成51名當地僱員死亡。[174]國家主席胡錦濤在2007年2月到訪贊比亞前夕，工人的情緒高漲。「我希望他們的國家主席會在這次訪問，教育他的人民如何正確對待工人。」贊比亞自由工會聯合會主席Joyce Nonde說道：「我們對他們感到厭煩。」[175]

反華論述在非洲的傳播，並不需要有連貫或可預測的後果。例如，2010年12月民主剛果的代表隊在世界冠軍球會盃決賽負於國際米蘭後，觸發盧本巴希(Lubumbashi)球迷騷亂，有人高喊「中國人滾回去」，並打砸中國人開辦的商店。當地球迷認為該場比賽的日本籍主裁判裁決不公，導致己方球隊落敗，而他們卻把日本裁判誤當作中國人。[176]類似的事件表明，草根階層鬱積的反華情緒，可能因無法預視的偶發事件一觸即發。

南非華人社區。南非有為數約20萬至30萬人的華人，是非洲最大和歷史最悠久的華人移民社區，但他們之間差異很大。[177]上一代的華人很多來自香港或台灣，他們與近年抵達當地的中國大陸移民關係可能並不融洽。第一波的華人移民在十八世紀初來到南非，他們作為罪犯來到這裏；第二波移民發生在十九世紀初，當時英國開始把南非接管為殖民地；第三波是二十世紀二次大戰後，華人移民主要來自台灣（南非在種族隔離期間與台灣保持外交關係）；第四波在1998年北京與南非建交後開始，華人移民主要來自大陸。[178] 近年的華人移民大部分都是非法移民或逾期逗留的男性，現已構成當地華人人口的大部分。雖然最大的華人新移民社群來自福建省，但按照省籍劃分，南非的華人社群組織多達34個。南非在2007年至少有三份本地中文報章和多個華語電台。[179]

南非的大陸移民社群在2000年後蓬勃發展，但台灣移民社群（他們在南非種族隔離時期曾被歸類為「白人」，但來自大陸的華人卻被認定為「有色人種」）卻由原來的約5萬人減少至2007年的約5,000至1萬人。數以千計的人因為當地罪案頻生，以及難以與有更完善供應鏈的大陸移民在市場上競爭，選擇返回台灣。很多來自香港的華人也已經回流香港，或轉到澳洲、加拿大或美國生活。[180]

與來自西方國家的移民一樣，華人往往不會積極參與當地政治（僅約3%的華人擁有投票權）。有些華裔人士例如黃士豪（Huang Shiaan-Bin），在結束種族隔離實施民主化後積極參政。[181] 黃士豪在1990年代當選紐卡斯爾市（新堡市，New Castle）參議員和副市長，2000年加入非洲人國民大會，並在2004年當選國會議員。他同時持有南非和台灣護照，在台北仍有家庭居所，又在2004和2005年以國會議員身份訪問中國大陸。[182] 來自反對黨民主聯盟（Democratic Alliance）的陳阡蕙（Chen Sherry Su-Huei），在2010年是除黃士豪以外唯一的華裔國會議員。[183] 黃指，雖然他們都是台裔華僑，但她是反對黨成員，兩人在南非政治問題上經常有分歧。

　　華人社群的分歧超出了南非的官方領域。由1970年代末和1980年代初開始，族群衝突擴展至刑事犯罪。當局在2001年於開普敦和約翰內斯堡查出七個有組織的華人犯罪集團，其中四個組織的成員操粵語並來自香港和華南，另外三個操普通話，與台灣的黑社會組織有聯繫。[184] 根據2000年一份有關開普敦當地幫派暴力事件的報告，這些團夥的犯罪活動涉及毒品、賣淫、賭博、非法出口鮑魚和鯊魚鰭，以及進口假冒商品。一些中資進出口公司，同時從事把鮑魚合法或違法出口到中國的貿易。[185]

　　尼日利亞的中國商人。在尼日利亞拉各斯，當地的中國大陸商人在一座仿造中國長城而興建的大型紅色堡壘中生活和工作。商城懸掛着用中英文寫着的標語：「中國—尼日利亞友誼萬歲！」。在我們於2007年進行的訪談中，拉各斯中國商人社區的居民稱，最擔憂人身安全。尼日利亞國內至少有約3萬名華人，但他們大部分都沒有向當局登記，他們以現金交易而且英語水平欠佳，使他們成為當地盜賊的目標。[186] 例如，拉各斯華文報章《西非聯合商業周報》在2007年的一期封面報道，警告中國居民不要以「對視」或「還擊」來挑釁劫匪。報道又指中國駐拉各斯總領事館正在與當地警方合作，加強安保工作，持續跟進中國企業和餐館的幾宗搶劫案。[187] 拉各斯總領事館還為每個華人家庭提供以中文寫成的手冊，詳述尼日利亞的相關法例並提供緊急指引。[188]

　　拉各斯的中國商人依賴中國進口貨品的穩定供應。尼日利亞政府實施了旨在縮減中國進口和保護尼日利亞本地生產商的進口關稅政策，2004年警方針對假冒和走私貨物突襲搜查了位於拉各斯市中心的唐人街市場。[189] 在當地尼日利亞商人的支持下，海關官員在破壞商店前沒收了大量商品。這讓中國商人及其家屬別無選擇，只能另尋新的落腳點。

尼日利亞海關官員從中國商人獲取灰色利益，猖獗的腐敗現象使中國紡織品走私不斷。當這些物品運達中國商品的批發市場，尼日利亞貿易商便大批量購買，並把貨品再轉售予市中心本地居民區的商店圖利。當然，拉各斯的中國商城有其優點，華商在內活動更安全，兼提供了方便寬敞的住宿環境、充足的泊車位、批發和零售場所，又靠近高速公路。中國商城的設施還包括酒吧、卡拉OK廳和為華人而設的醫療診所。[190]

在中國的非洲人

從2000至2011年間，除了留學生以外，在華工作的非洲人人數迅速增長。幾乎所有在華的非洲人都在大城市生活，包括北京、上海、香港、廣州、南京和天津等。在香港，重慶大廈是非洲商人社群的中心。儘管在重慶大廈聚集的非洲人來自整個非洲大陸，但大部分人來自西非，尤其以尼日利亞人最多。在廣州，非洲社群的活動中心之一是天秀大廈，它設有面向當地非洲裔居民和出口商的多層次中國商品市場。[191]

在廣州的一些非洲裔社群，例如加納人和塞內加爾人，已發展了社區民間組織。有關廣州非洲裔人口的不同估算差別很大，廣州社會科學院城市管理專家黃石鼎估計，全市約有2萬名非洲裔人士，但《廣州日報》在2007年報道指人數可能達10萬。當年廣州警方指與非洲裔人士有關的非法販毒網絡已形成嚴重的社會問題，廣州因此有成為毒品樞紐之虞。[192]

為了遏止人數越來越多的在穗非洲人，2008年北京奧運會以後，警方開始嚴懲逾期逗留者。2009年2月，一名尼日利亞商人在避免簽證檢查時弄傷了腿，六個月後另一名非洲商人在躲避移民檢查時從窗戶跳下不幸身亡。[193]事發後，逾百名非洲人枱着死者遺體包圍公安局討還公道。一名在北京的尼日利亞大使館官員，指控廣州當局執法「粗暴」，執法過程「絕不饒人」。[194]廣州一位尼日利亞貿易商人表達了非洲人的怨言：「中國人從非洲賺錢，卻想阻止我們在這裏做同樣的事情。對我來說，這毫無道理。」[195]

在北京，居住着大量的非洲外交官和留學生。2007年，至少有20名非洲人因涉嫌販毒，在警方的一次突擊搜查中被捕，並遭到毆打。[196]凡在非洲人群居的地方，他們與當地市民的關係有可能緊張。儘管出現了抵制非洲人的情緒，但有些在華經營的非洲生意業務仍然蒸蒸日上，尤其是面向外籍顧客群體的餐館、咖啡廳和酒吧。在南京，當地有雜誌報道了由學生成為商人的喀麥隆人奧斯卡‧姆貝本 (Oscar Mbeben) 的經歷。姆貝本在1995年來到南京，在南京師範大學修讀電子工程，如上幾代非洲人一樣面對種族主義和排外心理。有些中國人不願意與他同乘電梯，咒罵他的「髒皮膚」，或故意橫跨街道以避開他。這些經歷使姆貝本決心向南京引進「黑人文化」，成立了兩家嘻哈 (hip-hop) 俱樂部和一家服裝店，發行了一張名為《南京愛》(Nanjing Love) 的音樂專輯。他在採訪中說，當他第一次來到中國時，「經歷了針對他的種族的無知和恐懼」，「現在南京發生了轉變，但同樣的無知依然存在。」[197]

註釋

1. Xin Xin , "Xinhua News Agency in Africa," *Journal of African Media Studies,* 1(3) 2009: 363–64.
2. Guitier Battistella, "Xinhua: The World's Biggest Propaganda Agency," *Reporters without Borders,* (October 2005), 1. 同時參閱 "Brief Introduction," *Xinhua,* undated.
3. 新華社的七個駐外總分社，基本上與中國外交部按全球地區劃分的七個司相同。因此，新華社駐喀土穆的記者是向在開羅的中東總分社而非向在內羅畢的非洲總分社匯報。新華社記者邵杰曾在中東總分社任職，能説阿拉伯語，他本人也是回族穆斯林。與邵杰在蘇丹喀土穆的訪談，2010年7月6日。

4. "Xinhua News Agency," *China Culture.org*, undated.
5. "Concept," *Xinhua*, 2000.
6. Battistella, 1; 同時參見 "Concept," *Xinhua*, 2000.
7. Anne-Marie Brady, "Treat Insiders and Outsiders Differently: The Use of Control of Foreigners in the PRC," *The China Quarterly*, No. 164. (Dec. 2000): 949–50.
8. "Xinhua Insight: Chinese Mass Media Building Int'l Communication Capabilities," *Xinhua*, 31 December 2009. http://www.tmcnet.com/usubmit/-xinhua-insight-chinese-mass-media-building-intl-communication-/2009/12/31/4553819.htm. .
9. "Concept," *Xinhua*, 2000.
10. "Xinhua Insight: Chinese Mass Media Building Int'l Communication Capabilities."
11. June Teufel, "China's Approach to Africa," *Far Eastern Economic Review*, (3 October 1963): 469.
12. 在1960年代初，新華社駐達累斯薩拉姆記者高梁，充當北京與圖西族武裝的聯絡員，當時圖西族正在尋求推翻由胡圖族領導的盧旺達共和國。Emmanuel John Hevi, *The Dragon's Embrace: The Chinese Communists in Africa* (New York: Praeger, 1966), pp. 106–7. 高梁的照片，p. 72–73.
13. Ibid., p. 107
14. Fritz Schatten, "Peking's Influence in Africa," *Military Review*, 41(8) (August 1961): 53.
15. Teufel, 444.
16. W.A.C. Adie, "Chinese Policy Towards Africa," in Sven Hamrell and Carl Gösta Widstrand, eds., *The Soviet Bloc China and Africa* (Uppsala: The Scandinavian Institute of African Affairs, 1964), p. 55.
17. 新華社分支機構的名單，見 Teufel, 469, Hevi, p. 106, 及 Alaba Ogunsanwo, *China's Policy in Africa 1958–1971* (London: Cambridge University Press, 1974), p. 76.
18. Kurt London, "Communism in Africa: The Role of China," *Problems of Communism*, 11 (4), (1962): 26.
19. 《人民日報》，1961年12月10日，重印於 Kurt London, p. 26.
20. Adie, p. 53.
21. Hevi, pp. 106–7.
22. Xin Xin, "Xinhua News Agency in Africa," 367, 370–71.
23. Ibid., 367–68, 370.
24. Ibid., 366, 370, 373.
25. "Brief Introduction," *Xinhua*, undated.
26. Xin Xin, "A Developing Market in News: Xinhua News Agency and Chinese Newspapers," *Media Culture Society* 28, 1 (2006): 45–66, 60.
27. Xin Xin, "Xinhua News Agency in Africa," 367–68.

28. Battistella, 2.

29. 與新華社記者邵杰的訪談，蘇丹喀土穆，2007年7月6日；與戴阿弟的訪談，安哥拉羅安達，2007年8月16日。

30. Xin Xin, "Xinhua News Agency in Africa," 367–68, 372.

31. "50 Years of Democratic Reform in Tibet," *Daily Times* (Malawi), 6 April 2009. 同時參見 "50 Years of Democratic Reform in Tibet," *Xinhua*, 2 March 2009.

32. Xin Xin, "Xinhua News Agency in Africa," 373.

33. Ibid., 368, 370–1, 373.

34. "China: Call for State Media to Expand Reporting," *Xinhua*, 2 September 2004; "Xinhua News Agency," *China Culture*.

35. "Innovations and Successes," *Xinhua*, 2000.

36. Sidney Rittenberg and Amanda Bennett, "The Man Who Stayed Behind," (New York: Simon & Schuster, 1994), p. 194.

37. Battistella, 4.

38. 與邵杰、戴阿弟、新華社拉各斯分社首席記者李懷林、駐拉各斯記者邱俊的訪談，尼日利亞拉各斯，2007年8月9日。同時參見 Battistella, 3.

39. 與邵杰、戴阿弟、新華社中東總分社社長吳毅宏及其他九名新華社記者和編輯的訪談，埃及開羅，2007年7月14日。

40. Battistella, 5.

41. 〈劉雲山：進一步增強做好外宣工作的責任感使命感〉，新華社，2008年1月31日。

42. 與邵杰的訪談。

43. 〈新華社社長田聰明會見非洲四國通訊社社長〉，新華社，2007年7月13日。

44. 〈馬勝榮：中國國家通訊社將努力展示非洲新貌〉，新華社，2005年8月17日。

45. 與新華社有聯繫的非洲新聞通訊社，包括埃塞俄比亞通訊社、坦桑尼亞衛報新聞集團、贊比亞新聞通訊社、突尼斯非洲通訊社、納米比亞通訊社、Bua通訊社（南非）、馬格里布阿拉伯通訊社（摩洛哥）、肯尼亞通訊社、布基納法索國家廣播電視有限公司、塞內加爾通訊社、加篷通訊社、多哥通訊社、貝寧通訊社及中非共和國國家電視台。

46. "Tunisia-China: News Agencies Agree to Strengthen Cooperation," *Xinhua*, 23 April 2004; "Chinese News Agency Xinhua to Promote Media Cooperation with Sierra Leone," *Xinhua*, 4 July 2005; "Xinhua Pledges to Continue Working with Local Media," *The Herald* (Harare), 26 August 2007.

47. 〈文化交流：中非友好情誼的紐帶〉，《人民日報》，2009年11月5日；"Kenyan Newspaper Signs Deal with Chinese News Agency," *Kenya Times*, 1 June 2010.

48. "Zimbabwe: Xinhua, New Ziana Sign Co-Operation Agreement," *The Herald* (Harare), 15 December 2009.

49. BuaNews與新華社合作內容的例子包括 "Drinking Water Top Priority in China's New Plan," *BuaNews–Xinhua*, 27 November 2007; "Officials Detail Plans for Better Beijing Olympics," *BuaNews–Xinhua*, 24 January 2008; "Trading Blocs Seek New Partnership to Boost Exports," *BuaNews–Xinhua*, 23 June 2009.

50. 與新華社約翰內斯堡分社社長陳銘、記者袁曄的訪談，新華社約翰內斯堡分社，2007年8月17日。

51. 〈新華社將加強與非洲新聞媒體合作〉，新華社，2006年6月12日。

52. Bivan Saluseki and Brighton Phiri, "Zambian Leader 'Totally Satisfied' with China's Generosity," *The Post* (Lusaka), 5 February 2007.

53. Zhao Shulan, "Reflections of China's Assistance to Zambia," in Liu Hongwu and Yang Jiemian, eds., *Fifty Years of Sino-African Cooperation: Background, Progress & Significance* (Kunming, China: Yunan University Press, 2009), p. 385–6.

54. Donal Brown, "African Press Wary of China's Growing Influence," *New America Media*, 7 November 2006.

55. 〈翟雋部長助理會見非洲法語國家聯合新聞團〉，外交部網站，2006年9月19日。

56. 〈發展中國家的媒體記者奧運期間應邀來華採訪訪問〉，新華社，2008年8月11日。

57. "The 3rd Workshop for African Journalists Held in Beijing," FOCAC official website, 13 March 2006.

58. Xin Xin, "Xinhua News Agency in Africa," 366.

59. Wu Yihong, et. al.

60. 與邵杰的訪談。

61. 據新華社拉各斯分社首席記者李懷林稱，新華社在拉各斯辦公室的土地是從毗鄰的中國大使館購買。作者在2007年7月到當地參觀。

62. 與李懷林和邱俊的訪談。

63. 與戴阿弟的訪談。

64. 與李懷林和邱俊的訪談。與《西非聯合商業周報》(*West Africa United Business Weekly*) 編輯Roy Chang的訪談，尼日利亞拉各斯，2007年8月9日。本書作者在拉各斯拿到一份《西非聯合商業周報》(2007年8月8日)，該報包括由新華社提供的中英雙語廣泛內容。

65. 《中非合作論壇—沙姆沙伊赫行動計劃 (2010–2012年)》。

66. 中國政府為非洲新聞官員舉辦研修班，並為參加者承擔住宿和交通費用。參見 "Application Form for 3rd Workshop for African Journalists," FOCAC official website, undated.

67. "This Day Foreign Editor Attends Workshop for African Journalists Held in China," Chinese Embassy in South Africa's official website, 30 December 2004.

68. "Namibia: China a True African Friend," *New Era* (Windhoek), 26 October 2004. 值得一提的是，在2004和2005年中方似乎並沒有這些研修班的報道，但在2006年則有幾篇報道，中方並設立了專題網站，參見 "The 3rd Workshop for African Journalists," FOCAC official website, http://www.fmprc.gov.cn/zflt/eng/zt/jzyxb/default.htm.

69. 〈馬勝榮：中國國家通訊社將努力展示非洲新貌〉，新華社，2005年8月17日。

70. 〈李長春會見第二期非洲國家政府官員新聞研修班成員〉，新華社，2005年8月18日。

71. "The 3rd Workshop for African Journalists Held in Beijing," FOCAC official website, 13 March 2006.

72. 〈外交部副部長呂國增為第三期非洲國家新聞記者研修班學員頒發結業證書〉，新華社，2006年3月16日。

73. Gideon Nkala, "Botswana: Journeying Across Unforgettable China," *Mmegi* (Gaborone), 27 June 2008, http://www.mmegi.bw/index.php?sid=1&aid=15&dir=2008/June/Friday27; 〈翟雋部長助理會見第四期非洲國家政府官員新聞研修班〉，外交部網站，2007年9月3日。

74. Fidelis Munyoro, "Africa: Journalists Urged to Strengthen China-Africa Relations," *The Herald* (Harare), 4 June 2008.

75. "China, Africa to Intensify Press Exchange," PRC Government's official website, 10 October 2008.

76. 〈第五期非洲國家政府官員新聞研修班在北京開班〉，新華社，2008年10月8日。

77. "China, Africa to Intensify Press Exchange," PRC Government's official website, 10 October 2008.

78. "Press Seminar for African Officials Aims to Show 'A Real China,' Promote Press Communication," *CCTV*, 9 October 2008.

79. "FOCAC Media Seminar 2009 Opens in Beijing," PRC Consulate in Kokata, India, website, 16 July 2009.

80. "Head of Press Offices from 19 African Countries Hoping to Boost Sino-African Media Exchange Visits and Cooperation," FOCAC Official website, 1 July 2010.

81. 〈第八期非洲國家政府官員新聞研修班開幕式在京舉行〉，新華社，2011年7月13日。

82. Nkala, "Botswana: Journeying Across Unforgettable China."

83. John K. Cooley, *East Wind over Africa: Red China's African Offensive* (New York: Walker and Company, 1965), pp. 77, 214–15.

84. Ibid., p. 214–15. 有關早年北京廣播電台的廣播時數存在一些分歧。例如 June Teufel 不同意 John Cooley 的說法，她在1961年指出北京廣播電台對非洲的廣播每星期逾100小時，參見 Teufel, 469.

85. Teufel, 469.

86. Cooley, p. 215.

87. Ibid., p. 44, 88, 95, 131, 215.

88. Ibid., p. 3.

89. Ogunsanwo, p. 34.

90. Cooley, p. 40.

91. Tina Taylor, "Analysis: Chinese Influence on African Media," *BBC World Monitoring*, 7 December 2005.

92. Cooley, pp. 29, 214.

93. George Yu, "Dragon in the Bush: Peking's Presence in Africa," *Asian Survey*, 8 (12) 1968: 1023.

94. "History and Milestones: CRI English Service," China Radio International official website.
95. Ibid.
96. "Overseas Activities–CRI English Service," China Radio International official website, undated.
97. Tina Taylor, "Analysis: Chinese Influence on African Media."
98. "Program Schedule for 91.9 FM in Nairobi," China Radio International official website, 9 January 2009.
99. Andy Sennitt, "*Ni hao!* Togo, China Sign Broadcasting Agreement," Republic of Togo official website, *18 July 2010.*
100. Deng-ker Lee "Peking's Middle East Policy in the Post-Cold War Era,", *Issues and Studies* 30, 8 (August 1994): 72.
101. Cooley, pp. 220–21.
102. Teufel, 469.
103. Sandra Gillespie, "The Educational Exchanges and Cooperation Between China and Africa," Department of Foreign Affairs, State Education Commission, 18 April 1997, in Sandra Gillespie, *South-South Transfer: A Study of Sino-African Exchanges,* (New York: Routledge, 2001), p. 247.
104. Ibid., p. 248.
105. Ibid., p. 248–49.
106. Kenneth King, "The Beijing China-Africa Summit of 2006: The New Pledges of Aid to Education in Africa," *China Report* 43 (30 July 2007): 342.
107. "China to Train 10,000 African Personnel in Three Years," *Xinhua,* 17 December 2003, http://www.china.org.cn/english/features/China-Africa/82628.htm#.
108. "Focus Is on aid and Support for Africa," *Business Day* (South Africa), 1 October 2004; "China to Train 10,000 African Personnel in Three Years."
109. King, 341.
110. "Speech by Ambassador Liu Guijin at Seminar on China-Africa Relations Held by ISS," Chinese Embassy in South Africa's official webite, 30 December 2004.
111. King, 342.
112. Li Anshan, "China's New Policy Toward Africa," in Robert I. Rotberg, ed., *China Into Africa: Trade, Aid, and Influence* (Washington, DC: Brookings Institution Press, 2008), p. 29.
113. "Forum on China-Africa Cooperation Beijing Action Plan, 2007–2009 (5.4.4)," Chinese Embassy of Zimbabwe official website, 17 November 2006, http://www.chinaembassy.org.zw/eng/xwdt/t280603.htm. 同時參見King, 345.
114. 〈文化交流：中非友好情誼的紐帶〉,《人民日報》, 2009年11月5日。
115. 〈溫家寶在中非合作論壇第四屆部長級會議開幕式上的講話〉, 新華社, 2009年11月9日。
116. 〈溫家寶提出八項舉措推進中非合作〉, 新華社, 2009年11月8日。

117. 〈溫家寶在中非合作論壇第四屆部長級會議開幕式上的講話〉,新華社,2009年11月9日。

118. "Fourth Ministerial Conference of FOCAC Concludes in Egypt," *Xinhua*, 10 November 2009, http://www.china.org.cn/world/2009-11/10/content_18856664.htm.

119. Li Anshan, pp. 29–30.

120. Ibid.

121. Ibid., p. 30.

122. James Paradise, "China and International Harmony: The Role of Confucius Institutes in Bolstering Beijing's Soft Power," *Asian Survey*, 49(4) 2009: 651. 孔子學院是國家漢辦的一部分,它設有負責研發並實施漢語水平考試的考試與獎學金處,負責選取漢語教材的教學與資源處,以及處理國際交流合作的部門等。

123. Lai Hongyi, "China's Cultural Diplomacy: Going for Soft Power," Singapore National University, East Asian Institute (EAI) Background Brief 308, 26 October 2006, 9.

124. Paradise, 651.

125. "President Hu Jintao visits Nairobi Confucius Institute," PRC Government's official website, 30 April 2006.

126. Lai Hongyi, 9.

127. Lai Hongyi, 10. 同時參見 Paradise, 651.

128. "Standard Model for Confucius Institute," China Radio International official website, 19 May 2007.

129. 〈國家主席胡錦濤在肯尼亞會見內羅畢孔子學院師生〉,新華社,2006年4月29日。

130. "Confucius Institute Set up in Kenya," PRC Government official website, 26 January 2006.

131. "Confucius Institute Bridges Friendship Between China and Africa," China Radio International official website, 17 February 2009.

132. Ibid.

133. 本書作者史大偉在肯雅塔大學孔子學院進行的訪談,2010年7月29日。

134. 就算是中國的官方媒體報道,對某些孔子學院的規模和位置也有混淆不清的地方。本書作者於2010年7月與肯雅塔大學校方人員會唔,獲稱非洲共有17所營運中的孔子學院。

135. Shanglin Luan, "Egypt, China Sign Document on Setting up Confucius Institute," PRC Government official website, 26 September 2006.

136. "Egypt, China Sign Agreement to Establish Confucius Institute," PRC Government official website, 20 November 2006; 作者與中國駐埃及大使館參贊陳明堅、一等秘書張建衛的訪談,中國駐埃及大使館,開羅,2007年7月15日;"Confucius Institute Debuts Chinese-Language Class in Cairo University," *CCTV*, 19 March 2008.

137. "Confucius Institute Tablet Awarded to Egyptian University," *CCTV*, 31 May 2007.

138. 〈埃及蘇伊士運河大學孔子學院舉行揭牌儀式〉,新華網,2008年4月2日。

139. 〈蘇伊士運河大學孔子學院為埃及中資企業開辦漢語培訓〉，孔子學院網站，2010年1月5日。

140. "Confucius Institutes South Africa," Confucius Institutes Online, undated.

141. 〈南非斯坦陵布什大學孔子學院〉，廈門大學漢語國際推廣南方基地網站，https://ocia.xmu.edu.cn/info/1020/4740.htm。

142. 本書作者在2007年8月到訪南非斯坦陵布什大學孔子學院，拜訪那裏的教職員和研究員。

143. "Confucius Institute," Stellenbosch University Centre for Chinese Studies official website, undated.

144. "China and the Democratic Republic of Congo: Partners in Development?" *China Monitor* (Stellenbosch), October 2008.

145. "The Fourth Confucius Institute Conference Held – The Cooperated Confucius Institute Between OUC and the U.S. Cited for Its Achievements," Open University of China official website, 11 December 2009. 同時參見 "The 2008 Beijing Olympics," *China Monitor* (Stellenbosch), (May 2007): 20.

146. Teufel, 469.

147. Adie, p. 61.

148. Ogunsanwo, p. 85.

149. Cooley, p. 221.

150. David Holley, "Torture of African Students Alleged Chinese Police Accused of Stripped of Stripping Youths Held 5 days," *Los Angeles Times*, 3 January 1989, http://articles.latimes.com/1989-01-03/news/mn-85_1_african-students. 本書作者Joshua Eisenman在2009年12月與南京大學—約翰斯‧霍普金斯大學中美文化研究中心（Hopkins-Nanjing Center）1989年級學生的訪談，受訪者證實了上述報道的真確，

151. 在南京對非洲學生進行的訪談，2007年1月，2009年3月、12月。

152. 在浙江師範大學對非洲學生進行的訪談，2009年7月。

153. 《中非合作論壇—亞的斯亞貝巴行動計劃（2004至2006年）》；〈首屆中非青年聯歡節在京開幕，胡錦濤致信祝賀〉，新華網，2004年8月23日。

154. 〈溫家寶出席第三屆中非青年聯歡節開幕式暨中國援非青年志願者出征儀式〉，《人民日報》，2009年8月14日。

155. 舉例來說，美國在1972年開始尋求與北京接觸，當年美國大使在匈牙利一場時裝表演與中國大使會面，此後美國代表隊獲邀訪華與中國乒乓球國家隊友賽，又再推動了兩國關係改善。Patrick Tyler, *A Great Wall: Six Presidents and China, An Investigative History,*" (New York: Public Affairs, 2000), p. 75.

156. "Cultural Exchange Between China and Africa," *China.org.cn*, 10 December 2003.

157. Ogunsanwo, pp. 32, 34–35.

158. Ibid., p. 35.

159. Ibid., p. 36 and 34.

160. Wang Yunze, "Increasingly Active Sino-African Nongovernmental Exchanges," The Chinese People's Association for Friendship with Foreign Countries official website, undated.

161. 截至2009年11月，包括布拉柴維爾，湖南省合共與54個外國城市和地區締結友好關係。〈友誼橋樑，發展平台——我省開展國際友好城市交往綜述〉，《湖南日報》，2010年6月22日。

162. Wang Yunze.

163. 《亞的斯亞貝巴行動計劃（2004至2006年）》。

164. "Cultural Exchange Between China and Africa," *China.org.cn.*

165. "Cultural Exchange Plays Important Role in China-Africa Relationship," *People's Daily Online English*, 5 November 2009.

166. Al-min Ciroma, "Second Chinese Film Week Holds in Jos this Week," *Leadership* (Abuja) (7 June 2008), http://allafrica.com/stories/200806070114.html.

167. "Cultural Exchange Plays Important Role in China-Africa Relationship."

168. Ibid.

169. Howard French and Lydia Polgreen, "Entrepreneurs from China Flourish in Africa," *New York Times*, 18 August 2007, http://www.nytimes.com/2007/08/18/world/africa/18malawi.html.

170. 與華為員工的訪談，埃塞俄比亞亞的斯亞貝巴，2007年7月3日。

171. 與中國工人和餐館東主的訪談，埃塞俄比亞亞的斯亞貝巴，2007年7月3日。

172. "More on Chinese Workers Return After Equatorial Guinea Strike Slash," *South China Morning Post* (Hong Kong), 5 April 2008.

173. 與埃塞俄比亞仲裁和調解中心董事會成員 Mesfin Gebre Yes 的訪談，埃塞俄比亞亞的斯亞貝巴，2007年7月3日；與喀土穆大學教授、喀土穆證券交易所經濟顧問 Ali Abdulla Ali 的訪談，蘇丹喀土穆，2007年7月9日。

174. Kelvin Kachingwe, "Zambia: Controversial Chinese Firm Given Another Cooper Mine," *Inter Press Service*, 2 June 2009.

175. Dickson Jere, "Anti-Chinese Sentiments High in Zambia Ahead of Hu's Visit," *Agence France-Presse,* 1 February 2007.

176. "Unrest in DR Congo After TP Mazembe Lose to Inter Milan," *BBC*, 18 December 2010.

177. 估算數字來自新華社約翰內斯堡分社的陳銘和袁曄，並獲南非華裔國會議員黃士豪的佐證，南非開普敦，2007年8月29日。英國廣播公司 (BBC) 在2008年6月估算，南非約有20萬名華人，"S. Africa Chinese 'Become Black'," *BBC, (*18 June 2008), http://news.bbc.co.uk/2/hi/africa/7461099.stm.

178. Malia Politzer, "China and Africa: Stronger Economic Ties Means More Migration," *Migration Information Source*, August 2008, http://www.migrationinformation.org/Feature/display.cfm?ID=690.

179. 與陳銘和袁曄的訪談。

180. 同上。

181. 同上。同時參見 "Members of Parliament: Mr Huang Shiaan-Bin," Parliament of the Republic of South Africa official website, undated.

182. 〈（華人精英）黃士豪：在祖魯王國叱吒風雲〉，搜狐網，2006年5月24日，http://news.sohu.com/20060524/n243396235.shtml。

183. "Members of Parliament: Mrs. Chen Sherry Su-Huei," Parliament of the Republic of South Africa official website, undated.

184. Peter Gastow, "Triad Societies and Chinese Organised Crime in South Africa," *Institute for Security Studies* (South Africa), Occasional Paper 48, 2001.

185. Irvin Kinnes, "Structural Changes and Growth in Gang Activities," *From Urban Street Gangs to Criminal Empires: The Changing Face of Gangs in the Western Cape*, Monograph 48 (Pretoria: Institute for Security Studies, June 2000).

186. 與中國駐尼日利亞大使館經濟商務參贊潘峰的訪談，2007年8月7日。

187. 〈中領館敬請中國公民注意安全〉，《西非聯合商業周報》，2007年8月8日。

188. 與亞非東方國際貿易公司 (Yafei Eastern International Trading Ltd) 經理Wang Baoting的訪談，拉各斯唐人街診療所 (Doctor Lagos Chinatown Health Clinic) Dr. Ren Guangming的訪談，尼日利亞拉各斯，2007年8月10日。

189. 與法律和社會行動中心 (Centre for Law and Social Action) 行政總裁Ndubisi Obiorah的訪談，與社會和經濟權利行動中心 (Social and Economic Rights Action Center) 行政總裁Felix Morka的訪談，尼日利亞拉各斯，2007年8月10日。

190. 與Wang Baoting和Ren Guangming的訪談，作者在參觀考察時目擊。

191. 與在香港和廣州非洲居民的訪談，2007年12月和2008年3月。

192. Ivan Zhai, "Some Struggle, Others Thrive in African Oasis," *South China Morning Post* (Hong Kong), 17 July 2009.

193. Tom Mackenzie and Mitch Moxley, "China's 'Little Africa' is Under Pressure," *Global Post*, 23 February 2009, http://www.globalpost.com/dispatch/china-and-its-neighbors/090219/chinas-little-africa-under-pressure.

194. "Africans Protest in China over Death of Nigerian," *This Day* (Lagos), 17 July 2009), http://allafrica.com/stories/200907170601.html.

195. Mackenzie and Moxley.

196. Melinda Lui, "Beijing Vice: A Brutal Bust Reveals the Strong Arm of the Chinese Law", *Newsweek*, 25 September 2007).

197. Meaghan Brady, "The Scarlet Leader: How Oscar Mbeben Made His Name in Nanjing," *Map Magazine* (Nanjing) 59 (January 2007).

第 7 章

結論與展望

「預測其他人如何評價『中國模式』，還存在着太多的不確
定，但毫無疑問的是，中國持續發展的經驗將被觀察、評
估，其成功之處也將被借鑒。」

——布魯斯・拉金（Bruce Larkin），1986 年[1]

我們在本書通過歷史、主題和地理的探討路徑，並以非洲研究
者、中國研究者和政策制定者的角度審視了中非關係。中非關係涵
蓋了 54 個廣泛和多層次的雙邊政治、經濟、軍事和社會關係，我
們已經調查了每一個關係。雙邊關係需要兩名對話者，但中國的規
模和資源允許它可以同時開展與非洲國家的大部分互動。中國傾向
確定互動的層級、活動的類型和協議的條款；非洲國家則希望獲得
國際社會的更多尊重，並接納非洲大陸作為新興世界的參與者。中
國外交官員經常稱，中方希望以對非洲和中國「雙贏」的方式來發
展與非洲的關係。然而，毫不奇怪的是，中國主要還是尋求確保自
己的利益。

對於中國來說，毛澤東的「紅寶書」已經被資產負債表取代。
中國是國際舞台上的新興大國，其主要目標包括擴大自身在發展中

國家尤其是在非洲的影響力。從1990年代中期開始，中國製造商對原材料和出口市場的需求不斷增加，導致中國和非洲的貿易和投資增加。目前中國在各個層級都有參與，並且成功地在大多數領域與西方國家展開競爭。隨着中國的政治和商業關係成長，國有企業的存在增加，這些國企正在建造橋樑、水壩、公路、鐵路、港口和石油基礎設施。

建築服務、電信設備和平價消費品，現在是中國對全球新興經濟體最重要的出口。中央和省級的數十家國有企業和政府部門，主導着中國在非洲的經濟關係。在中國大陸擁有垂直綜合「關係」(guanxi)供應網絡的獨立中國商人，主導了非洲的消費電子產品和紡織品市場。2010年，中國佔非洲對外貿易總額的13%以上，創歷史新高。雖然在非洲的對外直接投資(FDI)仍然落後於西方國家，但中國的增長速度亦超越西方。

許多非洲國家將發展與中國的關係視為獲得國際聲譽和賺錢的方式。非洲領袖通常都希望其國家加入全球供應鏈，吸引更多的投資，並在國際外交獲平等對待。對非洲人來說，中國提供了沒有沾染上殖民主義的額外經濟和政治機遇，而且中方也因為承諾開展不附帶政治條件和公開批評的外交關係，使得這些機遇更顯得誘人。非洲領袖盼望中國通過運用聯合國安理會的否決權，保護他們的利益。非洲領袖通過這種方法，享受了他們的前任人在1960至1970年代支持北京爭取聯合國安理會席位帶來的外交成果，並在1980至1990年代持續反對西方國家在聯合國人權委員會批評中國侵犯人權的努力。

經濟上，中國出口行業需求增長推動了能源和商品價格上漲，許多非洲人歡迎由此帶來的好處。因此，新的財富流動打開了非洲大陸，使部分非洲人富裕起來。同時，中國的投資為非洲帶了數以萬計的就業和培訓機會，儘管也在工業安全、工資和環境問題上帶來問題。隨着西方的經濟實力在2008年金融危機後下降，非洲與中國的經濟關係已成為增長和市場擴張的日益重要引擎。中國出口行業在2010和2011年間的勞資爭議迫使中國企業提高工人工資，並考慮減少對低成本製造業的依賴。未來，隨着中國工資水平繼續上漲，一批新近富起來的中國投資者將在主要由中國出資和建造的非洲經濟特區，透過使用當地的廉價勞動力和投資稅收優惠坐享生產優勢。

　　這一章的目的是超越我們對過去和現在的分析，把中非關係的一些主要主題投射到未來。隨着中非關係成熟，它將如何發展？隨着時間的推移，可能會出現哪些機遇和問題？當然，任何預測未來的嘗試都充滿不確定性。我們希望時間將證明我們的預測是準確並具前瞻性。這個部分根據導言中闡述並貫穿全書的主題，對中非關係的未來提出了八個廣泛的預測。

中國共產黨與非洲政黨關係更加緊密

　　中國共產黨與非洲各政黨之間的關係不斷發展，一些非洲執政黨與中國共產黨走得越來越近。這些政黨包括在津巴布韋、南非、納米比亞、坦桑尼亞、埃塞俄比亞和蘇丹的執政黨，它們都派遣幹部到中共的學院接受培訓，並讓青少年參加由中共舉辦的青年節活動。在平等的口號下，中共與非洲政黨的關係在資源和黨內凝聚力上卻存在着巨大差距。這種關係不同於西方政黨正常進行的國際聯繫工作，因為西方政黨的有限資源都用來投入昂貴的選舉，它們的授權也不包括與外國政黨的高層接觸。例如，美國的共和黨和民主

黨並沒有像中國共產黨般定期派遣代表團到非洲訪問，不會進行多
元化的合作項目，也不會對非洲政黨這般慷慨。在2010年，美國
國際共和研究所(International Republican Institute)在九個非洲國家
開展了項目，而全國民主研究所(National Democratic Institute)則在
21個國家開展了項目。這些項目主要包括公民教育、選民教育和
對政黨培訓的適度支持，但幾乎從不涉及高層政治接觸。相比之
下，中共中央對外聯絡部在中國大使館以外展開工作，定期組織高
層交流，亦沒有披露把幹部派駐到非洲哪些地方。

　　二十世紀末以來可看到的非洲民主化趨勢，會否受到千里以外
非自由外國政黨的影響，仍然有待觀察。然而，如果中國的國家利
益導致了干預，中國可以扮演的角色卻是眾所周知。在津巴布韋，
中國共產黨對執政黨的財政和物質支持似乎已經改變了2008年大
選的進程；而在乍得和蘇丹，中國的支持可能已經改變了兩國總統
伊德里斯‧代比(Idriss Déby)和奧馬爾‧巴希爾(Omar al-Bashir)的
政治命運。這些干預並不是為了支持某種特定類型的政權，而是為
了確保中國在這些國家的利益得到保護。出於同樣理由，當一個非
洲執政黨下台時，中國共產黨始終會向其繼任者提供物質和政治支
持。例如，中國在2011年迅速並有效地與南蘇丹、利比亞、突尼
斯、贊比亞和埃及的新政治領袖建立了關係。

　　中共在非洲事務的影響只會延伸至非洲政黨容許的範圍。中國
包括獲取自然資源，有利可圖的基礎設施建設以及擴大出口市場等
國家利益，與富有遠見的非洲國家利益結合，將可成為推動發展的
強大力量。而在威權和專制的政權，中共影響力最令人擔憂的是其
對這些政權的支持，將不會阻止已經侵犯人權的非洲政黨繼續這樣
做。在某些極端情況下，例如津巴布韋和畿內亞，中共對執政黨的
支持似乎令專制統權更加肆無忌憚。儘管這些涉及少數非洲國家的

例子令人擔憂，但若僅憑少數幾個邊緣案例就概括中國與54個非洲國家的關係卻是危險的。

中國為非洲帶來可替代的經濟夥伴，而不是發展模式

在中非關係的文獻和政策制定圈子，有很多關於北京是否為非洲提供了特殊發展模式的爭論。我們相信，本書展示了一種多管齊下的中央指引戰略確實存在，儘管它有時顯得欠缺條理。中國當代的一攬子方案已有很長歷史，當中很多要素已在2006年發表的《中國對非洲政策文件》闡明。但中國的非洲戰略不應與推廣「中國發展模式」或所謂的「北京共識」混淆。與其是有些人認定的新競爭範式，中國當代的非洲戰略只是中國努力建設綜合國力的國際組成部分。

我們預計，在中國沒有發生導致中共倒台的大規模社會和政治危機的情況下，中國和非洲將繼續擴大經濟關係。中國企業從非洲供應商的原材料進口將會增加，加上中國在紡織品和消費品生產的比較優勢，而中國與非洲國家貿易在2010年只佔外貿總額約4%，相對份額仍然較小，中非貿易還有很大的持續增長潛力。

不過，貿易的構成依然是最重要。中國人口龐大，也缺乏對勞工權利的保障，造就了主體是廉價和順從的勞動力，而今天的非洲在這方面無法比上。中國的規模經濟效益，對電力、燃料、垃圾收集以及其他物料和社會服務資本持有者的補貼，催生了「走出去」的戰略，使得非洲製成品幾乎不可能進入中國市場。我們預測這種趨勢在中短期內將會持續，非洲市場將繼續進口大量中國消費品並出售它們有限的原材料，中國的國有企業將繼續設法從非洲國家獲

取原材料並出口到中國。在這種情況下，一些非洲國家可能成為所謂「荷蘭病」（Dutch Disease）的受害者，即經濟由單一出口商品主導，一小撮控制自然資源的精英階層富起來，但人數較多的工作人口利益卻被犧牲。

非洲國家領袖將繼續要求中國政府提供基礎設施項目，但大壩、鐵路、公路和橋樑成本巨大，最初都要由低息貸款擔保。對一些非洲國家來說，與中國國有企業和銀行的債務高達數十億美元。我們預計，沒有豐富自然資源的國家將發生貸款償還期爭議，例如對中國的債務徘徊在30億美元左右的埃塞俄比亞。相比之下，那些資源出口國將很大機會逐漸償還貸款，例如已向北京舉債145億美元並擁有豐富石油資源的安哥拉。還有其他一些國家，例如從中國借貸65億美元的剛果民主共和國，擁有豐富的礦產資源，但由於銅和鈷價格的波動和礦區的不穩定，也可能面臨還款困難。

中國領導人並不可能積極倡導「中國發展模式」或「北京共識」。相反，他們將在任何能夠賺錢的地方做生意，不管是民主的南非還是威權的蘇丹。然而，確保有限資源的收益被合理使用的重要責任，最終還是落在非洲各國政府和生產者上。中國的基礎設施項目需要熟練的非洲人來維護。非洲各國政府可以在一定程度上將資源銷售和中國援助的收益用於國內發展（例如教育和基礎設施建設）。如果允許腐敗浪費中國的援助和投資資本，非洲人民一定會遭受最大的損失。

展望未來，中國的基礎設施項目為非洲的增長和發展提供了更多機遇，尤其是如果中國繼續實施其債務減免政策。中國企業在國內的資本和勞動力成本已經開始上升，這為非洲出口商帶來了新機遇。中國在2011年仍承受着要求人民幣升值的國際壓力，出口企業正面臨非官方勞工組織要求加薪的呼聲，人們亦要求遏止奪去耕地和清潔河流等環境惡化問題。這些事實應該引起非洲官員和投資者的警惕，他們應該在能夠獲得出口競爭力並開發替代產品的行業尋找機會，以獲取低成本中國供應商獲得的利潤。追求利潤的中國資本持有者也許會推動這一進程。中國一批新富起來的獨立投資者，可能通過其在西方和中國市場的經驗和業務聯繫，以利用非洲廉價勞動力的優勢。這種選擇非洲國家的生產力潛在轉移，可把部分非洲國家置於全球供應鏈的第一個環節，並以西方市場為目標。相比之下，非洲製成品和紡織品要打入中國市場仍然很困難，至少還要再用十年時間。

主權問題，尤其是台灣問題，對中國而言仍將至關重要

台灣、新疆和西藏等與主權相關的敏感問題在中國與外國的政治關係扮演着重要角色，而不僅僅是在與非洲的關係。當非洲國家或政黨與中國在這些問題上的立場相抵觸時，它們就會承擔各種負面後果，從外交威脅到撤資、公開批評，甚至是中國對叛亂組織的軍事和財政支持。

台灣仍然是中國最敏感的話題，因為台北和北京的外交官長期以來一直在爭取非洲國家的官方外交承認。經過數十年的金元外交競爭，到2008年末「外交休兵」開始時，台灣在非洲還剩下四個細小的外交夥伴：布基納法索、斯威士蘭、聖多美和普林西比以及岡比亞。

儘管台灣將繼續在非洲的商業存在，但我們預計在十年內它在非洲的官方外交存在將會消失。在與大陸友好的台灣總統馬英九當

選後兩岸非正式的「外交休兵」，將無法確保台北在非洲大陸的長期外交存在。在這個時刻，台灣的外交夥伴「選邊站」的壓力減少，並且可以自由地同時與台灣和大陸進行貿易。但是，如果台灣換上另一個對北京不太友好的政府上台執政，大陸很可能很快就再向台灣最後四個非洲邦交國施加外交壓力。台灣最後的支持者可能是內陸的斯威士蘭王國，它是唯一從未承認北京的非洲國家。相反，如果有朝一日兩岸都接受包括大陸和台灣在內的聯盟或聯邦，那麼非正式的「外交休兵」將變得無關重要。無論哪種情況，台灣在非洲獲官方承認的國家都是屈指可數。

伊斯蘭教最初是中國共產黨通過中國伊斯蘭教協會向非洲進行工作的基礎，而隨着北非和東非伊斯蘭教活動的增長，以及2009年7月新疆烏魯木齊發生造成逾二百人死亡的大規模維吾爾族騷亂，伊斯蘭教呈現出新的複雜特點。中國嚴厲打壓伊斯蘭教可能會成為穆斯林人口眾多的非洲國家所關注的問題。阿爾蓋達的北非分支已經以中國虐待維吾爾人為由，對在阿爾及利亞的中國工人發動襲擊，殺死了數名阿爾及利亞籍保鏢。中國政府對維吾爾民族主義的鎮壓也適得其反，導致全球聖戰運動對維吾爾人更具吸引力。這可能會無意間擴大維吾爾分離主義分子與世界各地伊斯蘭主義者的聯繫，包括那些在非洲活動的伊斯蘭主義者。隨着中國國際影響力的提升，其對伊斯蘭教的壓制可能會日益破壞與非洲一些穆斯林團體的關係。

我們沒有那麼關注西藏對中非關係的影響。西藏人缺乏在伊斯蘭世界普遍的全球通訊和金融網絡。西藏沒有聖戰的議程，非洲也沒有相當規模的藏族社群。對西藏的唯一支持只有在南非等少數國家，那裏有與西方聯繫的強大人權和公民社會運動。

中國對非洲人的「軟性外聯工作」將擴大，
但影響尚不確定

中國的教育外聯倡議成功地建立了中國與非洲精英之間的網絡。這項工作包括資助非洲人在中國的培訓，並派遣中國專家到非洲給當地人教學。新華社是在非洲發展得最快的新聞服務機構之一，並且正在與非洲的通訊社和報紙一起開發越來越多的正式新聞分享和記者培訓項目。中國還在非洲迅速發展介紹中國文化和提供漢語教學的孔子學院，各種跡象表明這種情況將會繼續下去。這些項目的擴展標誌着中國尋求以「軟性」方式建立影響力，以支持雙邊經濟和政治合作框架。

教育外聯項目通常是非洲精英與中國人溝通交流的第一個機會。它們由中國教育部或大學的官方渠道來管理，但非洲人對其的印象並不總是好。一些在中國接受教育的非洲人抱怨政治和宗教活動受到歧視和限制；許多中國學生認為非洲人不守規矩，並對他們有更好的居住條件而感到不滿。一些非洲記者還發現，新華社的新聞培訓項目帶有不受歡迎的政治色彩。

中國文化不太可能對非洲人產生強烈影響。儘管中國通過電影、節日、體育、藝術和代表團交流等方式努力擴大他們在非洲的文化滲透，但我們發現非洲青年仍然與從西方輸入的文化有更緊密的聯繫，例如非洲裔美國人的嘻哈 (hip-hop) 音樂、時尚和歐洲足球。在非洲這些仍然比任何從中國輸入的文化都更受歡迎。很少有非洲人對中國文化、生活質量或社會制度表露出羨慕，而且我們採訪的非洲人似乎對中國音樂、電影和流行文化都不感興趣。大多數人都不渴望生活在中國或進一步接觸中國的事物。

一些中國人將在非洲定居，
但幾乎所有的非洲人都將從中國回來

非洲的華人社群歷史可以追溯到1800年代，選擇在非洲生活的華人越來越多。每個中國人都有自己去非洲的理由：多數是出於經濟動機，少數是出於政治和個人原因。雖然外交人員和那些與大型中國企業和援助項目有聯繫的人幾乎全部都會回國，但越來越多外貿和小商人明顯選擇留在非洲。過去，這些人大多來自台灣。然而，近20年來來自大陸的華人越來越多。雖然有些人表示希望有一天能回到中國，但是只要能夠謀生，他們就可能會留下來。如果有足夠安全的環境和能夠賺取利潤，「唐人街」將繼續在整個非洲成長。

中國的非洲裔社群則是另一個故事。儘管非洲人可能仍然對中國的雜技和功夫電影感到驚奇，但在中國學習和工作的非洲人更有可能把他們的文化隨之帶到中國，而不是接受中國的時尚、烹飪、音樂或藝術品味。他們傾向於把自己局限在大城市，也沒有表現出幾個世紀以來激勵許多西方人的「拯救中國」熱情。中國對外國人實行嚴格的管制，廣州和北京的警察和入境部門已經對那些簽證逾期或參與非法活動的非洲人發起打擊行動。他們的中文語言能力有限，對當地文化缺乏理解，導致其遭受誤解和本地人的歧視。不過，有少數非洲人已經在中國主要城市定居超過十年。儘管有這些例外，那種在廣州發展起來的人數眾多非洲裔居民，並不太可能在中國形成永久定居點。

中國在非洲的投資將增加，並且大部分將獲得回報

中國在非洲的投資將會增加，並有助北京塑造與非洲國家的關係。中國在2011年擁有3.2萬億美元的外匯儲備，正在非洲國家建立必要的金融網絡，以擴大投資並更好地評估其盈利能力。例如在銀行業，中國將通過收購那些在非洲佔有市場並了解借貸人信用度的非洲和國際銀行的股份，或者與它們合夥以擴大自身利益。

中國在開採業的大部分投資很可能都取得盈利，吸引更多投資投入這些領域，以至於中國繼續需要石油和礦產。儘管非洲國家更希望中國投資能為當地人創造更長期就業機會的中小型企業，但這些行業的回報卻最不確定。在2000年以來中國投資者已經表明，他們願意承擔風險，但通常只是為了獲取自然資源，比如在埃塞俄比亞的歐加登、蘇丹南部的科爾多凡和尼日利亞的尼日爾河三角洲等不穩定地區發生的那樣。當銅價暴跌時，一些在剛果民主共和國投資銅礦開採和冶煉的中國民營企業選擇退場。中國企業於充分認識到在非洲的困難之前，可能會重蹈西方企業過去所犯的同樣錯誤。中國的投資也將繼續取決於國際商品價格的波動。然而，儘管存在這些隱憂，我們預計中國的投資大部分將是有利可圖。

為了減輕在許多非洲國家投資的相關政治風險，中國的國有企業將擴大與非洲國家的國有企業、其他國家的國有企業以及跨國公司的合資夥伴關係。這種情況在下列例子出現：中國石化、英國石油和安哥拉國家石油公司 (Sonangol) 在安哥拉；印度石油天然氣公司、馬來西亞國家石油公司 (Petronas)、中國石油和蘇丹國家石油公司 (Sadapet) 在蘇丹；中國石油與法國道達爾 (Total) 和英國圖洛 (Tullow) 在烏干達的聯合石油項目；中國鋁業股份有限公司和力拓集團 (Rio Tinto) 在畿內亞的鐵礦石合資項目。中資公司將尋找越來

越多的合資夥伴，以共享信息和風險，並擴大在非洲資源領域的規模經濟。

中國將緩慢而謹慎地擴大在非洲的安全存在

中國人民解放軍一直在努力與所有承認北京的非洲國家保持高層軍事聯繫。中國的武器製造商在非洲出售大量的小型武器，並以其低廉價格和合理質量獲得非洲國家的讚譽。從安全觀點來看，中國在後毛澤東時代與非洲國家的軍事關係並沒有直接威脅到非洲或美國的利益。然而，隨着中國從地區大國向全球大國轉型，與非洲國家維持良性安全關係將變得更加困難。同時，非洲國家可能會增大對中國的壓力，要求中國在進行大規模商業投資的地區提供安全保障。

中國與蘇丹和津巴布韋密切的軍事關係以及中國的輕小武器越來越多流入非洲衝突地區，引起了人權組織和西方政府的批評。但是，除此之外，中國在非洲的軍事活動基本上都沒有爭議。解放軍一直避免在非洲設立基地和建立正式的軍事同盟，而且它對非洲維和以及打擊海盜國際努力的貢獻受到全世界的表揚。中國願意繼續參與亞丁灣反海盜行動。實際上，這種參與迫使解放軍在不違反其不設「軍事基地」政策的原則下，於非洲尋找陸上設施來支持其行動。中國對這一行動特別感到興趣。中國航運業受到直接威脅，包括美國在內的國際社會都歡迎中國參加這項行動。

儘管北京限制解放軍人員參加非戰鬥任務，但中國已經表現出參加非洲維和行動的意願。沒有跡象表明中國有意大幅增加參與非洲的維和行動，或者把自己的士兵置於戰火之中。例如，中美雙方都要求在索馬里部署一支聯合國維和力量，但都沒有表示願意派遣戰鬥部隊。

所有跡象都表明，中國在印度洋的海軍擴張將到達非洲東部。解放軍海軍的醫療船在 2010 年訪問了非洲東北部的港口，參與打擊海盜行動的解放軍艦艇在 2011 年訪問了非洲東部和南部的港口，這些都是未來的預兆。中國軍艦更多訪問非洲港口，表明中國不斷擴大與非洲的安全關係。儘管非洲國家沒有明顯的理由拒絕中國艦船到訪港口，但這可能開始引起非洲人對中國的意圖產生疑問，並可能導致與美國、印度和歐洲國家海軍的關係緊張。中國海軍在前往索馬里海域執行打擊海盜任務的途中，曾遭到印度海軍的跟蹤。

非洲的自然資源尤其是石油和礦產資源，將繼續影響中國與個別非洲國家的安全關係。那些向中國供應最多資源的國家，將傾向接受與中國進行更多軍事合作。我們在安哥拉、南非、津巴布韋、蘇丹、尼日利亞、加蓬、乍得、阿爾及利亞和剛果民主共和國的案例，都看到了這種情況。這些國家都擁有中資企業尋求的資源，並且都從與北京的密切安全關係中受益。但與此同時也有例外。坦桑尼亞和埃及都不向中國出售大量自然資源，但它們也與中國有着牢固的軍事聯繫。事實上，中國一直謹慎地與每一個與它建立外交關係的非洲國家發展至少適度的安全關係。這種情況將會持續下去。

隨着在非洲的華人人數增加，他們受到傷害的風險也在增加。歷史上，中國一直依靠東道國政府保護本國公民。與西方企業相比，在非洲經營的中資企業普遍表現出讓工人接受更高安全風險的意願。隨着針對中國公民的襲擊事件增多，北京將要決定什麼時候可以承擔風險，什麼時候要擴大安全以確保中國公民的安全，或在有安全問題時從有關國家和地區撤僑。中國在 2011 年從利比亞撤走 3.6 萬名中國公民並承受重大的合同損失，就是一個警號。

目前，中國與非洲的軍事和安全關係，對中國來說是全球最好的。與美國不同，非洲國家不認為中國是有威脅的軍事力量。中國與非洲國家軍方的積極接觸，參與維和行動以及打擊海盜，都受到非洲的好評。即使中國與蘇丹和津巴布韋等國有密切的安全關係，經常受到西方國家的譴責，但卻幾乎從未受到非洲各國政府的批評。問題是中非之間這種無障礙的安全關係，還能維持多久。

非洲人和中國人對中國的不同看法將會出現

另一個逐漸形成且對中非關係產生微妙影響的現象，是中國的自身國家形象與非洲對中國的看法存在差距。在2005年，一位中國官員與一位東南亞國家外交官在華盛頓杜邦圓環（Dupont Circle）的餐廳交談時，察覺到了這種差異。這位中國官員解釋說，中國正在「假定自己應有的地位」，並且只是「將自己的船隻駛入國際港口」。而該位華裔的東南亞國家外交官打趣說道：「當你這樣做的時候，只要確保別淹沒我們這些小船就行了！」

對於許多中國大陸人來說，以黨為中心的民族主義已經成為他們作為中國人身份的重要組成部分。他們把對中國的任何批評尤其是對中國共產黨的批評，視為對中國一切的攻擊。因此，對中國國企和軍售的不滿，很容易被歸咎於西方的霸凌和美國霸權主義。這些由中國官方媒體管理的民族主義者聊天室，經常激發對極端愛國主義的恐懼。這種對立情緒和嚴格的新聞審查制度，常常使數以百萬計的中國人看不到涉及中國某些國有企業在非洲活動的殘酷現實。在中國官方媒體上受到審查的事件包括：胡錦濤的兒子胡海峰捲入腐敗醜聞，導致納米比亞國防軍司令失去其工作；中國在贊比

亞的謙比希 (Chambishi) 銅礦發生了由工人工作條件和工資引發的暴力騷亂；以及任何有關中國與種族隔離時代南非當局的交往。小國常感到自己正被中國崛起的浪潮淹沒，但中國人對這種觀感通常不能完全了解。對他們來說，中國依然是頭號發展中國家。

然而，中國中央政府清楚地意識到國外對北京的不滿日益高漲，並稱之為「中國威脅論」。為了應對這種形象的落差，中國尋求對塑造其形象的媒體擴展影響力，包括非洲的電台、報紙和網站。包括新華社、中央電視台、中國國際廣播電台在內的中國國營媒體，共同致力設計中國在海外的形象。中國國營媒體將按照在肯尼亞、多哥和其他地方的做法，通過與非洲媒體達成提供國際新聞的協議，繼續向非洲未來幾代人宣揚和傳播信息。這些努力將在很大程度上，成功建立並維護中國在數以百萬計非洲人民心目中的良好形象。當然，與中國人有互動的非洲人，也將把自己的觀感帶回他們的社會。

反華言論在非洲的傳播不一定會產生連貫或可預見的後果。例如，我們在第6章所述2010年在剛果民主共和國發生針對華人商家的騷亂，觸發的導火線是當地的球隊輸了比賽，而球迷把執法的日本裁判誤認為中國人。此類事件表明，在草根階層積聚的反華情緒力量日益強大，並可以由自發、不可預見的事件或野心勃勃的政客出於自身目的而激活。對中國來說，更令人憂慮的是中國商人和小商店老闆群體把非洲本地的競爭者逐出市場，導致一些無法與華商競爭的非洲廠家關門，從而令當地人對華人的對立情緒不斷升高。

在1950和1960年代，北京在非洲的主要動機是通過國內政治宣傳以及對民族解放和革命運動的論述支持，以肯定自己的共產主義品牌。在毛澤東的文化大革命動亂和中蘇決裂後的歲月，日益務實的領導層希望通過引誘蘇聯陷入代價高昂的非洲衝突，以保障中國的地緣政治利益。今天，北京尋求加強與非洲的貿易和政治聯繫，主要是為了滿足中國日益增長的經濟和資源需求。隨着中非關係日趨成熟，未來因為雙方都迎來機遇顯得成熟；但當然隨着增加互動，必然還會出現更多的問題。隨着中非關係的發展，我們希望有關研究無論在學者人數以及應用新的創新研究方法上，都可以與時俱進。

註釋

1.   Bruce D. Larkin, "Emerging China's Effects on Third World Choice," in Lillian Craig Harris and Robert L. Worden, *China and the Third World: Champion or Challenge?* (Dover, Mass.: Auburn House, 1986), pp. 116–17.

大國外交下的中非關係

在過去十年裏，非洲已經成為中國大戰略中不可或缺的部分。中國利用非洲確保能源和自然資源，識別可獲利的投資，開發新興市場，為其領土主張取得支持，力證其政治意識形態及世界領導的地位。為了實現這些國際和國內目標，中國領導人和國有企業積極吸引非洲政治、軍事和商業精英。這些非洲精英在各自國內得到的公眾支持為中國政治體系的合法性提供了外部認可。在沒有新聞自由和對外交政策的公共辯論的情況下，中國的領導人可以採取任何可支配的手段，實現他們在非洲的目標。

為了創造經濟機遇和尋求政治夥伴，中國利用了俄羅斯減少介入非洲事務和歐洲因內部分化而分身不暇所帶來的空間。截止2016年，由於美國國內頁岩油的開採，美國與非洲的貿易額還不到中國總貿易額的一半。與此同時，中國已成為非洲最大的貿易合作夥伴以及重要的援助和投資來源。然而，隨着中國公司和企業家擴大在非洲的經營，他們逐漸發現自己與來自印度、巴西、土耳其和其他新興經濟體的對手相競爭，這些經濟體在非洲市場越來越活躍。包括日本和韓國在內的非洲的老牌合作夥伴，也重新對非洲產生興趣。

　　下文是中國在最近十年間對非洲的外交目標和實現路徑的概述。嘗試識別和總結中國的非洲戰略，並不意味着把所有非洲國家一概而論，也不意味着所有的中國政府部門和國有實體都堅定不移地執行了這些戰略，更不用說活躍於非洲的中國民營組織和公司所取得的成績。就像所有的概括一樣，我們發現在個案間存在顯著的差異。儘管如此，我們仍然相信中國在中非互動中採取了一定的戰略，這將在本章中闡述。

中國在非洲的戰略

目標

　　在2015年12月的中非合作論壇約翰內斯堡峰會，中國國家主席習近平發表題為〈開啓中非合作共贏、共同發展的新時代〉的開幕演說，提出中國在非洲的戰略目標，明確了中非關係的「五大支柱」，包括「政治上平等互信」、「經濟上合作共贏」、「文明上交流互鑒」、「安全上守望相助」、「國際事務中團結協作」。我們將在接下來的部分逐一探索這些戰略目標，並闡述北京為實現這些戰略目標所運用的方法。

政治支持

　　非洲國家的政治支持為中國國內政治制度和外交政策提供了外部認可。中國共產黨長期以來將國家主權置於個人權利之上，並以「不干涉內政」的主張來強調其國內政治不應被外國干預。正如習近平主張亞洲人民應該按自己的方式處理亞洲事務一樣，他也主張「非洲是非洲人的非洲，非洲的事情應該由非洲人説了算」。[1]對中國而言，來自非洲國家的政治支持意味着「促進雙方對彼此政治制度和發展道路的了解、認同和借鑒」，「尊重彼此對發展道路的選擇」，並支持那些「涉及彼此核心利益和重大關切的問題」。[2]這些聲明是中國努力爭取非洲國家對其政治制度合法性肯定的一部分，並將這種支持描述為互惠行為。

根據中國政府在2015年12月發表的《中國對非洲政策文件》附錄二，「加強同非洲國家的團結與合作始終是中國獨立自主和平外交政策的重要基石。」通過將其與發展中國家的關係定位為「基石」，中國政府將它對非洲的重視和西方國家——尤其是美國——對非洲大陸的相對忽視並置，繼續扮演「最大的發展中國家」的角色，還經常重申「中國開展對非合作絕不走過去殖民者的老路」。[3]

中國宣揚其道德權威，並在發展中國家聯盟中建立領導地位。北京自認是發展中國家的領袖，把西方主導的地緣政治框架界定為既反華又反非，把自身與舊日殖民和「霸權」大國形成對比。北京這樣做的目的，是要在人口、國土面積、政治和軍事力量、經濟實力等都極不對稱的情況下，提升中國與非洲國家團結和對等的觀感。[4]

國際事務中的團結協作

提高中國的國際影響力是中國在非洲的另一個目標。中國希望非洲人民支持其國際抱負，包括抗衡自由主義和普世價值的全球影響、轉移對侵犯人權的批評、以及支持其領土主張。中國官方的言辭把它與非洲國家的利益融合，並呼籲在國際機構協作以實現那些「共同」利益。幾十年來，中國官員通常把「合作」、「友誼」和「平等」

作為中非團結的長期基礎。正如習近平在2015年中非合作論壇峰會上所說：

> 「共同的歷史遭遇、共同的奮鬥歷程，讓中非人民結下了深厚的友誼。長期以來，我們始終風雨同舟、互相支持。中國援建的坦贊鐵路和非盟會議中心成為中非友誼的豐碑……中非友好歷久彌堅、永葆活力，其根本原因就在於雙方始終堅持平等相待、真誠友好、合作共贏、共同發展。中非永遠是好朋友、好夥伴、好兄弟。」[5]

直到2007年，非洲仍是北京和台北宣稱控制中國的關鍵政治戰場。[6]2008年，隨着台北的支持減少以及與北京較友好的馬英九當選台灣總統，兩岸經歷了非正式的外交休兵，暫時封停外交競爭。不過，傾向獨立的蔡英文在2016年當選總統後，北京就發出終止外交休兵的訊號，先與岡比亞恢復建立了外交關係——岡比亞在2013年不再承認台灣的主權地位，接着又與聖多美和普林西比建交。目前這一政治競爭已經基本結束。截至2020年底，非洲只有斯威士蘭依然承認台灣。北京在2015年發表的《中國對非洲政策文件》對非洲國家放棄台北的意願表示感激與認可：「中國政府讚賞非洲國家恪守一個中國原則，支持中國統一大業，不同台灣發生官方關係和官方往來。」[7]

中國也對非洲國家施壓，不允許他們接待達賴喇嘛。中國在2014年成功迫使南非政府拒絕這位西藏精神領袖參加諾貝爾和平獎得主會議的簽證申請。儘管北京成功，卻因笨拙的政治施壓損害了名聲：14位諾貝爾和平獎得主抵制會議，導致會議取消。南非諾貝爾和平獎得主德斯蒙德・圖圖（Desmond Tutu）強烈批評南非領導人做的決定：「我恥於有這樣奴顏婢膝的政府。」[8]

2016年，北京開始在南海主權問題上尋求非洲國家的支持。那一年，包括阿爾及利亞、岡比亞、肯尼亞、烏干達、蘇丹、多哥和津巴布韋等多個非洲國家都對中國的南海訴求表示支持。[9] 盧旺達愛國陣線的弗朗索瓦‧恩加蘭貝 (François Ngarambe) 是北京最熱心的支持者之一。荷蘭海牙常設仲裁法院在作出反對中國「九段線」主張的裁決後，恩加蘭貝在接受新華社訪問時譴責裁決和美國的參與：「我們支持中國的立場。相關各方應回到談判桌前通過和平手段解決爭端，而不是屈服於外部力量。外部干預不會帶來任何好結果。」[10]

中國致力把中非團結描述為互惠關係，正如前總理溫家寶所說：「作為聯合國安理會常任理事國，中國將始終站在非洲等發展中國家一邊，支持發展中國家的正當要求和合理主張。」[11] 中國政府在2015年重申，「加強同 (非洲) 國家及國際和地區組織間的協調與合作。」[12]

在2008年，中國反對西方國家譴責津巴布韋的選舉舞弊。由於政治暴力程度加劇，聯合國安理會提議對津巴布韋實施武器禁運，並對總統穆加貝 (Robert Mugabe) 及其領導層實施旅行限制，但中國以干涉津巴布韋的內政為由反對該決議。[13] 2013年，中國支持非洲聯盟對聯合國安理會的決議，敦促推遲國際刑事法庭對肯尼亞總統和副總統的起訴。[14] 中國通常反對任何缺乏非洲支持的聯合國安理會改革提案。[15]

經濟合作

自2000年中非合作論壇框架實施以來，中非貿易雖然規模相對較小，但發展迅速。中非雙方的貿易總額從2005年的400億美元增長到2014年的2,220億美元。然而，中國經濟在2014年到2015年間放緩，非洲大宗商品價格也大幅下滑，導致中國自非洲進口商品總值從1,150億美元急劇下降至550億美元，整個非洲對華貿易逆差因此擴大至530億美元，因此在一些非洲國家間產生緊張關係。

中非貿易長達十年的陡增，源自中國對原材料的需求以及在非洲為其出口產品尋找市場，這些種子早在1980年代到90年代就已種下，並在中非合作論壇的時代快速成長。在這段時期，中國的出口滲透到非洲市場，並從非洲進口越來越多原材料。通過結合高質量的資本存量、廉價勞動力和資本成本，以及政府對能源和基礎設施建設的補貼，中國創造了強大的規模經濟，為其出口行業提供了優於幾乎所有非洲競爭對手的資本和勞動密集式生產的相對優勢。大規模的全天候生產壓低了成本，毛利率即使很低也能夠維持整個出口行業。自2000年以來，非洲市場已經充斥着低成本的中國產品（圖8.1）。[16]

圖8.1 中非合作論壇時期，中國對非洲出口的六大商品的百分比，2000–
2016

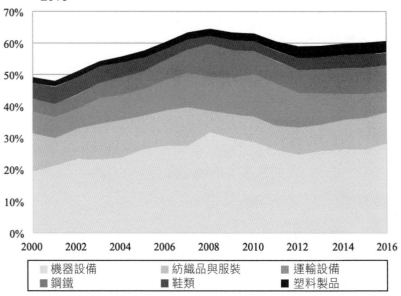

資料來源：貿易地圖，國際貿易中心。

　　自1990年代中以來，獲取非洲的能源和礦產是推動中非貿易
的另一引擎。自然資源，尤其是原油，是中國從非洲進口的主要產
品（圖8.2），也是中國投資的一個主要領域。中國認為這些進口是
其與非洲「雙贏」關係的一部分，也就是説，中資公司在非洲當地
興建大型基礎設施項目，以換取石油和礦產。2007年國際貨幣基
金組織的一篇文書描述了這一貿易模式：「中國和非洲經濟體的強
勁增長，加上互補的貿易模式，很大程度上解釋了中非近年來貿易
額的激增──中國進口燃料和其他商品，非洲則採購來自中國的
投資和製造業產品。」[17]

圖8.2　中非合作論壇時期，非洲對中國出口的五大商品的百分比，2000–
　　　　2016

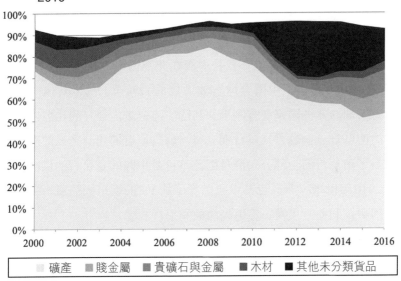

資料來源：貿易地圖，國際貿易中心。

　　中國在1997年首次進入非洲石油行業，當年中國石油天然氣集
團（中國石油，CNPC）收購了蘇丹大尼羅河石油公司40%的股份。

截止2007年，中國企業投資估算是60億美元，並修建了蘇丹的石油管道基礎設施和一座煉油廠。[18]在產量最高的時候，中國進口的石油中有6%來自蘇丹，而蘇丹的石油出口有65%都輸往了中國。[19]中國與蘇丹的合作，是中國首次在非洲進行大規模的能源和礦產投資。

僅在2013年，中國石油就在莫桑比克購買了價值42億美元的石油和天然氣資產。中國鋁業在畿內亞獲得了21億美元的鐵礦石。中國石油化工集團（中國石化）在安哥拉購買了15億美元的油氣資產。金川集團國際資源以5億美元購買了Metorex公司在南非採礦業務的40%份額。

中國的石油消耗量正在增加，並在2014年超越美國成為世界最大的淨進口國。[20]同年，中國的石油進口總量達到3.08億公噸，約佔其石油消耗總量的57%。2000年中國進口的石油中有17%來自非洲，2006年這一比例增至28%，此後下降到2014年的22%（6,800萬公噸）。安哥拉一直是中國在非洲的最大供應國，在2004年到2014年間佔了中國全球石油進口的12%至17%。其他向中國供應石油的非洲國家，有剛果共和國、赤道畿內亞、利比亞以及近年的南蘇丹。南蘇丹從蘇丹獨立後，蘇丹原有的四分之三的產油區成為了南蘇丹的一部分，蘇丹因此不再是中國的重要石油供應國。自2010年以來，非洲也為中國供應了約3%的進口天然氣，主要來自阿爾及利亞、埃及、赤道畿內亞和尼日利亞。

按價值來算，非洲在2016年對中國的出口中，約四分之三是林材、原油和賤金屬，包括鐵礦石、鈾、鋁、鋅、磷、銅、鎳、鈷、鈳鉭鐵礦、鑽石、鉑、鉭，以及黃金。中國從非洲進口的鐵礦石，約95%都來自南非、塞拉利昂和毛里塔尼亞三個國家。中國在2014年對非洲石油和金屬的需求增長速度較前幾年放緩，儘管其間油價和多數金屬價格下跌。2015年第一季度中國從非洲進口原油的總值

圖8.3 2000–2016年間中國從非洲的石油進口

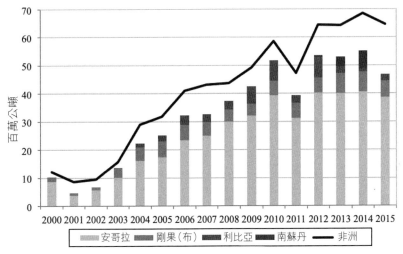

資料來源：聯合國商品貿易統計數據庫。

較2014年第一季度減少了50%，鐵礦石進口下跌了55%，而銅進口
也下跌了39%。[21]這些現象表明中國經濟的增長放緩，是習近平所
謂的「新常態」。

　　銅很能說明中非的自然資源關係。中國消費了全球45%的銅
產量，而中國的工業放緩對銅價構成了下行壓力。2015年，全球
最大的銅供應商嘉能可(Glencore)宣布計劃關閉在剛果民主共和國
和贊比亞的兩座礦山，減少兩成的銅產量。這些國家在銅價上漲和
中國大量進口的時候受惠，但在中國經濟下行時受到負面影響。[22]
2016年後期，銅價再次開始上漲。2017年嘉能可在剛果民主共和
國購買了兩座銅鈷礦31%的股權，價值約10億美元。[23]

　　對華自然資源出口量不算太大的非洲國家，也受到大宗商品價
格下跌和中國經濟放緩的影響。例如，肯尼亞自2000年後就出現
龐大的對華貿易逆差。2015年肯尼亞從中國進口65億美元的產

品，對中國出口只有9千萬美元。[24]肯尼亞對中國出口的商品中約55%都是原材料(如生皮、鈦礦石、鐵礦石和銅)。中國需求減少和大宗商品價格下跌，很可能加劇肯尼亞對華貿易逆差。[25]

中國經濟放緩的另一個表現是在合併和收購(併購)方面。2013年，中國是非洲最大的併購投資者，按價值計算佔所有交易的37%。同年，中國大約80%的收購是在採礦和石油領域。然而，在2015年的前10個月，中國在非洲的收購不到6億美元，總值只有2013年的約5%。[26]

非洲出口到中國的木材佔全部木材出口的比例，從2000年的35%增加到2009年的78%。木材成為繼原油和礦物後，中國第三大重要的大宗商品進口。非洲對中國木材出口增長的同時，中國對非洲木材特許權的投資也在增加。到2010年，中國企業擁有約25%的加蓬木材開採權，並從莫桑比克、贊比亞、喀麥隆和赤道畿內亞進口大量木材。中國企業被指非法採伐非洲森林，並且，儘管中國政府譴責這些行為，但是法規仍允許進口被禁的原生木材。[27]

中國在進口非洲瀕危物種特別是象牙和犀牛角方面，受到最多的批評。中國是世界上最大的非法象牙進口國。從2009年到2012年間在亞洲被充公沒收的非法犀牛角，有八成在中國。中國興起的中產階級對諸如雕像、飾品、手鐲等象牙製品的需求空前增加，推動象牙價格在2008至2016年間上漲了接近十倍。從2018年起，中國正式禁止商業性象牙的銷售，但該禁令能否強力執行仍有待觀察。[28]

吸引非洲青年

不同於中國，非洲的人口年輕，並在不斷增長。聯合國人口司在2015年估算，41%的非洲人口在15歲以下，19%在15至24歲之間。2015年世界人口有73億，其中非洲佔了12億。到2050年非洲人口將增加逾一倍，到2100年世界總人口達112億時，其中將有44億是非洲人。[29]

中國希望影響非洲青年對中國政治體制的看法，並爭取他們支持中國的國際主張。從北京的角度來看，西方政府、學術機構和媒體都在非洲宣揚自由價值觀，這些價值觀使非洲人負面地看待中國的威權政治體制。為了抗衡這些觀點，中國招待和贊助數以萬計的非洲青年，在當地和中國的高等教育機構接受培訓。

中國通過教育和培訓項目，辨識和培養新一代積極與中國人合作並會說漢語的非洲夥伴。一名長居廣州的非洲裔居民指出，北京的策略是在未來的10年、15年以至50年內，推動非洲人對中國態度的世代演化。在華的肯尼亞學生穆罕默德　基馬尼（Mohammed Kimani）在2016年接受新華社採訪時說，到華的非洲人「驚訝地發現中國社會非常的熱情和友好，數以千計的肯尼亞青年留在中國並獲得商業技能，由此擺脫貧窮。」[30]

然而，中國的教育和推廣項目在多大程度上贏得了非洲年輕人的心，尚不清楚。2016年獲北京大學公共管理碩士的贊比亞學生穆薩達布維‧楚盧（Musadabwe Chulu）稱，非洲人在中國仍然遭到種族歧視：「這裏絕對有種族等級制度。美國人位居最上，其次是歐洲人，非洲人居後。」[31] 2017年同我們交談的在復旦大學留學的非洲學生證實了這一點。

安全

中國與52個與其有外交關係的非洲國家都有軍事聯繫。中國在2015年發表《中國的軍事戰略》白皮書，其中指出中國的安全利益現在是全球性的，而且越來越容易受到地區衝突、恐怖主義、海盜、自然災害和流行病的影響。白皮書指出，中國的武裝力量應該維護中國不斷擴張的海外利益，包括對各種能源和資源的安全獲取，具有戰略性的海上交通路線，及對中國的海外資產及其人員安全的捍衛。[32]2016年，中國宣布在吉布提建設軍事設施。吉布提總統稱其為「基地」，但北京最初只稱它為「後勤保障設施」。[33]一年後，中國官方媒體承認它為基地。中國首個永久性的海外軍事基地凸顯出解放軍海軍的軍事戰略方針，即「逐步實現從近海防禦型向近海防禦與遠海護衛型結合的轉變」。[34]

隨着中國在非洲僑民（人數估算在100萬至200萬之間）和企業數目的增長，中國人面臨的安全威脅也越來越多。比如在蘇丹和阿爾及利亞的個案，中國公民成為被攻擊的對象，並在其他案件中成為不幸的旁觀者。中國最嚴重的海外安全事件發生在2011年的利比亞。當時卡達菲（Mu'ammar al-Qadhafi）政權剛被推翻，中方撤走了在75家公司受僱的近3.6萬名員工，這些公司在當地的合約總值達200億美元。當時利比亞人趁火打劫中國企業的工地，打傷了數十名中國籍員工。[35]

有很多針對中國利益的攻擊在非洲發生。2006年，中國政府因為支持尼日利亞政府，惹怒了該國的武裝組織「尼日爾河三角洲解放運動」（Emancipation of the Niger Delta），後者警告中國的石油公司遠離尼日爾河三角洲。隨後，該組織綁架了超過20名中國公民。蘇丹達爾富爾（Darfur）地區的反政府組織反對北京對喀土穆的支持，並攻擊中國的油田和工人，導致數人死亡。2007年，中國石化的分公司中原石油勘探局無視「歐加登民族解放陣線」（Ogaden National Liberation Front）發出的遠離埃塞俄比亞歐加登地區的警告，九名中國籍僱員後來死於該組織對埃塞俄比亞政府軍發動的襲擊。此後，在2009年，馬格里布（Maghreb，指信奉伊斯蘭教為主的非洲西北部地區）的阿爾蓋達（al-Qaeda）組織聲稱中國鎮壓在新疆的穆斯林維吾爾人，為此襲擊在阿爾及利亞工作的中國公路建設工人，並殺害了24名阿爾及利亞籍保安人員。[36] 2014年，十名中國建築工人在喀麥隆北部遭博科聖地（Boko Haram）綁架。[37]

大部分涉及中國公民的安全事件是隨機發生。例如在2015年，武裝分子對索馬里首都摩加迪沙半島皇宮酒店發動炸彈襲擊，導致13人喪生，包括一名中國大使館工作人員。2016年，馬里加奧（Gao）的聯合國營地遭武裝分子襲擊，一名中國維和人員喪生。同年，武裝分子對馬里巴馬科（Bamako）的麗笙酒店（Radisson Blu Hotel）發動襲擊，共有18人喪生，其中三人為中國公民。[38] 索馬里海盜也像襲擊其他國家的船隻一樣攻擊中國船隻。在中國貨船遭到襲擊和船員被海盜劫持後，中國人民解放軍海軍同意加入亞丁灣海域的反海盜護航行動。2008年起，以防止海盜為名，中國每隔三個月輪換兩艘護衛艦和一艘補給艦。到了2016年，索馬里的海盜攻擊已很少見，但解放軍海軍仍以反海盜之名繼續在區內活動。[39]

反海盜任務讓解放軍海軍得以在遠離中國海岸的地區部署力量，在外國的環境進行人員演練和海軍設備測試，並可以觀察外國海軍，以及在公海中操作潛艇。[40] 海盜問題還為中國在當地建立海軍後勤設施提供了理由，並把解放軍海軍活動擴展到印度洋和非洲周邊海域合理化。中國海軍軍艦於2000年首次出訪非洲，當年在南非和坦桑尼亞沿途到港停靠，2002年曾到訪埃及亞歷山大港，此後直到因為反海盜行動才再次到訪非洲。[41] 2010年以後，解放軍海軍曾到過十多個非洲國家的港口，訪問三十多次，包括阿爾及利亞、吉布提、埃及、肯尼亞、摩洛哥、莫桑比克、塞舌爾、南非和坦桑尼亞。[42] 與此同時，作為海上絲綢之路戰略的一部分，中國正在沿印度洋北岸和西岸的國家興建商業港口。[43]

實現路徑

中非合作論壇

　　成立於 2000 年的中非合作論壇，已擴大了中國在非洲的政治和經濟影響力。北京透過論壇把其對非洲的外交示好、技術培訓、債務減免、基礎設施融資和建設等行動正規化並對外宣傳，同時把面向非洲精英的外展工作制度化，推進中非團結的觀念。

　　在北京舉行的中非合作論壇第一屆部長級會議上，來自 44 個非洲國家的 80 位領袖響應了中國國家主席江澤民建立新世界秩序、糾正全球化的不平等現象的號召。在 2003 年於埃塞俄比亞舉行的第二屆部長級會議，成員國就「亞的斯亞貝巴行動計劃」達成一致，該計劃強化了中國在非洲的影響力的擴展，並將其合理化。2006 年，中國在北京舉辦了第三屆部長級會議，將對話提升為中非峰會。48 個非洲國家的領導人出席了峰會。中國在峰會上承諾在三年裏向非洲分發 50 億美元的貸款，並設立 50 億美元以私募股權基金模式操作的「中非發展基金」，以鼓勵中國企業在非洲的投資。儘管中國國家開發銀行最初注資 10 億美元，中非發展基金卻難以在私人市場上籌集資金。[44]

　　在 2009 年於埃及沙姆沙伊赫舉行的第四屆會議上，中方宣布向非洲國家提供 100 億美元的優惠貸款，設立 10 億美元的非洲中小企業發展專項貸款，並免除非洲部分國家截至該年底對華到期未還的政府無息貸款債務。它還倡議啟動「中非科技夥伴計劃」，把在非洲援建的農業技術示範中心數量增至20個，並增加培訓和獎學金項目。[45] 2012年的北京第五屆中非合作論壇，為基礎設施、農業和製造業項目提供了200億美元的信貸額度，將中非發展基金比例增加到50億美元，啟動了「中非和平安全合作夥伴倡議」，以深化與非洲聯盟和個別國家的安全合作。

在2015年12月的第六屆中非合作論壇約翰內斯堡峰會，中國國家主席習近平宣布了600億美元的新融資十大舉措，包括設立100億美元的「中非產能合作基金」用以支持對製造業、高科技、農業、能源和基礎設施項目的投資，50億美元的援助和免息貸款，350億美元的優惠貸款和出口信貸額度，並把中非發展基金總規模擴大至100億美元。[46] 中國還提供了6,000萬美元的無償軍事援助，支持非洲聯盟快速反應部隊和非洲常備部隊的建設。[47] 簡而言之，中非合作論壇已成為中非合作的主要場所，成為北京向非洲夥伴慷慨解囊的渠道。

黨際關係和幹部培訓

中國的主場外交和幹部培訓可以追溯到毛澤東時代，當年北京向非洲國家輸出共產主義革命理論。不過在1970年代，中國採取了非意識形態的思路來建立對非關係，這種外交戰略一直持續至2012年胡錦濤時代的結束。習近平上台以後，中國的幹部培訓再重回意識形態主導的思路，雖然那種意識形態的本質與毛澤東時代相比已有重大的改變。不再採用毛澤東思想，現在中國外交突出的是習近平的「中國模式」的社會主義發展和民族振興。中國現在所追求的不僅僅是改善非洲精英階層對中國的觀感和「駁斥誤解」，而且要説服非洲人採用中國的非自由、國家主導的發展戰略，並強調此套戰略優於政治自由化和自由市場的西方模式。

中國共產黨的培訓以與非洲政黨分享其在治理和管理方面的經驗為基礎。研究中國外交政策的學者孫雲認為：「通過政黨培訓計劃，中國正積極在非洲推廣其政治與經濟發展的新模式，這構成中國對非外交政策的一個重點項目。」中國共產黨堅稱，中國的政治拓展和培訓計劃是互相交流和學習的雙向渠道。然而，中國似乎並沒有從非洲政黨那裏採用任何方法或經驗。相反，黨際交流與幹部培訓成為中共與非洲政黨分享其意識形態和政治目標的最重要途徑。孫雲解釋説：「該計劃的目標是要向非洲政黨傳授中國在經濟發展和政治治理方面的經驗。」[48]

自2000年以來，中國在非洲國家的幹部培訓已向多梯次發展，包括在北京進行高級別幹部培訓，在二、三線城市培訓非洲中階或基層官員。[49]為了實現非洲人對中國觀感的世代轉變，非洲的「年輕一代精英在培訓中得到特別的關注和資源」，孫雲指出。在2011年到2015年間，中共在「中非青年領導人論壇」的框架下設立了非洲政黨領導人研修班項目，資助培訓了逾200名40歲以下的非洲政治領導人。2015年，該項目的規模和範疇都有所擴大，增至在到2018年3月的三年內邀請1,000名非洲政黨青年領袖到中國研修。[50]

非洲代表團經常在中國的教育或培訓機構研修，到訪不同地方，出席文化活動項目，與中方官員、國有企業和私營企業人員交流。[51]活動主題取決於非洲政黨表達的興趣和中共的目標，包括從基礎設施融資到中國的領土主張。對於來自民主或多黨制國家的非洲政黨，中共的培訓計劃較少放在威權統治工具之上，而更多地關注執政能力的建設。

中共中央對外聯絡部 (中聯部) 是代表中方處理與外國政黨交往和培訓事宜的主要機構。圖8.4和圖8.5的資料來自中聯部官方網站所載的報告，呈現了中國自2012年領導層換屆以來主場外交的特徵變化。習近平上台後，中共和非洲政黨的互訪總數雖然增加，但中共接招非洲政黨代表團的次數比中共代表團赴非訪問的次數要多。我們從與中聯部官員的訪談得悉，這個改變是在全國範圍內致力減少官方外訪次數和天數的結果。[52]

清華－卡內基全球政策中心的唐曉陽認為，埃塞俄比亞跟隨了一個強大執政黨的中國模式。[53]中國和埃塞俄比亞的政治和意識形態上的緊密聯繫可以追溯到1970年代，當時中共與「提格雷人民解放陣線」(提人陣，Tigray People's Liberation Front, TPLF) 開始建立聯繫，後者主導了埃塞俄比亞執政黨「人民革命民主陣線」(埃革陣，People's Revolutionary Democratic Front, EPRDF) 的決策。[54]兩國政黨有着相似的非民主性質，使得中共的許多經驗和教訓與人民革命民主陣線相關。[55]兩國政黨在管理媒體和公眾輿論方面，同樣有着明顯的非自由主義特徵。學者Aleksandra Gadzala解釋，「提人陣－埃革陣」的領導層跟中共一樣，在決策時不是把經濟或發展方面的考慮放在意識形態之前；而是與之相反，以經濟和發展的考慮來支持意識形態，而不是意識形態的經濟學」。[56]

自埃革陣於1994年首次派高級別代表團訪問北京以來，中共已經幫助其建立執政能力。[57]埃革陣高級別官員對此印象深刻，並開始參加培訓計劃，借鑒中國的經驗。例如，埃革陣幹部在2011年曾到北京參加中共中央黨校的培訓計劃，學習如何管理政黨組織結構、意識形態工作，宣傳系統、幹部教育，以及培養黨內中央與地方的關係。[58]2013年的埃革陣訪華考察團以幹部管理為重點；[59]2015年的培訓計劃則學習中共如何通過宣傳，監察、引導和管理公眾輿論，包括機構設置、技術採用、立法以及與建立與媒體的關係；[60] 2016年的考察團則聚焦於青年管理。[61] 中共在財政上的支持，促成了以中央黨校為模板的埃革陣新型幹部培訓體系的建立。

圖8.4 與中共進行最多黨際交流的非洲國家，2006–2016

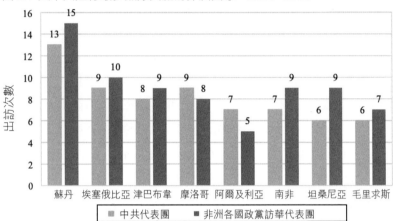

來源：中聯部網站。

圖8.5 中共與非洲政黨的代表團互訪次數，2006–2016

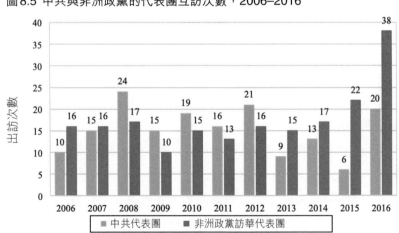

來源：中聯部網站。

　　南非的「非洲人國民大會」(非國大，African National Congress,
ANC) 是中共的另一個重要合作夥伴，南非共產黨一直是非國大執
政聯盟的一部分。不過，和埃塞俄比亞不同的是，中國的威權政治
體制和南非的民主制度之間存在巨大的差異。儘管如此，中共取悅
非國大的努力已取得明顯成果。

　　2008年，非國大和中共簽署了加強幹部培訓的協議。此後，
非國大一直定期派遣考察團訪華。[62] 在2008年至2012年間，已有
四批共56名非國大全國執行委員會成員訪華，參加「中國和南非兩
國執政黨的理論與實踐」的研修。[63] 在參加非國大考察團訪問北
京，學習中共組織結構和基層治理後，非國大的研究部主任 Thami
Ka Plaatjie 回國後於2015年8月撰文憶述，考察團成員在華獲得「仿
如皇室成員」般的接待，並闡釋了中共培訓計劃的目的及其對非國
大的影響：「高級幹部研修班旨在令非國大領導層沉浸在中國的最
新發展模式，向他們展示中國的政治體制[和]黨建模式。我們帶
着興奮和備受鼓舞的心情離開中國，寄望能推動我們的組織思維向
前發展。」[64]

　　非國大考察團在北京期間簽署了五年的黨際合作協議，後來發
布了政策文件，強調該黨的奮鬥目標是要邁向政府集權化、建立一
個「後西方」的「世界新秩序」，而中共就是「奮鬥的指路明燈」。[65]
南非共產黨也在2013年和2016年接受了中共的培訓。[66]

　　為了避免政黨輪替的可能並擴展收集情報活動，中共把對外拓
展延伸至非洲的反對黨。中國問題專家沈大偉 (David Shambaugh)
解釋這一舉措的目標：「通過維持與在野黨的關係，中共中央對外
聯絡部已能夠在多個國家緊貼追蹤本地政治，並與大範圍的從政者
和專家建立聯繫，後者將在日後在野黨上台執政後成為新政府的成
員。」[67]

　　不過，把計劃擴展至在野黨的做法有時並不妥當，如果會因此破壞中共與執政黨的關係，則馬上被列為次要地位。尤其是在一些一黨獨大的非洲國家，與在野黨派政治人物的聯繫可能會給中共惹來干涉內政的指控。[68] 在包括安哥拉、埃及、埃塞俄比亞、贊比亞和津巴布韋等中國最重要的非洲合作夥伴，中共只與執政黨建立聯繫。儘管如此，中國社會科學院西亞非洲研究所研究員劉乃亞認為，中聯部在面向非洲國家在野黨的工作仍有很大增長空間。[69]

　　中共的目的是要改善非洲政黨對中國的觀感，但這些幹部培訓計劃的效果仍然存疑。有些學者例如沈大偉認為，中共的全球形象至今尚未有「任何顯而易見的改善」。[70] 其他學者，例如孫雲，則斷言中共努力「幫助非洲政黨吸收、消化和複製中國經驗，構成了一種不同的意識形態推動力。它在地域上是寬闊的，在制度上是系統的，因此對非洲政黨的選擇和偏好以至非洲的政治格局，都起了深刻的心理和政治影響」。[71]

投融資

　　中國支持非洲各國政府的穩定，並把融資作為避免政權更迭、動盪的一種手段。雖然相對而言中國在非洲的直接投資並不大，但從1990年代的低基數迅速增長，並繼續集中在一些資源豐富的國家，包括南非、贊比亞、尼日利亞、安哥拉和津巴布韋。[72] 2004年之後，中國在非洲的投資數目穩步上升，在2013年達到532個項目的高峰。然而，在大宗商品投資毛利率不斷下降和中國經濟放緩的情況下，中國投資項目的數量在2014年下降到311個，2015年第一季度的投資與前一年同期比較下降了46%。[73]

中國已經開始分散投資，並且幫助建立了七個非洲經濟特區——兩個在贊比亞，兩個在尼日利亞，還有埃及、埃塞俄比亞和毛里求斯各一個。這些特區提供包括稅務寬免和穩定電力供應等作為激勵措施。[74] 樂觀主義者認為，在非資源出口的非洲經濟體設立經濟特區，將有助減少這些國家的貿易赤字。但悲觀主義者反駁指，在缺乏非洲企業的重大投資下，經濟特區將令中國企業更容易取代非洲新興的勞動密集型產業。一項對97個埃塞俄比亞鞋類生產商的研究發現，來自中國進口的競爭迫使28%的本地生產商破產，並失去了32%的市場份額。[75] 中國在非洲經濟特區的網絡化結構，令中國企業原有的相當貿易優勢更加擴大。包括成衣和電子產品的消費品經常與建築材料一道輸出到非洲國家，不需要繳納關稅。與此同時，在經濟特區以外的勞動密集型非洲生產商，為了獲得基本服務和原材料得向當地政府繳納高額稅收和費用。[76]

2015年的《中非合作論壇約翰內斯堡峰會宣言》強調，擴大中國的融資以支持非洲的工業化進程。[77] 在2011年底，約2,000家中國企業在50個非洲國家共投資約210億美元，其中30.6%投放在石油和採礦，19.5%投放在銀行業和金融業，16.4%投放在建築業，15.3%投放在製造業，其餘投放在服務、技術、批發和零售、農業和房地產。[78] 到2014年底，中國在非洲的投資額增長至逾320億美元（見第354頁圖8.6）。[79] 不過，這個累計數字大大低估了中國的實際投資，因為它不包括投資者為了規避官方監管，通過香港和開曼群島等離岸中心流入的資金。[80]

自2008年金融危機以來，中國已成為非洲最重要的基礎設施融資者和建造者，填補了私營部門和海外發展援助留下的空白。雖然這一方面已有不少報道，但在中國與非洲的互動中仍鮮為人知。

中國的貸款經常被稱為「直接投資」或「援助項目」，但在實際上真正符合這兩者定義的寥寥無幾，儘管它們大多包含讓步讓利的成分。大多數的項目合同，為牟利的中國建築和電信公司所贏得。這些公司受僱於受援國，使用由各種金融機構提供的長期、低利率貸款，比如中國進出口銀行，世界銀行、或非洲發展銀行等。

中國政府在2014年與非洲開發銀行合作成立「非洲共同成長基金」，由中國人民銀行在十年間內提供20億美元資金，資助由非洲開發銀行發起的公營和私營建設項目。2015年總值2.8億美元的七個項目獲批准。[81] 2016年，中國進出口銀行幫助設立了100億美元的「中非產能合作基金」，為製造業、農業、能源、礦產、技術和基礎設施投資提供財力支援。[82] 由中國政策性銀行提供資金的項目，往往主要使用中國的材料，僱傭事先商定好的一定比例的中國勞工，時常通過向中國輸送石油、礦產或其他大宗商品來償還。

在中方宣布融資安排後，曾發生多起警示事件。有些時候中方注資的金額較當初公布的要少，也有些項目的注資或還款被推遲。其中一個恰當的例子，是2010年加納從中國國家開發銀行獲得30億美元基礎設施項目貸款。加納政府以石油抵押貸款，但到2015年由於國際油價暴跌，加納取消了一半的貸款，餘下的15億美元貸款發放亦變得緩慢。[83]

中國基礎設施融資的主要非洲受援國也一直變化。從2005年到2008年，盛產石油的蘇丹接受了大部分由中國出資的基礎設施項目。在2009年至2012年間，加納和埃塞俄比亞跳升至首兩位，分別獲得67億美元和47億美元的融資。同期，喀麥隆、贊比亞和尼日利亞各自獲得了約20億美元的基礎設施融資。中國對非資源豐富國家的承諾也在增加，尤其是水電、公路和鐵路項目。[84] 中國、肯尼亞、烏干達、南蘇丹和盧旺達在2014年同意共同修建東非鐵路，鐵路將連接蒙巴薩港口和肯尼亞鄰國的市場和廠家。同年，中國鐵建股份有限公司與尼日利亞政府簽署價值120億美元的合同，建設全長1,402公里連接拉各斯（Lagos）和卡拉巴（Calabar）的沿海鐵路。[85] 中國國有企業也在阿爾及利亞、安哥拉、埃塞俄比亞和贊比亞等國取得興建高速公路的投標。此類基礎設施項目把非洲自然資源供應商與中國市場、中國商品製造商與非洲客戶聯繫起來，從而促進貿易發展。[86]

中國向非洲提供三種類型的金融援助，包括無償的現金和實物援助、無息貸款，優惠貸款。無償援助通常支持中小型項目，資助培訓計劃、技術合作、物資援助和緊急人道主義援助。無息貸款一般資助提高人民生活水平的公共設施和項目，捐款和無息貸款用於建設體育場館、總統府、軍營和政府大樓。優惠貸款通常為中大型基礎設施和製造業項目提供資金。從2010年到2012年，優惠貸款佔中國對外援助總額的近56%。[87] 自2003年以來，中國對非洲的援助一直穩步增長，但仍只是其貸款和投資的一小部分。2015年中國對非洲的援助總額約15億美元，但同年貸款和外商直接投資分別達120億美元和30億美元。越來越多的人擔心，中國的貸款增加了贊比亞、肯尼亞和埃塞俄比亞等非洲國家的債務危機。

自2000年以來，中國時常免除非洲國家無力或不願支付的逾期無息貸款。[88] 到2009年底，中國已經免除了36億美元的非洲債務。2014年，中國宣布免除坦桑尼亞、贊比亞、喀麥隆、赤道幾內亞、馬里、多哥、貝寧、科特迪瓦、蘇丹等九國共計16筆總值達2.3億美元的到期無息貸款債務。[89] 2015年，習近平宣布中國免除內陸發展中國家和小島國該年到期未還的政府間無息貸款債務。[90] 2016年，中國免除了津巴布韋4,000萬美元的債務。[91]

圖8.6 中國在非洲國家的資金流向官方數據和外商直接投資存量，2003–
2015

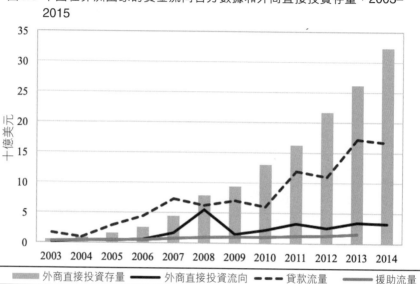

來源：約翰霍普金斯大學國際關係學院，「中非關係研究倡議」。

媒體和教育

自2006年起，中國官方媒體已經推出數以億元的新做法，提
升中國的影響力和國際形象。[92]在非洲，包括新華社、中央電視
台、中國國際廣播電台（CRI）等中國主要媒體，較其他外國廣播機
構坐擁更豐厚的資源，得以報道更多故事和覆蓋更多的受眾。[93]中
國駐肯亞大使劉廣元在2013年於內羅畢舉行的中非媒體合作研
討會上解釋說，中國媒體的這些駐點，抗衡「少數國家壟斷國際媒
體話語」的「持續陰謀」。[94]他說，設立駐點的目的是為了影響非洲
人民對中國以及中國與非洲之間互動的觀感。[95]用南非斯坦陵布什
大學（Stellenbosch University）的 Tichafa Chidzonga 所説的話：「在重

新引導國際新聞報道，從積極的角度看待中國在非洲取得的政治和社會進步上，媒體外交起到了相當重要的作用。」[96]

中國官方媒體駐點利用「崛起的非洲」這一敘述來宣傳非洲的正面形象，並通過反擊西方媒體呈現的過於負面的形象，來強調中國與非洲各方的團結。[97] 央視非洲中心站站長宋嘉寧於2013年說：「我們希望強化一個積極的非洲形象。」央視非洲區域製作中心的監製Douglas Okwatch贊同說：「今天的非洲與十年前很不同。這裏有很多機遇，我們努力專注於自己的優勢。」[98]

2006年，新華社把非洲總分社法文編輯部，從法國巴黎遷至肯尼亞內羅畢，編輯部既產出公眾新聞，亦製作「為高層政府官員、商界管理層和媒體領袖提供專屬資訊和深入分析」的「內部參考」報道。[99] 2010年，央視在內羅畢成立非洲中心記者站。翌年，分管意識形態和宣傳工作的中央政治局常委李長春到訪該個記者站後，央視決定建設非洲分台，成為非洲最大的國際廣播中心。[100] 央視調配了幾十名中國管理人員、編輯、技術人員和記者到內羅畢，並開始招募非洲的主播和當地工作人員。到2012年，央視在內羅畢的非洲分台員工逾100人，其中包括約70名非洲人（主要是肯尼亞人）和40名中國人，當中很多是會說英語的年輕女性。[101]

自2005年起，新華社一直強調與幾十家非洲新聞媒體合作並實現內容共享。[102] 2007年，塞內加爾、多哥和貝寧的官方新聞機構主管訪問中國，會見新華通訊社社長田聰明，並簽署「新聞交換協議」，表達了「向新華社學習經驗並加強與中國國家媒體合作」的願望。[103]

2006年，中國國際廣播電台開始尋求與非洲的國家廣播機構合作，以使其內容更容易被非洲觀眾收聽。[104] 該電台在東非的三個城市設立了以英語、漢語和斯瓦希里語（Swahili）播放的調頻廣播（FM）

電台，還在肯尼亞設有一個全國性的AM頻道，並與肯尼亞廣播公司有交換節目計劃。與此同時，在利比里亞，中國國際廣播電台在當地國有的「利比里亞廣播系統」播送新聞報道。[105] 2010年，多哥的洛美電台（Radio Lomé）同意播放中國國際廣播電台的法語新聞。[106]

　　主要因為缺乏興趣和聯繫、沒有共同語言等原因，非洲人普遍對中國不了解。為了彌補這個缺憾，中國進行雙邊和多邊的培訓課程，旨在於非洲媒體上產生有關中國的正面報道，並增加傳播這些報道的媒體數量。中國外交部非洲司副司長李強民在2006年的非洲國家新聞記者研修班上對參加者說，記者研修班已成為「中非人力資源合作的重要組成部分，有利增進中國和非洲新聞界的交流」。新華社說，在研修班期間「參與者通過兩周的講座、研討會和參訪，對中國正在發生的變化獲得全面而深刻的理解」。[107]

　　2012年，北京把傳媒培訓計劃置於中非合作論壇的框架下，舉辦首屆中非媒體合作論壇。[108]國家廣播電影電視總局局長蔡赴朝在開幕式上說，論壇和媒體交流「加強相互了解和傳統友誼」。[109] 2014年，第二屆論壇在北京舉行。翌年，中非合作論壇約翰內斯堡峰會召開前夕，在開普敦舉行了中非媒體領袖峰會。[110] 2016年，第三屆論壇在北京舉行，包括350名來自44個非洲國家的媒體專業人士和官員與會。[111]中國外交部和國務院新聞辦公室為為期兩天的會議提供資金。[112]蔡赴朝對與會者稱，媒體合作是「中非合作的重要組成部分和強大動力」。[113]

　　像記者培訓一樣，教育和職業培訓也推進了非洲和中國精英之間的關係。在2006年的中非合作論壇北京峰會，中國宣布把非洲獎學金學生的人數增加至2009年的4,000人，到2015年再增加至6,000人。[114]中國還同意增加對非洲專業人士的短期培訓名額，從2006年的1萬人增至2015年的3萬人。截止2011年，20,744名非洲人正在中國學習，其中14,428人由私人資助，6,316人有政府獎學金。[115] 在中國學習的非洲人的人數已經遠超2005年的2,757人，但仍然遠低於在美國和法國學習的非洲人數。[116] 為了填補這個缺口，習近平在2015年的中非合作論壇宣布設立一批區域職業教育中心和「能力建設學院」，為非洲培訓20萬名職業技術人才，提供4萬個來華培訓的學生名額，並每年組織200名非洲學者訪華交流。[117]

國家漢語國際推廣領導小組辦公室（國家漢辦）正在非洲多所大學擴展其在全球的「孔子學院」項目，為每個中心提供10萬至15萬美元的啟動資金。[118] 在2017年，35個非洲國家中，成立了46個在大學中的孔子學院，和23個在中學的孔子課堂。[119] 它們提供漢語課程和教學服務，組織中國文化活動，並為非洲人在華學習提供服務。[120] 2009年，中非合作論壇宣布「中非高校20+20合作計劃」，中方20所大學與非洲國家的20所大學建立「一對一」的正式合作。[121]

中國的大學也在擴大它們的非洲研究。2017年，北京外語大學開設至少五種新非洲語言的教學：科摩羅語(Comorian)、茨瓦納語(Tswana)、恩德貝勒語(Ndebele)、修納語(Shona)和提格利尼亞語(Tigrinya)。[122] 1998年，北京大學開設了非洲研究中心。翌年雲南大學設立了亞非研究中心。上海師範大學於2000年設立了非洲研究中心。浙江師範大學是中國最具活力的非洲項目發源地，2003年成立了非洲教育研究中心，2007年升格為非洲研究院。目前有更多的研究資金支持中國研究人員在非洲進行田野調查。[123]

為了吸引非洲精英到中國，北京承辦了中非青年聚會。2004年共青團中央和中華全國青年聯合會在廣州主辦首屆「中非青年聯歡節」，來自44個非洲國家的132名青年代表參加，包括青年組織、領袖和企業家。[124] 2016年，來自36個亞洲和非洲國家的約600名青年參加了在中國舉行的首屆「亞非青年聯歡節」，目標在於重燃代表亞非團結的「萬隆精神」。[125]

長期以來，中國都着重非洲的農業發展和衛生保健。從2010年到2012年間，中國培訓了5,000多名非洲農業技術人員，建立了14個農業示範中心。[126] 第一個中國援非醫療隊於1963年抵達阿爾及利亞，自此近2萬名中國醫務工作者已在51個非洲國家服務。中國在2010年到2012年間興建了30所醫院和30所瘧疾治療中心。在2015年，約1,200名中國醫生被派往42個非洲國家的200多個醫療站。[127] 2014年西非爆發埃博拉疫情，中國派遣了約1,000名醫療人員到當地，並且培訓了約1.3萬名醫務人員。危機爆發後，中國政府承諾向聯合國應對埃博拉疫情多方信託基金捐款500萬美元，外交部部長王毅訪問西非三國，強調中國對非洲醫療保健的承擔。[128]

然而，不是所有的項目都有成效。2005年開展的中國青年志願者海外服務計劃，參加者由共青團中央旗下的中國青年志願者協會選定，截至2009年僅派遣了408名志願者到16個非洲國家。當局在2010年檢討該計劃的成效，並將其終止。[129]

軍售和維和

中國向非洲國家供應軍事裝備，並參與維和行動。2007年至2010年間，中國的常規武器銷售額約佔全球交付的22%，2011年至2014年間比例達24%。[130] 然而，中國的輕武器轉讓在撒哈拉以南非洲獨佔鰲頭，2006年至2010年間市場佔有率達66%。[131] 中國北方工業有限公司和保利科技有限公司等中國企業，銷售包括裝甲車、防空武器、軍艦、彈道導彈、戰鬥機、指揮控制設備、戰鬥坦克、遠程大炮、榴彈炮和無人機裝備等武器裝備。[132] 非洲各國政府尤其是像蘇丹和津巴布韋等面臨西方制裁的國家，歡迎低成本高質量的中國武器，使得這些武器越來越多地出現在衝突地區。例如，在2014年內戰爆發後，中國北方工業同意向南蘇丹出售價值3,800萬美元的導彈和輕武器。不過，在第一次交付後，國際壓力迫使中國取消了餘下的訂單。[133]

中國自2000年開始活躍於聯合國維持和平行動。至2017年底，中國在八個非洲聯合國維和行動中的六個派駐了人員，大多數派駐在蘇丹達爾富爾地區、南蘇丹、剛果民主共和國、馬里和利比里亞。[134]中國是聯合國維和行動的第二大資金貢獻國，承擔了10%的預算，並在非洲的聯合國維和行動較其他安全理事會常任理事國派駐了更多的人員，但少於印度、孟加拉和埃塞俄比亞等國。中國參與維和的行動雖說得到了廣泛讚揚，但也符合國家利益。維和行動增強了中國作為全球穩定貢獻者的形象，同時也可在真實環境下測試部隊和裝備，讓解放軍得以與其他國家軍隊互動。[135]在南蘇丹，中國人民解放軍自2015年起已設有維和步兵營，從油田撤離了400多名人員。[136]

總結

2017年下台的津巴布韋強人穆加貝說過，中國在非洲已經成為「另一個全球權力點」(an alternative global power point)。北京設計了一套非洲戰略，以確保獲得能源和其他自然資源，開拓新的出口市場，維護自身在國際機構的利益，並為其社會主義政治意識形態獲得外界認可。為了實現這些目標，對於那些令自由民主國家的領導人躊躇不前的財政或是人道方面的制約，北京基本可以忽略無視。

　　過去十年，中國擴大了在非洲的安全部署。中國共產黨和新華社正在擴大對非洲政黨和新聞媒體的接觸，較以前相比，接待更多人訪華，並培訓下一代的非洲政黨領袖和媒體人員。中國的投資和貿易幫助許多非洲國家發展本國工業，開採當地的資源。然而，中國也面臨許多挑戰：國有企業在利比亞卡扎菲政權下台後，遭受了數十億美元的損失。雖然中國在南蘇丹對聯合國維和行動作出了貢獻，但是中國的石油投資卻一直受到內戰的影響。津巴布韋的政權更迭，也可能給中國帶來類似的經濟損失。

　　儘管中非貿易所植根的強大市場動力只有一部分是由中國國家政策助推的，中非貿易卻已經在許多非洲大眾和公民社會團體中產生了複雜且往往帶有政治意味的反應。對中國利益促成非洲政府貪污腐敗以及治理不善的批評，催化了更多對中國的批評。許多非洲人因為自己的政府沒有能力更好地處理與中國的關係，使之對本國更有益而感到沮喪。中國經濟放緩令這個問題更複雜，因為這導致大宗商品價格大幅下跌，從而擴大了非洲國家對華的貿易逆差。與此同時，中國公司和企業家在非洲的市場上，正面臨來自印度、巴西、土耳其等新興經濟體及其他成熟夥伴越來越嚴峻的挑戰。

註釋

1.　習近平：〈開啟中非合作共贏、共同發展的新時代〉，2015年12月4日；郭絲露、岑欣杭：〈亞信峰會：亞洲是亞洲人的亞洲〉，《南方周末》，2014年5月22日。

2.　中國政府：《中國對非洲政策文件》，2015年12月。

3.　《中國對非洲政策文件》，2015年12月。

4.　Yuan Ye, "China, S. Africa Consolidate Ties for Developing World's Benefit," *Xinhua*.

5.　習近平：〈開啟中非合作共贏、共同發展的新時代〉，2015年12月4日。

6.　外延的討論，參見 David H. Shinn and Joshua Eisenman, *China and Africa: A Century of Engagement* (Philadelphia: University of Pennsylvania Press, 2012) pp. 85–90.

7. 《中國對非洲政策文件》，2015年12月。

8. "Dalai Lama Visa Row Halts Nobel Forum in South Africa," *BBC*, October 2, 2014.

9. "Kenya Backs China's Approach to South China Sea Disputes," *FOCAC*, June 12, 2016; "China Praises Togo's Position on South China Sea Issue," *Xinhua*, May 18, 2016; "Zimbabwe: Zim Pledges Support on China Sea Dispute," *AllAfrica*, June 30, 2016.

10. "Secretary General of Rwandan Patriotic Front: External Intervention Does not Help to Solve South China Sea Disputes," *FOCAC*, July 15, 2016.

11. 〈溫家寶在中非合作論壇發表重要講話〉，新華網，2003年12月16日。

12. 《中國對非洲政策文件》，2015年12月。

13. Samuel Ramani, "Zimbabwe: China's 'All-Weather' Friend in Africa," *The Diplomat*, January 11, 2016.

14. Xue Lei, "China as a Permanent Member of the United Nations Security Council," *Friedrich Ebert Stiftung*, April 2014: 13.

15. Ibid., p. 14.

16. Joshua Eisenman "China-Africa Trade Patterns: Causes, Consequences, and Perceptions," in Aleksandra Gadzala, ed., *Africa and China: How Africans and Their Governments are Shaping Relations with China* (Lanham, MD: Rowman and Littlefield, 2015), p. 14.

17. Jian-Ye Wang, "What Drives China's Growing Role in Africa?" *IMF Working Paper*, October 2007: 20.

18. Ali Abdalla, *The Sudanese-Chinese Relations Before and After Oil* (Khartoum: Sudan Currency Printing Press, 2006), pp. 76-80; Shinn and Eisenman, pp. 251–252.

19. Zhao Hong, "China-U.S. Oil Rivalry in Africa," *The Copenhagen Journal of Asian Studies* 26 (2008): 100.

20. U.S. Energy Information Administration, "China," May 14, 2015.

21. Kate Douglas, "China's Slowdown: What It Means for African Trade," *How We Made It in Africa*, November 2, 2015.

22. Nastassia Arendse, "China vs Copper: That Sinking Feeling," *MineWeb*, October 6, 2015.

23. Andrew Topf, "Glencore Buys Stakes in Mutanda and Katanga Mines Valued at 960m," *Mining.com*, February 13, 2017.

24. International Monetary Fund, *Direction of Trade Statistics Year Book* (Washington, DC: IMF, 2016), p. 319.

25. Apurva Sanghi and Dylan Johnson, "Deal or No Deal: Strictly Business for China in Kenya?" Policy Research Working Paper, World Bank Group, March 2016: 8–9.

26. Valentina Romei, "China and Africa: Trade Relationship Evolves," *Financial Times*, December 3, 2015.

27. Xiaoxue Weng, et al., "The Africa-China Timber Trade," *Center for International Forestry Research brief* 28, March 2014.

28. Javier C. Hernandez, "In Banning Ivory Trade, China Saw Benefits for Itself Too," *New York Times*, January 2, 2017.

29. "How Will A Population Boom Change Africa?" *BBC*, September 11, 2015.

30. Christine Lagat, "Feature: Young Kenyan Builds Business Acumen in China, Inspires Peers," *Xinhua*, June 27, 2016.

31. 本書作者對 Musa Chulu 的訪問，2016年7月11日。

32. 《中國的軍事戰略》白皮書，2015年5月26日。

33. "China Says Starts Construction of Djibouti Military Base," *Reuters*, February 25, 2016.

34. 《中國的軍事戰略》白皮書。

35. Shaio Zerba, "China's Libya Evacuation Operation: A New Diplomatic Imperative – Overseas Citizen Protection," *Journal of Contemporary China* 23 (2014): 1093–1094.

36. Shinn and Eisenman, pp. 179–181.

37. "Boko Haram Hostages Freed in North, Cameroon Says," *New York Times*, October 11, 2014.

38. "Somalia Blast: Mogadishu Hotel Rocked by Bomb," *BBC*, July 26, 2015; "Chinese Peacekeeper Among Four Killed in Mali Attacks," *BBC*, June 1, 2016; Faith Karimi and Erin Burnett, "Mali Hotel Attack: Gunmen Barged in, Shot at 'Anything That Moved'," *CNN*, November 22, 2015; Jane Perlez and Neil MacFarquhar, "9 Foreigners Killed in Mali Are Identified," *New York Times*, November 22, 2015.

39. 《中國的軍事戰略》白皮書。See Andrew Erickson and Austin Strange, "China's Blue Soft Power: Antipiracy, Engagement, and Image Enhancement," *Naval War College Review* 68 (2015): 71–91 and Susanne Kamerling and Frans-Paul Van Der Putten, "An Overseas Naval Presence Without Overseas Bases: China's Counter-Piracy Operation in the Gulf of Aden," *Journal of Current Chinese Affairs* 4 (2011): 119–146.

40. Dinakar Peri, "U.S. Admiral Questions Logic of Chinese Submarines on Anti-Piracy Missions," *Hindu*, January 9, 2016; "Chinese Submarine on Its Way to Somalia for Anti-Piracy Patrols," *DefenceWeb*, October 1, 2014.

41. Shinn and Eisenman, p. 189–190.

42. Erickson and Strange, "China's Blue Soft Power: Antipiracy, Engagement, and Image Enhancement," 81–82.

43. Robert Kaplan, "Center Stage for the Twenty-first Century: Power Plays in the Indian Ocean," *Foreign Affairs* 88 (2009): 22.

44. Deborah Bräutigam, "Mysteries of the China Africa Development Fund," China Africa Research Initiative Blog, March 24, 2015.

45. Sven Grimm, "FOCAC – Political Rationale and Functioning," Centre for Chinese Studies of Stellenbosch University, May 2012.

46. Ouyang, "China Promises More Aid to Africa," *Xinhua*, July 27, 2016.「中非合作論壇」網站。

47. 「中非合作論壇」網站。

48. Yun Sun, "Political Party Training: China's Ideological Push in Africa?" *Brookings*, July 5, 2016.

49. Joshua Eisenman 對中共中央對外聯絡部官員馬輝的訪問，2016年6月20日。

50. 〈中非青年領導人論壇召開，中共推出三年千人計劃，1000名非洲青年政治家將獲邀赴華〉，《南方都市報》，2015年3月30日。

51. 對馬輝的訪問。

52. 對中國官員的訪問，2016年6月在華盛頓特區及2016年7月在北京。

53. 唐曉陽：〈埃塞俄比亞：複製中國模式？〉，《周末畫報》，2014年8月29日；蔡臨哲：〈埃塞俄比亞學習「中國模式」〉，《鳳凰週刊》，2013年5月15日。

54. Aleksandra Gadzala, "Ethiopia: Toward a Foreign-Funded 'Revolutionary Democracy'" in Gadzala, ed., *Africa and China: How Africans and Their Governments Are Shaping Relations with China* (Rowman & Littlefield Publishers, 2015), p. 89.

55. Sun, "Political Party Training."

56. Gadzala, ed., p. 102.

57. 〈中聯部局長艾平談與非洲政黨的交往〉，《光明日報》，2007年10月11日。

58. Sun, "Political Party Training."

59. 〈吳德剛會見埃塞俄比亞高級幹部研修班一行〉，《甘肅日報》，2013年8月26日。

60. 〈埃塞俄比亞人民革命民主陣線黨政幹部考察團在京開班〉，國家廣播電視總局研修學院網站，2015年10月9日。

61. 蔣雪林：〈埃塞俄比亞人民革命民主陣線幹部考察團訪問廣西〉，中新網，2016年2月29日。

62. 〈習近平會見南非國大全國執委研修班一行〉，中共中央對外聯絡部，2011年10月11日。

63. 〈中非政黨關係助力中非戰略夥伴關係〉，中國網，2012年10月11日。

64. Thami Ka Plaatjie, "Lessons to Learn from Chinese Experience," *Sunday Independent*, August 2, 2015;〈南非非洲人國民大會高級幹部研修班一行訪韶，學習交流基層黨組織建設的先進經驗〉，《韶關日報》，2015年12月9日；〈南非非國大高級幹部研修班將訪華〉，中共中央對外聯絡部，2015年11月27日。

65. "African National Congress NGC 2015, Discussion Document," African National Congress, 2015; Alex Newman, "South African Regime Embraces Chinese Communism, New World Order," *New American,* August 27, 2015.

66. 〈國家副主席李源潮10日在北京會見南非共總書記〉，新華網，2013年9月10日；〈南非共產黨幹部考察團將訪華〉，中共中央對外聯絡部網站，2016年6月8日。

67. David Shambaugh, "China's 'Quiet Diplomacy': The International Department of the Chinese Communist Party," *China: An International Journal* 5 (2007): 32.

68. 對中國外交官李成文的訪問。

69. 對劉乃亞的訪問。

70. Tribune Content Agency, "China's Soft-Power Push," *Foreign Affairs*, July 3, 2015.

71. Sun, "Political Party Training."

72. Miria Pigato and Wenxia Tang, "China and Africa: Expanding Economic Ties in an Evolving Global Context," World Bank paper, March 2015, 10.

73. Janet Eom, et al., "Looking Back and Moving Forward: An Analysis of China-Africa Economic Trends and the Outcomes of the 2015 Forum on China Africa Cooperation," *Policy Brief* 9, *The SAIS China-Africa Research Initiative* (2016), 3.

74. Douglas Zhihua Zeng, "Global Experiences with Special Economic Zones – With a Focus on China and Africa," World Bank, February 2015, 13–14.

75. Tegegne Gebre-Egziabher, "Impacts of Chinese Imports and Coping Strategies of Local Producers: The Case of Small-Scale Footwear Enterprises in Ethiopia," *The Journal of Modern African Studies* 454 (2007): 647–79.

76. Lorenzo Rotunno and Pierre-Louis Vezina, "Chinese Networks and Tariff Evasion," University of Geneva working paper, 2010.

77. "Declaration of the Johannesburg Summit of the Forum on China-Africa Cooperation," Presidency of Republic of South Africa, December 5, 2015.

78. 中國國務院新聞辦公室：《中國與非洲的經貿合作》白皮書，2013年8月。

79. Eom, et al., "Looking Back and Moving Forward," 2.

80. Pigato and Tang, "China and Africa: Expanding Economic Ties in an Evolving Global Context," 9.

81. African Development Bank, "Resource Mobilization: Raising Funds and Building Effective Partnerships," November 2015, 14.

82. Miroslav Atanasov, "China Launches Industrial Cooperation Fund to Assist Africa's Development," *CCTV*, February 4, 2016.

83. Thomas Chen, "What Happened to China Development Bank's $ Billion Loan to Ghana," *The SAIS China-Africa Research Initiative Policy Brief* 10 (2016): 1–2.

84. Jeffrey Gutman, Amadou Sy, and Soumya Chattopadhyay, "Financing African Infrastructure: Can the World Deliver?" *Brookings*, March 2015, 27–33. 有關中國出資興建水電站的深入探討，參見Deborah Bräutigam, Jyhjong Hwang, and Lu Wang, "Chinese-Financed Hydropower Projects in Sub-Saharan Africa," *The SAIS China-Africa Research Initiative Policy Brief* 8 (2015): 1–8.

85. Koh Gui Qing and Adam Jourdan, "China Railway Construction Wins $12 billion Nigeria Deal: Xinhua," *Reuters*, November 20, 2014.

86. Gadzala, ed., p. 14.

87. 中國國務院新聞辦公室：《中國的對外援助 (2014)》白皮書，2014年7月。

88. Eom, et al., p. 4.

89. 《中國的對外援助 (2014)》白皮書。

90. Deborah Bräutigam, "Don't Get Excited, China Is Not the New Aid Superpower," *Guardian*, November 3, 2015.

91. Simon Allison, "Zimbabwe: As Mugabe Fights for His Political Future, Why Is China So Slient?" *All Africa*, July 21, 2016.

92. Iginio Gagliardone, "China and the Shaping of African Information Societies," in Gadzala, ed., *Africa and China: How Africans and Their Governments Are Shaping Relations with China* (Rowman and Littlefield, 2015), pp. 45–59; Iginio Gagliardone,

"China as a Persuader: CCTV Africa's First Steps in the African Media Sphere," *Ecquid Novi: African Journalism Studies* 34 (2013): 29; Yu-shan Wu, "The Rise of China's State-Led Media Dynasty in Africa," *South African Institute of International Affairs* (2012): 24.

93. Gagliardone, "China as a Persuader: CCTV Africa's First Steps in the African Media Sphere," 32.

94. "Deepen China-Africa Media Cooperation and Enrich the China-Africa Community of Shared Destinies," PRC's Embassy in Republic of Kenya, November 19, 2013.

95. Gagliardone, "China as a Persuader: CCTV Africa's First Steps in the African Media Sphere," 26; Xin Xin, "Xinhua News Agency in Africa," *Journal of African Media Studies* 1(2009): 368, 370–1, 373.

96. Tichafa Chidzonga, "China-Africa Media Co-operation: Challenging Western Media Control," Centre for Chinese Studies at Stellenbosch University, August 16, 2016.

97. Gagliardone, "China as a Persuader: CCTV Africa's First Steps in the African Media Sphere," 27.

98. Ibid., 32–33.

99. "Innovations and Successes," *Xinhua*.

100. Gagliardone, "China as a Persuader: CCTV Africa's First Steps in the African Media Sphere," 29–30.

101. Ibid.

102. Shinn and Eisenman, p. 201–3.

103. "Xinhua President Meets Heads of Four African News Agencies," *Xinhua*, June 13, 2007.

104. Ibid.

105. Yu-shan Wu, "The Rise of China's State-Led Media Dynasty in Africa," *South African Institute of International Affairs* (2012): 17.

106. Andy Sennitt, "Ni Hao! Togo, China Sign Broadcast Agreement," *Republic of Togo Official Website*, July 18, 2010.

107. "The 3rd Workshop for African Journalists Held in Beijing," *FOCAC*, March 13, 2006.

108. "Forum on China-Africa Media Cooperation," *CCTV*, 2012.

109. "Forum on China-Africa Media Cooperation Kicks Off in Beijing," Beijing Government.

110. 〈中非媒體領袖峰會在開普敦舉行〉，人民網，2015年12月2日。

111. African Union, "3rd Forum on China-Africa Media Cooperation: Deputy Chairperson, Erastum Mwencha Underscores the Importance of Media in Shaping the Narrative and Promoting the Rich Socio-Cultural Diversity and Economic Growth of Africa and China," news release, June 23, 2016.

112. Su Yuting, "3rd China-Africa Media Cooperation Forum Opens in Beijing," *CCTV*, June 21, 2016.

113. "China-Africa Media Cooperation Gains Momentum-As 3rd Forum Issues Declaration," *Front Page Africa*, July 2016.

114. Kenneth King, *China's Aid & Soft Power in Africa: The Case of Education and Training* (Suffolk: James Currey, 2013), p. 69–74.

115. Ibid, p. 103.

116. Hannane Ferdjani, "African Students in China," Centre for Chinese Studies, Stellenbosch University, September 2012, 10.

117. Ellie Bothwell, "What Chinese Investment Means for African Higher Education," *Times Higher Education*, April 21, 2016.

118. James Paradise, "China and International Harmony: The Role of Confucius Institutes in Bolstering Beijing's Soft Power," *Asian Survey*, 49(2009): 651.「國家漢辦」也開發推廣各種對外漢語考試和教材，發展制定教學標準並管理國際項目等。

119. "Hanban," Confucius Institute, http://english.hanban.org/node_10971.htm.

120. Lai Hongyi "China's Cultural Diplomacy: Going for Soft Power," *Singapore National University, East Asian Institute (EAI) Background Brief 308* (2006): 9.

121. King, p. 74–75.

122. "Key Chinese University to Add Language Majors amid Boosting Ties," *China Daily*, March 29, 2017.

123. King, p. 74–75.

124. "Forum on China-Africa Cooperation Addis Ababa Action Plan, 2004–2006," *Xinhua*, October 19, 2006; "China-Africa Youth Festival Opens in Beijing," *FOCAC*, August 23, 2004.

125. Guo Yan, "China Launches Asian-African Youth Festival to Promote Bandung Spirit," *CRI English*, July 29, 2016.

126. Lu Hui, "Full Text: China's Foreign Aid," *Xinhua*, July 10, 2014.

127. Jiao Feng, "Chinese Doctors in Africa," *China Today*, June 29, 2015.

128. "China, Africa to Join Hands in Post-Ebola Cooperation," *Xinhua*, August 11, 2015.

129. Antonella Ceccagno and Sofia Graziani, "Chinese Volunteering in Africa: Drivers, Issues and Future Prospects," *Annali di Ca' Foscari*, 52 (2016): 307–312.

130. Catherine Theohary, *Conventional Arms Transfers to Developing Nations, 2007–2014* (Washington: Congressional Research Service, 2015), p. 44.

131. Mark Bromley, Mathieu Duchâtel, and Paul Holtom, *China's Exports of Small Arms and Light Weapons* (Stockholm: SIPRI, 2013), p. 43.

132. Andrew Hull and David Markov, "Chinese Arms Sales to Africa," *IDA Research Notes*, 2012, 25–31.

133. Shai Oster, "China's New Export: Military in a Box," *Bloomberg*, September 29, 2014.

134. "UN Mission's Summary Detailed by Country," UN Peacekeeping, June 30, 2016.

135. Chin-Hao Huang, "From Strategic Adjustment to Normative Learning Understanding China's Peacekeeping Efforts in Africa," *Journal of International Peacekeeping* 17 (2013): 259–263.

136. "China Evacuates Oil Workers from South Sudan Oilfields Over Fighting," *Sudan Tribune*, May 22, 2015.

中華人民共和國與非洲國家建交情況簡表

國家	建立外交關係日期	外交關係變化
埃及	1956.5.30	
摩洛哥	1958.11.1	
阿爾及利亞	1958.12.20	這是中國承認阿爾及利亞臨時政府的日期。阿爾及利亞在 1962 年正式宣布獨立。
蘇丹	1959.2.4	
幾內亞	1959.10.14	
加納	1960.7.5	加納 1966 年發生軍事政變後，上台政府指責中國支持流亡幾內亞的前領導人克瓦米·恩克魯瑪 (Kwame Nkrumah)，從而單方面中斷與中國的外交關係，中國使館人員於當年 11 月撤出。1972 年 2 月，加納恢復與中國的外交關係。
馬里	1960.10.25	
索馬里	1960.12.14	
剛果民主共和國	1961.2.20	當日中國承認以安托萬·基贊加 (Antoine Gizenga) 為首的該國政府。1961 年 9 月，基贊加加入承認台灣的阿杜拉 (Cyrille Adoula) 政府，中國因此暫時中止兩國關係。1972 年 11 月，中國與蒙博托 (Mobutu Sese Seko) 政府建立關係。
坦桑尼亞	1964.4.26	中國於 1961 年 12 月 9 日與坦噶尼喀建交，1963 年 12 月 11 日與桑給巴爾建交。坦噶尼喀與桑給巴爾聯合後，將 1964 年 4 月 26 日坦、桑聯合日定為與坦桑尼亞聯合共和國建交日。
烏干達	1962.10.18	

國家	建立外交關係日期	外交關係變化
肯尼亞	1963.12.14	
布隆迪	1963.12.21	布隆迪於 1965 年 1 月單方面宣布中斷與中國的外交關係，理由是中國在布隆迪進行了不友好的活動。兩國於 1971 年 10 月恢復外交關係。
突尼斯	1964.1.10	因突尼斯政府與中國大使館發生意見衝突，導致 1967 年 9 月中國宣布凍結雙方關係，後於 1971 年恢復。
剛果共和國（布拉柴維爾）	1964.2.22	
中非共和國	1964.9.29	中非共和國於 1966 年 1 月與北京斷交，並於 1968 年承認台灣。1976 年 8 月兩國復交。1991 年 7 月，中非政府再與台灣復交，中國遂與其中止外交關係。1998 年 1 月，中國與中非共和國第三次正式建立外交關係。
贊比亞	1964.10.29	
貝寧	1964.11.12	貝寧於 1966 年 1 月與北京斷交，4 月與台灣復交。北京與貝寧在 1972 年復交。
毛里塔尼亞	1965.7.19	
赤道畿內亞	1970.10.15	
埃塞俄比亞	1970.11.24	
尼日利亞	1971.2.10	
喀麥隆	1971.3.26	
塞拉利昂	1971.7.29	
盧旺達	1971.11.12	
塞內加爾	1971.12.7	1996 年 1 月，塞內加爾與台灣復交，北京即中止與其的外交關係。中國和塞內加爾在 2005 年恢復外交關係。
毛里求斯	1972.4.15	
多哥	1972.9.19	
馬達加斯加	1972.11.66	
乍得	1972.11.28	1997 年 8 月，乍得與台灣復交，北京即宣布中止與乍德的外交關係。2006 年 8 月，中乍兩國恢復外交關係。
布基納法索	1973.9.15	1994 年 2 月，布基納法索與台灣復交，北京即宣布中止與布基納法索的外交關係。2018 年 5 月 24 日，布基納法索宣布與台北斷交，同年 5 月 26 日，中布兩國恢復外交關係。

國家	建立外交關係日期	外交關係變化
畿內亞比紹	1974.3.15	1990年5月，幾內亞比紹與台灣建立外交關係，北京即宣布中止與其的外交關係。1998年4月，中國和幾內亞比紹恢復外交關係。
加蓬	1974.4.20	
尼日爾	1974.7.20	因尼日爾政府宣布同台灣復交，1992年7月中國政府宣布中止與尼日爾外交關係。1996年8月中尼復交。
岡比亞	1974.12.14	1995年7月，岡比亞政府與台灣復交，北京即宣布中止與其的外交關係。2013年11月14日，岡比亞宣布與台灣斷交。11月18日，台北宣布自當日起終止與岡比亞的外交關係。2016年3月17日，北京與岡比亞恢復大使級外交關係。
博茨瓦納	1975.1.6	
莫桑比克	1975.6.25	
聖多美和普林西比	1975.7.12	因該國宣布同台灣建交，北京在1997年7月宣布中止與其的外交關係。2013年11月，中國駐聖普聯絡處掛牌成立。2016年12月20日，聖普宣布同台斷交。12月26日，中國與聖普恢復大使級外交關係。
科摩羅	1975.11.13	
佛得角	1976.4.25	
塞舌爾	1976.6.30	
利比里亞	1977.2.17	1989年10月，利比里亞與台灣復交，北京隨即宣布中止與該國的外交關係。1993年8月，中利復交。1997年9月5日，利比里亞恢復與台灣的外交關係，北京遂再次與利比里亞斷交。2003年10月，中國和利比里亞再次恢復外交關係。
利比亞	1978.8.9	
吉布提	1979.1.8	
津巴布韋	1980.4.18	
安哥拉	1983.1.12	
科特迪瓦	1983.3.2	
萊索托	1983.4.30	1990年4月萊索托政府與台灣復交，北京即中止與該國外交關係。1994年1月，中國與萊索托恢復外交關係。
納米比亞	1990.3.22	

國家	建立外交關係日期	外交關係變化
厄立特里亞	1993.5.24	
南非	1998.1.1	
馬拉	2007.12.28	
南蘇丹	2011.7.9	
斯威士蘭		斯威士蘭是非洲唯一一個從未與中華人民共和國建立外交關係的國家。該國自1968年起一直與台灣保持外交關係。

資料來源：表中大部分內容來自中國外交部「中華人民共和國與各國建立外交關係日期簡表」，以及新華社有關內容。另參見Wei Liang-Tsai, *Peking Versus Taipei in Africa 1960–1978* (Taipei: Asia and World Institute, 1982), pp. 26–27; Bruce D. Larkin, *China and Africa 1949–1970: The Foreign Policy of the People's Republic of China* (Berkeley: University of California Press, 1971), pp. 66–77; George T. Yu, China's African Policy: A Case Study of Tanzania (New York: Praeger, 1975), p. 8; Sithara Fernandao, "Chronology of China-Africa Relations," *China Report* 43, 3 (July 2007): 363–73.

中國與非洲貿易，1938-2018

年份	中國從非洲進口（百萬美元）	非洲從中國進口（百萬美元）	中非貿易總額（百萬美元）	中國外貿總額（百萬美元）	非洲外貿總額（百萬美元）	對非貿易佔中國外貿比重（%）	對華貿易佔非洲外貿比重（%）
2018	98,679	105,444	204,124	4,635,360	1,159,930	4.4	17.60
2017	73,733	95,176	168,909	4,112,220	1,019,024	4.1	16.58
2016	56,673	94,920	151,593	3,726,055	896,226	4.1	16.91
2015	55,479	108,438	163,917	3,882,300	988,152	4.2	16.59
2014	115,692	105,967	221,659	4,306,326	1,277,836	5.1	17.35
2013	116,992	92,537	209,529	4,159,962	1,297,436	5.0	16.15
2012	113,087	85,198	198,285	3,867,436	1,305,293	5.1	15.19
2011	93,140	72,930	166,070	3,640,710	1,219,047	4.6	13.62
2010	63,496	65,045	128,541	2,974,320	966,036	4.3	13.31
2009	43,184	53,852	97,036	2,207,330	780,737	4.4	12.43
2008	55,883	56,743	112,626	2,561,000	1,055,743	4.4	10.67
2007	36,230	39,906	76,136	2,175,000	826,213	3.5	9.22
2006	28,768	29,468	58,236	1,762,000	682,017	3.3	8.54
2005	21,114	19,835	40,949	1,423,000	557,794	2.9	7.34
2004	15,641	13,607	29,253	1,154,000	450,087	2.5	6.50
2003	8,361	9,075	17,437	851,000	349,991	2	4.98
2002	5,522	6,101	11,623	621,000	285,716	1.9	4.07
2001	4,656	4,588	9,244	511,000	263,820	1.8	3.50
2000	5,540	4,434	9,974	474,383	286,826	2.1	3.48
1999	2,375	3,962	6,337	360,654	239,811	1.8	2.64
1998	1,479	3,777	5,256	324,129	232,906	1.6	2.26
1997	2,464	2,904	5,368	325,080	244,585	1.7	2.19

年份	中國從非洲進口（百萬美元）	非洲從中國進口（百萬美元）	中非貿易總額（百萬美元）	中國外貿總額（百萬美元）	非洲外貿總額（百萬美元）	對非貿易佔中國外貿比重(%)	對華貿易佔非洲外貿比重(%)
1996	1,465	2,487	3,951	290,114	242,595	1.4	1.63
1995	1,439	2,420	3,859	281,118	226,837	1.4	1.70
1994	788	1,849	2,637	236,570	195,818	1.1	1.35
1993	885	1,789	2,674	195,315	187,690	1.4	1.42
1992	504	1,897	2,401	167,335	201,947	1.4	1.19
1991	427	1,132	1,559	135,795	190,072	1.1	0.82
1990	359	1,071	1,437	116,791	197,442	1.2	0.73
1989	427	740	1,167	112,047	162,052	1	0.72
1988	290	774	1,064	102,990	152,908	1	0.70
1987	175	684	859	82,662	143,518	1	0.60
1986	258	758.3	1,016.3	74,614	131,589.5	1.4	0.77
1985	321	566.2	887.2	69,809	145,334.5	1.3	0.61
1984	394	719.4	1,113.4	50,777	158,263.7	2.2	0.70
1983	413	776.1	1,189.1	43,409	160,833.9	2.7	0.74
1982	343	1,108.4	1,451.4	40,785	174,736.4	3.6	0.83
1981	353	1,219.3	1,572.3	43,107	202,514.6	3.6	0.78
1980	384	589.5	973.5	37,644	213,157.8	2.6	0.46
1979	216	762.4	978.4	29,332	150,233.5	3.3	0.65
1978	173	740.8	913.8	20,660	122,360.9	4.4	0.75
1977	258	590.1	848.1	13,133	111,217.8	6.5	0.76
1976	167	540	707.0	11,247	94,255.2	6.3	0.75
1975	232	491.9	723.9	12,382	89,602.9	5.8	0.81
1974	235	534	769.0	11,940	83,025	6.4	0.93
1973	214	406.2	620.2	8,422	49,932.2	7.4	1.24
1972	171	281	452.1	4,805	27,752.3	9.4	1.63
1971	170.1	270	440.1	3,830	24,937.9	11.5	1.76
1970	124.8	161.3	286.1	3,575.7	22,963.2	8	1.25
1969	84.2	138	222.2	3,241.8	20,309.9	6.9	1.09
1968	73.4	133.2	206.6	2,900.7	22,601.4	7.1	0.91
1967	73.8	153.8	227.6	2,840.2	20,286	8.0	1.12
1966	875	159.2	246.7	2,968	19,956.9	8.3	1.24
1965	130.9	125.4	256.3	2,505.4	19,261.2	10.2	1.33
1964	65.6	69.6	135.2	2,172	18,070.4	6.2	0.75
1963	61.2	53.3	114.5	2,281.4	15,867	5	0.72
1962	42.3	51.3	93.6	2,295.3	14,783.1	4.1	0.63

年份	中國從非洲進口（百萬美元）	非洲從中國進口（百萬美元）	中非貿易總額（百萬美元）	中國外貿總額（百萬美元）	非洲外貿總額（百萬美元）	對非貿易佔中國外貿比重（%）	對華貿佔非洲貿比重（%）
1961	37.9	46.9	84.8	2,637.5	14,210.5	3.2	0.60
1960	85.4	42.3	127.7	3,876.8	14,775.7	3.3	0.86
1959	55	34.9	89.9	3,959.1	13,713.4	2.3	0.66
1958	47.4	34.6	82	3,674.9	13,730.1	2.2	0.60
1957	47.9	65.0	112.9	2,777.9	14,503.4	4.1	0.78
1956	28.9	45.1	74	2,862.3	13,582.9	2.6	0.54
1955	27	23	50	2,910	12,726.3	1.7	0.39
1954	12	15	27	2,660	13,831.4	1.0	0.20
1953	10	11	21	2,470	12,853.2	0.9	0.16
1952	9	8	17	2,070	13,067.5	0.8	0.13
1951	1	18	19	2,160	13,496.5	0.9	0.14
1950	7.5	17.9	25.4	930.5	9,894.7	2.7	0.26
1949	0.2	10.6	10.8	851.7	2,870.5	1.3	0.38
1948	1	16.7	17.7	1,225	11,112	1.4	0.16
1938	1	6	7	1,045	3,251.3	0.7	0.22

資料來源：國際貨幣基金組織貿易統計指導數據庫（IMF DOTS）；聯合國貿易統計數據庫。

男か
り